復元イラストで見る
神奈川の中世城郭

三崎城

津久井城

石垣山城

監修：西股総生
作画：香川元太郎

相模湾に面した
後北条氏の水軍基地 三崎城

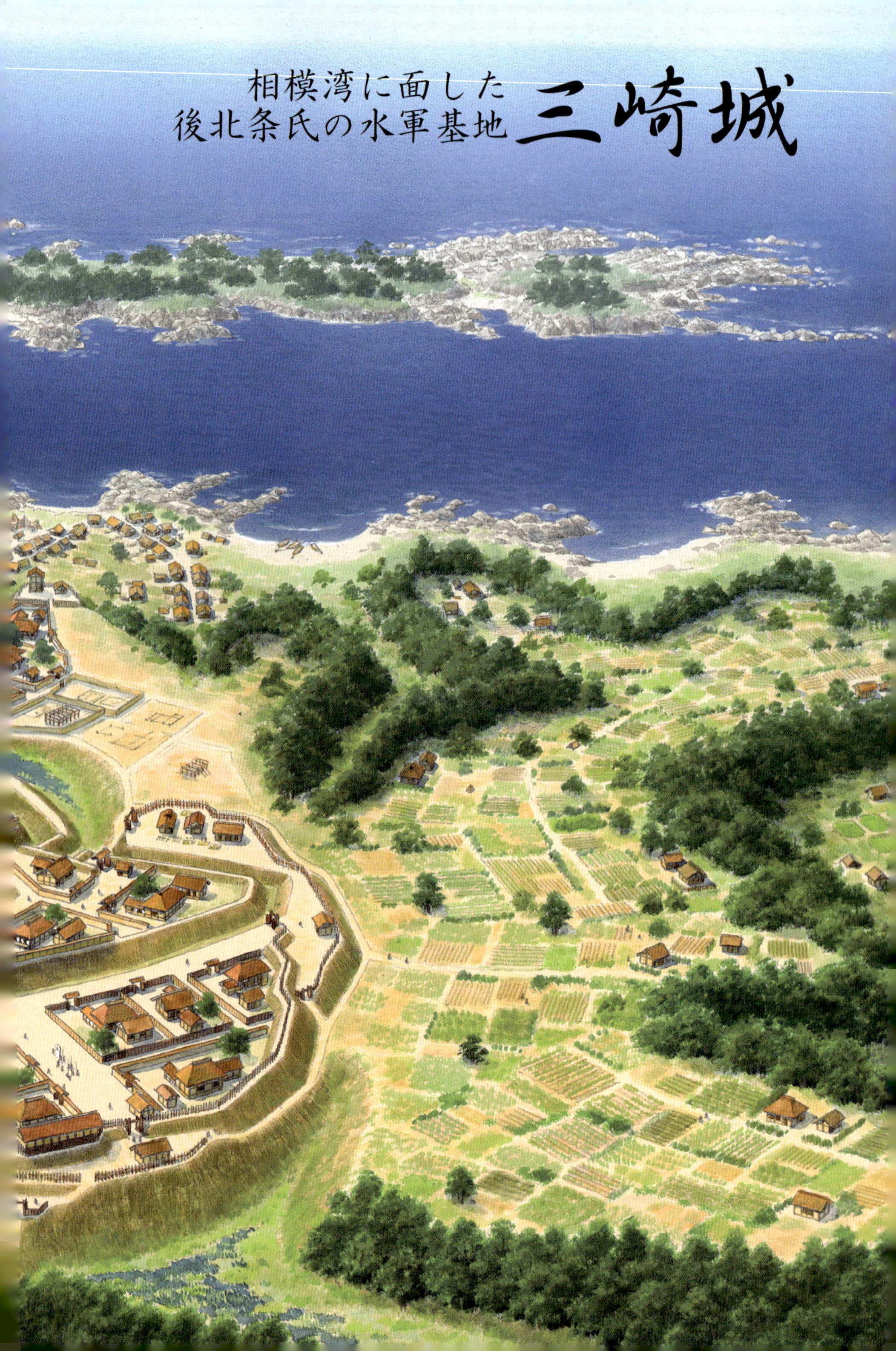

三崎城は後北条氏による三浦半島の支配拠点であり、水軍基地として築かれた。イラストは天正５年（1577）の大改修によって完成した状態を北方から描いたもの。画面奥に見える城ケ島が天然の防波堤となって、良港を形成しているのがわかる。当時の三崎城は、浦賀水道を挟んで里見水軍と対峙する最前線の位置にあった。（78頁参照）

臨戦態勢をとる国境要塞

津久井城

津久井城は後北条氏に臣従した内藤氏の本拠で、相甲国境防衛の要ともなる山城だ。イラストは、天正 18 年（1590）の豊臣軍侵攻に備えて臨戦態勢をとる様子を西から描いたもの。城内には必要最低限の建物しか建っていないことに注意。（118 頁参照）

天正 18 年（1590）の小田原の役に際して豊臣秀吉の本営として築かれた。イラストは北条氏直が開城降伏したころの様子で、本丸は秀吉の居住が可能な状態となっているが、城内の各所では普請が続いており、天守も未成と推定した。（220 頁参照）

ついに閉じられた小田原城包囲網

石垣山城

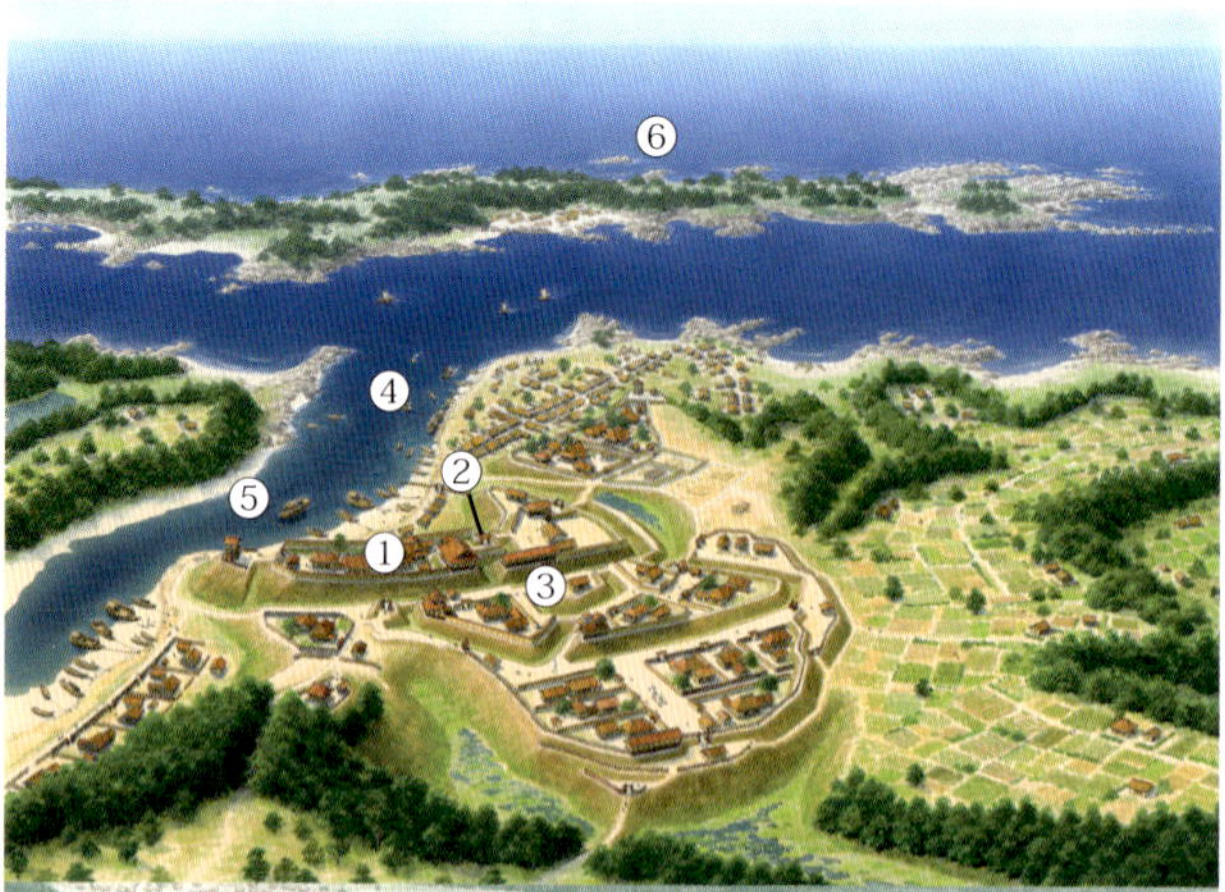

①城主・北条氏規の御殿が建つ主郭。②枡形虎口。通路が二折する枡形虎口を城の中枢部に配する例は、後北条氏の拠点クラスの城でしばしば見られる。③馬出。周囲の曲輪との位置関係から、平面が五角形となっている。④後北条水軍の軍船。この時期の後北条水軍は、伊勢・熊野系の造船技術を導入した大型軍船を整備していた。⑤水軍基地に隣接して商港も存在したはずである。⑥城ケ島。

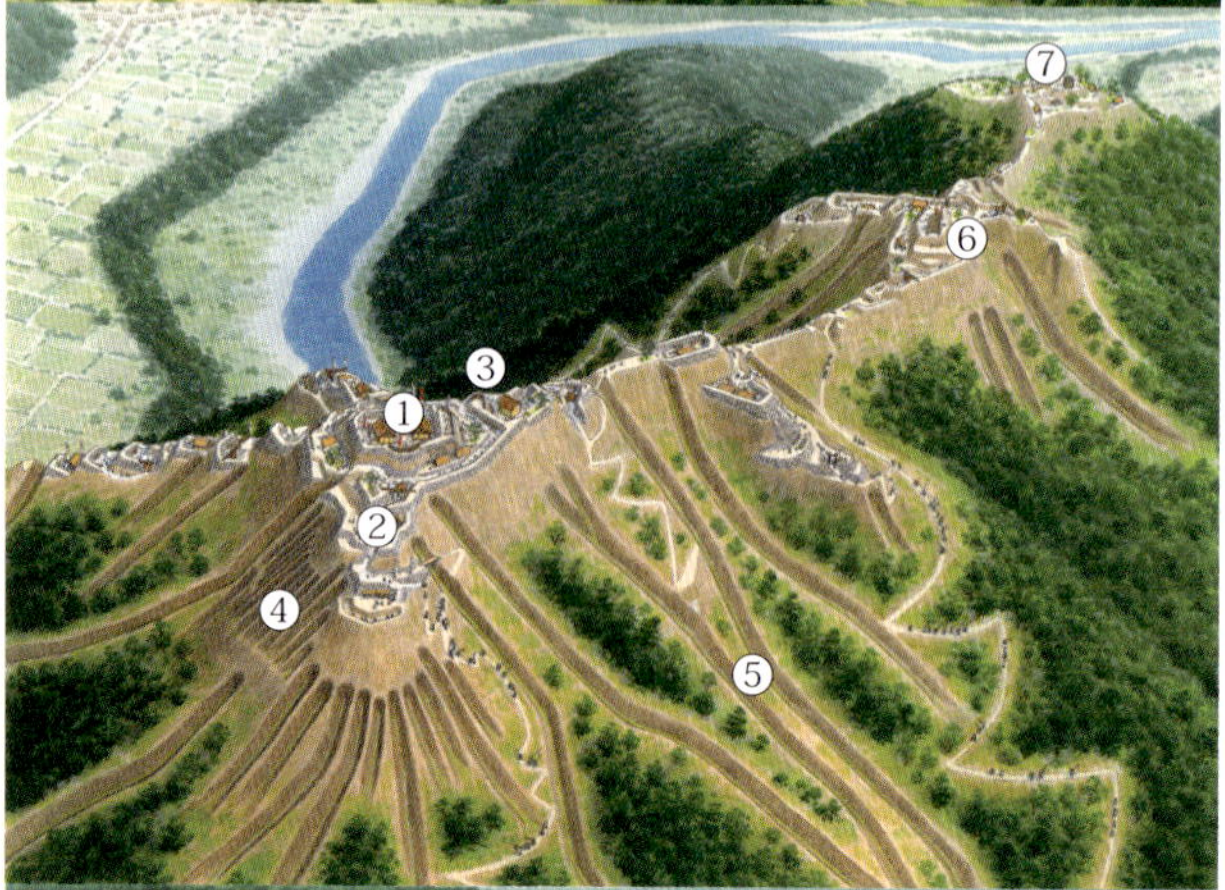

①主郭。内藤氏の陣屋が建っている。②尾根上の曲輪群は堡塁と虎口が連鎖するような縄張りとなっている。③伝「土蔵」。発掘調査で実際に蔵の跡が見つかっている。④南関東では珍しい畝状竪堀群。⑤山腹を刻む長大な竪堀はこの城の特徴。⑥伝飯縄曲輪。⑦出丸（伝鷹射場）は最低限の造作で済ませてある。

①普請途中の天守台。②秀吉の御殿が建つ本丸。③二の丸から本丸への虎口は内枡形と外枡形を組み合わせた厳重な形態となっている。④普請の続く二の丸。⑤南から城内に入る通路も枡形虎口を連鎖させて厳重に防備している。⑥主要な虎口には渡櫓門が建てられていたらしい。⑦井戸曲輪。⑧一般将兵の小屋を建てるため、周囲の伐採が始まっている。

神奈川中世城郭図鑑

図説 日本の城郭シリーズ 1

西股総生・松岡 進・田嶌貴久美

戎光祥出版

まえがき

神奈川県下には４００箇所ほどの城が知られているが、それらのほとんどは壮麗な高石垣も天守ももたない、土造りの中世戦国期城郭である。中には、小机城や津久井城のように雄大な遺構を今に伝えるものもあるが、わずかばかりの遺構をかろうじて保っているような城も少なくない。廃城後、幾百年をへるうちに土塁は崩され、堀は埋まり、今では民家の裏手に申し訳ていどの土塁が、あるいは、畠の片隅にかすかな窪みと化した堀が、打ち捨てられたように残っていたりするのである。

遺構が完全に地表から姿を消してしまった城や、所在そのものがわからなくなってしまったような城すら、珍しくない。かと思えば、土塁や堀などは見事に残っているにもかかわらず、史料に記載がないために、地元の人たちにすら忘れ去られてしまったような城もある。しかし、そうした城だって、かつては歴史に名を残さない武将たちが知恵をしぼって築き、無名の兵士たちが命がけでしがみつこうとした拠り所にちがいないのだ。

本書の著者である西股総生・松岡進・田嶌貴久美の三人は、縄張り図を描きながら、それをもとに城のことを考える民間の研究グループ、中世城郭研究会に属して活動してきた。研究会の例会や合宿などでは、どうしても多くの会員が踏査・作図を希望するようなよい城、つまりは遺構がよく残っていたり、縄張りがすぐれていたり、歴史的に著名だったりする城を訪れる機会が多くなる。けれどもその一方で、研究を続けていると失われつつある城や無名の城も、どうしたって視野の隅に入ってくる。

そこでわれわれ三人は、そうした地味な城にも目を向けるべく、研究会の例会などとは別に、ときどき集まっては「地回りの会」と称して、首都圏の地味な城を踏査・作図してきた。三人とも、この活動を通じて城への理解がそれぞれに深まり、自分たちの研究に資するところ大ではあったのだが、それと併行して自分たちの活動の成果を、何とかまとめて世に問うことはできないだろうか、と考えるようになった。

こうして、改めて三人の調査成果を持ち寄ってみると、神奈川の城の大半はカバーできることがわかった。そうであるなら、神奈川の城の縄張り図を集成して資料的価値を持たせるとともに、城に興味を持つ一般の人たちにも利用できるような形にまとめることは、できないだろうか。こう考えていたところに、縁あって戎光祥出版が協力を申し出てくれて、そうしてできあがったのが、この本だ。

この本には、神奈川の城の中から、何らかの形で遺構が残っていたり、あるいは遺構そのものは残っていなくとも、地形や景観から城のあり方を考える手がかりを得られそうな１００城を選んで収録することとした。中には、諸般の事情から、現在では城域内の大半が立ち入り規制されているような城もあるが、縄張り図集成としての資料的価値を考慮して、あえて図を掲載することとした。結果として、神奈川県下において現段階で提示できる縄張り図は、ほぼすべて掲載することができた、と自負している。

読者の皆さんはぜひ、本書を携えて神奈川の城を歩いてみてほしい。無名な城、忘れ去られた城もまた、有名な城や壮大な城と同じように、数百年前からそこに存在してきたという事実を肌で感じることができるであろう。その先にはきっと、城歩きの奥深い、尽きることのない魅力が待っている。

〈執筆者を代表して・西股記す〉

目次

「土の城」の主な構成要素

空堀（からぼり）　小机城

空堀　小田原城小峯曲輪

土塁　上矢部城

曲輪を囲む土塁（どるい）　小田原城小峯御鐘ノ台

曲輪の内部　大庭城

曲輪（くるわ）　丸山城

石垣（いしがき） 石垣山城

虎口（こぐち・城の出入口のこと） 早川城

神奈川県城郭分布図

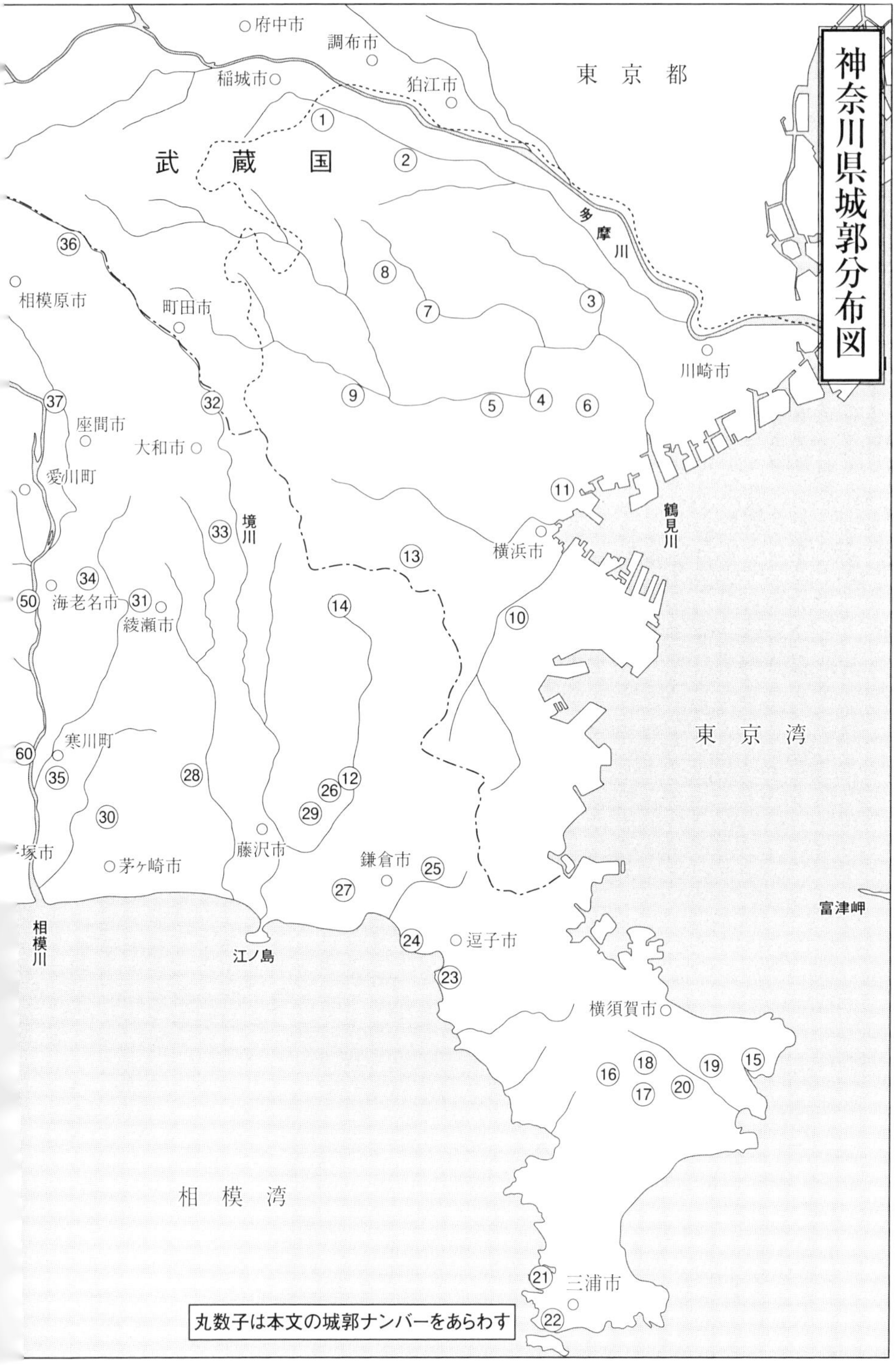

丸数子は本文の城郭ナンバーをあらわす

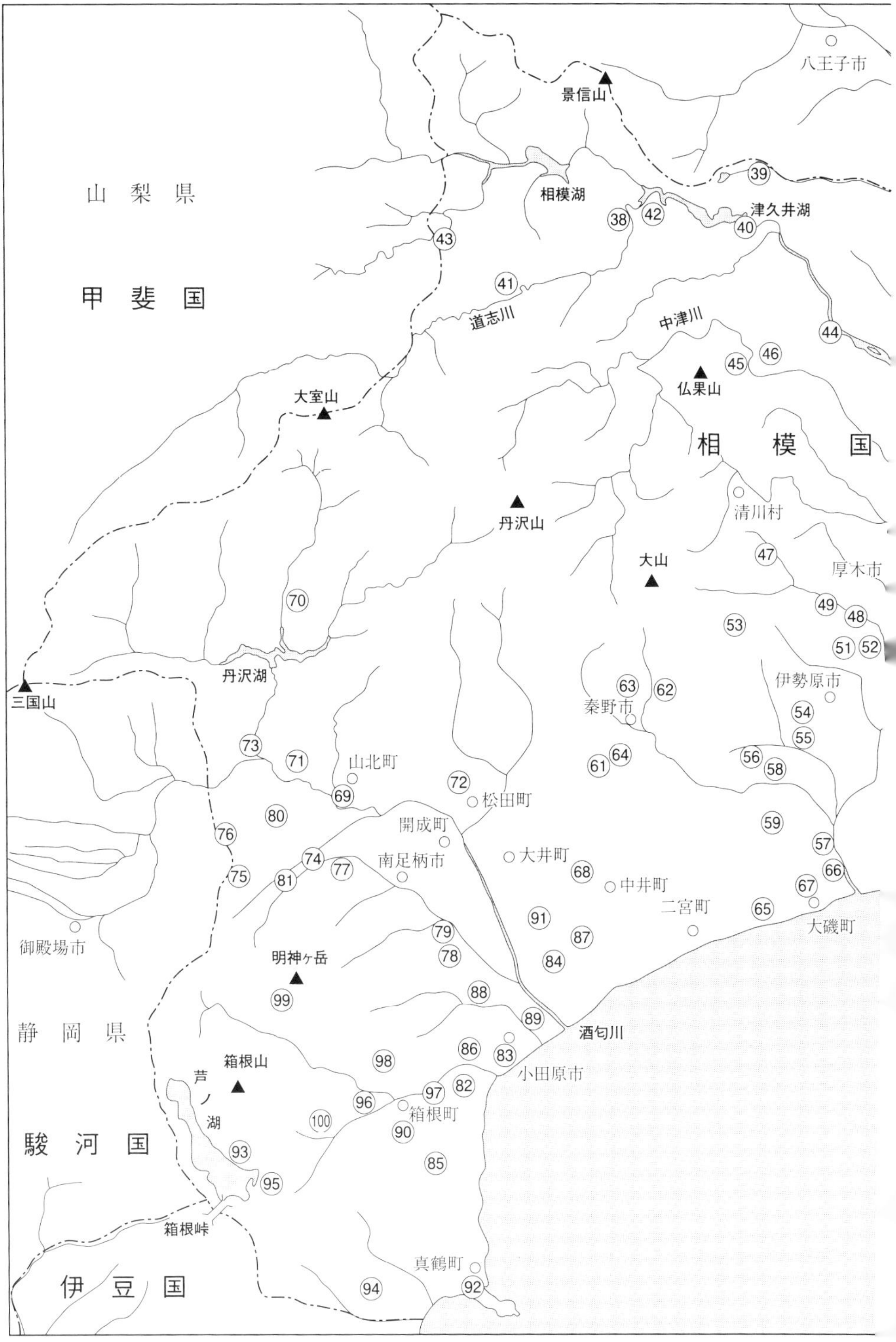

山梨県
甲斐国
景信山
八王子市
相模湖
39
津久井湖
38
42
40
43
41
道志川
中津川
44
45
46
仏果山
大室山
相模国
清川村
丹沢山
大山
47
厚木市
70
49
48
53
51
52
丹沢湖
三国山
63
62
伊勢原市
秦野市
54
55
73
71
山北町
61
64
56
58
72
69
松田町
80
開成町
59
76
大井町
57
74
77
南足柄市
68
66
75
81
中井町
67
二宮町
65
大磯町
91
御殿場市
79
87
明神ヶ岳
78
84
99
88
静岡県
89
酒匂川
86
83
箱根山
98
小田原市
芦
湖
82
97
96
箱根町
100
駿河国
90
93
85
95
箱根峠
真鶴町
伊豆国
94
92

凡　例

◎城の名称は、執筆担当者がもっとも適切と判断したものを用いた。したがって、従来慣用的に用いられてきた呼称や、文化財行政上周知されている遺跡名とは異なる場合がある。このため、読者の便宜を考慮し、慣用的に用いられてきた呼称などを、必要に応じて（　）書きで併記した。

◎各城の記事には　①所在地　②地形図　③交通　④おすすめ度　の四項目を付した。中世・戦国期城郭のほとんどは、信頼できる史料から築城者や築城時期を特定できないので、築城者や築城年代、使用時期の項目は設けていない。築城者や年代については、できるだけ担当者の考察を本文中に示すようにした。

◎地形図は国土地理院の1／2万5千を基本とし、既発行分については1／1万の図名も併記した。城の所在地を示すために掲載した地形図は、1／2万5千である。

◎神奈川県下は公共交通機関が発達しているので、交通については電車・バスなどの便を示した。自家用車で訪れる際は経路をよく調べて自己責任でお願いしたいが、道路事情の関係で駐車スペースを確保できない場合は「駐車不可」と記し、城跡に公共の駐車場が設置されている場合にかぎって「駐車場有」と記した。

◎読者が城を訪れる際の目安となるよう、独断で「おすすめ度」を表示した（学術的な意味での城の価値・重要度ではない）。

★★★★＝　いつでも誰でも気軽に訪れることができる。スニーカー履きでもＯＫ。

★★★　＝　城好きなら一度は行ってみたいが、できれば夏場は避けたい。足ごしらえは抜かりなく。

★★＝城歩きに慣れてきた方は冬場を選んでチャレンジしてみよう。服装・装備を整え、地図のご用意も怠りなく。遺構が理解しにくいものも多い。

★＝城歩き・山歩きに慣れた上級者向け。油断すると、遭難の危険あり。単独行動はできるだけ避けること。

☆＝見所は少ないが、気が向いたら立ち寄ってみよう。

◎各城の記事は松岡・田嶌・西股の三人が分担し、本文末に文責を〈　〉で示した。文責は作図者と一致する。なお、記事の書き方や城に対する考え方などは無理に統一していないので、違いは執筆者の個性としてお楽しみいただきたい。

◎主な曲輪には図中に❶・❷・❸の記号を付して、本文の説明もこれに対応させてあるが、これらは単なる説明記号であって、一の曲輪・二の曲輪などを意味しているわけではない。また、❶が主郭を示しているとも限らない。

◎頻用する史料については、以下のように略記した。

『新編武蔵風土記稿』→『新編武蔵』
『新編相模国風土記稿』→『新編相模』
『日本城郭全集10』→『全集』
『日本城郭大系6・神奈川』→『大系』
『図説中世城郭事典一』→『事典』
『神奈川県史・資料編』→『県史・資』
『戦国遺文・後北条氏編』→『戦・北』

神奈川の中世・戦国時代

■公方《くぼう》と管領《かんれい》

神奈川県は、旧国名でいうと相模および武蔵の南部から成っている。平安後期になると、東国各地には在地領主的な武士団が成長してくるが、相模では西部の土肥《とい》氏や波多野《はたの》氏、中部の大庭《おおば》氏や渋谷氏、東部の三浦氏一族が有力であった。

治承四年（一一八〇）に伊豆で反平氏の兵を挙げた源頼朝は、土肥氏や三浦氏の支持を受け、いったんは大庭景親の率いる討伐軍に石橋山の合戦で敗れるものの、房総に渡ってほどなく勢力を盛り返し、その年のうちに鎌倉を本拠とする軍事政権の樹立を宣言した。いわゆる、鎌倉幕府である。

やがて幕府の実権を握った執権《しっけん》北条氏は、政権のお膝元地域に有力な対抗勢力が存在することを嫌って、有力武士団を排除していった。それゆえ、相模・武蔵地域には大きな勢力が育たなかった。

元弘三年（一三三三）、後醍醐《ごだいご》天皇に同調して上野で挙兵した新田義貞は、鎌倉に攻め入って幕府を滅ぼした。これ以降、南北朝の内乱は錯綜した展開を見せていくが、暦応元年（一三三八）に北朝から征夷《せいい》大将軍に任じられた足利尊氏は、子の義詮《よしあきら》や基氏《もとうじ》を鎌倉に置くことで、関東の押さえとした。これが鎌倉公方の始まりである。

こうして室町時代の関東は、足利将軍家の子弟が鎌倉公方となり、関東管領の上杉氏がこれを補佐する形で統治されることになった。これを〝鎌倉府体制〟と呼ぶが、実際には、代々の公方がしばしば自ら京の将軍に取って代わる野心を抱き、補佐役であると同時に目付役でもあった管領と対立していった。

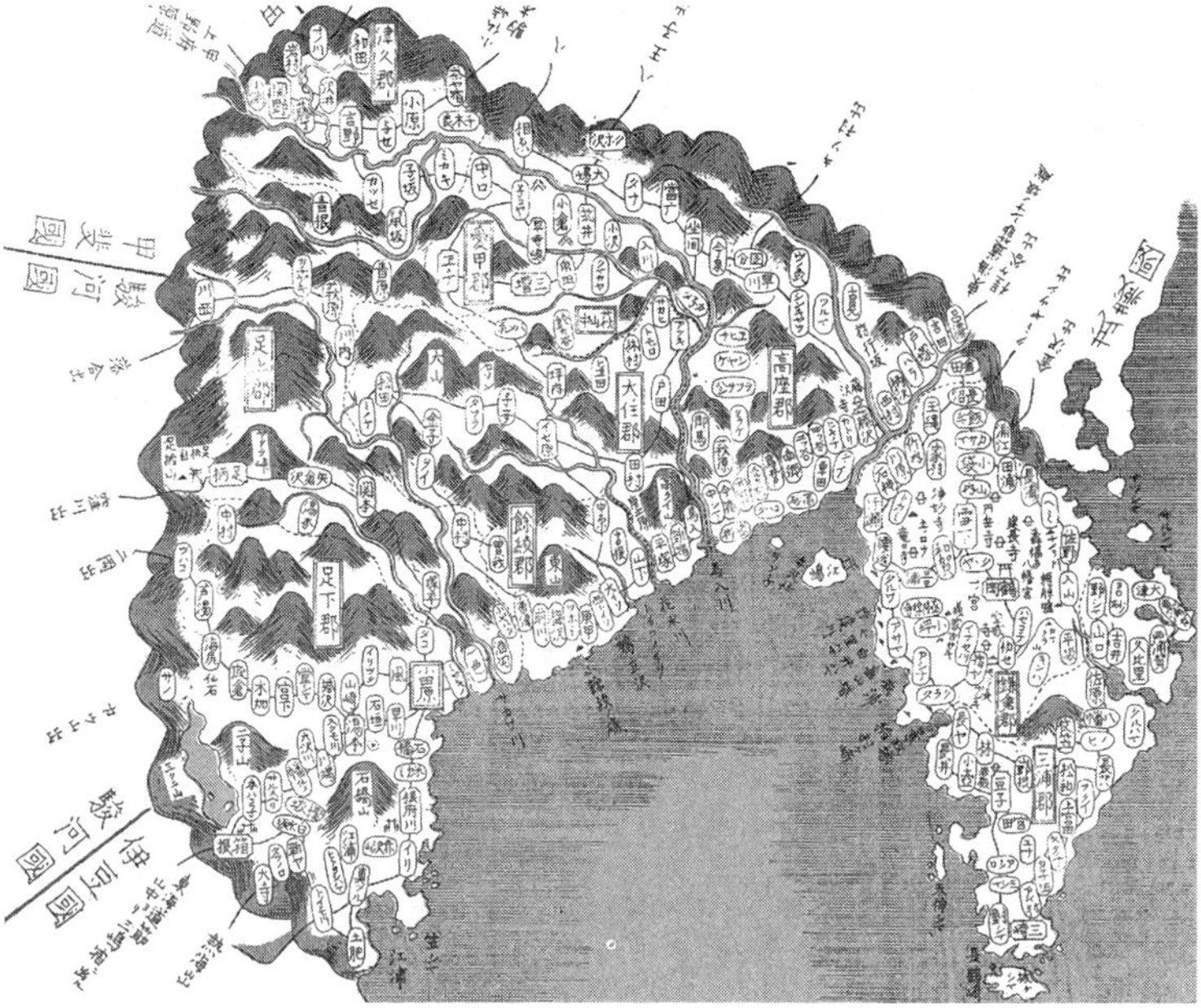

「相模国絵図」

また、越後守護の上杉氏（管領上杉氏と同族）、甲斐守護の武田氏、駿河守護の今川氏は、鎌倉公方に対する抑えとしての役目を担っていた。戦国時代における関東の情勢が、越後・甲斐・駿河と密接にかかわって展開していく下地は、ここに生じているのである。

永享十年（一四三八）、強圧的な態度を取りつづける六代将軍の義教《よしのり》に対して、野心的だった鎌倉公方の持氏《もちうじ》がついに暴発するに至った（永享の乱）。幕府側の追討軍が関東に向かうと、管領の上杉憲実は持氏を攻めて自害させたが、同十二年には常陸の結城氏が、持氏の遺児である春王・安王を奉じて挙兵した（結城合戦）。この挙兵はほどなく鎮圧されたものの、春王・安王の弟である成氏《しげうじ》が公方を継いだため、火種が残ることとなった。

■乱世の幕開け

享徳三年（一四五四）、公方の成氏が管領の上杉憲忠を謀殺すると、とうとう鎌倉公方と関東管領との全面戦争が始まる（享徳の大乱）。こうして、上方における応仁の乱より一足早く、関東地方は戦国乱世へと突入することになる。

常陸や下野に支持勢力をもつ公方成氏は鎌倉を捨てて

伊勢宗瑞像

下総の古河に入り、これより〝古河公方〟と呼ばれるが、この戦いは公方軍と管領軍との勢力が拮抗していたために容易に決着がつかず、戦局は泥沼化していった。

　その結果、利根川を挟んで東側が古河公方の勢力圏、西側が管領上杉氏の勢力圏というように、関東は東西に二分されてしまった。この状況を憂慮した八代将軍の義政は、弟の政知《まさとも》を新しい鎌倉公方とするべく下向させたものの、政知は関東に入ることができず、伊豆の堀越に居着いて堀越《ほりごえ》公方《くぼう》と呼ばれた。

　一方、上杉氏の庶家にして相模守護であった扇谷《おうぎがやつ》家《け》では、家宰《かさい》の太田道真《どうしん》・道灌《どうかん》父子が戦争状況を巧みに利用し、江戸城や河越城を起点にして、勢力を扶植していったのである。

　こうしたさなかの文明八年（一四七六）には、長尾景《かげ》春《はる》の乱（視点3「長尾景春の乱と城郭」参照）が起こった。景春の叛乱は足かけ四年をへて鎮圧されるのだが、景春と古河公方成氏との連携に苦しめられた管領側が、両者の連携を断つ苦肉の策として、成氏を正式な公方と認めるよう幕府に働きかけたため、堀越公方の存在は宙に浮いてしまった。

　また、乱の鎮定に功のあった道灌が、景春方勢力の所領を大量に没収したため、武蔵の南半は事実上、扇谷家の勢力圏に組み込まれ、関東地方には古河公方・山内《やまのうち》家《け》・扇谷家の不安定な鼎立《ていりつ》状態が現出した。

　扇谷家の勢力拡大にひた走る道灌は、管領の山内顕定や扇谷家の当主である定正から危険視され、ついには定正によって謀殺されてしまう。ところが、結果的には道灌の死が発火点となって、長享元年（一四八七）には山内家と扇谷家との武力衝突が起きる。

　長享の乱と呼ばれるこの戦いは、永正二年（一五〇五）には両家の和睦によって収束したものの、翌三年になると今度は古河公方家で内紛が生じ、これが飛び火する形となって、両上杉家の抗争も再燃する（永正の乱）。

■戦国大名・後北条氏の抬頭

このような混沌とした状況を背景として勢力を伸ばしてきたのが、伊勢宗瑞《いせそうずい》（北条早雲《ほうじょうそううん》）である。今川家の内紛に乗じて頭角をあらわした宗瑞は、京都での政変と連動する形で堀越公方を継いでいた茶々丸《ちゃちゃまる》を滅ぼし、伊豆を事実上の支配下に収めていった。

また、長享の乱に際して宗瑞は、今川氏の部将として扇谷家を支援し相模進出の地歩を得ていったが、永正の乱が泥沼化して扇谷家の勢力が衰えたのを見ると、相模を蚕食するにいたった。すなわち、永正九年（一五一二）には〈54〉岡崎城を攻略し、扇谷軍の来援を阻止しながら三浦義同《よしあつ》（道寸）を根気よく三浦半島に圧迫していった。同十三年に義同が〈21〉新井城で滅ぶと、相模のほぼ全域は宗瑞の支配下に入ることとなった。

北条氏康像

宗瑞のあとを継いで小田原に本拠を据えた氏綱《うじつな》は、名字を伊勢から北条へかえるとともに、鶴岡八幡宮の再建に努め、また、有名な虎の印判状《いんばんじょう》を創始して領国支配の基礎を固めた。その一方で、戦争・謀略・外交を巧みに使い分けながら甲斐の武田信虎と渡り合い、里見氏・上総武田氏などの敵対勢力を弱体化させていった。そして、大永四年（一五二四）に扇谷家の最重要拠点だった江戸城を、天文六年（一五三七）には河越城を奪取して、再三におよぶ扇谷軍の反攻をはね返しつづけた。

後北条氏第三代の当主となった氏康《うじやす》は、天文十五年（一五四六）の河越夜戦で古河公方・山内家・扇谷家の連合軍に大勝した。かつて相模守護だった扇谷家は、この戦いで当主の朝定《ともさだ》を失って事実上滅亡し、古河公方の権威は失墜して氏康の傀儡《かいらい》となっていった。余勢を駆った氏康は、同二十一年（一五五二）には関東管領の山内憲政を越後へと逐い、甲斐の武田信玄、駿河の今川義元との間に、いわゆる三国同盟を締結して後顧の憂いを絶った。

また、永禄二年（一五五九）には、家臣らの知行台帳である『北条氏所領役帳』を編纂するなど内治に力を注ぎつつ、家督を氏政《うじまさ》に譲って政治や外交を後見した。こうして後北条氏による相模・武蔵の支配は安定するかに見えたが、永禄三年（一五六〇）から翌四年にかけて山内憲政《のりまさ》を奉じた長尾景虎《かげとら》（上杉謙信《けんしん》）が関東に侵攻し、小田原に迫ることとなった。

こののち、関東侵攻を繰り返す謙信が再び南武蔵や相模を犯すことはなかったが、永禄十二年（一五六九）に入ると、今度は武田信玄《しんげん》が関東に侵攻し、武蔵・相模を徹底的に蹂躙《じゅうりん》して小田原城下も灰燼《かいじん》に帰した。この戦いは、前年に信玄が今川領に侵攻して三国同盟が破綻し、後北条氏が今川氏真を支援して信玄と敵対したことによるものだった。

氏康・氏政父子は「敵の敵は味方」というセオリーから、一時的に謙信と和を結んだが（越相一和）、この同盟はさほど有効には機能せず、元亀二年（一五七一）に氏康が死去したのを機に、氏政は謙信と手を切って再び信玄と結ぶこととなった。

■後北条氏の覇権と終焉

これ以降、後北条氏の主戦場は北武蔵から北関東一帯となり、相模・南武蔵は比較的安定した支配がつづいた。江戸湾に面した地域は里見水軍の襲撃に見舞われることもあったが、天正五年（一五七七）には里見氏が事実上、氏政に屈服したため、これもおさまった。

天正七年（一五七九）になると、越後御館《おたて》の乱への対応をめぐって氏政は武田勝頼《かつより》と対立することとなり、北関東や駿豆国境では再び戦端が開かれたものの、相模・南武蔵はあまりその影響を受けなかった。

勝頼が同十年（一五八二）に織田信長に滅ぼされ、その織田信長も直後に本能寺で倒れると、氏政から家督を譲られた氏直と、徳川家康とが武田氏の旧領を争うこととなった（天正壬午の乱）。

結局は上野を氏直が、甲斐・信濃・駿河を家康が切り取り次第とする条件で、講和にいたる。徳川氏と結んだことで、後北条氏は後顧の憂いなく北関東経略に全力を投入できるようになった。

ところが、天正十四年（一五八六）頃から豊臣政権との関係が悪化しはじめ（視点4「小田原の役の実像」参照）、氏直は全面戦争に備えた大がかりな動員態勢を整えていくこととなる。

同十八年（一五九〇）三月には、ついに豊臣秀吉の大軍が関東に侵攻して〈83〉小田原城を攻囲し、後北条氏領内の諸城も次々に陥落していった。六月には氏直が城を出て秀吉に降伏し、主戦派であった氏政らも切腹を命ぜられて、五代百年にわたり関東に覇を唱えた後北条氏も、ついに滅亡したのである。

後北条氏の旧領は徳川家康の占領統治に委ねられて、相模・武蔵は徳川氏の家臣たちが知行するところとなった。後北条氏旧臣の中には、徳川氏やほかの大名に召し抱えられる者もあったが、土着して郷士や農民となる者も多かった。

こうして改めて書き出してみると、戦国時代だから当たり前といえば当たり前だが、一六世紀の関東地方は、ほんとうに戦いに明け暮れていたことがわかる。本書で紹介するたくさんの城は、こうした戦いの中で築かれたものだ。したがって、これらの城は、人々の生活や領域支配の場である以前に、まずもって敵を防ぐための施設であった。

それらは、領域の中心や経済活動の結節点ではなく、戦争のために必要と考えられた場所に築かれた軍事施設にほかならなかったのである。

〈西股〉

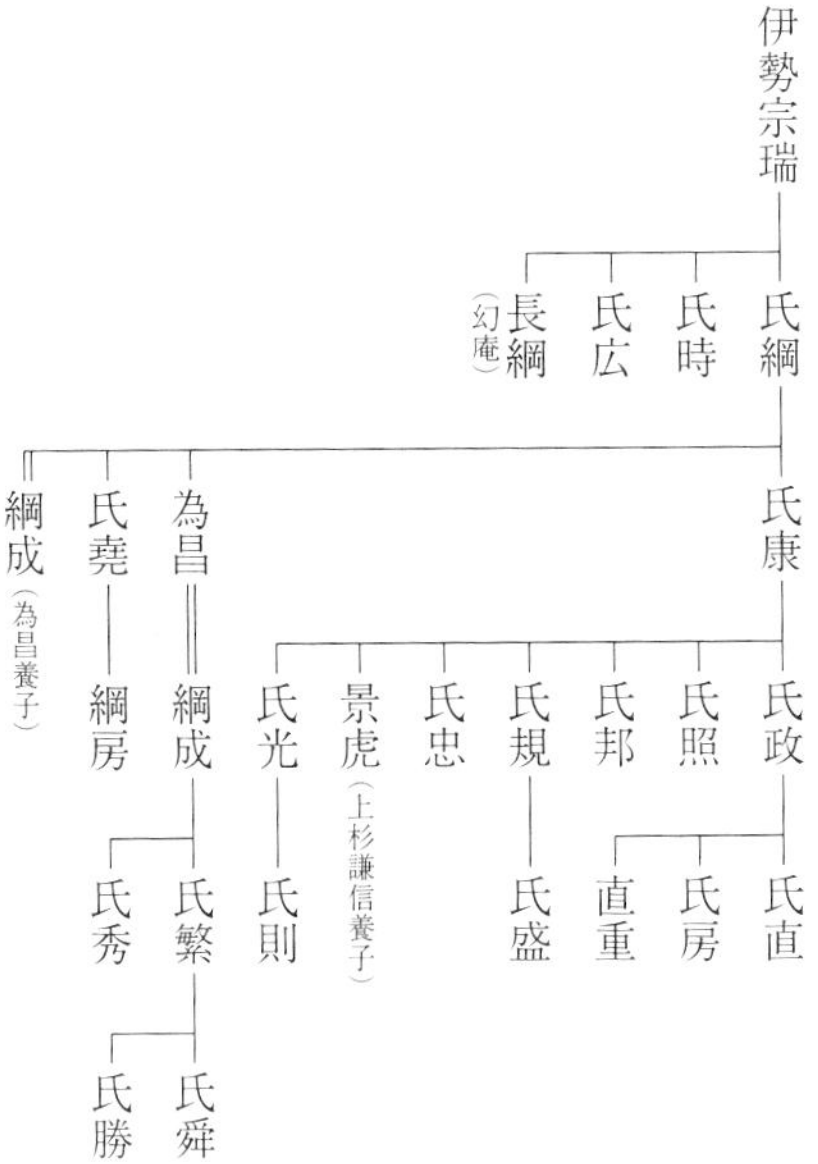

後北条氏略系図

神奈川の城郭概要

■神奈川の城はブサイクが多い？

この本を手にとってくれた読者を、いきなりがっかりさせるようで恐縮なのだが、城郭を研究する者の間では「神奈川には良い城が少ない」と言われることがある。横浜市出身の筆者は、以前からこの言葉を聞くたびにわずかばかりの憤念を覚えたものだが、近年、千葉県北西部の柏市に居を移し、周辺の城郭を見て回ると、その認識はなかなか正鵠《せいこく》を射ていると言わざるをえない。

両市を比較すると、柏市の城で比較的残りが良いものは、増尾城・松ヶ崎城・戸張城・箕輪城・高野館・幸谷城といったところであろうか。筆者の居所は柏市の南端なので、徒歩圏内には松戸市の小金城や根木内城のほか、流山市の前ヶ崎城も近い。これらの諸城は、下総の有力国衆《くにしゅう》・高城氏の本拠だった小金城や根木内城以外は、県下においては「ありきたりの城」と言って良く、総じて文献史料にも恵まれていない。ところが、横浜市にはその「ありきたりの城」ですら少ないのだ。

横浜市内で同じように比較的残りの良い城を挙げると、〈5〉小机城・〈7〉茅ヶ崎城・〈9〉榎下城・〈8〉荏田城・〈4〉篠原城などで、わずか五城だ。柏、松戸、流山三市の合計面積は横浜市の半分にも満たないにもかかわらず、である。

■著しく偏る「良い城」の分布

しかしながら、この本を読み進めればわかるのだが、神奈川県にも「良い城」はある。例えば三浦市の〈21〉新井城・〈22〉三崎城。西に目を移せば〈40〉津久井城・

〈75〉足柄城・〈69〉河村城……、もちろん、〈83〉小田原城もすばらしい城郭である。

ここで分布図（8～9頁）を注意深く見ていただきたい。そう、良い城は戦国期における後北条氏領国の「境目」、つまり境界域に多いのだ。

西の津久井城、足柄城、河村城などは駿河や甲斐に隣接し、新井城、三崎城のある三浦半島は浦賀水道を挟んで房総半島と接している。そもそも先に挙げた横浜の比較的良い城である五城郭も、すべて横浜市北部にある。この多摩川から鶴見川流域は、中世では武蔵国南端に位置し、江戸城が後北条氏の勢力下に置かれるまで長く「境目」であった。

この著しい分布の偏りは、従来、神奈川県域の大部分が後北条氏によって早期に平定され、そののち比較的支配が安定していたため、新たに城を改修したりつくったりする必要性がなく、よって「良い城が少ない」結果になったと説明されてきた。

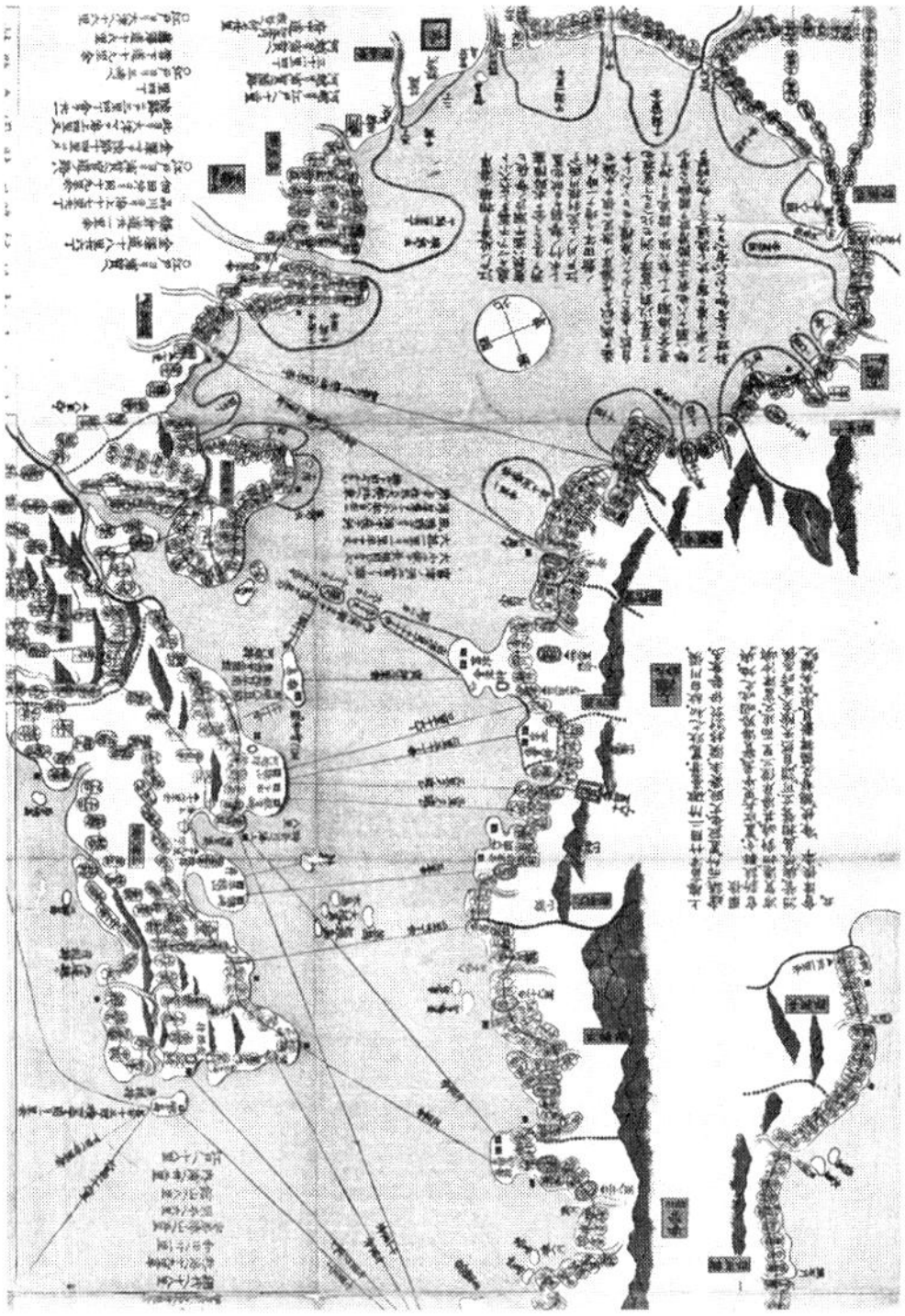
江戸時代の東京湾岸地図　向かって右が房総半島、左が三浦半島で、絵図上部は現在の東京である

確かに柏市周辺でも、当地を支配していた高城氏をはじめとする下総・上総の国衆は、里見氏と後北条氏らの大勢力間で厳しい生き残り戦略を戦国時代後半まで強いられており、結果、発達した縄張りを持つ城を多く残したと考えて矛盾はない。従来の説明は、概ね正しいと言えるのではないか。

また、近年における城郭研究の進展のなかで、城郭の年代観が論議の対象となり、単純から複雑へという縄張りの発展に疑問符が付けられた、と指摘される事もあるが、神奈川県の状況を見る限り、大して疑問符は付いていないと言って良い。国境にある発達した縄張りを持つ城の多くは、戦国末期まで機能していたことが史料の上からも裏付けられているからだ。

■「良い城」とは

さて、ここまで読まれた方の中には「何をもって良い城とするのか」と、疑問を持つ方もおられるだろう。ざっと言うと、土塁や堀が大規模、曲輪の輪郭が明確、横矢《よこや》掛《が》かりや虎口などに複雑な工夫をこらしている——そんな城をわれわれは「良い城」とする。

広い城でも、遺構が不鮮明で虎口も単純、明確な横矢掛りもなく特徴のない曲輪が並ぶ〈54〉岡崎城などは、筆者はあまり良い城に感じない。すると、今度は「感じるとは何か。もっと客観的に説明はできないのか」と、叱られるかもしれない。もちろん、こまごまと説明することも可能なのだが、突き詰めて言ってしまえば、その城を良い城に思えないというのは観察者（この場合は筆者）の〝感覚〟である。

しかし、考古学とはこのようなものなのだ。例えば土器の説明で、専門用語を多用してこまごまと書かれたところで、実測図と文章のみから、素人がその土器を理解するのは困難であろう。研究者たちは、土器をただ見るだけではなく、幾百幾千と自分の指で舐めるように触れ、実測図を描き続けた末に会得した〝感覚〟によって判断しているからである。たとえ幾万の土器を見ようとも、ただ見ただけでは、土器形式の細かな違いを実測図から判断することなど、不可能と言っていい。

城の縄張りを分析する手続きも、基本的には土器の実測とよく似ている。つまり、城跡をただ見て回るだけではなく、一日中、時には数日かけて舐めるように歩測し、図面を描く作業を繰り返すことによって、われわれ研究者は城に対する〝感覚〟を養っていく。

本書の中には、しばしばそうした研究者の〝感覚〟に基づいた記述が出てくるので、読者は少々とまどうかもしれない。けれども、われわれと同じように丹念に城を歩くことを続けてゆけば、いずれ本書で見落としていた遺構や、本書とは違った新たなる見解を、皆さんもいつか見出すことができるであろう。

〈田嶌〉

神奈川の１００城

武蔵府中防衛の要衝に築かれた城

1　小沢天神山城《おざわてんじんやまじょう》（小沢城《おざわじょう》）

①所在地　川崎市多摩区菅仙石／東京都稲城市矢野口
②地形図　1／2万5千＝溝口、1／1万＝調布
③交通　京王線京王よみうりランド駅から東へ徒歩15分
④おすすめ度　★★★

【歴史】　鎌倉御家人《ごけにん》の稲毛三郎重成の子・小沢小太郎や、小沢左衛門が城主と伝えるが、定かでない。確実な史料では、正平七年（一三五二）の「高麗経澄軍忠状《こまつねすみぐんちゅうじょう》」※1に、「観応二年（一三五一）に武蔵府中へ攻め寄せた際、小沢城を焼き払った」という記述がある。享禄三年（一五三〇）、北条氏綱が扇谷上杉朝興を破った小沢原合戦の際にも使用された可能性がある。

【現況】　遊歩道がよく整備されていて、歩きやすい。

【解説】　ピークを二つもつ馬の背状の尾根と、その南下の削平地《さくへいち》（削って平らにした場所）群で構成されている。西側のピークAが天神山（小沢峯）、Bが浅間山で、どちらも狭く、斜面も自然のままに見えるが、Aのすぐ西は大きく掘り切られ（C）、北に伸びる支尾根にも堀切Dがある。Bの南に伸びる尾根も、鋭く掘り切られている。主尾根の東側は、いったん落ちて細尾根となり、先で鞍部《あんぶ》（山の尾根がたわんだ場所）Eになる。ここから谷状の地形が北へ下っていて、「切通し」の呼称があり、これも堀切とされている。しかし、主体部と離れているうえ、堀にしては大きすぎるように思える。

　この城のユニークな点は、ピークBの南に続く支尾根上の❶を入念に加工し、事実上の主郭としていることである。まず、堀切に面して大きな櫓台《やぐらだい》状の土塁を設け、周囲を削り立てた壁と

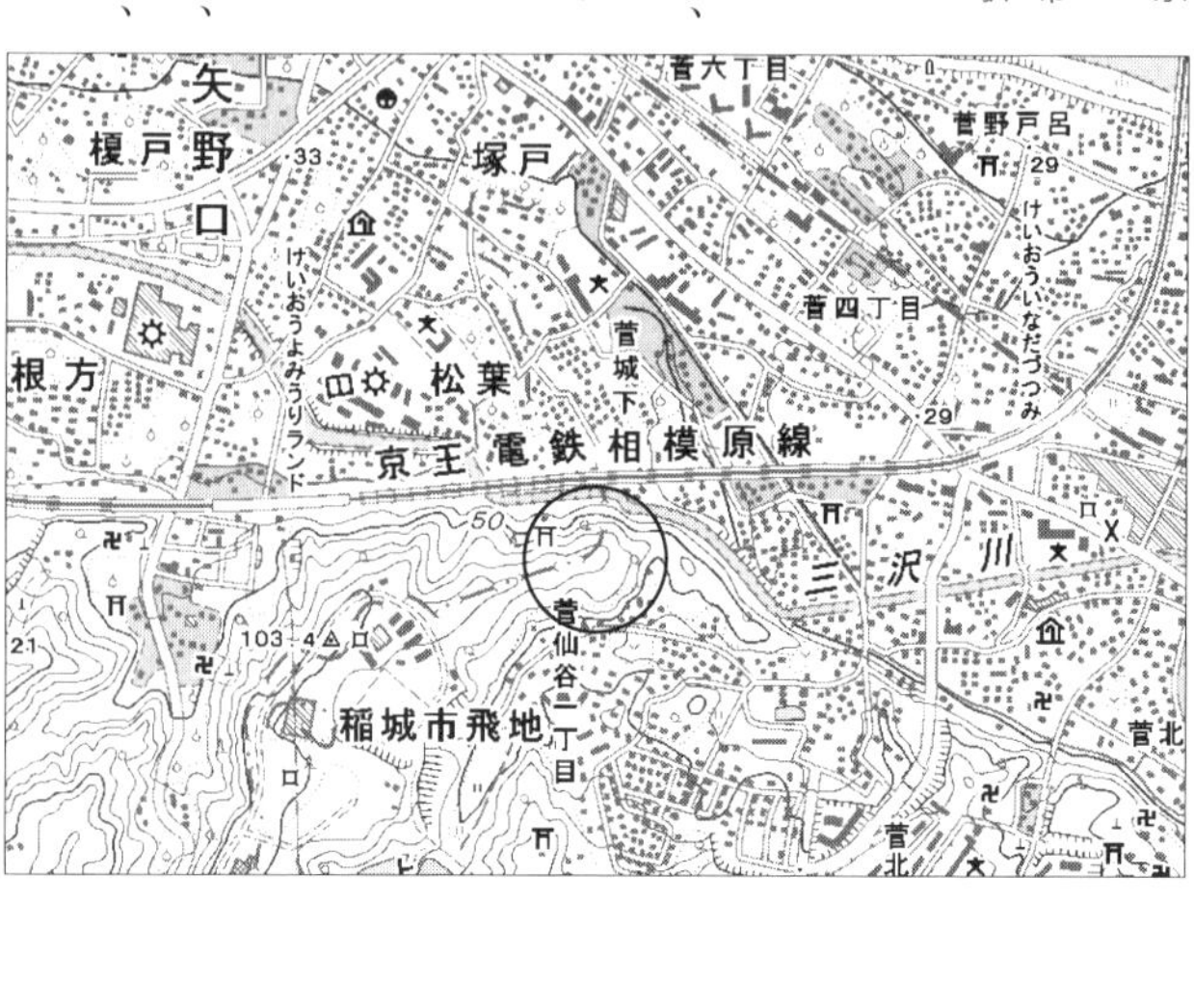

※1　「町田文書」～『県史・資』四一三二号。

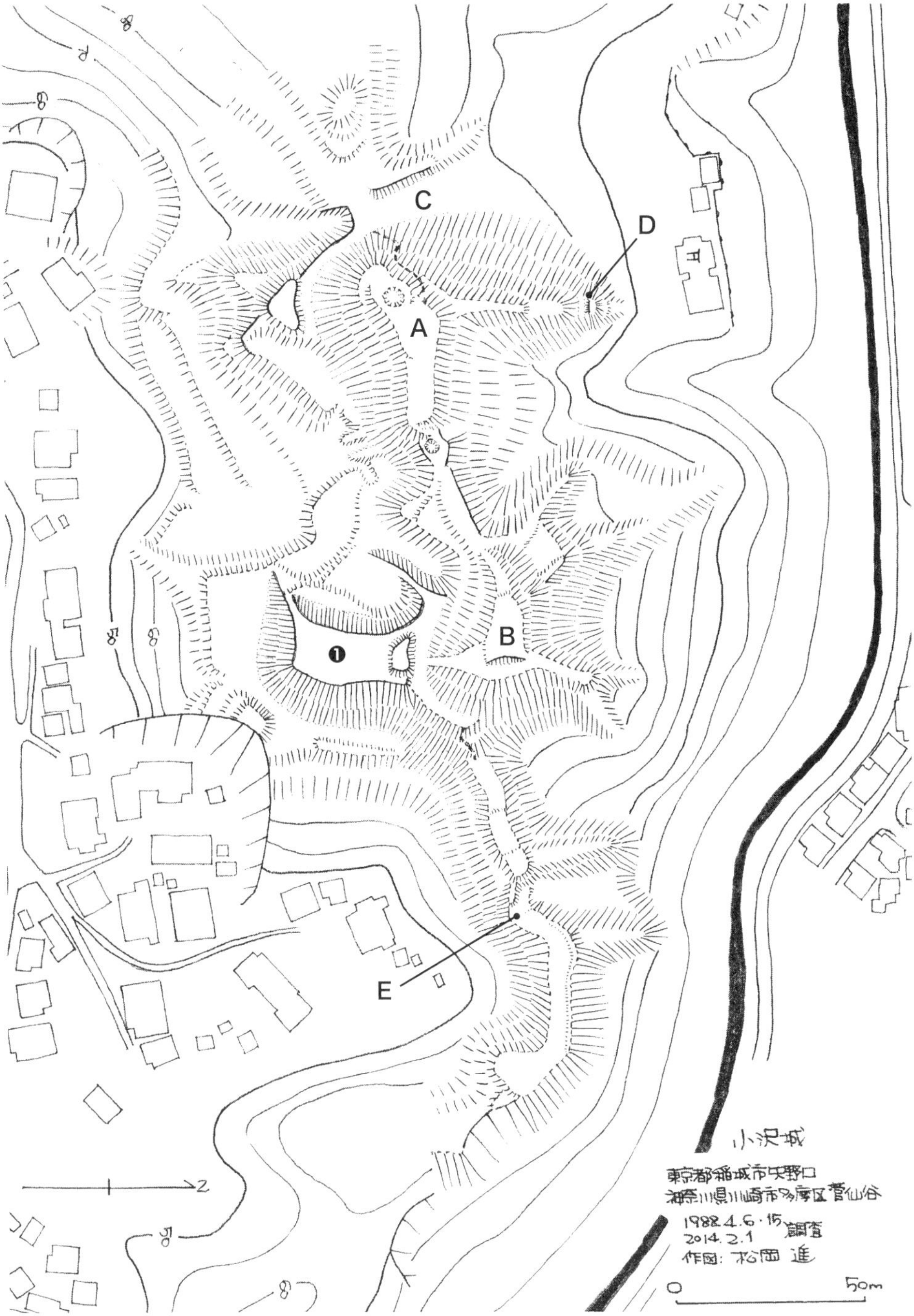
C
D
A
B
❶
E
N
小沢城
東京都稲城市矢野口
神奈川県川崎市多摩区菅仙谷
1988.4.6・15
2014.2.1
調査
作図：松岡 進
0
50m

上：堀切と主郭　下：❶南東の堀切

し、南東に派生する支尾根の付け根に堀切を構える。さらに、東側はこの堀切から続く横堀とし、西側では主尾根に面する側を大きくえぐって堀にしている。

以上のような特徴的なプランから、かつて赤星直忠氏は、山腹中央部をとりたてた「模範的な中世邸館跡」と評価した。[※2] これ以後、山腹を城の中心とする見方が引き継がれている。ただ、ピークＡの北の支尾根に堀切があるように、主尾根を防禦するための普請《ふしん》も行われている。南北朝期の文書で武蔵府中防衛の前線拠点だったことがうかがえるのと合わせ、山上部分の意義も無視できない。全体的に、一六世紀前半までの山城のスタンダードな姿に、もっと近づけて理解してよいのではなかろうか。

【ワンポイント】　城跡の西の谷を通る道が、武蔵府中に至る鎌倉街道中道《なかつみち》と考えられている。最寄駅の京王よみうりランドからは、ジャイアンツ球場の手前まで舗装道路を登り、ここから折れて尾根道に入るのが早い。[※3]

〈松岡〉

※2　赤星直忠『中世考古学の研究』有隣堂（一九八〇）。

※3　京王線またはＪＲ南武線の稲田堤駅から西に向かい、三沢川に沿ってしばらく歩いても、散策路の入口がある。京王稲田堤駅から徒歩15分くらい。

城址碑

多摩川の眺めがよい伝説の城跡

2 枡《ます》形《がた》山《やま》

①所在地　川崎市多摩区枡形六丁目
②地形図　1／2万5千＝溝口、1／1万＝溝口・百合丘
③交通　小田急線向ヶ丘遊園駅から南へ徒歩20分
④おすすめ度　★★★★

【解説】　永正元年（一五〇四）に起きた立河原の合戦に際して、伊勢宗瑞が布陣したことが『松蔭私語《しょういんしご》』などに見える。また、永禄十二年（一五六九）に武田信玄が侵攻した際、当地の土豪である横山弘成が籠城したと『新編武蔵』は伝える。※

枡形山の山頂には平坦面が広がっている

標高84メートル、比高約60メートルの枡形山は、山頂部が屹立していて多摩川の眺望に優れるうえに、山頂部は100メートル四方ほどの広さがある。

しかし、尾根上に埋没した堀切跡らしい箇所がある程度で、明確な城郭遺構を認めることはできない。大きな普請を加えなくても、布陣地や臨時の城砦として利用することは可能だったのであろう。

【ワンポイント】　一帯は生田緑地となっており、周辺には日本民家園や藤子・F・不二雄ミュージアムなどもある。城跡の散策と合わせ、家族連れで楽しむこともできる。〈西股〉

※北麓にある広福寺は、源頼朝の御家人として有名な稲毛三郎重成ゆかりの寺とされる。そのことから、枡形山は稲毛氏の築城との伝承もあるが、附会の域を出ない。

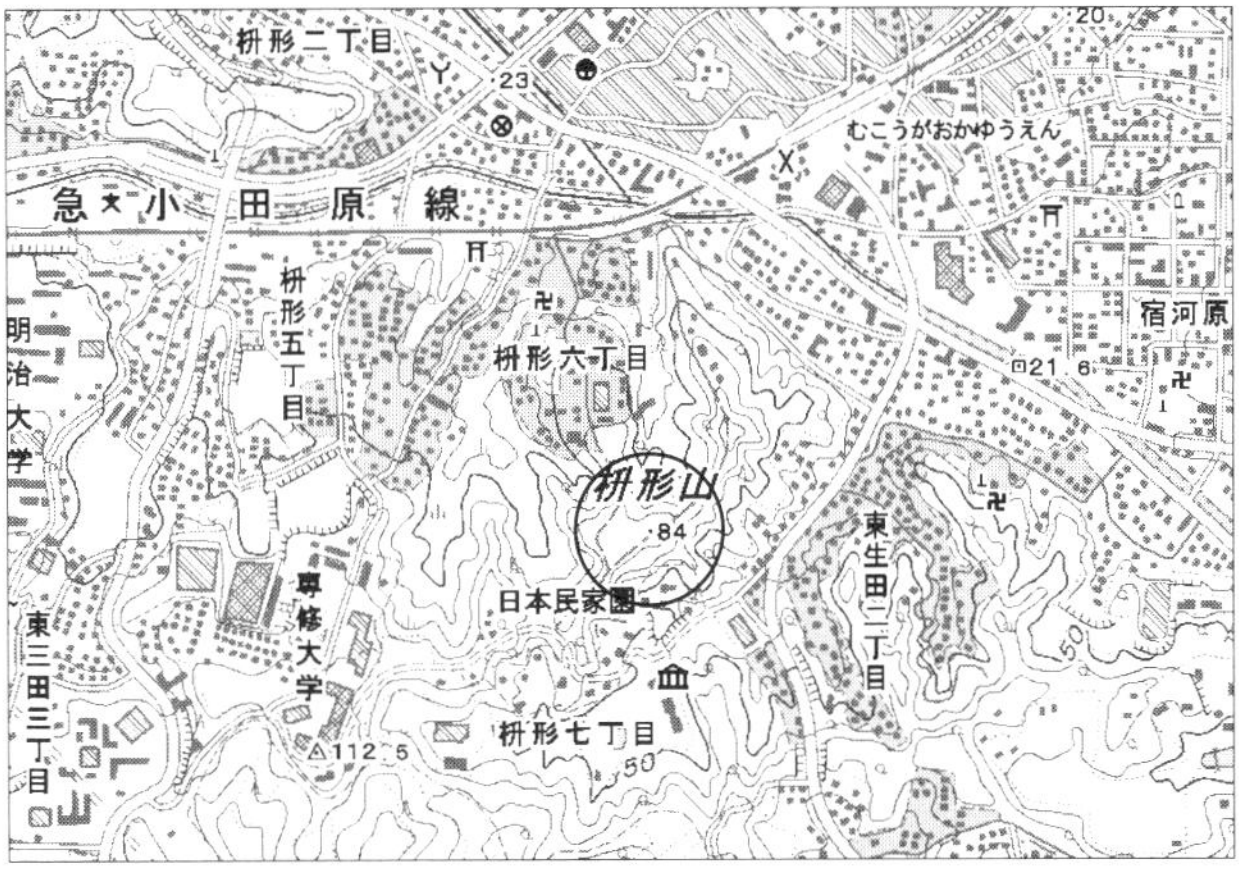

新幹線のトンネル上に残る小城郭

3 矢《や》上《がみ》城《じょう》

①所在地　横浜市港北区日吉四丁目
②地形図　1／2万5千＝川崎、1／1万＝武蔵小杉
③交通　東急東横線日吉駅から東方に徒歩10分、駐車不可
④おすすめ度　☆

【歴史】『新編武蔵』橘樹郡矢上村の条に「旧跡舘跡」として、「中田加賀守が居住した場所だが、村人は祟りを怖れて近づかない」との所伝を載せる。中田加賀守は後北条氏の被官で、小机衆の一員だったことが諸史料から判明するが、当地がその居城であったか否かについては検討を要する。

【現況】城跡は雑木林に覆われており、中田加賀守の石碑が建っている。ただし、現在は慶応大学のアーチェリー練習場の一部となっているため、一般の立ち入りは不可である。※

【解説】矢上川の曲流部に向かって突き出した丘陵の北端にある。城地の標高は28メートル、比高は約20メートルにすぎないが、北方への眺望には優れている。

城は、丘陵北端の南北20×東西15メートルほどの範囲を、幅12メートルの堀切で切り離すことによって成立している。曲輪の周囲には若干の腰曲輪があり、堀切の一部は改変されているものの、東端が竪堀となって斜面を下っていることから、城郭遺構と判断してよいだろう。堀切の南側はアーチェリー場や野球場となっていて旧状を偲ぶべくもないが、明治期の地形図からは明瞭な城郭遺構の存在を読み取ることができない。丘陵の北端部のみを小さく切り取った現存部分の縄張りから判断する限り、もともと単郭式の小城郭であったのだろう。

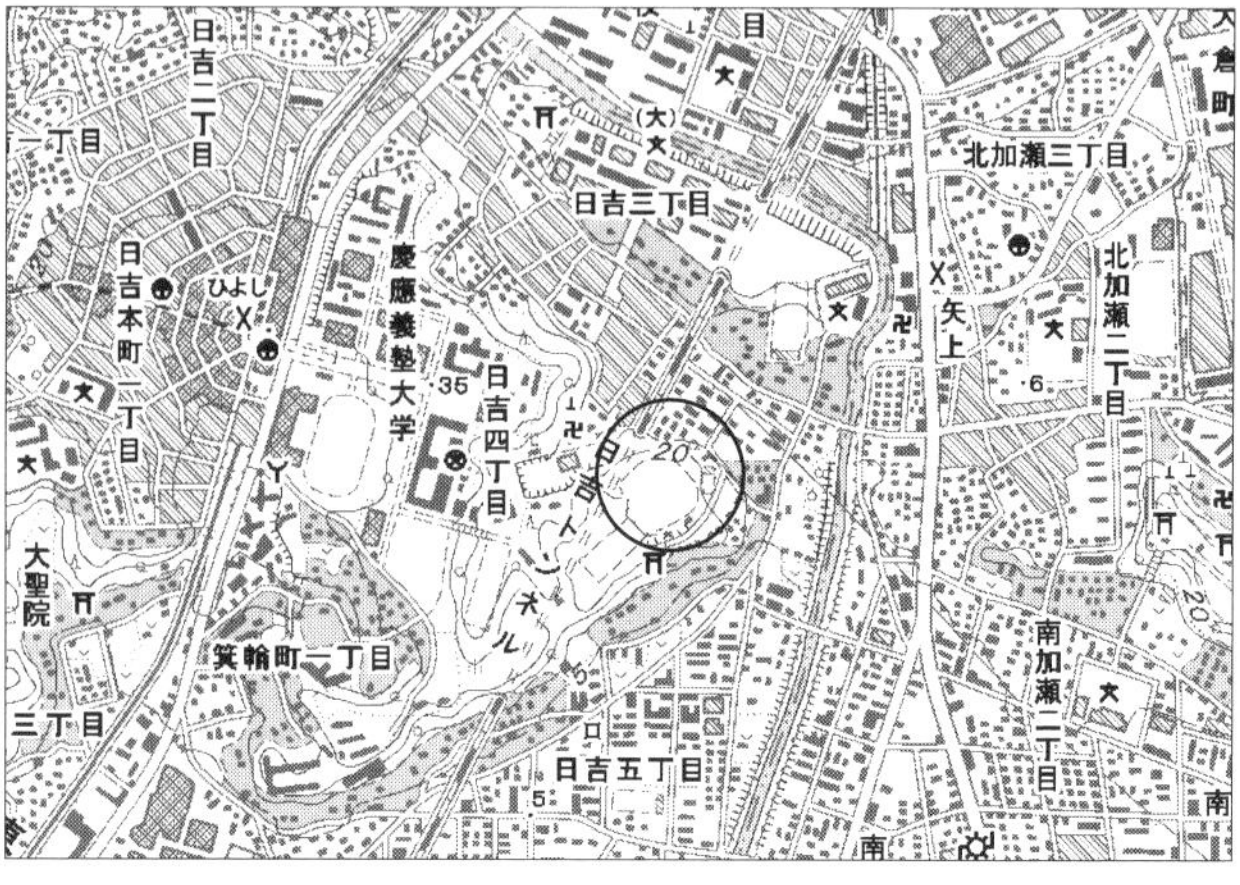

※矢上城は、東京を出た東海道新幹線が最初にくぐるトンネルの上にある。したがって、新幹線の車窓から視認できる最初の城ということになるが、視認の難度は高い。

中田氏の一族は、もともとは江戸湾を往来した商人ともいわれるが、古河公方との関係が深く、江戸城にあった中田修理亮が北条氏政の配下で、古河公方との取り次ぎを勤めていた。修理亮と加賀守との関係は不明だが、加賀守は小机衆中で吏僚的立場にあったらしく、『小田原衆所領役帳』には十五貫四百二十文の知行が記載されている。

　このような立場にあった中田加賀守が独自に城郭を構築し、維持していたとは考えにくい。矢上城も、長享・永正の乱から後北条氏の武蔵進出に至る過程で、矢上川北方や綱島街道への眺望を意識して築城されたのではなかろうか。

【ワンポイント】　城跡へは、慶応大学キャンパスのある日吉台地の北麓を東に進むが、現在は立ち入り禁止のため、麓から見上げるしかない。なお、城の周辺には駐車スペースはない。

〈西股〉

城跡は現在、一般の立ち入りが規制されている

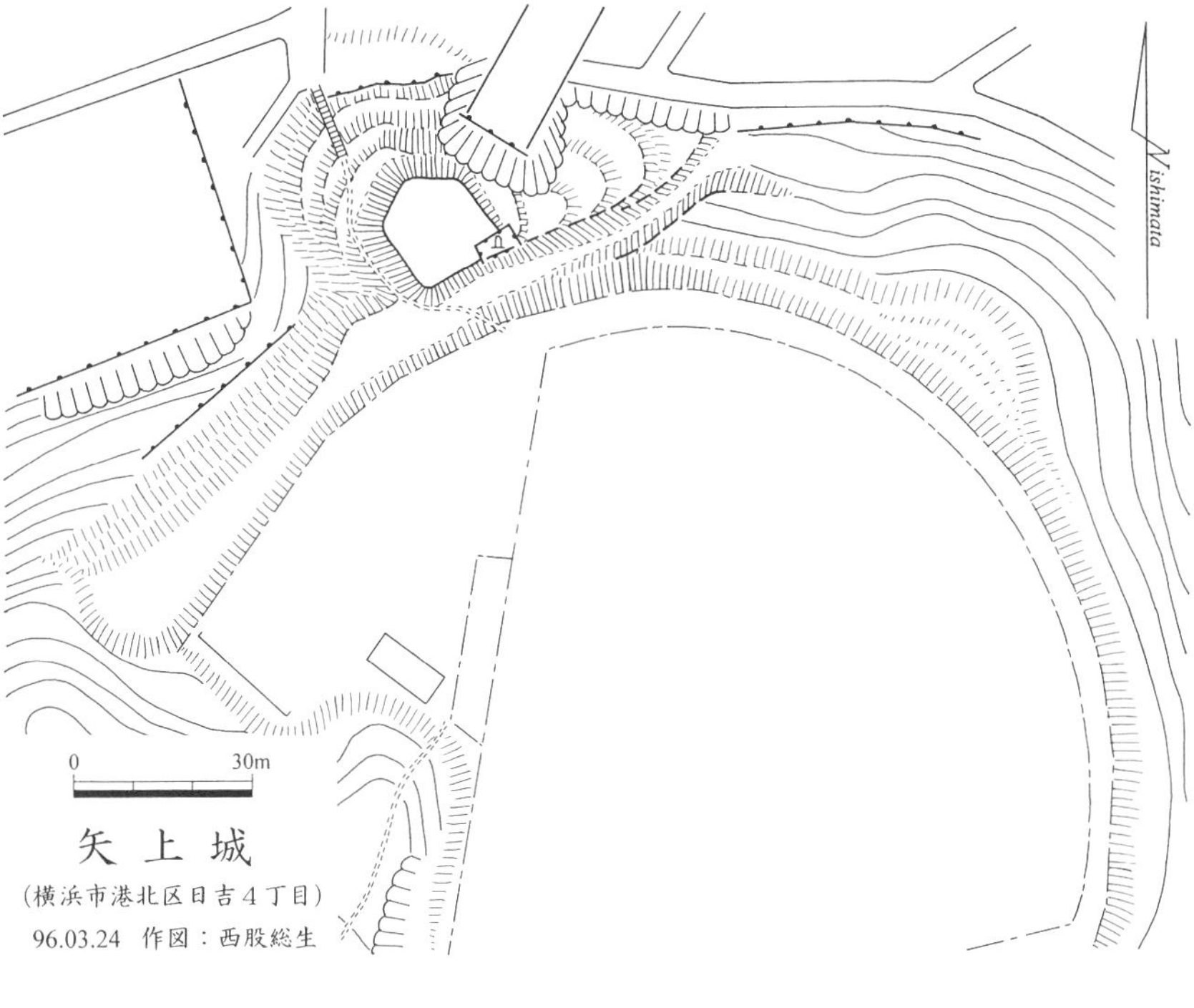

姿をあらわした幻の城

4 篠《しの》原《はら》城《じょう》

①所在地　横浜市港北区篠原町
②地形図　1／2万5千＝川崎、1／1万＝鶴見
③交通　JR横浜線・東急東横線菊名駅から北西へ徒歩10分
④おすすめ度　★★

【歴史】鎌倉期の金子家忠、あるいは戦国期の金子出雲の城という。金子出雲は『小田原衆所領役帳』に見えるほか、付近の長福寺の本尊・薬師如来の棟札にもその名が記されている。城跡そのものは、所在地情報の誤りもあって、城郭研究者の間でも近年まで知られておらず、郷土史研究者の成果やインターネット・サイトでの情報から、二〇〇六年に伊藤慎二氏が踏査成果を示し※、にわかに注目されるようになった。

【現況】山林であるが宅地が隣接し、近年さらに宅地開発で遺構が失われた。主郭一帯は、現在立ち入りが禁止されているが、公園化される予定である。

【解説】主郭❶は、東から北にかけて土塁・空堀が残る。虎口Aはまっすぐ入る平虎口で、横矢をかける工夫は見られない。背後の西側は宅地化し、かつての状況は不明である。

空堀を土橋で渡った対岸は、土がかなり削り取られていて旧状がつかみにくいが、土橋の外に付属する部分は、低い壁でほかと分離されている。虎口にともなう工夫の可能性がある。

ここから東にかけては、主尾根が細くなりながらしだいに下降する。この部分が宅地化されることになり、二〇一一年に発掘調査が実施されて、二条の空堀が出土した。堀の上幅は7、8メートルに及び、それぞれの上段平場からは5メートル以上の深さがある。ただし、堀に沿って土塁

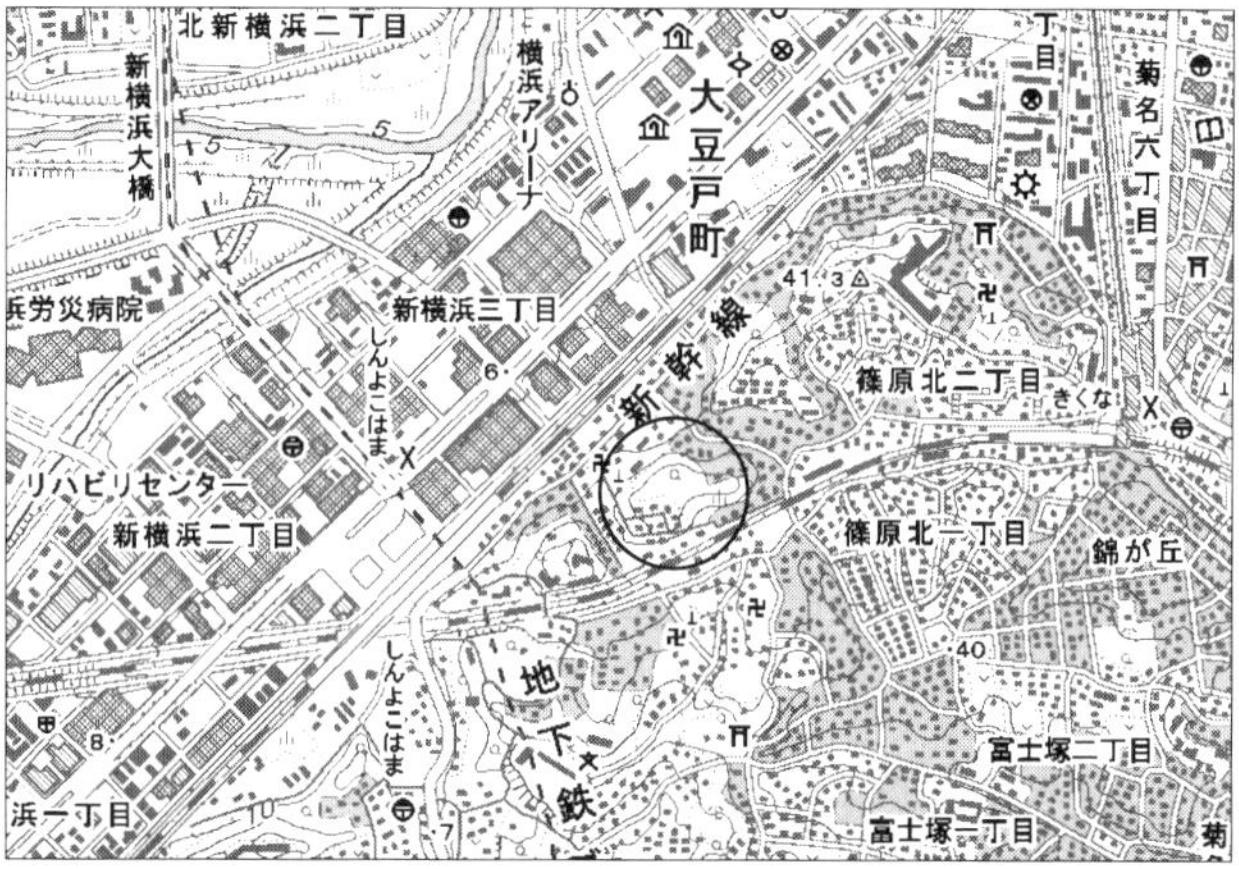

※伊藤慎二「後北条氏小机領における篠原城山城の位置」『中世城郭研究』二〇（二〇〇六）。

を盛った形跡はなかった。また、平場内には方形土壙《どこう》があるだけで、建物は検出されていない。遺物は一六世紀代の瀬戸の擂鉢や、同じころとみられるかわらけが出土している。なお検討の余地はあるが、一六世紀に小机領内の有力支城として存在していたことは確実である。宅地開発は予定どおり行われ、現在ではこれらの遺構を見ることはできない。

【ワンポイント】鳥山町の三会寺にも土塁が見られる。合わせて見学をお勧めする。〈松岡〉

上：主郭の虎口　下：発掘調査中の堀

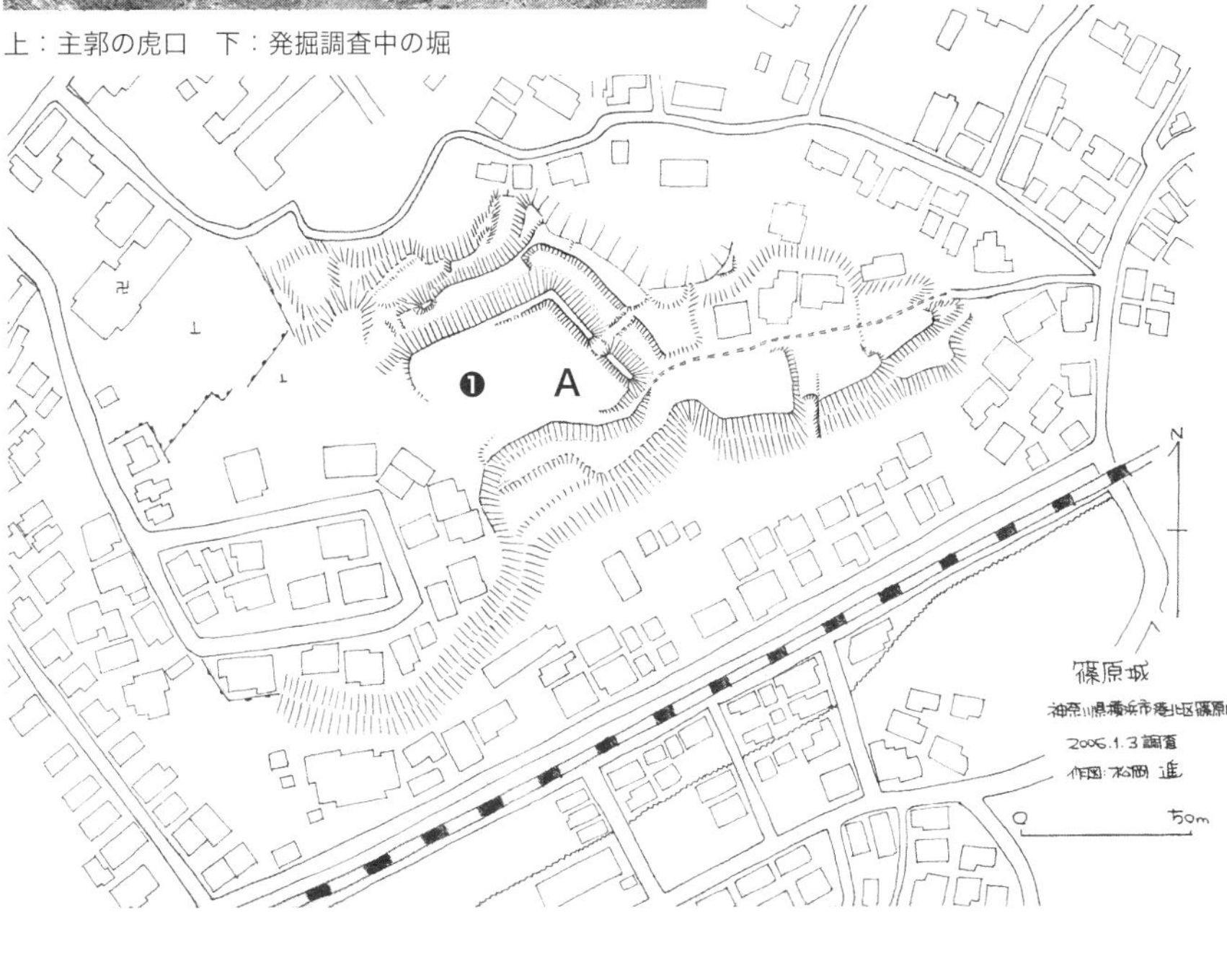

巨大な横堀がめぐる後北条氏の拠点城郭

5　小《こ》机《づくえ》城《じょう》

①所在地　横浜市港北区小机町
②地形図　1／2万5千＝荏田、1／1万＝新横浜
③交通　JR横浜線小机駅から西方に徒歩10分で登城口、駐車不可
④おすすめ度　★★★★

【歴史】小机城の名が歴史に登場するのは、長尾景春の乱に際してである。すなわち文明十年（一四七八）、扇谷上杉軍の背後を攪乱すべく、景春の与同勢力が小机城に結集して気勢をあげたものだが、ほどなく太田道灌によって攻略された（視点3「長尾景春の乱と城郭」参照）。

十六世紀に入って北条氏綱の勢力が南武蔵に伸びると、小机城は後北条軍の前線基地となったらしい。小机領（おおむね現在の横浜市域北半と川崎市域）は玉縄城主である北条為昌《ためまさ》の管轄下に置かれ、笠原信為が小机城代※1を勤めた。天文十一年（一五四二）に為昌が死去すると、その所管領域は分割され、北条幻庵《げんあん》（宗哲）の子の三郎（実名不詳）が城主となって、その指揮下に小机衆が編成された。三郎の死後は北条氏堯《うじたか》・氏光が城主となって小机衆を率いたが、氏堯・氏光は関東各地を転戦することも多く、笠原氏が城代として小机領の支配にあたったらしい。天正十六年（一五八八）七月には、北条氏政から小机領内の住民に対豊臣戦に備えた動員準備として小机に出頭するよう指示が出されているので、小机城は豊臣軍の関東侵攻まで地域防衛の拠点として維持されていたことがわかる。

【現況】小机駅北口で降り、標識にしたがって西に進むと、住宅地の中に登り口がある。城跡の

※1　笠原氏は備中の出身で、伊勢宗瑞の下向にしたがって後北条氏の譜代家臣となった。都筑・久良木・橘樹郡等の代官にも任じられているので、単なる城将ではなく城代の立場にあったと考えられる。

小机城
(神奈川県横浜市港北区小机町)
96.01~02月／14.04.09 作図：西股総生
0
50m
Nishimata
A
B
39.3
❶
38.6
❷
38.3
❸
10
20
30

上：西の曲輪への土橋と虎口　下：東の曲輪❷の空堀

大半は現在、市民の森となっていて主要部は散策がしやすい。ただし、周辺部の遺構は私有地の中にあるので、勝手に入り込まないよう注意すること。

西の曲輪❶と出丸Bとの間を第三京浜道路が貫通している点が惜しまれるが、出丸までは高架下の通路で往復ができる。

【解説】小机城は、鶴見川に向かって突出する丘陵の先端部に築かれているが、この丘陵は複雑に開析《かいせき》されて谷戸《やと》がいくつも入り込んでいるので、半独立丘のような地形となっている。このため、城のある丘陵は東・北・西の三方を鶴見川の氾濫原に囲まれており、四周の眺望にもすぐれた要害の地となっている。※2

城の主要部分は、東西二つの曲輪とその間にあるつなぎの曲輪❸（仮称）、これらを囲む巨大な横堀からなる。西の曲輪❶は、四角い平面形をなして全周を土塁が囲み、主軸は正確に東西南北の方位に乗る。東側に大きな折れがあって、突出部は枡形虎口を形成していた可能性がある。

小机城遠望

※2　城地東方の低地には、サッカースタジアムや大規模な公園がある。二〇〇二年の日韓ワールドカップに際してスタジアムが建設される以前には、城地は水田や畠の中に半島のように突き出していた。

大空堀

南側にも側面に櫓台を伴う虎口があって、この虎口から土橋を渡った対岸には、帯曲輪を堀で刻むようにして角馬出《かくうまだし》Aを形成している。

対する東の曲輪❷は、長方形に近い平面を呈するものの、西の曲輪に比べれば不整形である。南東側に虎口が開口し、西隅には櫓台も残るが、総じて後世の耕作による土塁の切り崩しが進んでいる。

二つの曲輪の間にあるつなぎの曲輪❸は南北に細長く、東西の曲輪よりやや高い。これらの曲輪群を取り巻く横堀は、幅が広いところで20メートルを優に超え、深さも充分で、敵を阻む強力な障害となっていることが実感できる。

横堀の外側にも、たくさんの腰曲輪が展開している。後世の耕作などによる改変が多く、どこまで旧態を留めているか判断が難しいが、本来の登城路はこれらの腰曲輪群を経由していたものであろう。東の曲輪の北東側と南西側には、横堀の外側に独立して戦闘可能な櫓台が構えてある。また、第三京浜道路で隔てられた西方の丘陵上は新城山と呼ばれており、若干の段築と近世の富士塚があるが、明瞭な築城遺構を認めることができない。

第三京浜道路貫通以前に作成された略図では、新城山と西の曲輪との間は、鞍部が堀切られているように見え

小机城址碑

小机城主・笠原氏一族の墓　雲松院

東の曲輪❷の櫓台

る。また、城跡と谷戸を隔てて南側に連なる丘陵を出丸や古城と見る説もあり、発掘調査でも中世の屋敷らしい遺構が見つかっているが、小机城との関係については慎重に検討する必要がある。

　さて、小机城の縄張りについては、東西いずれの曲輪を主郭と見なすべきか、城郭研究者の間でも判断が分かれている。西の曲輪のほうが矩形に整形されていること、相模や武蔵南部の戦国期城郭では丘陵の中央に主郭を配する例が多いことなどから、筆者は西の曲輪を主郭と評価したい。

　つなぎの曲輪は、本来は西の曲輪の土塁の一部で、西の曲輪の防禦力を強化するために、屈曲した空堀を追加することによって切り離したものと推測する。後北条氏が対豊臣戦に備えて拠点城郭の改修に乗りだした天正十四年以降にこうした改修が行われ、最終的に、現在見る縄張りが成立したのではなかろうか。

【ワンポイント】　新横浜駅から横浜市バス３００系統に乗り、矢之根で降りると城の北麓だが、登り口は南側なので回り込まなければならない。なお、城の周辺は住宅が建て込んでいて道が狭く駐車スペースがないので、車での来城は不可。公共交通機関を利用すること。[※3]

〈西股〉

亀の甲山遠望

※3　鶴見川を挟んだ北東に望見できる丘陵は、亀ノ甲山と呼ばれている。現在はビルが建て込んでいるが、太田道灌が小机城を攻略する際に陣を敷いた場所と伝えられている。

住宅街に消えた謎の塁壕

6 寺尾城《てらおじょう》

①所在地　横浜市鶴見区馬場三丁目
②地形図　1／2万5千＝川崎、1／1万＝鶴見
③交通　東急東横線菊名駅前から鶴見駅西口行バスで東高校前下車、徒歩10分
④おすすめ度　☆

【解説】　複雑に入りくんだ丘陵地の一角に、最近まで空堀と土塁が散在していたが、宅地化の進行に伴って失われてしまった。現在では住宅地の中に、「寺尾城址」の石碑が窮屈そうに立つのみである。

住宅地の中に石碑のみが立つ

かつて散在していた遺構の位置関係からは、いくつかの谷戸を土塁と堀で馬蹄形に囲むプランを想定できる。『大系』には、宅地化によって失われてしまった塁壕の位置を記入した略図が掲載されており、参考になる。

一般的な城の縄張りとはかなり異なる形態であるが、類例として埼玉県の山崎城や泉福寺・三門塁などが挙げられる。後北条氏の被官となった鶴見諏訪氏の居城と伝わるが※、構造や機能については慎重に検討する必要があり、諏訪氏の居城という伝承を鵜呑みにすることはできない。〈西股〉

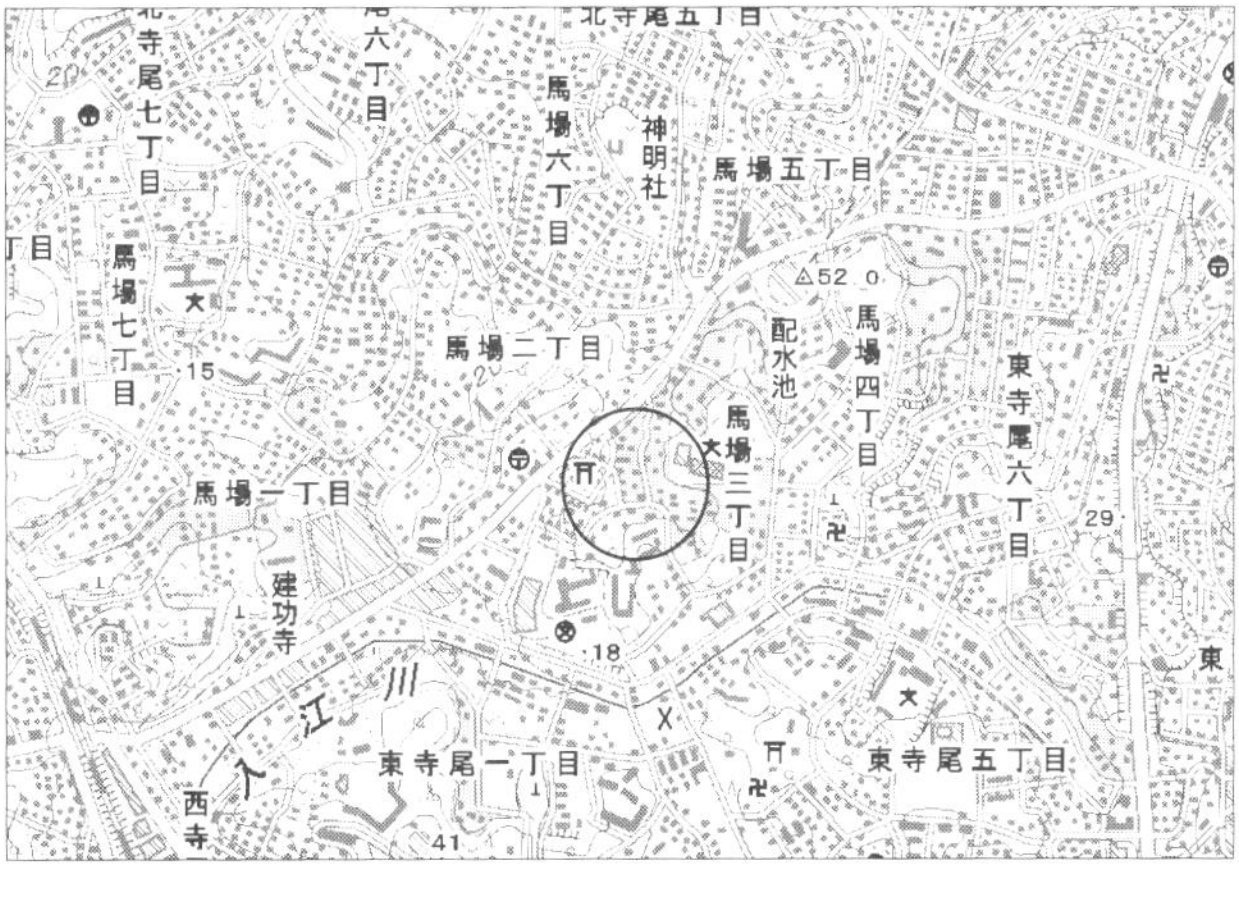

※鶴見諏訪氏は、信濃諏訪氏の支流ともされる。『小田原衆所領役帳』には、江戸衆の諏訪三河守なる者が当地に二百貫文の知行を得ていたことが記されているが、系譜関係や当地に土着した経緯については不明。

城歩き入門に最適の駅近優良物件

7 茅《ち》ヶ《が》崎《さき》城《じょう》

①所在地　横浜市都筑区茅ヶ崎東二丁目
②地形図　1／2万5千＝荏田、1／1万＝鷺沼・新横浜
③交通　横浜市営地下鉄センター南駅から東に徒歩5分、駐車不可
④おすすめ度　★★★★

【歴史】横浜市域の中世城郭としては遺存が良好であることから、神奈川県東部における丘陵城郭の代表例として、早くから多くの研究者に注目されてきた。『新編武蔵』都筑郡茅ヶ崎村の条には「旧跡多田山城守塁蹟」として、平安時代の武将多田行綱の館跡であるとの所伝を載せるが、史実とは認めがたい。記録上は築城者・時期ともに不明である。一九九〇年代に入り、横浜市埋蔵文化財センターが数次にわたる発掘調査を実施し、現在は史跡公園として整備されている。

【現況】センター南の駅から東方を望むと、住宅の屋根越しにこんもりとした丘が見えるが、これが茅ヶ崎城だ。駅を東に降りて「茅ヶ崎城址入口」の交差点を渡ると、すぐに城跡に着く。城跡の主要部は公園化されており、説明板やトイレ・ベンチ等も完備していてオールシーズン見学が容易だ。ただし、園路などの施設が縄張りを無視して設計されているために遺構の一部が損なわれ、縄張りの特徴がわかりにくくなっているのは残念である。なお、城の周囲は住宅地で駐車スペースがないので、探訪の際は電車を利用されたい。

【解説】茅ヶ崎城は、早渕川の南岸に沿って延びる台地の突端付近に築かれていて、主郭面の標高は約３４メートル、比高は２０メートルほどである。縄張りを見ると、城域の最高所に主郭

❶
·33.6
❷
❸
❹
·13.5
14.5
0
50m
茅ヶ崎城
（神奈川県横浜市都筑区茅ヶ崎東2丁目）
96.02.11 / 13.04.12 作図：西股総生

土塁と空堀

❶を置き、これを挟むように東・北・西に曲輪を配し、それぞれの曲輪を空堀で区画している。総じて横堀による防禦の意識が明瞭な縄張りといえるが、各曲輪の平面形は自然地形に従って不整なもので、直線的に整形する指向を持たない。

主郭❶は城内最大の規模を有する曲輪で、全周を土塁が取り巻き、南西隅が櫓台となっている。発掘調査では主郭の内部から数棟の建物跡が検出されており、その様子は説明板などで理解できるように配慮されている。[※1] また、城が存続した最終期には、主郭の東端部分が堀切で切り離されたらしいことも判明している。

曲輪❷は、主郭から一段低い位置にあって、ほぼ全周を土塁が巻いていたらしいが、現状では道路や公園の遊歩道によって旧状がかなり損なわれている。[※2]

曲輪❸は主郭とほぼ同高で、主郭に面した側を除く三方に土塁を有する。主郭❶・❸とも、南側の土塁が幅広なのは、旧地形の尾根を削りだして土塁としているためである。なお、曲輪❸と主郭とを隔てる堀は、平面が直線的であるうえ幅も15メートル以上あって、ほかの箇所の堀とはやや様相を異にする。

曲輪❹は主郭よりもやや高い位置にあるが、面積が小さく、土塁の痕跡も微弱である。主郭との間に土橋状の遺構が残っているが、城本来の遺構ではないようだ。❹の北東側にも堀切を隔てて櫓台状のスペースがあるが、積極的に防禦しようとする意志が稀薄である。見張り場として利用し、戦闘時には適宜放棄するのであろう。このほか、上記曲輪群の北東側一帯に外郭が存在し

センター南駅から見た茅ヶ崎城

※1　主郭の発掘調査で見つかった建物は倉庫のような構造のものが多い。この城の主郭には、住宅ではなく倉庫が建ち並んでいたらしい。

※2　北の曲輪では、北面中ほどの場所で木戸の遺構が検出されている。ここから外郭に連絡していたようだ。

たようで、以前は土塁や壁が断続的に認められたが、宅地化の進行によって失われつつある。

さて、茅ヶ崎城の縄張りについて改めて検討すると、各曲輪間の連絡経路が間接的である点に特色を見出すことができる。主郭・❸・❹は、木橋で横堀対岸の塁上に渡り、ここをつたって連絡していた可能性が高い。主郭と曲輪❷も、主郭北側の虎口受け[※3]から木橋を架けていた可能性が高いが、曲輪❷と❸・❹とは主郭を経由して連絡していたのか、それとも何らかの経路が設定されていたのか、判然としない。

なお、現在では空堀の底が遊歩道となっているために、堀底道が利用されていたように思われがちである。しかし、公園化される以前には堀底の要所要所にはギャップがあって、発掘調査によってもギャップの存在が確認されていることから、築城者は人が堀底を移動することを嫌っていたことがわかる。[※4]

総じて、各曲輪が個別に戦うような、単純な戦術動作を前提とした縄張りであることがわかる。発掘調査で出土した遺物の年代は、一四世紀から一五世紀一杯で収まるようだが、こうした縄張りの特徴は戦国前期の傾向を示しているのかもしれない。ただし、主郭と曲輪❸を隔てる直線的な堀や、主郭の東端を切り離す処置など、遺物の年代には反映されていないものの、より新しい時期の改修を示す可能性も考慮したい。

【ワンポイント】早渕川の対岸には、弥生時代の環壕集落として有名な大塚・歳勝土遺跡と横浜市立歴史博物館があり、歩いても１０分足らずの距離だ。電車を乗り継ぎながら歩けば、小机・榎下城や博物館と結んで歴史三昧の一日を過ごすことができる。〈西股〉

※3　虎口の前面に置かれた小さな平場を、城郭研究者たちは慣用的に「虎口受け」と呼んでいる。

※4　軍学書では堀の内部を通路として用いる「堀底道」の利を説いていることが多いため、城郭の概説書などでも堀底道が取り上げられている。しかし、発掘調査事例を見ると、関東地方の城では堀の内部にさまざまな障害物を設けて通行を妨げている場合が多く、堀底道を確認できる事例は意外と少ない。

主郭❶と❸を隔てる空堀

小さいながらも実戦的な城

8 荏《え》田《だ》城《じょう》

①所在地　横浜市青葉区荏田町
②地形図　1／2万5千＝荏田、1／1万＝荏田
③交通　東急田園都市線江田駅から北東に徒歩5分
④おすすめ度　☆（一般立ち入り不可のため）

【歴史】東名高速道路と国道二四六号線（大山街道）とに挟まれて、わずかに残った丘陵上に位置する小城郭である。『新編武蔵』都筑郡荏田村の八幡社の項に、源義経に仕えた荏田源三なる者の居城跡との所伝を載せているが、『平家物語』等からの附会であろう。史料上は、築城者・時期ともまったく不明である。

北から見た荏田城

【現況】東急田園都市線の江田駅を降りて二四六号線に沿って北東に歩くと、すぐ左手に見えてくるこんもりした丘が、荏田城である。城跡は雑木林や竹林で遺構の残りはたいへんよいが、私有地のため一般の立ち入りはできない。

【解説】荏田城は、大山街道に沿って細長く突き出した丘陵の先端部に占地していて、標高は44・5メートル、比高は23メートルほどである。縄張りは主郭❶と副郭❷との二つの曲輪、およびそれらを囲む横堀からなる。※

主郭❶は、本来はほぼ全周を土塁と横堀によって防禦されていたようだが、土塁は後世の耕作などで切り崩されたらし

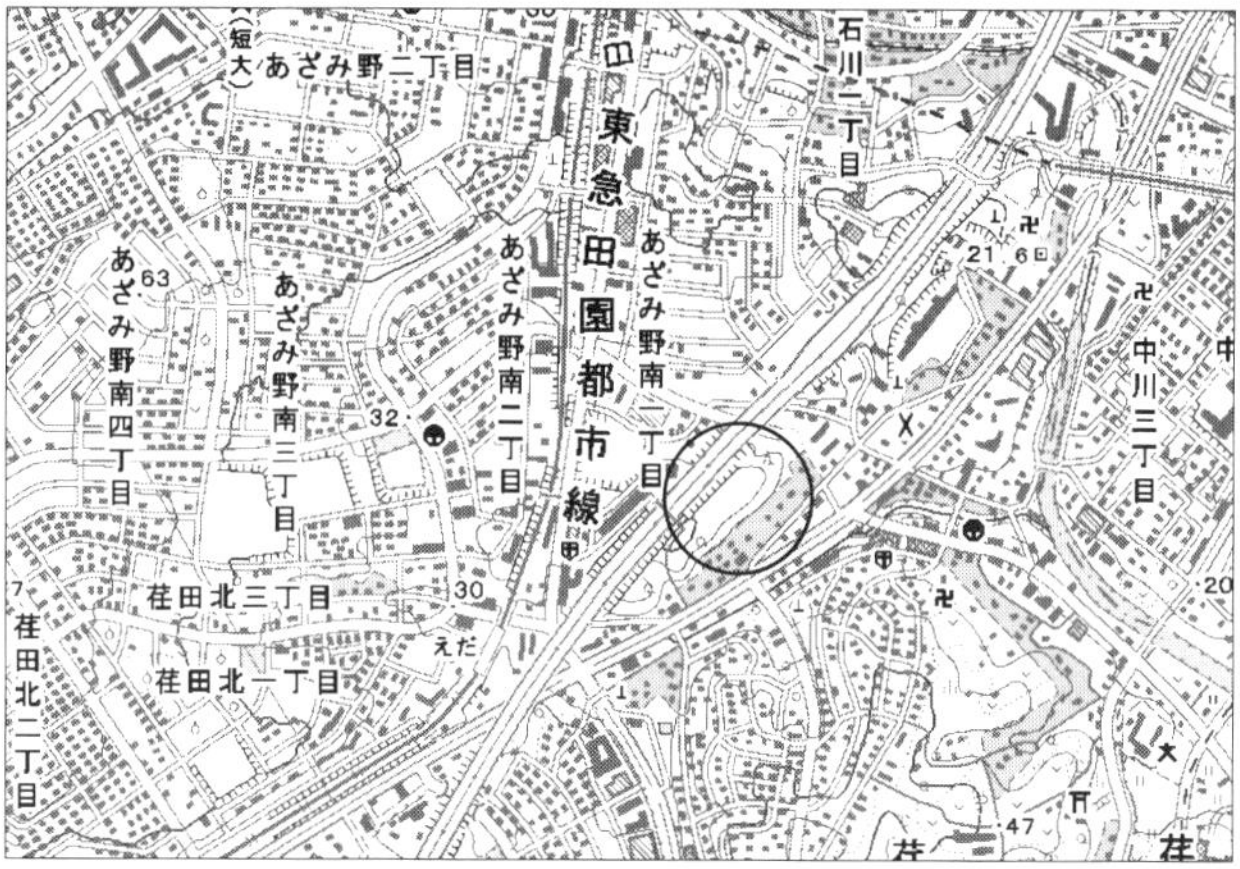

※『新編武蔵』は、城跡の近くに敵見塚という場所があり、そこは神奈川方面への眺望に優れていることを記している。

く、部分的にしか残っていない。虎口は南東側に開口して、土橋で横堀対岸の帯曲輪と連絡する。

　副郭❷は主郭の南西に位置していて、直線的に整形され、城外に面する側は土塁と横堀で防禦している。曲輪の北東側が帯曲輪状に伸びて、主郭との連絡路となっている。曲輪❷は、城外に面した側に土塁を築いており、西側に虎口を開いて木橋で城外と連絡していたようだ。この虎口の北側で土塁が折れ、横矢掛りとなっている。横矢掛りの部分は土塁を大きく造ってあるので、ここに守備兵を集約的に配置したのだろう。この横矢掛りは塁線をあえて鈍角に折ってあり、虎口や木橋よりも堀の対岸を狙うようになっている。おそらく、虎口の対岸に敵兵を誘引して射線を集中する算段なのだろう。

　このように、縄張りには工夫が見られるものの、枡形虎口や馬出といった定型的な技法は用いられていない。成立年代は戦国後期までは下らないのではなかろうか。かつて矢倉沢往還とも呼ばれた大山街道を、作戦線として意識した勢力による築城と推定できる。

【ワンポイント】東名高速道路を渡る深坪橋から、高速に沿って北東に向かう小径を通ると、削り落とされた壁を見ることができる。〈西股〉

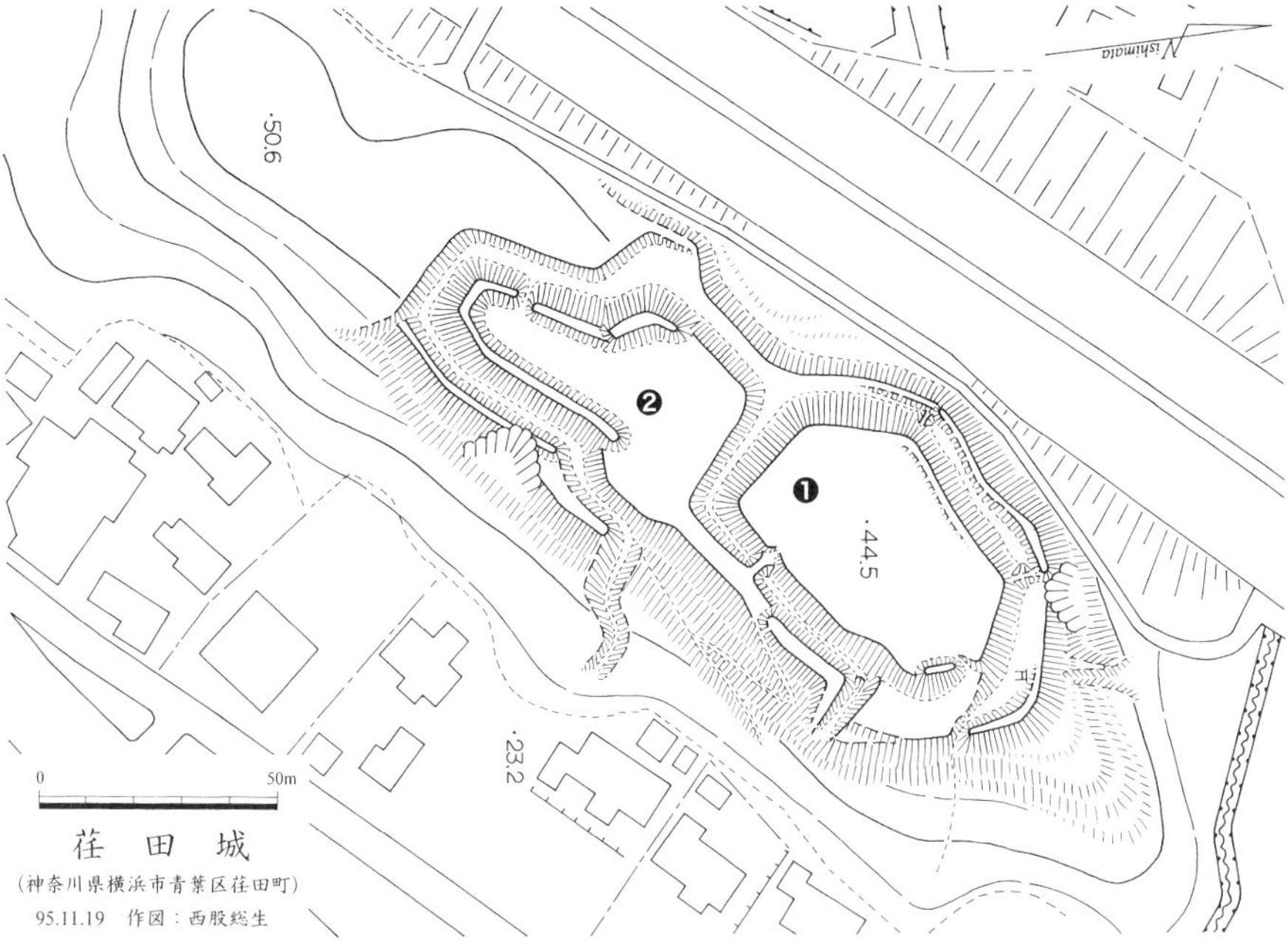

荏　田　城
（神奈川県横浜市青葉区荏田町）
95.11.19　作図：西股総生

市街地の中に厳然と残る土塁

9 榎《えの》下《した》城《じょう》

①所在地　横浜市緑区三保町字天神前
②地形図　1／2万5千＝荏田、1／1万＝青葉台
③交通　JR横浜線中山駅から西方に徒歩15分
④おすすめ度　★★★★

【歴史】『新編武蔵』都筑郡久保村の舊城寺《きゅうじょうじ》の項に、「境内は山田右京進《うきょうのしん》なる者の居城跡で、近くに上陣場・下陣場の地名が残る」と記すものの、具体的な来歴は不詳である。[※1]

【現況】中山駅から商店街を抜けて広い道を西へ向かい、[※2]バス停の先を南に折れるとすぐに舊城寺の案内があるので、これを入る。現在、城の主要部は舊城寺の境内になっているが、北側（曲輪❸）は民家なので立ち入りはできない。

【解説】榎下城は、鶴見川の支流である恩田川の南岸にあり、小支谷《しょうしこく》によって開析された舌状台地を利用して築かれている。主郭の標高は約30メートル、恩田川南岸低地からの比高は16メートルほどである。

城は、南北に並ぶ三つの曲輪からなっていて、中央の一段高い曲輪が主郭❶である。主郭❶は全周に土塁をめぐらせていたらしいが、後世の耕作などでかなり切り崩されており、そのために虎口の位置や構造を特定しにくい。南西隅の土塁がやや大きくなっていて、山田右京進の石碑が建っているが、ここは櫓台だったようだ。主郭と曲輪❷との間は墓地となっているが、空堀の痕跡を確認できる。

主郭の南に位置する曲輪❷には舊城寺の建物が並んでいるが、三方に土塁が残っている。台地

※1　扇谷上杉氏に仕え、のちに武蔵松山城主となった上田氏の被官に山田氏があるので、山田右京進もその一族である可能性が考えられる。

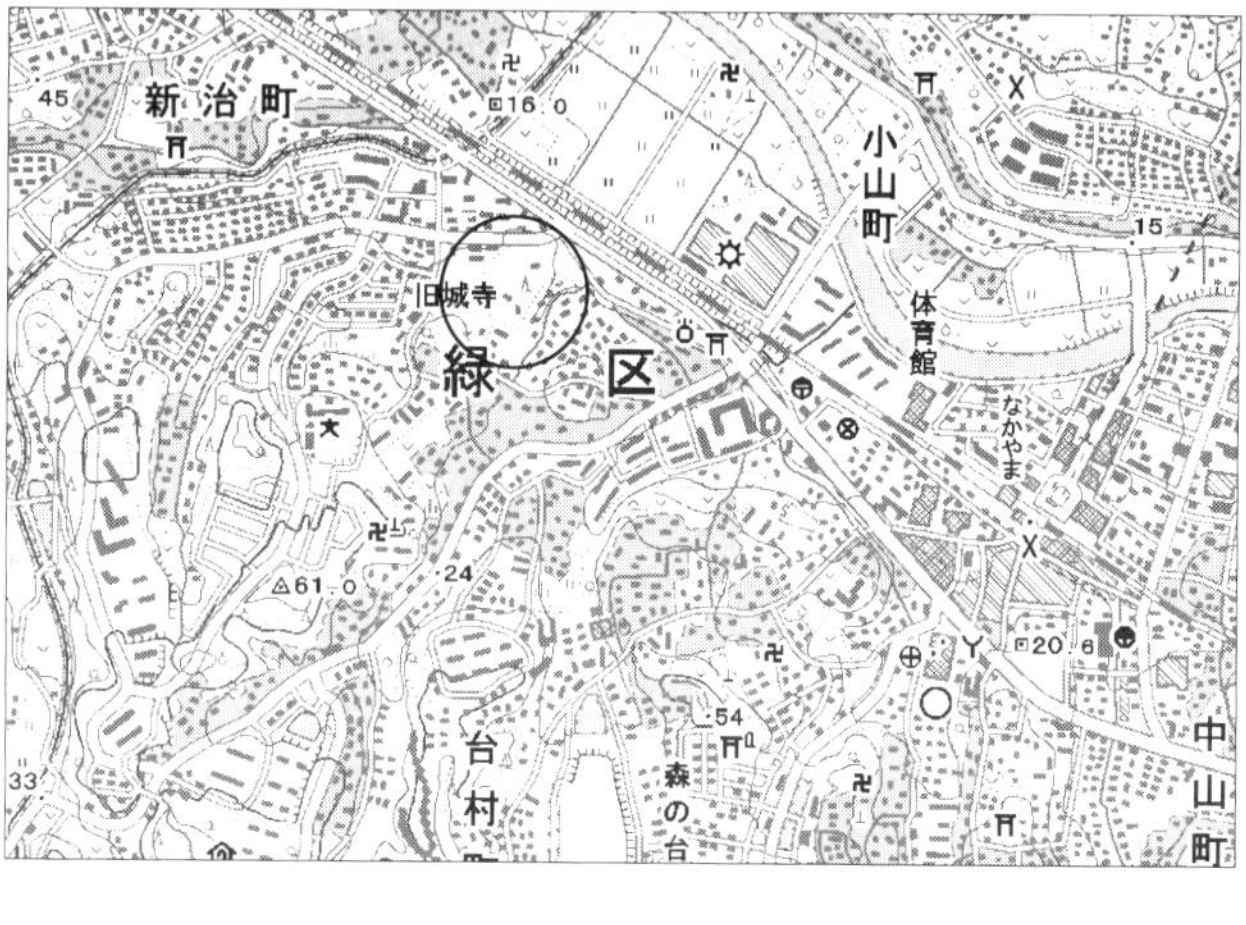

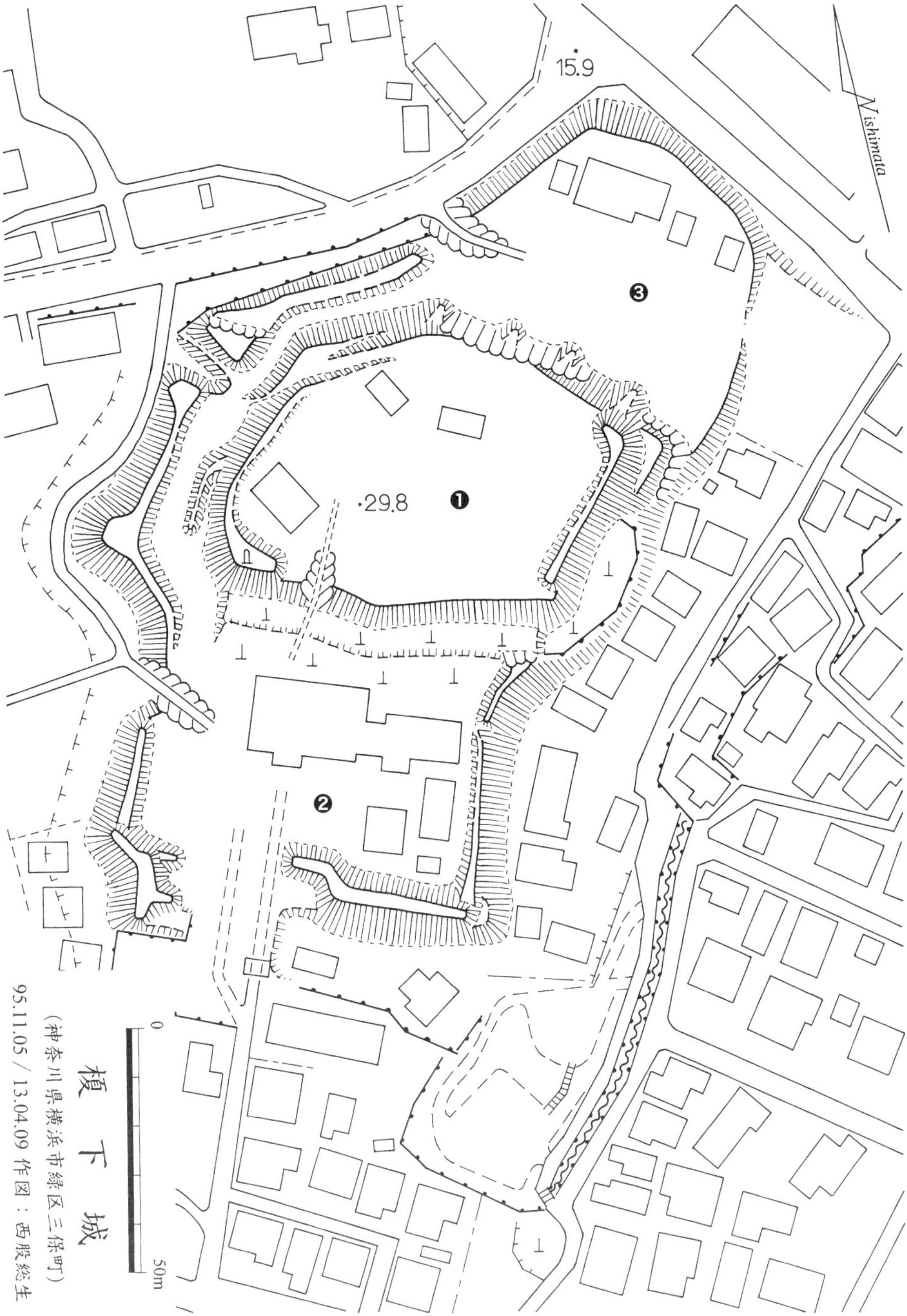

榎下城
（神奈川県横浜市緑区三保町）
95.11.05 / 13.04.09 作図：西股総生

上：旧城寺山門の両脇に土塁が残る
下：山門東側の土塁

続きとなる南側の土塁が一段と大きく造ってあり、寺の参道でかなり変形しているが、中ほどが虎口となっていたことがわかる。『新編武蔵』は、この虎口を「喰違いの土手」と表現しているが、遺構を観察する限り枡形虎口のような構造だったらしい。

北にある曲輪❸には、本来は土塁が築かれていたのだろうが、現状では失われている。かつて城の三方に存在していた空堀は、曲輪❷の南側にわずかに痕跡が確認できるのみである。また、西側の堀跡に面した土塁には、三ヵ所ほど櫓台が突き出しているのがわかる。[※3]

なお、榎下城の近くには、神奈川湊から八王子方面へと抜ける街道が通過していたので、これを意識した築城とも推測できる。

【ワンポイント】 城地東側の谷は、自然地形に手を加えた谷堀の面影を留めているので、こちら側から城を眺めてみると、要害地形であったことが実感できる。〈西股〉

※2 中山駅前から市バス23・65系統に乗り榎下城址裏で下りればすぐだが、バス待ちをするくらいなら歩いたほうが早い。

※3 宅地建設に伴う発掘調査で、西側の空堀が確認されている。縄張り図には、これをもとにした堀の推定ラインを破線で示してある。

内側から見た山門脇の土塁

吉良氏の歴史を偲ぶ

10 蒔《まい》田《た》城《じょう》

①所在地　横浜市南区蒔田町
②地形図　1／2万5千＝横浜西部、1／1万＝保土ケ谷
③交通　横浜市営地下鉄蒔田駅から南へ徒歩5分、駐車不可
④おすすめ度　☆

足利氏に連なる名族・吉《き》良《ら》頼康《よりやす》※の館として知られ、永禄十二年（一五六九）に武田軍が侵攻した際には、近隣の後北条氏被官らが敵を防いだとされる。

城跡とされる場所は、大岡川に向かって突き出した標高約35メートルの舌状台地先端にあって、比高は27メートルほどである。現在は、私立横浜英和学園の敷地となっているため一般の立ち入りはできないが、学園建設時の地形改変が大きいため、城郭遺構らしいものを特に認めることができない。

城地は200メートル四方ほどの広さがあって、南側がくびれている。そのため、一応は要害地形をなしているというものの、吉良頼康が堅固な城郭をいくつも保持していたとは考えにくい。『新編武蔵』にも塁壕に関する記述は見えないので、別邸のような施設だったと考えたほうがよいだろう。

〈西股〉

城跡は現在、女子校の校地となっている

※いわゆる、世田谷吉良氏。頼康の室は北条氏綱の娘で、後北条氏は吉良氏を名門として遇した。

所在地が確定された海の城

11 権現山城《ごんげんやまじょう》（付・青木城《あおきじょう》）

①所在地　横浜市神奈川区幸ヶ谷
②地形図　1／2万5千＝横浜東部、1／1万＝新子安
③交通　京浜急行線神奈川駅下車から東へ徒歩5分
④おすすめ度　☆

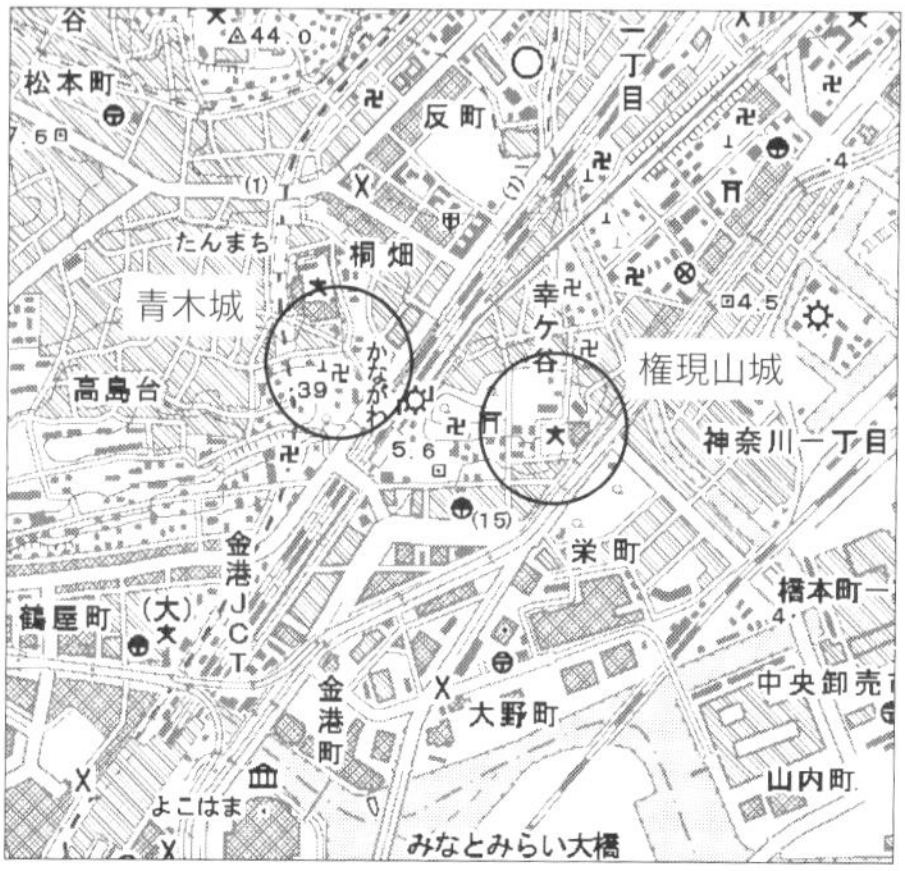

【歴史】　永正七年（一五一〇）、伊勢宗瑞（北条早雲）による相模進攻に呼応して、上杉朝良の家臣・上田蔵人入道がここに拠り、朝良によって攻略された。※1 南北朝期の史料に見える「狩野川之城」も、この城の前身と見なされている。

【現況】　幸ヶ谷公園の地点とされてきたが、目黒公司氏が多数の絵図や近代の地図を突きあわせ、現在の幸ヶ谷小学校・幼稚園のある地点と確定した。※2

【解説】　ＪＲ東海道本線や京浜東北線の線路が通過するすぐ横、地形の高まった場所が幸ヶ谷公園である。

　目黒氏は、権現山が削られる前の近代初頭の地図で、山と周囲の寺社、山裾をカーブして通過する東海道の位置関係を詳細に検討した。そして公園の場所では西側に入りすぎているため、その東の尾根先端にあたる幸ヶ谷小学校・幼稚園の場所こそが権現山であると特定した。二〇世紀初めに山が削られて先端部が低くなってしまったのが、現在の景観の起源であった。かつて、この部分がひときわ高くそびえていたのは、『神奈川砂子』の挿図でもよくわかる。目黒氏の比定には、疑問の余地がない。

　そうすると、権現山と東海道、そして神奈川湊との関係が、これまでよりはるかに生き生きと浮かび上がってくる。現在は埋め立てで海岸線が遠くなっているため、現地に立っても実感しづ

※1　『北区史』資料編古代中世2。
※2　目黒公司「権現山城（横浜市）について」『中世城郭研究』二五（二〇一一）。

らいが、かつては狭い山裾で東海道がカーブしており、この地点をはさんだ一帯こそが、中世の江戸湾きっての港だった神奈川湊である。

権現山城は、陸上・海上の交通がリンクする地点をおさえた戦略性の高い城であった。目黒氏は山上に熊野権現が祀られ、それが湊のシンボル的な存在だった可能性も指摘している。城がここに築かれたことは、地域社会にとって大きな変化を意味したにちがいない。

後北条氏の治下では、権現山の西側尾根続きにあたる青木城に、家臣・多米氏がいたという。JRの線路をはさんだ向こうの本覚寺がその跡とされる。権現山と青木城とは地形的に一体のように見えるが、先にみた湊のシンボルとしての機能からすると、権現山を空けて青木に移ったこと自体に意味が考えられる。

二つの城跡とも遺構はないが、中世の港湾と軍事の関係を考えさせる貴重な存在である。

【ワンポイント】 山裾の洲崎大神をはじめとする寺社は、神奈川湊の繁栄を伝える。

〈松岡〉

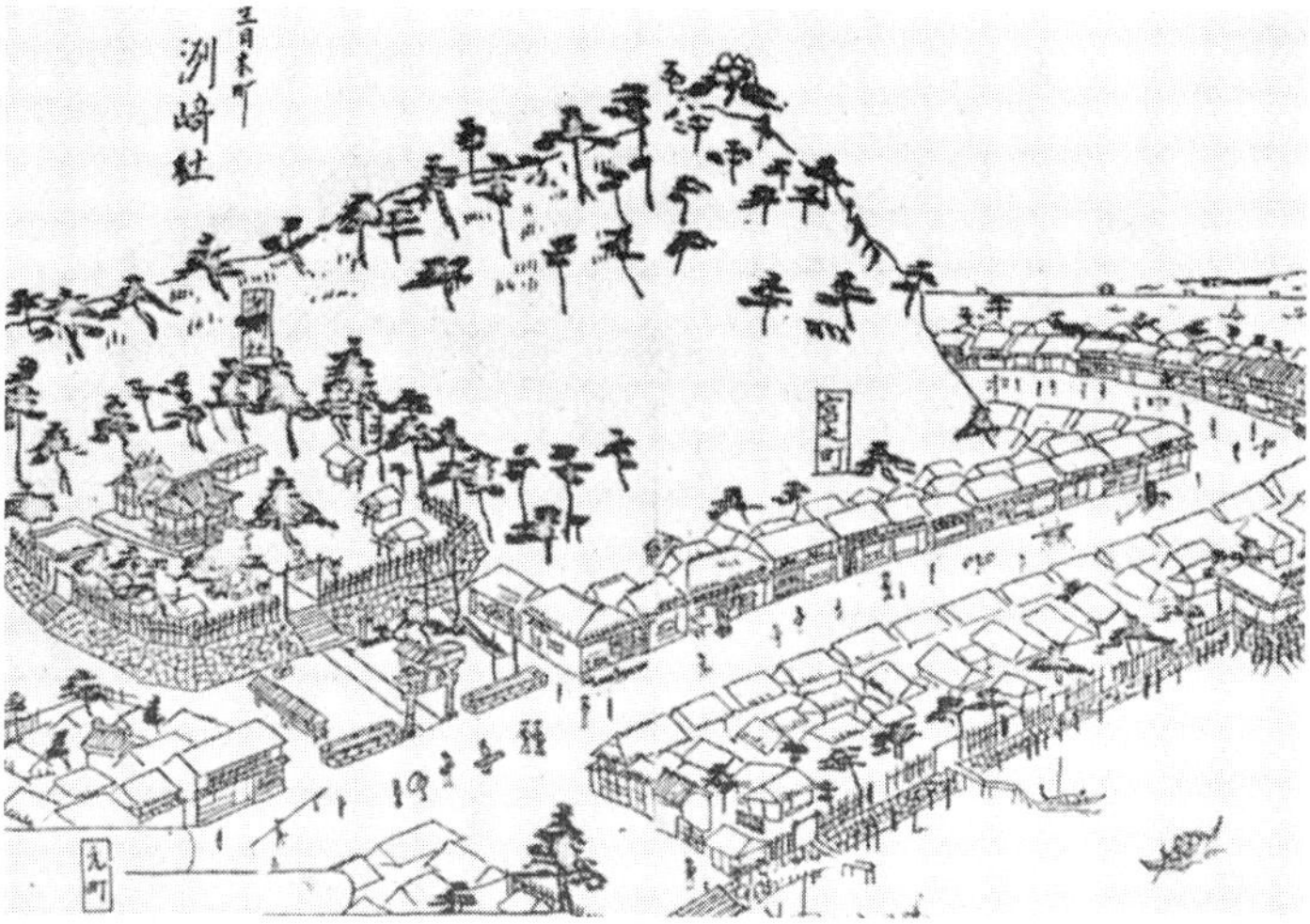

権現山城
『神奈川砂子』

観音山の背後が権現山城
『江戸名所図会』

北条上杉神奈川闘戦
『江戸名所図会』

玉縄城の出城として築かれたか

12 長《なが》尾《お》台《だい》の塁《るい》

①所在地　横浜市栄区長尾台町
②地形図　1／2万5千＝戸塚、1／1万＝大船
③交通　JR東海道線大船駅から北西に徒歩25分
④おすすめ度　★★

【歴史】『新編相模』鎌倉郡長尾台村の条に長尾氏塁蹟として、「長尾景茂の居蹟であったが、弘治年間に戦死して子孫は没落し、後北条氏の臣である鳥居伝十郎なる者が住んだ」との所伝を載せている。ただし、長尾氏の伝承には混乱が見られ、そのまま信ずることはできない。『鎌倉市史』考古編は、玉縄城の支砦と推定する。

城跡は畠や山林になっている

【現況】大船駅西口を降りて柏尾川を渡り、川に沿って2・5キロほど北上して西に入り、少し戻って坂道を登ると「長尾砦」の説明板が目にとまる。この坂を登り詰めた丘の上が城跡である。現在、城の中心部は山林になっているが、手入れがなされておらず、かなりのブッシュである。※

【解説】玉縄城を中心とした台地の北東端に位置しており、標高は74メートル、比高は64メートルほどで、東には柏尾川が北流している。主郭に相当する丘頂部❶は、現状では南側が大きく削り取られて変形しているが、曲輪の内部はも

※堀切のある支尾根付近は、二度と訪れたくないほどの篠竹密生地である。

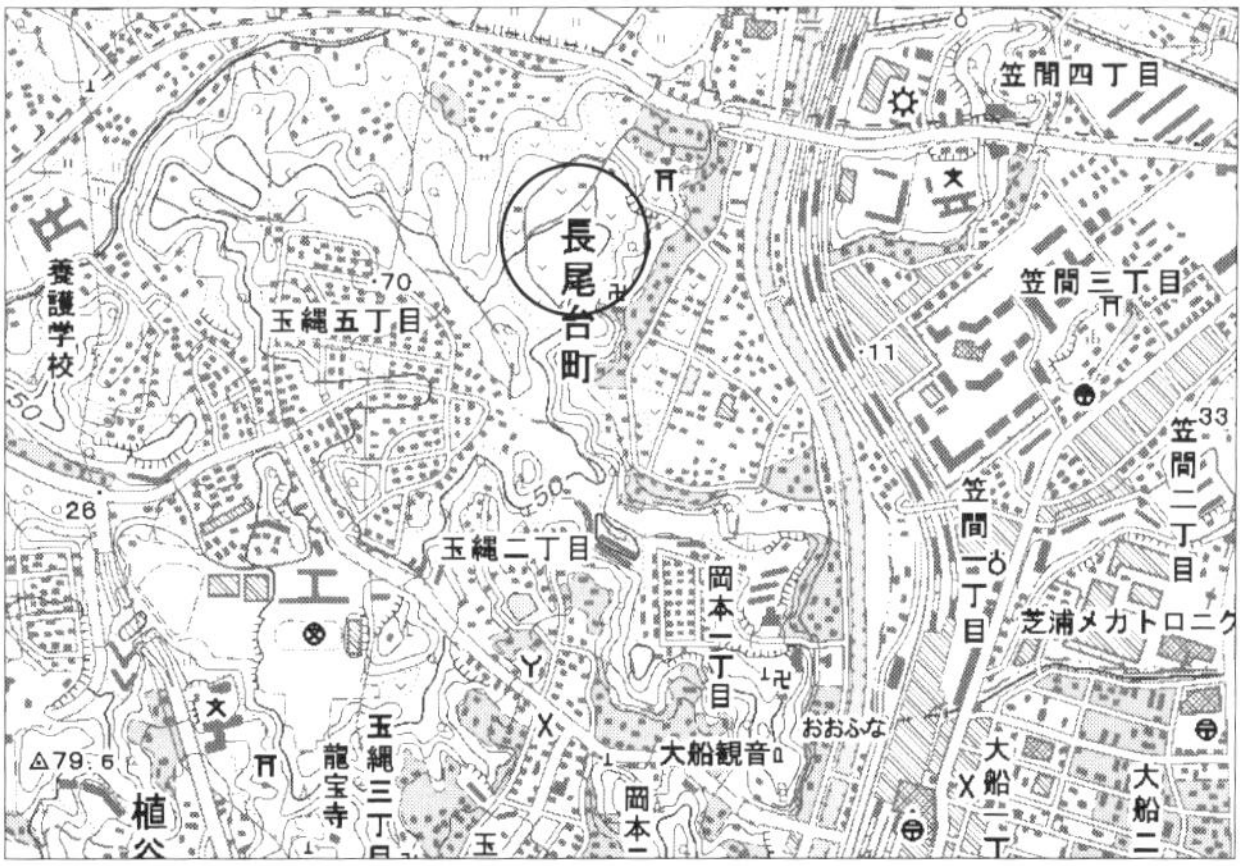

ともと充分に平坦化されていなかったようだ。

　ここから北に向けて三段の腰曲輪が築かれており、最下段は堀切Ａに面していたようだ（堀切は西端のみが遺存）。堀切から北は畠地化していて、明確な城郭遺構を見出すことはできないが、北方２００メートルほどの場所が「物見塚」と伝承されている。これらの遺構のほか、支尾根を遮断する小堀切を数ヵ所、確認できる。

　縄張りから見るかぎり、長尾台の塁は一種の臨時築城のようである。伊勢宗瑞が玉縄城を築いたのは永正九年（一五一二）とされるが、その目的は、当時抗争を続けていた三浦氏と扇谷上杉軍との分断を図ることにあった。そこで南下してくる扇谷上杉軍を迎撃するために、この場所に前衛陣地を築く必然性は充分にあっただろう。

　おそらく、後北条氏の勢力が相模から武蔵へと伸長していく中で、この城は機能を終えたはずである。鳥居伝十郎については不明だが、機能停止した城跡に管理者のような立場で居住したのではなかろうか。

【ワンポイント】長尾台の塁から玉縄城までは直線距離で１キロほどなので、両城と二伝寺砦を結んで歩くのもよい。

〈西股〉

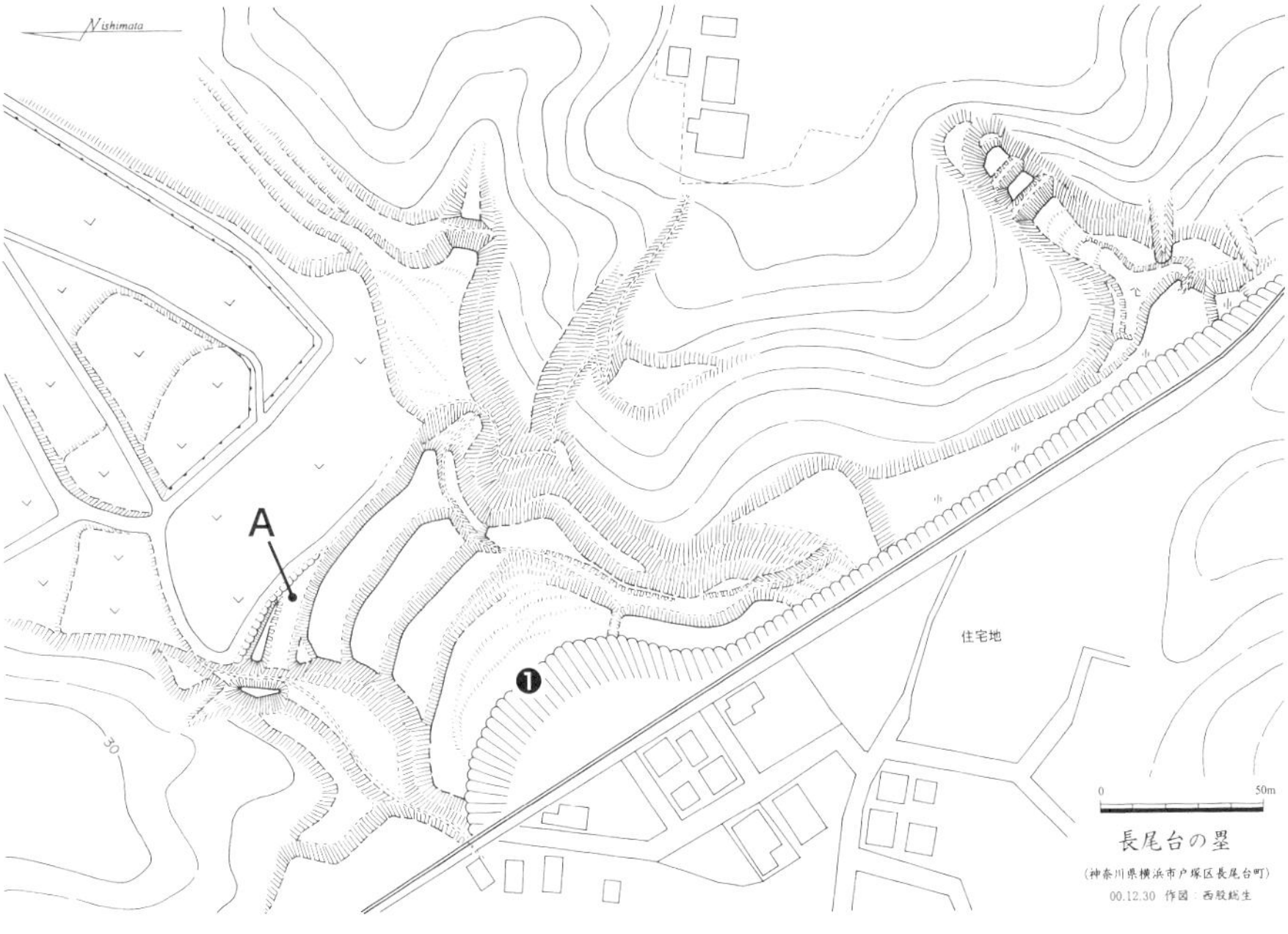

長尾台の塁
（神奈川県横浜市戸塚区長尾台町）
00.12.30 作図：西股総生

住宅街の裏に忘れられた堀切

13 今《いま》井《い》城《じょう》（今《いま》井《い》砦《とりで》）

①所在地　横浜市保土ケ谷区今井町
②地形図　1／2万5千＝横浜西部、1／1万＝保土ケ谷
③交通　JR保土ケ谷駅から旭4系バス「金剛寺」下車、北へ徒歩5分
④おすすめ度　★★

【歴史】木曾義仲の臣・今井兼平の城と伝えるが、まったく信じるに足らない。

【現況】民家の間を抜けて城跡の城山稲荷に登る道があり、境内に「今井城址」の碑と嘉元二年（一三〇四）の板碑が建っている。住宅街のすぐ裏で、遺構のある部分は資材置き場になっているので、見学には配慮が必要である。

【解説】城山稲荷の背後になる北側はすぐゆるやかな登り斜面になるが、これを断ち切って堀切Aが設けられている。とはいえ、この堀切は外になる北側のほうが高く、遮断の効果は小さい。これが遺構のすべてであったが、東側の麓の資材置き場の一部として近年切り広げられ、底部はアスファルト舗装されてしまい、堀切らしい形態をなんとかとどめているとはいえ、旧状は失われてしまった。尾根続きはさらに登っていき、墓地、さらに今井の丘公園となっている。

西側の麓にある金剛寺境内には「今井城と城主墓」と題する説明板があり、それによると城の中心は金剛寺の背後の高

名残をとどめる堀切

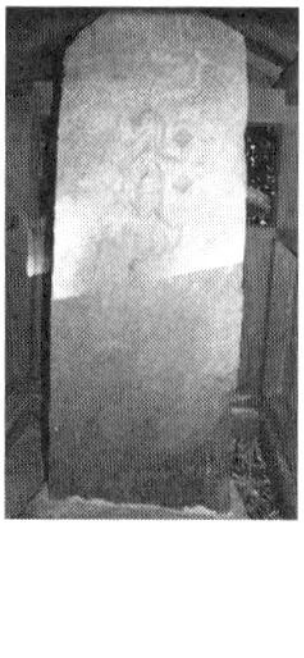

城山稲荷境内にある板碑

所で、城山稲荷のあたりは出丸とする。しかし、堀切跡から墓地に至る尾根は、かろうじて開発をまぬがれているが、自然地形の登りになっていて、城の曲輪の跡ではない。今井の丘公園になっている部分も、尾根上は大きな改変を受けていないように見えるが、やはりゆるやかな傾斜をもっていて、削平された形跡はない。丘陵のピークを捨て、最先端のわずかな部分だけをとりたてた、極小規模の城だったとみるほうが妥当である。

なお、この説明板は、城山稲荷で昭和三〇年（一九五五）に宋銭から明銭にいたる渡来銭が甕に入って出土したことや、城跡の西北で今井川にかかる鎌倉橋からの古道が丘陵のピークの北側を通っていたことを紹介している。板碑や埋納銭の存在からも、城跡の直下に建つ旧家・清水家など、村落やその指導層と強く結びついた城だったことが推定される。古道との関係については、監視は可能だが、遮断施設の役割を果たすのは無理である。

【ワンポイント】　金剛寺には、西方200メートルの殿山に陣屋を構えたという近世初頭の領主・有田氏の三代にわたる墓がある。さきの説明板で、「城主墓」と呼ばれていたものにあたる。　〈松岡〉

旗本・彦坂氏の陣屋跡か

14 岡《おか》津《づ》城《じょう》

①所在地　横浜市泉区岡津町
②地形図　1／2万5千＝横浜西部、1／1万＝東戸塚
③交通　相鉄緑園都市駅下車徒歩15分。駐車場なし
④おすすめ度　☆

【解説】扇谷上杉定正・朝良父子の居城との伝承もあるが、根拠はない。近世初頭には、旗本・彦坂氏の陣屋が置かれたという。大山道・小田原道の交差地点で要所とされ、一部暗渠化されているが、南を流れる阿久井川に三本の小河川が合流する地点に臨んでいる。

『大系』では、岡津小学校・中学校敷地から横浜緑園総合高校に至る広大な範囲を城跡に比定し、扇谷上杉氏に次いで後北条氏の利用も推定しているが、明らかに過大である。三島社付近から岡津中学校の一帯に見られる人工地形についても、城郭遺構と見なす決め手に欠ける。

城地からは五輪塔が出土しているようなので、中世段階での土地利用は考えられるが、『新編相模』の見解通り、旗本陣屋の遺構と見たほうがよさそうである。

【ワンポイント】三島社境内以外は住宅地と校地なので、見学時は注意してほしい。

〈田嶌〉

土塁は神社に相対しており、城郭のものではない可能性が高い

対里見戦最前線の水軍基地

15 浦賀城《うらがじょう》

①所在地　神奈川県横須賀市東浦賀2丁目
②地形図　1／2万5千＝浦賀、1／1万＝久里浜
③交通　京急浦賀駅から南東へ徒歩約20分、駐車場なし
④おすすめ度　★★★

【歴史】浦賀湾は後北条氏の水軍基地の一つだが、この湾口部を見下ろす明神山[※1]と呼ばれる丘陵を中心に、浦賀城は築かれている。山頂からは、浦賀水道対岸の房総半島に盤踞し、後北条氏と激しく争った戦国大名・里見氏の造海城や金谷城などを見渡すことができ、まさに「最前線の城」であった。城山の南端には幕末に明神崎台場が置かれるなど、後世においても引き続き要地であった。

史料は少ないが、西麓に山門を並べる法幢寺等の開基は一五世紀末から一六世紀初頭であり[※2]、この時期に築城された可能性がある。『小田原衆所領役帳』にも「浦賀定海賊」の記述が認められ、後北条氏の重臣である石巻家貞が在城した記録が残るので[※3]、後北条水軍の拠点だったのだろう。

【現況】城は現在、公園化されていて中心部は自由に立ち入りできるが、それ以外の場所はほとんど雑木林であり、道も悪い。寺院の敷地や私有地もあるので、見学時には十分注意してほしい。また、城山の麓にある東叶神社の裏に登城路があるが、駐車場はないので注意されたい。

【解説】主郭と思われる❶は浦賀湾に面し、水軍の城、海城であることを伺わせる。❶は後世の破壊があったようで今ひとつ不明瞭であるが、曲輪の周囲は急斜面の切岸と帯曲輪が巻く。虎口

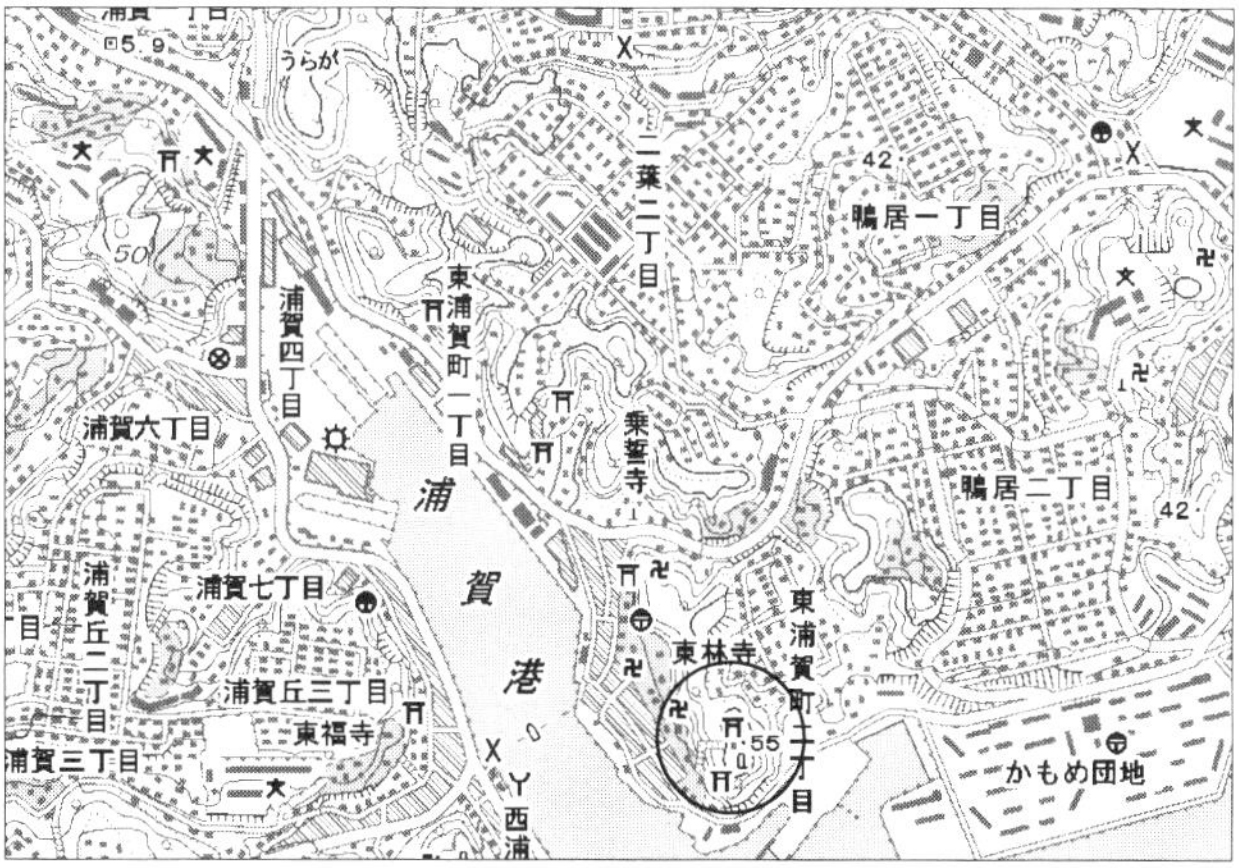

※1　下田山・城山とも呼ばれるようだ。

浦賀城
神奈川県横須賀市東浦賀２丁目
調査年月日：２００３年12月21日・27日
２００４年1月4日
作図：田嶌貴久美
横須賀市発行 1/2500 都市計画図および
神奈川県横須賀土木事務所発行 1/600 地形図を元に作図
乗誓寺
顕正寺
東浦賀町
1丁目
209 号線
住友重機械工業
東浦賀町２丁目
東浦賀町
新町郵便局
専福寺
三浦稲荷社
東林寺
東浦賀２丁目
公園
浦賀の渡し
洲崎町内会館
東浦賀町２丁目
法幢寺
新井町内会館
東叶神社
東浦賀
公園
浦賀港
陸軍桟橋
A
B
C
D
0
50
100m

と思われるのはAとB。Aから続く道は主郭北西隅の張り出しによって守られる。道は山腹や曲輪❷の間にある鞍部へと続く。Bからのルートは、帯曲輪を経由して東麓へと通じていたようである。浦賀城の東側は「大室」と言い、船蔵跡と伝わっている。※4❶の北には、大きな鞍部C、堀切Dを挟んで、曲輪❷が続く。Cの底と❶との比高差は20メートルほどもある。Cの南隅に井戸と伝わる穴が口を開ける。Dを越えると明確な削平地が数段続くが、段差は決して高くなく、城郭遺構と断じられない。北に進んだ❸のピークから先は自然地形である。

築城者が死守すべきだと考えたのは、DとCによって丘陵から隔絶された❶のみとの印象を持つ。当城は後北条氏の利用が確実視されるが、後北条氏が得意とする複雑な導入系も、満足な土塁も見られない。後世の破壊を考慮に入れても、近隣の三崎城や新井城より不出来と言える縄張りであるが、後北条氏が対岸の里見氏と天正五年（一五七七）に講和を結んだため、以後緊張が緩和されたのが要因かもしれない。

浦賀の渡しから城山を望む

【ワンポイント】浦賀駅からのバスを「紺屋町」で下車し渡し船に乗船すれば、浦賀湾を横断して城のすぐ近くまで渡してくれる。城跡は渡米前の勝海舟が修行した地とされ、主郭の一角に勝海舟断食の碑が建つ。城の周辺には貴重なレンガ積みの浦賀ドックのほか、対岸には西叶神社、浦賀奉行所跡などがあって歴史を感じる土地である。

〈田嶌〉

※2　その場合、東林寺以外は伊勢宗瑞（北条早雲）と戦った三浦義同が、新井城にて滅亡した永正一三年（一五一六）以前の開基であるから、築城者は三浦氏と推測される。

※3　『戦・北』八五一号。

※4　東叶神社ホームページの記述による。当地区は開発前に発掘調査された。さしたる遺構は検出されなかったものの、古墳時代後期と中世の土器・陶磁器片などが出土したようで、中世の遺跡であることは確実のようだ。

幻想だった鎌倉時代の巨大山城

16 衣笠城《きぬがさじょう》

①所在地　横須賀市衣笠町29ほか
②地形図　1／2万5千＝横須賀・浦賀、1／1万＝武山
③交通　ＪＲ横須賀線衣笠駅近くの「衣笠十字路バスターミナル」からバスで「衣笠城址」停下車、西へ徒歩15分。京急横須賀中央駅からも便あり
④おすすめ度　☆

【歴史】衣笠城は三浦氏の本拠とされ、源平の戦いで三浦義明が後事を息子たちに託して討ち死にした城として高名である。その後、鎌倉幕府の重鎮となった三浦氏だが、宝治元年（一二四七）に勃発した宝治合戦で没落し、城も廃城になったとされる。

【現況】三浦氏の本拠地であった谷間の最奥部に位置する、大善寺のある山が城跡とされ、寺の背後が主郭という。公園化されているので、自由に見学可能である。寺まで車道が整備されているが、大善寺の駐車場は参拝客用なので、注意してほしい。

衣笠城跡現況

【解説】山全体を城域とする見解もあるが、図で示す通り、大善寺の背後には城らしき遺構は無い。❶は確かに削平されているが、やや傾斜し、北にあるAを土塁とする向きもあるが、確かに幅広の低土塁状を呈するものの、曲輪縁辺に沿っておらず、位置から考えて土塁の役割を果たすことができない。これらは❶にあった金峯山蔵王権現社や、大善寺の施設に伴うものではなかろうか。

❶の西には、物見岩とされる大岩Bがある。しかし、周囲をほぼ同高の山で囲まれているため、大して見晴らしが利かない。図で

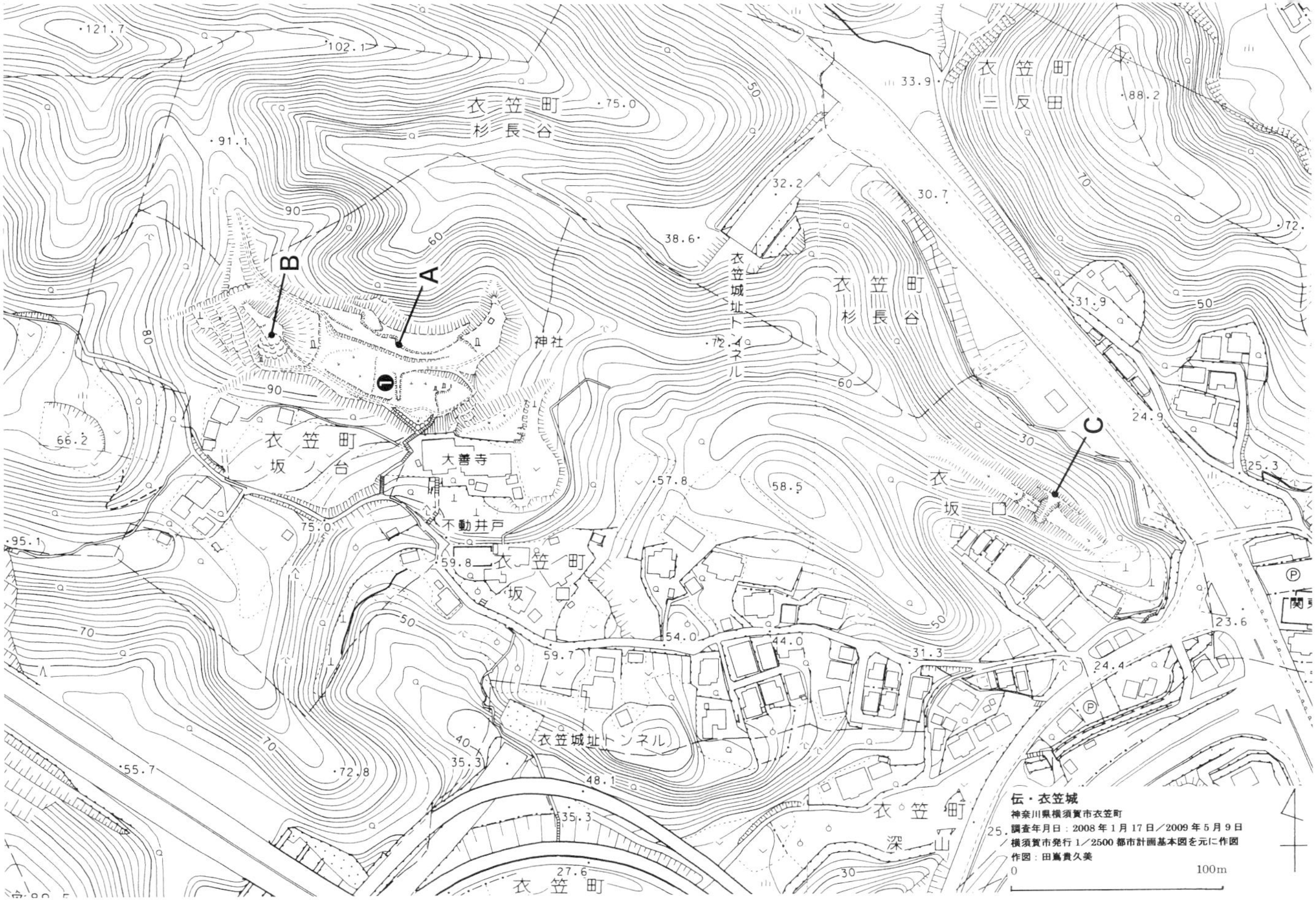

伝・衣笠城
神奈川県横須賀市衣笠町
調査年月日：2008 年 1 月 17 日／2009 年 5 月 9 日
／横須賀市発行 1／2500 都市計画基本図を元に作図
作図：田嶌貴久美

上：三浦義明像　下：三浦義明墓所　ともに満昌寺

「坂の台」の文字部分にある畠を曲輪とする意見や、そのすぐ南の農道を堀切跡とする見解もあるが、誤認であろう。ただ、Cに比較的明確な堀切がある。※1この尾根を下りきった道端には、「衣笠城追手口遺址」の碑が立つ。尾根頂部は自然地形だが、そのまま❶に達するので位置は良い。

以上、今日「衣笠城」とされる地は、城郭としてははなはだ疑問である。「後北条氏の手が加わっている」という意見もあるが、そのような痕跡は一切見られない。

宝治合戦で追い詰められた三浦泰村は、源頼朝の墓所である法華堂を最期の地に選んだ。また、鎌倉幕府滅亡時に執権北条氏は菩提寺である東勝寺にて滅亡している。この時代、切迫した脅威に直面すると縁のある寺院に立て籠もる場合があるが、三浦氏もまた同様に、信仰の対象であったこの山に立て籠るに際して、※2進撃路となり得る尾根に若干の防備を施した、というのが衣笠城の実像ではなかろうか。

【ワンポイント】バス便は、京急横須賀中央駅からも出ている。衣笠城に隣接する衣笠山公園は、日本さくら名所一〇〇選にも選ばれているが、城跡ではないので注意。麓には三浦義明の墓所がある満昌寺など、三浦氏ゆかりの史跡が点在する。

〈田嶌〉

※1　このような堀切は、横浜横須賀道路建設時の発掘調査でも検出されている。ただし、発掘で検出された堀切は、堀底面が道と思われる細長い平場に続いていて、尾根を横断する堀切道の可能性がある。Cの評価も注意が必要である。

※2　一帯は古代から聖地であり、大善寺は三浦氏からも篤い信仰を受けている。中澤克昭氏は「籠城主体の『信仰の関係から』寺院等、信仰の対象となる領域に城郭が構えられたのでは」と推論し、例として衣笠城を挙げている（『中世の武力と城郭』一九九九）。

衣笠城の支城と伝わるが……

17 大《おお》矢《や》部《べ》城《じょう》

①所在地　横須賀市大矢部6丁目ほか
②地形図　1／2万5千＝浦賀、1／1万＝武山・久里浜
③交通　JR横須賀線衣笠駅近くの「衣笠十字路バスターミナル」または京急YRP野比駅からバス「満昌寺」下車、徒歩15分。駐車場有
④おすすめ度　★★

【歴史】衣笠城の支城の一つとして語られることが多く[※1]、城主は朝比奈義秀とも三浦義澄ともされ、鎌倉時代の城郭と言われるが、史料上の根拠はない。

【現況】平作川の支流で、三浦氏の本拠が営まれたであろう谷地を流れる、矢部川の南に位置する丘陵上にある。麓の公園墓地からの比高は50メートル以上に達するが、ハイキングコースが整備されているので容易に登城できる。公園墓地内に駐車場もある。

【解説】遺構は三浦氏本城とされる伝・衣笠城より明瞭である。主郭❶は、北の❷との間を土塁と堀で守る。土塁も堀も規模は大きくないがはっきりしており、中央に虎口を開ける。❷は❶に匹敵する面積があるが、南半分の削平は甘い。北側に数段の削平地を経て、北東に向けて麓への道が伸びる。これが大手と思われる。

❶の中心部には浅い溝で囲まれた空間Aがあり、土橋で連結されている。溝は幅もなく防御性は皆無であるが、何らかの建物跡かと思われる。後世、社でも建立されたのであろうか。その背後に一段高くなっている不整形な小曲輪Bが城内最高所であるが、何らの建物も想定できないほど狭い。Bの南は浅い堀切状の溝と段差を越えて❸に達するが、以後は堀切一つも入れず自然地形の痩せ尾根が続く。つまり、この城は南の尾根続きからの攻撃をあまり意識しておらず、

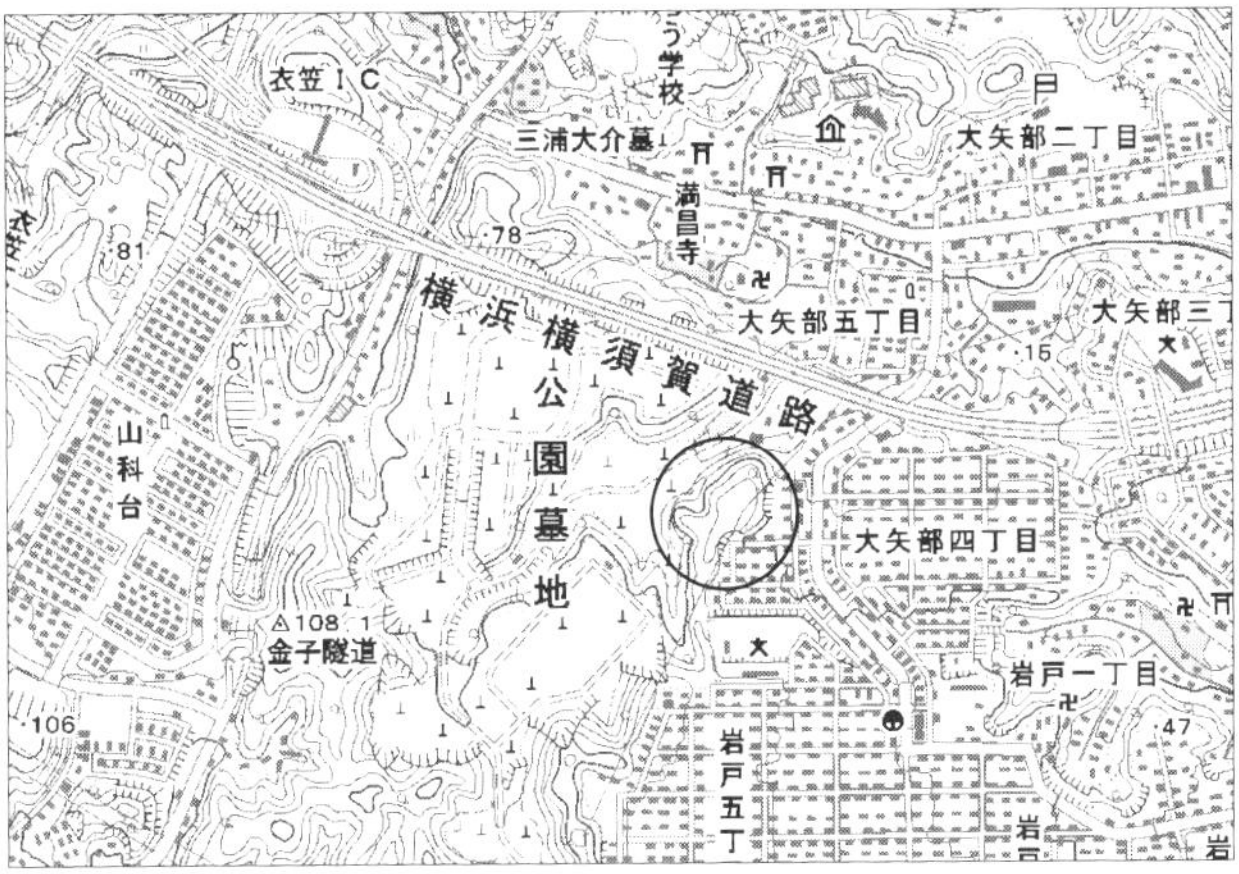

※1　衣笠城を最奥部にした、いわゆる「馬蹄形連丘」に築かれた支城とされる。

大矢部城
神奈川県横須賀市大矢部６丁目他
調査年月日：2004 年 12 月 14 日
横須賀市発行 1／2500 都市計画基本図を元に作図
作図：田嶌貴久美
0
50m
100m
調整池
30
20.6
30
28.4
A
77.2
B
40
29.6
40
48.2
54.0
54.8
65.2
岩戸小学校
W

総じて北側、つまり三浦氏の本拠が営まれた矢部川に沿う谷筋方面からの攻撃に備えるという指向性を持つ。

信頼できる史料や伝承にも恵まれない点、その割に比較的遺構を残す点[※2]、矢部川流域の平地からの攻撃に備えるという、明確な目的が読み取れる点などを考慮すると、鎌倉時代の衣笠城の支城と考えるより、戦国期の臨時築城と考えたほうが妥当ではないだろうか。

【ワンポイント】 城のすぐ北には、三浦氏初代から三代までの墓石と伝える五輪塔がある清雲寺、今は暗渠化されてしまった矢部川の対岸には三浦義明を祀る満昌寺があり、まさに三浦氏勢力圏中枢の一角にある。衣笠城も近いので、併せて見学したい。

〈田嶌〉

上：公園墓地から臨む城山
下：三浦為通・為継・義継の墓　青雲寺

※2　三浦半島の城を概観すると、内陸部にあって比較的よく遺構を残している（ないしは残していた）城は史料上の記載や伝承に乏しい。逆に、佐原城や衣笠城のように伝承の多い城は遺構を伝えていない、という興味深い傾向が見てとれる。これは、城の時代差に起因する現象かもしれない。

18 小矢部城《こやべじょう》

開発の波に飲まれた悲運の城

①所在地　横須賀市小矢部1丁目
②地形図　1／2万5千＝横須賀・浦賀、1／1万＝横須賀・武山
③交通　JR衣笠駅から徒歩15分、駐車不可
④おすすめ度　★★

【歴史】衣笠城の支城の一つとされ、和田義盛家臣の城という伝承があるようだが、根拠はない。

【現況】大矢部城の北方に位置し、同じように衣笠城の支城として語られることが多いが、大矢部城から直線距離で2キロほども離れており、丘陵地帯を一つ越えた平作川中流域の平地に面している。

　平作川は三浦半島最長の川で、中流から下流域は、かつて三浦半島最大の水田地帯であった。現在でも、数少ないまとまった平野部である。中心部を含む城跡の西半分は開発で消滅しており、わずかに東端が雑木林や畠として残っている。

【解説】遺構の最高所は❶であるが、現在、城跡の丘に半ばめり込むように建っている半地下式のマンションにより、頂部を破壊されている。だが、考古学者の赤星直忠氏が残した図面（図1）とほぼ一致しており、ある程度復元が可能である。

　赤星氏の図によると、西側にもう一段高い曲輪があり、さらにその背後に一段高く「窪地状の烽火台」が築かれていたとされるが、土塁囲みの小曲輪か櫓台にも見える。その背後は、あまり目立った遺構は描かれていない。

　一方で、現在、遺存している東側には明瞭に壁《へき》がつくられている。基本は堀を用いず、削り立

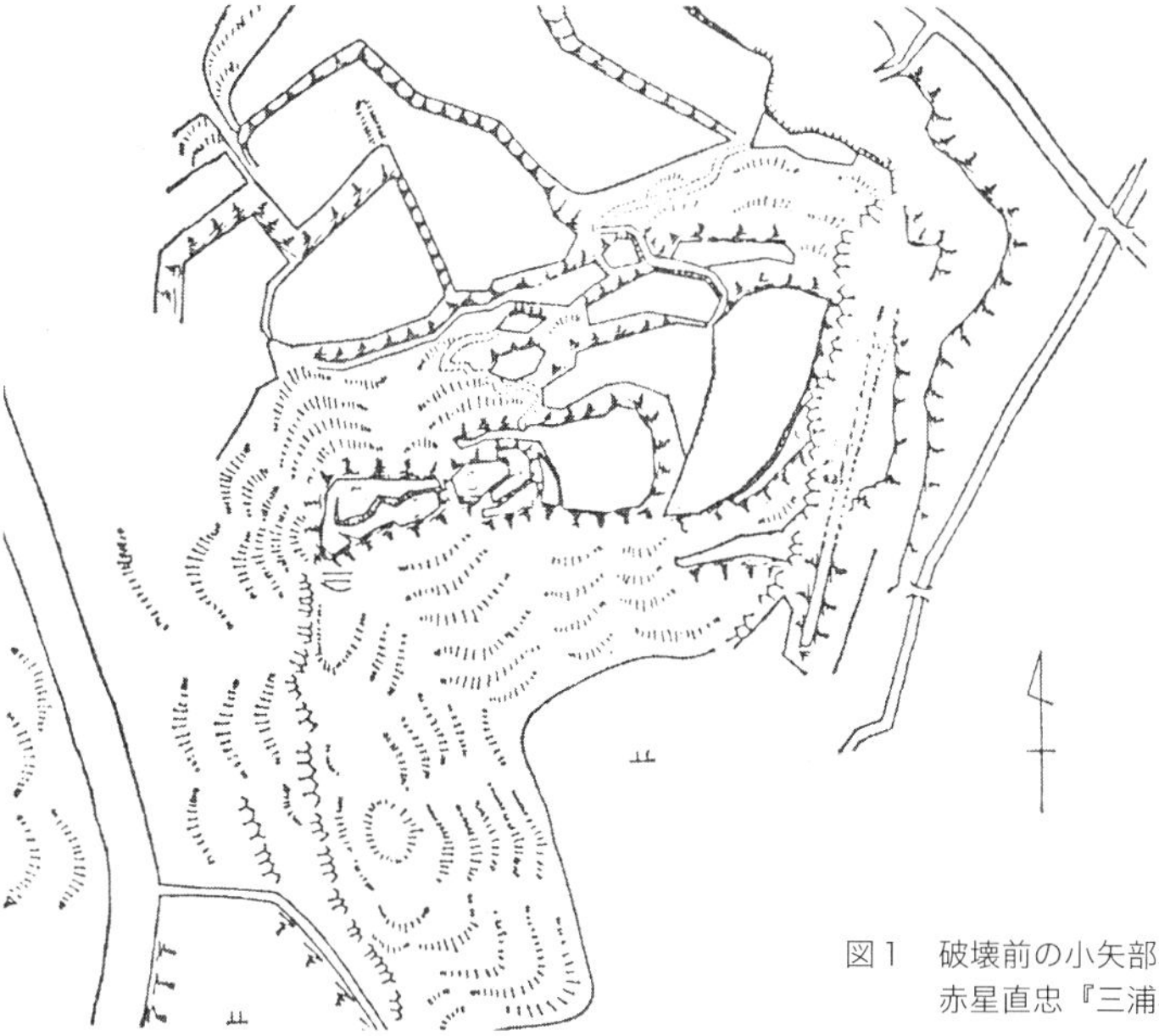

図１　破壊前の小矢部城
赤星直忠『三浦半島城郭史』から

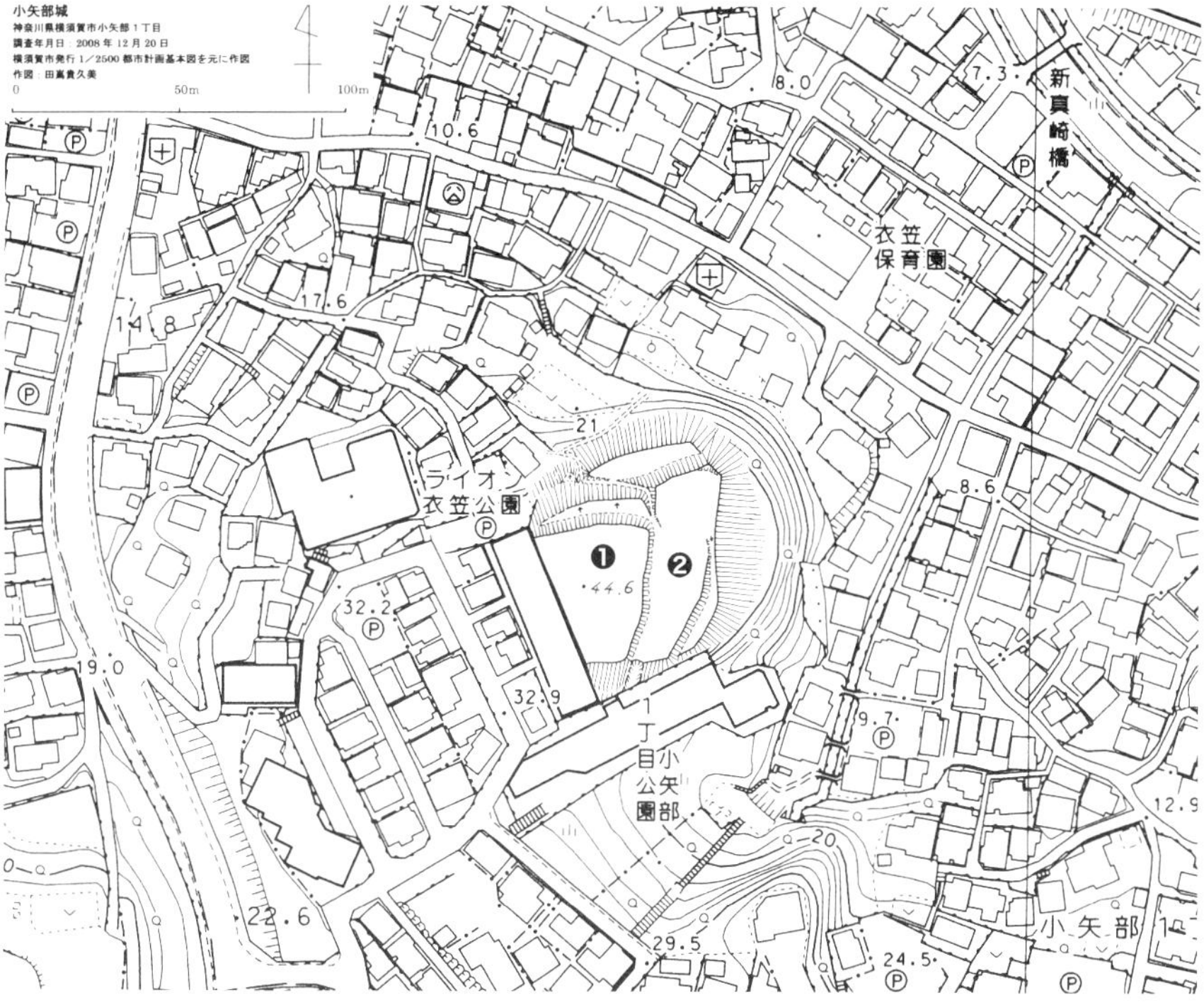

衣笠城近くの衣笠山公園山頂から見る小矢部城。中央の正面を向くマンション背後の小山に辛うじて遺構を残す

てた壁で守る単純な縄張りであるが、❶の北にある帯曲輪と❷で挟み込むように登城路を守り、平作川の平野部方面からの攻撃を意識しているように見える。

平野からの攻撃に備え、背後の峰続きである丘にはあまり注意を払わないという指向性は、大矢部城と共通した感がある。

ほかにも、文献や伝承に恵まれない、比較的遺構を遺していた、など大矢部城と共通する点がある。同じく、鎌倉時代の衣笠城の支城ではなく、戦国期の城と評価したい。

先述の通り、平作川流域は三浦半島随一の平野部で、人口も多かったと思われる。その平野に住む住人がある時期、例えば里見氏の脅威が高まった一時期に、臨時に立て籠もるために築いたとの推測は可能であるだろう。

その場合、里見氏が鎌倉や三浦半島に侵入を試みた大永から弘治頃（一六世紀中葉）が築城時期となる。※

【ワンポイント】　城は畠と雑木林であるが、かなり藪がひどい場所もある。私有地でもあるので、見学の際は十分注意してほしい。

〈田嶌〉

※三浦地域の城郭については、田嶌「三浦半島の城」（中世城郭研究刊『中世城郭研究』23　二〇〇九）に詳しい。専門的な内容になるが、興味のある方は参照されたい。

軍記物の記述通りに堀が出土

19 怒田城《ぬたじょう》

①所在地　横須賀市吉井1丁目
②地形図　1／2万5千＝浦賀、1／1万＝久里浜
③交通　JRまたは京急久里浜駅より徒歩10分
④おすすめ度　★★

【歴史】三浦氏二代目の為継の頃に築かれたとされる。『吾妻鑑』や『源平盛衰記』によれば、和田義盛が三浦義明に、衣笠城ではなくこの怒田城への籠城を薦めたという。今では信じられないが、当時は久里浜湾から伸びる入江に面していたため、三浦氏水軍の拠点とされていた。実際、城の周囲に「舟倉」という地名が残る。

【現況】「吉井貝塚遺跡」として知られる比高20メートルほどの丘陵が城跡である。駐車場はないが公園化されており、自由に見学できる。また、発掘調査の成果も表示されている。

【解説】中世の久里浜湾は現在よりも内陸に入り込んでおり、江戸期に新田開発が行われるまで当城近くも入り江だったようだ。現在も湾に注ぐ平作川から200メートルほどしか離れておらず、「舟倉」付近の沼沢地から湾へアクセスしていたのかもしれない。なお、怒田城に関する戦国期の文献史料はない。

現在、残る遺構は曲輪❶と、発掘により確認された堀Aである。※1 ❷そのものを幅の広い空堀と見なす意見もあったが、中世段階では北西から谷が入り込む地形だったことが発掘調査で判明しているため、空堀ではないだろう。現在、畠となっている❸は広い平坦地であるが、特に城郭らしい遺構は見当たらない。

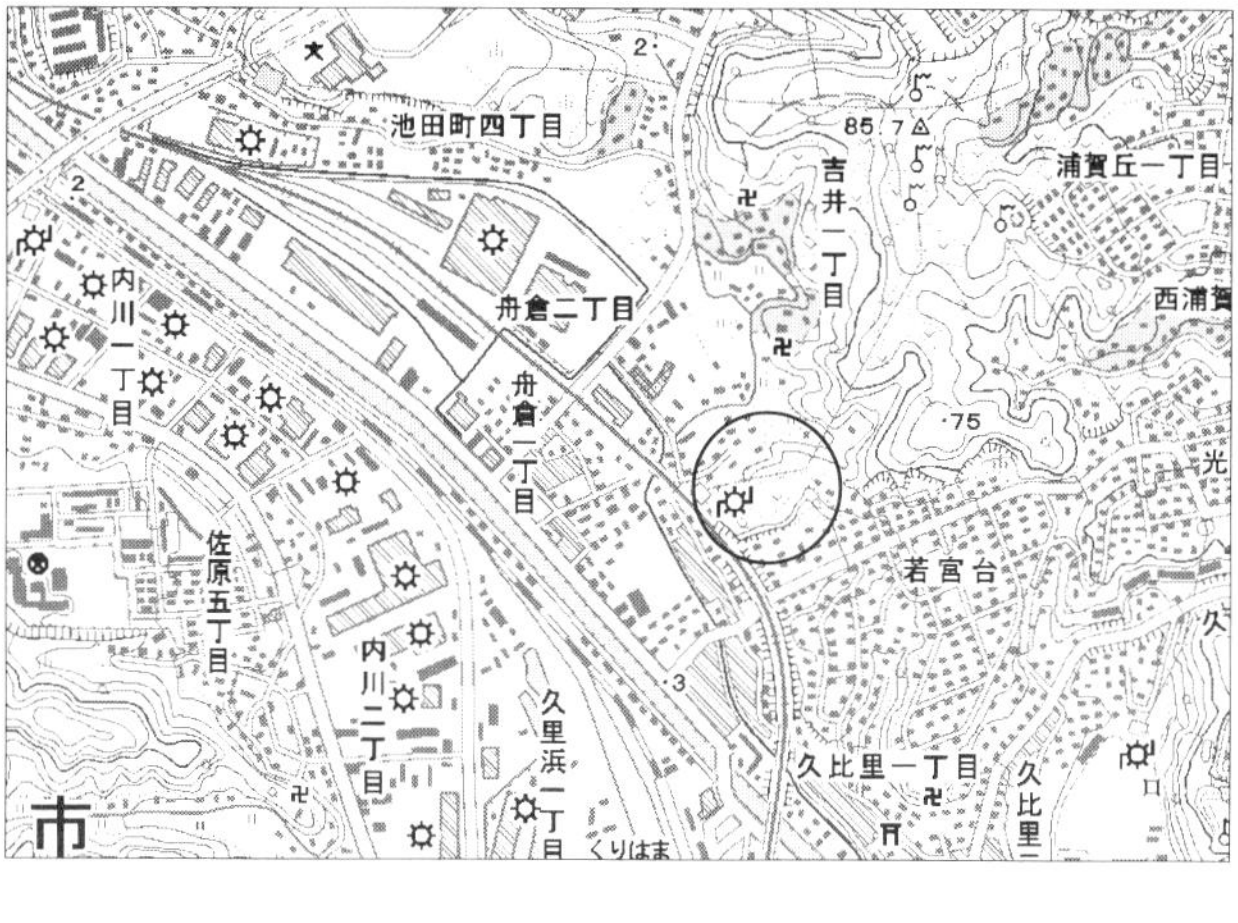

※1 『吉井城山』（横須賀市教育委員会　一九九九）に発掘の成果が収録されている。

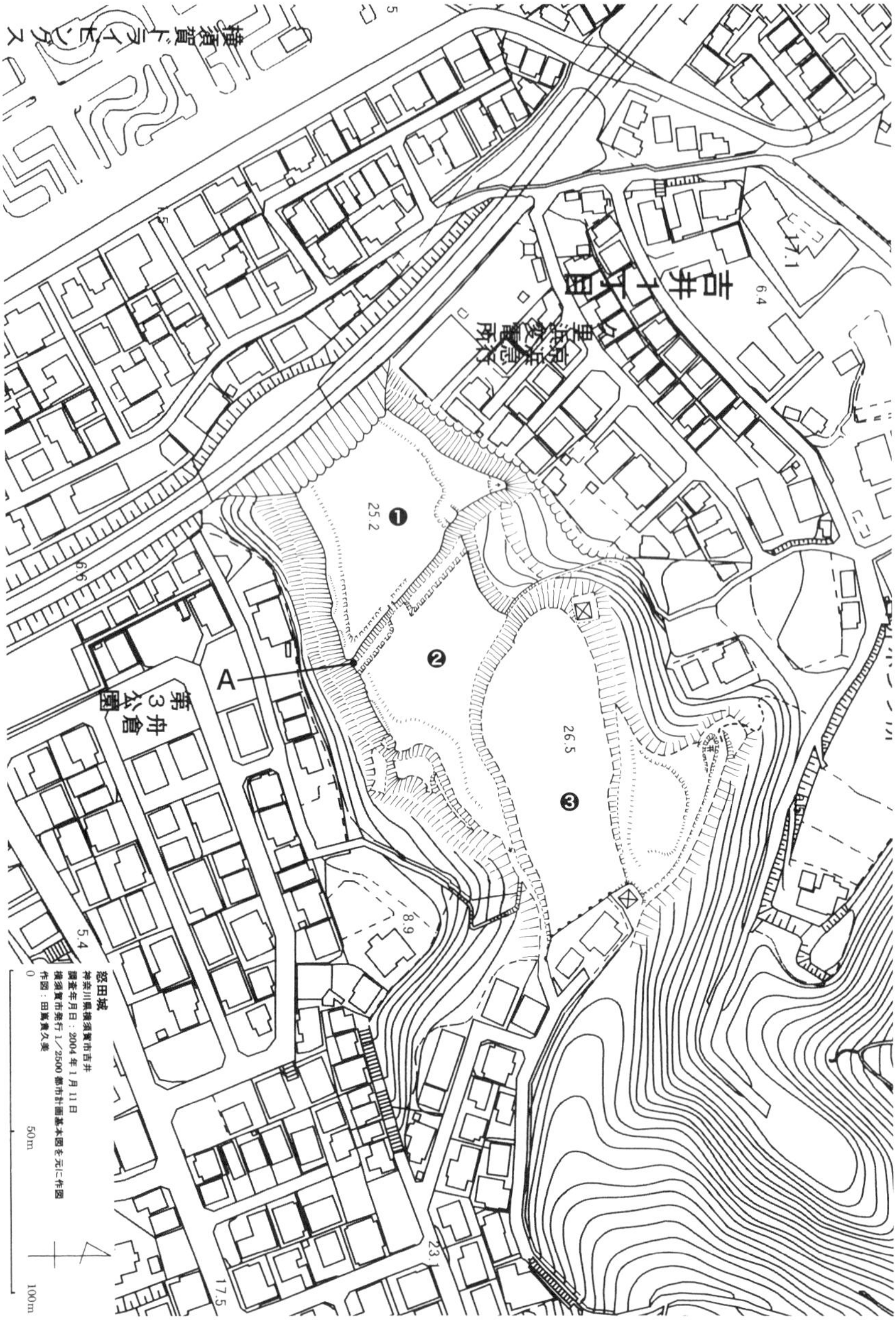
吉井1丁目
第3舟倉公園
A
❶
25.2
❷
❸
26.5
怒田城
神奈川県横須賀市吉井
調査年月日：2004年1月11日
横須賀市発行1／2500都市計画基本図を元に作図
作図：田嶌貴久美
0
50m
100m

Aは中央部に土橋を架ける。❶に対して少し斜めに架けるのは、敵の直進を避ける目的があったのかもしれない。堀幅は決して広くないが、貝塚の貝層を掘り込んでおり、崩れを防ぐために貝層を抜き取って泥岩で補強するという細かな作業で、ある程度恒久性を持たせていたようだ。以上、城域は堀Aによって区切られた❶のみであるが、※2 その先端は戦時中に線路敷設によって削られ、戦後の開発では❶の北西側に接続していた同規模の丘が、完全に消失している。地形的にはこちら側が主郭と見て取れるので、縄張りの評価には注意が必要である。

発掘調査では空堀底の土の科学分析が行われ、一二世紀末から一三世紀初頭という『源平盛衰記』や『吾妻鑑』と矛盾しない年代観を得ている。出土遺物が少ないので即断できないが、両史料が成立したのは一四世紀初頭と推測されているので、当時すでに「城跡」と認識されていたわけである。戦国期以前の城の実態を示す、貴重な遺構となる可能性がある。

【ワンポイント】城跡は、縄文時代早期から古墳時代後期の吉井貝塚遺跡としても、たいへん貴重な遺跡である。漁労関係の遺物が特徴的で、当時から海と密接に関係した地だとわかる。〈田嶌〉

上・下：空堀は埋め戻され、杭列でアウトラインが展示されている

※2　堀以外の城郭遺構は検出されていない。防禦施設以外は、かなりシンプルな普請であったと思われる。

城跡は公園になり、案内板などが整備されている。

明確な城郭遺構が確認できない伝説の城

20 佐《さ》原《はら》城《じょう》

①所在地　横須賀市佐原3丁目
②地形図　1／2万5千＝浦賀、1／1万＝久里浜
③交通　JRまたは京急久里浜駅より北久12系バスで「佐原三丁目」下車、徒歩5分
④おすすめ度　☆

【解説】　三浦義明の末子義連が佐原氏を称して衣笠城の支城を構えたというが、当の衣笠城が城郭として疑問なので、この伝承も信用することは危険である。「台畑」の字名通り※、現在は大半が畠になっていて、一角に城跡碑が建つ。怒田城は平作川の対岸に位置するが、佐原城もまた、中世初期は海に面していたとの推測もある。

伝承には比較的恵まれており、『鎌倉九代後記』にも「佐原山」が伊勢宗瑞に攻め崩されたという記述があるが、地表面観察でも発掘調査でも、はっきりした城郭遺構は確認できない。台地上を利用した屋敷地などを想定するべきではないだろうか。

【ワンポイント】　見学は可能であるが、耕作地には入らないように注意。ほど近い義連開基の満願寺には、彼の墓と伝わる五輪塔が残る。

〈田嶌〉

城の一角にある案内板と城跡碑

※周辺には的場、殿騎、城戸際などの城郭関連地名が点在している。

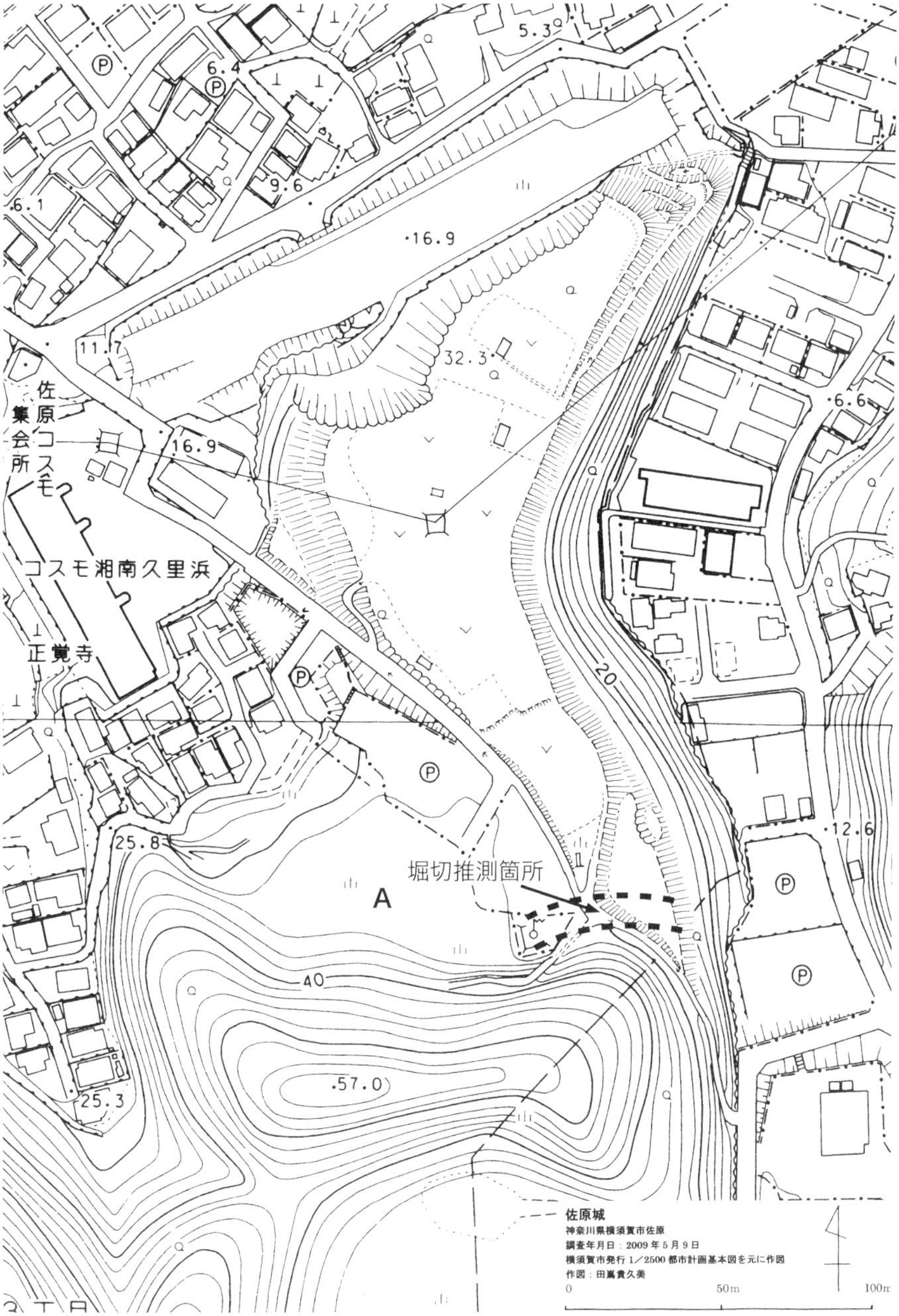

5.3
6.4
9.6
6.1
16.9
11.7
32.3
佐原コスモ
集会所
16.9
6.6
コスモ湘南久里浜
正覚寺
20
25.8
12.6
堀切推測箇所
A
40
.57.0
25.3
佐原城
神奈川県横須賀市佐原
調査年月日：2009 年 5 月 9 日
横須賀市発行 1／2500 都市計画基本図を元に作図
作図：田嶌貴久美
0
50m
100m

視点1

鎌倉城は実在したか――。

■「鎌倉城」の出どころ

海に面して三方を丘陵に囲まれた鎌倉の地は、守るに易く攻めるに難い「要害の地」である。そのため、源頼朝は東国武家政権の本拠をここに置き、丘陵を越える七つの道を切り通しとして、周囲に切岸等の施設を築いて防備を固めた。

こうした理解と、同時代の記録に見える「鎌倉城」の言葉から、中世の鎌倉は一種の城塞都市であるという考えが生まれた。「鎌倉城」の言葉に、ロマンを感じる歴史ファンや城郭ファンも少なくない。しかし、最近の研究では、この「鎌倉城」という考え方が疑問視されるようになっている。

まず、「鎌倉城」の最大の根拠となっているのは、鎌倉時代の初期に摂政《せっしょう》・関白に任じた九条兼実《くじょうかねざね》の日記『玉葉《ぎょくよう》』である。この言葉が登場するのは、元暦元年（一一八四）八月二十一日条だ。そこには、頼朝が鎌倉城を出て黄瀬川の辺りに進出したとのことだ、という伝聞情報が記されている。

のちに、頼朝との太いパイプを背景に朝廷での実権を握る兼実ではあるが、この時点でまだ頼朝とは面識がない。記事が書かれたのは、ちょうど一ノ谷の合戦（同年二月）と屋島の合戦（翌年二月）との間の時期で、頼朝はこの頃、後白河法皇を掣肘《せいちゅう》するため水面下で兼実に接触を図りつつあった。

とはいえ、武家側の史料では頼朝の出撃を確認できないので、くだんの記事は誤報をもとに書かれたことになる。つまり、当時の兼実が、鎌倉の実態を知った上で「鎌倉城」と呼んだわけではないのだ。

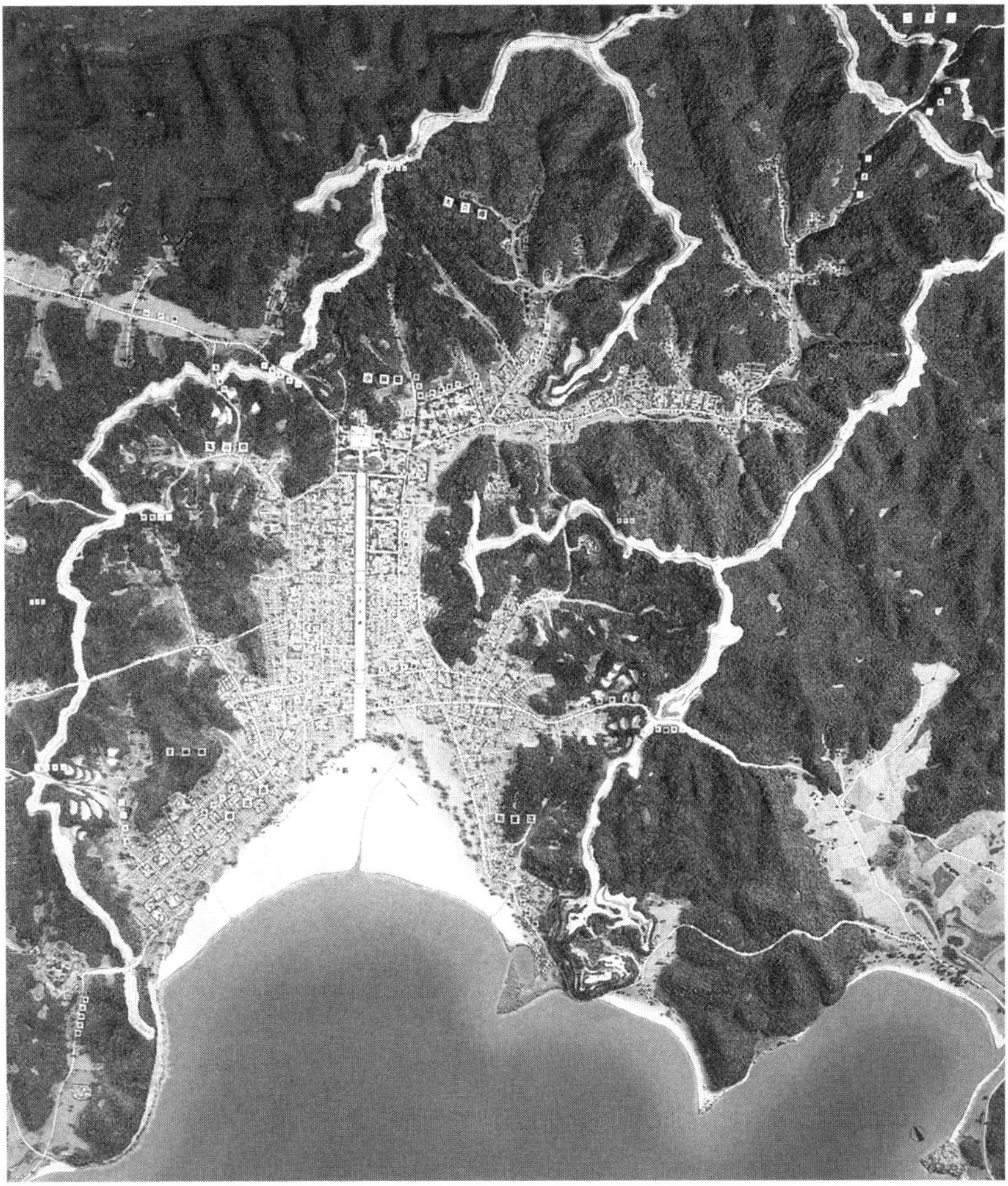

『玉葉』に「鎌倉城」とも記された中世の鎌倉の地形模型である。尾根を這う白い線が稜線で、周囲7ヵ所に切り通し（七口）が設けられている　国立歴史民俗博物館蔵

源頼朝像

この時代の史料で「城」「城郭」の語は、謀叛人のアジトのような意味で用いられる例が多い。鎌倉幕府の正史として編まれた『吾妻鏡《あづまかがみ》』には、「城」「城郭」の文言は、常に鎌倉政権側から見て討伐の対象となる施設として登場する。鎌倉方の軍勢が城郭を構えたという表現は皆無なのである。

だとしたら、兼実は「もともとは叛乱勢力だった頼朝軍の本拠地」というニュアンスで「鎌倉城」の表現を用いたと考えるのが自然であろう。

■「要害の地」とは

次に、鎌倉を「要害の地」と見なす根拠のひとつとされてきたのが、『吾妻鏡』治承四年（一一八〇）九月九日条だ。

石橋山古戦場を望む　小田原市

石橋山の合戦で一敗地にまみれて房総に逃れた頼朝は、ここで再挙をはかるのであるが、その際に参陣した千葉常胤が「今いらっしゃる場所はさしたる要害の地でも由緒のある地でもないので、速やかに鎌倉に向かわれるのがよろしい」と進言したという記事である。この進言を受けた頼朝は、周辺の敵対勢力を討伐しつつ、翌月七日には鎌倉に入っている。

このくだりは、守るに易く攻めるに難い地形であることをもって、常胤が鎌倉入りをすすめたようには読めない。当時の頼朝の主要な支持勢力は伊豆の北条氏、相模の三浦氏や土肥氏、下総の千葉氏らであったから、伊豆・

相模・房総を勢力圏とした場合の戦略重心を考慮するなら、鎌倉に本拠を置くというのは妥当な判断といえる。

また、かつて東国に勢力を扶植しようとした義朝（頼朝の父）も鎌倉に屋敷を構えていたから、頼朝が板東武士たちを糾合していく上でも、義朝の衣鉢をつぐ形をとることは、重要であった。つまり常胤は、戦略拠点としての適切さという観点から鎌倉入りをすすめているのであって、「三方を丘陵に……」は後付けの理屈でしかないのである。

鎌倉は丘陵に囲まれた武家の都であった。写真は杉本城から見た雪ノ下方面

武家政権所在地としての鎌倉を防衛する上で、周囲の丘陵や切り通しが戦闘の焦点になるのは事実である。けれども、そのことをもって鎌倉を城塞都市と見なすのなら、「京都城」という表現だってありえるはずだ。実際、中世の史料では、しばしば都城・王城としての京都と、その周辺を指して「洛中城外」のような表現が用いられている。けれども、だからといって、「京都城」の存在を唱える研究者はいない。これは矛盾である。

また、防禦陣地といわれてきた切岸群も、近年の発掘調査で土取りや屋敷地造成のためのものであることが判明してきている。城塞都市鎌倉のイメージは、考古学的にも成立しなくなってきているのだ。

どうやら、「鎌倉城」という概念は中世城郭の多様なあり方や、発展段階を多角的に理解しようとする試行錯誤の中で生じた、一種の錯覚だったようである。

〈西股〉

発掘された人骨が語る壮絶な籠城戦

21 新《あら》井《い》城《じょう》

①所在地　三浦市三崎町小網代
②地形図　1／2万5千＝三浦三崎
③交通　京急三崎口駅から油壺行きバスで終点下車、駐車場有
④おすすめ度　★★★

【歴史】　相模の名族だった三浦氏は、室町期になると扇谷上杉氏から養子を迎える。これが当城の城主・三浦義同《よしあつ》（導寸《どうすん》）である。義同は相模に侵攻してきた伊勢宗瑞《いせそうずい》（北条早雲）と対立、拠点の岡崎城を奪われて新井城に押し込まれた。義同はこの地に籠城し、三年にわたって抵抗を続けるものの、永正十三年（一五一六）には激しい攻防戦の末落城し、三浦氏は滅亡する。当時の史料には「三崎城」として現れる。

【現況】　城は油壺湾開口部の北、東京大学の施設や油壺マリンパークほかの観光施設が建ち並ぶ半島上に位置する。油壺湾は今日、験潮場が置かれるほど波が穏やかな湾で、浦賀城のある横須賀市の浦賀港、三崎城のある三浦市の三崎港と同じく天然の良港である。油壺湾のすぐ南には諸磯湾が、半島の北には小網代湾があり、城はさながら港湾に囲まれるかのようだ。

　遺構は東京大学附属臨海試験場の敷地内を中心に、極めて良好な状態で遺っている。三浦半島内はおろか、神奈川県内でも屈指の遺存状態であろう。城まで車で来ることが可能で、周辺には観光用の駐車場もある。

【解説】　城のある半島は、東側の「内の引橋」と呼ばれる堀切Aによって、陸地と完全に切り離される。堀切は今日、南側しか残っていないが、道を挟んだ北側にもかつては存在した。堀幅

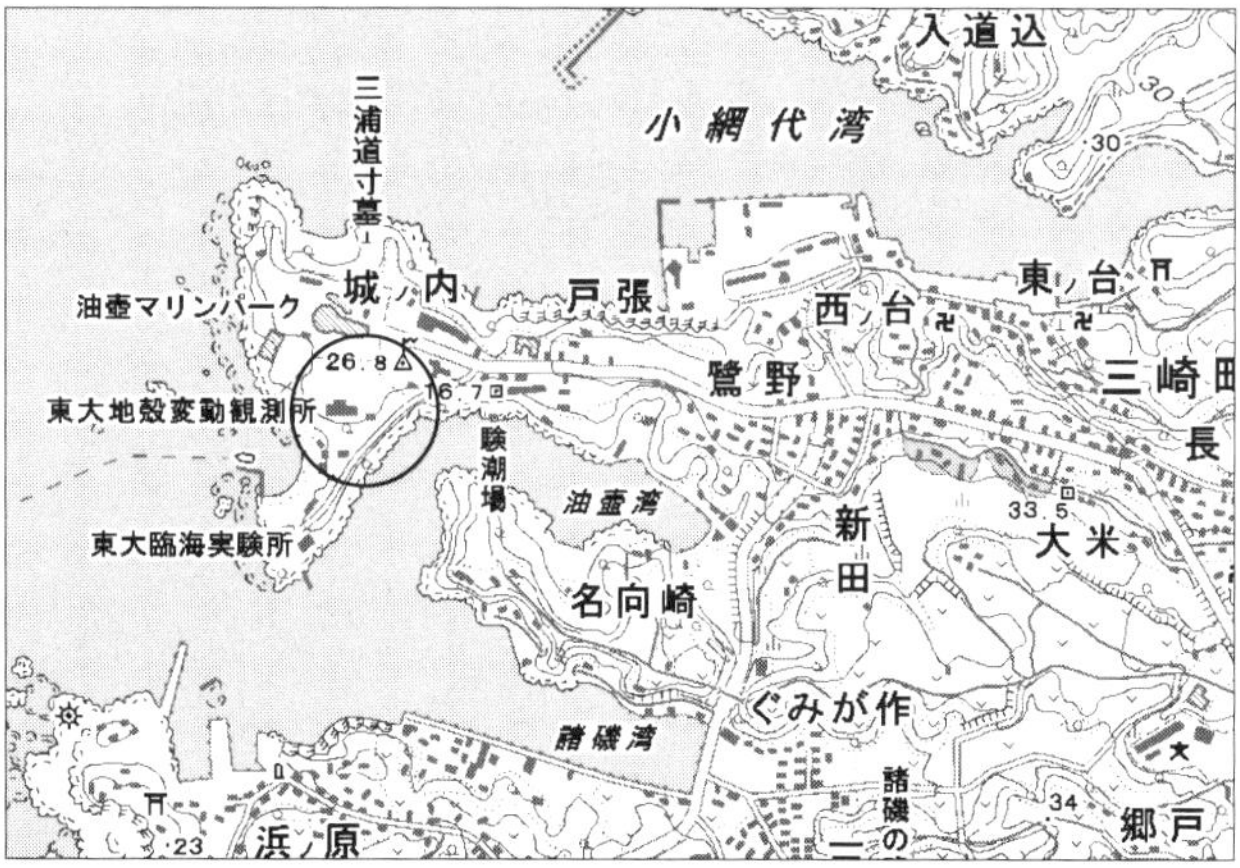

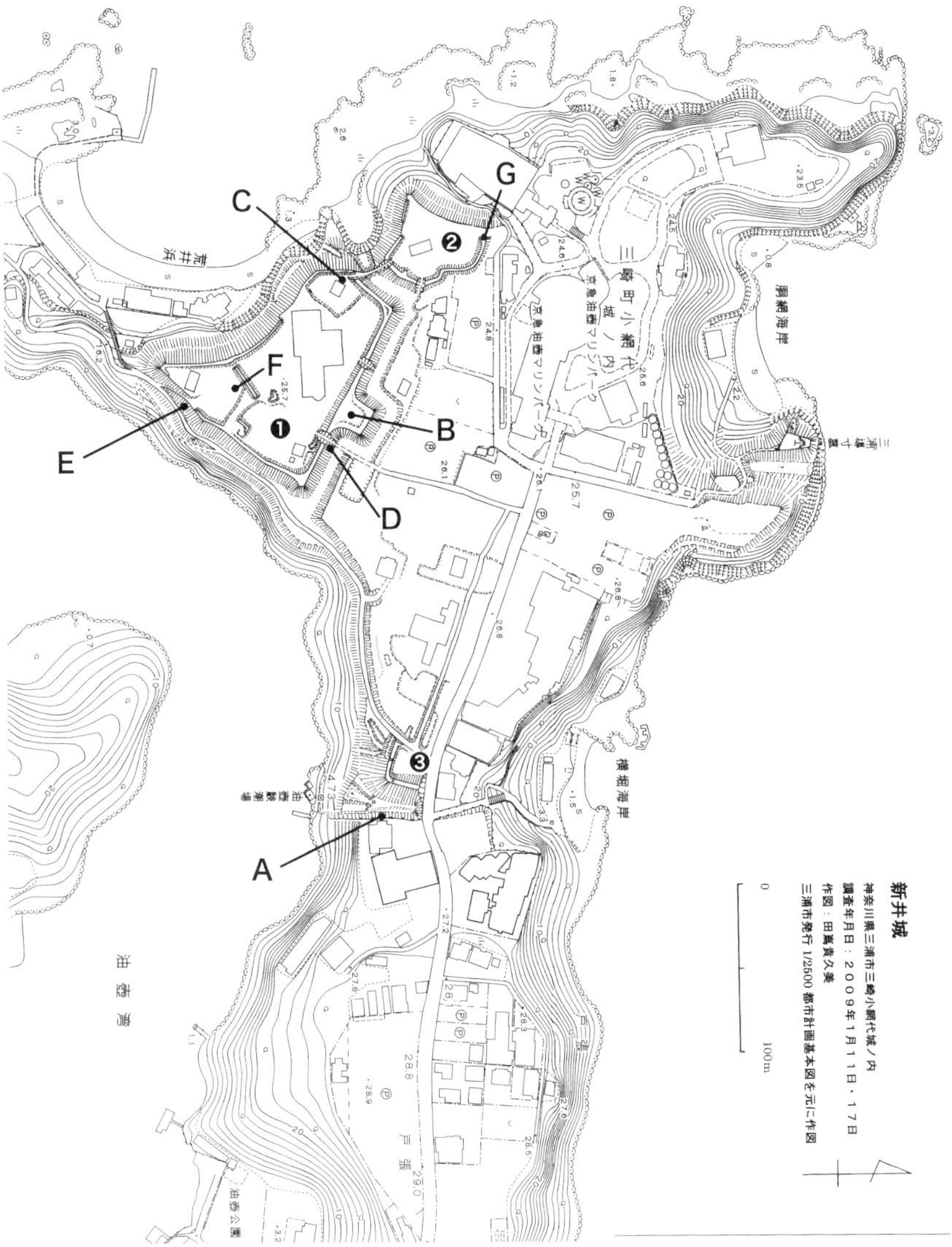

三浦道寸像 『続英雄百人一首』

は約20メートルにも達し、城内側は大規模な土塁で守られている。

当城の東方約3キロの地にも、外の「引橋」の地名が残っている。[※1] 今日特に遺構は無いが、東西から谷地が迫る地峡部であり、ここを切断すると三浦半島南端を分離させる防衛ラインが成立する。新井城での攻防戦は三年以上にも及ぶが、この外の「引橋」以南の地を巡っての攻防戦が続き、最終局面で新井城に追い込まれたのではなかろうか。また、戦国初期の城郭には、広範囲な丘陵上等の要所要所に砦や防禦施設を築き、まとまった地域を大雑把に防禦する思想があったように見受けられる（七沢城・岡崎城など）。文献史料に現れる「三崎城」とは、新井城や現在の三崎城を含む「引橋以南の三浦半島南端部」全体を指しているのかもしれない。

主郭❶は御殿跡との伝承が残り、土塁がほぼ全周する。特に北側は、異様に巨大な櫓台Ｂと、幅十数メートルを測る堀、大規模な土塁によって「内の引橋」を突破して半島内に侵入した敵に備えている。土塁の東西両側のコーナー部分も櫓台が想定され、極めて厳重である。現在、ホテルや油壺マリンパークが立つ地にも曲輪があったのではと推測する向きもあるが、「内の引橋」を突破された場合は、❶と❷に立て籠もる算段で、半島内のほかの場所には大した普請は行われなかったのではないか。

主郭❶の虎口として想定できるのは三ヵ所。Ｃは❷からの虎口と見て間違いなく、土橋で❷と連絡し、内部は枡形だったかもしれない。ＤはＢから横矢が掛かる場所だが、後世の車道開通による破壊道の可能性がある。Ｅも虎口と見てよいが、城外からのアクセスが良く分からない。現在油壺湾に面して崖縁辺部を車道が走るが、これが横堀だったのかもしれない。実際、土塁で囲まれた❸のすぐ南には、堀の痕跡のような地形がある。Ｅの内部もかなり広い枡形を呈し、土塁Ｆが内部に残る。

※1 『三浦市文化財マップ 三浦探訪』では、「引橋」バス停南付近に二ヵ所の堀切を描いた想像図を掲載しているが、実際に橋が架けられていた様子は北原白秋の詩にも詠まれている。

穏やかな海面の油壺湾。城跡から降りることができる。

❷は主郭に従属する曲輪であるが、❶の方向にも土塁を築く。❶同様に土塁は全周していたと思われるが、西側はほとんど消失している。G部分で土塁が切れているが、虎口かどうかは不明。❶の中央部が近年発掘調査された際、礎石、掘立柱建物、陶磁器類のほか、焼土痕と多数の人骨が出土した。[※2] 人骨は複数の人物のもので、四肢骨を中心に身体各部がばらばらに土坑から出土している。白骨化して各所に散乱していたものを、城内を再利用する際まとめて埋葬したようで、激しい籠城戦を裏付けるものである。

遺物は一五世紀末から一六世紀前半に年代付けられるものが大半で、新井城が落城した時期と矛盾しない。当城の縄張りは規模が大きいものの、後述の三崎城に比べてテクニカルさに欠ける印象はある。中心部の縄張りは三浦氏によるものと見ていいだろう。ただし、若干ではあるが一六世紀後半とされる遺物も出土しているので、巨大な堀切Aなどは後北条氏が拡張した可能性も考えられる。[※3]

【ワンポイント】新井城の中心部分は、大学施設として立ち入り禁止となっている。見学を希望する場合は、事前に許可を取る必要がある。ただ「内の引橋」はじめ周辺は自由に散策できる。周囲には永昌寺、海蔵寺、真光院など義同ゆかりの寺院や、落城伝説が残る義士塚、有名な縄文遺跡である諸磯貝塚、諸磯隆起海岸などの史跡がある。また、マリンレジャーには事欠かない地域である。〈田嶌〉

堀や土塁が良好に残る

※2　発掘調査の成果は、東京大学埋蔵文化財調査室「新井城跡　理学部附属臨海実験所新研究棟地点発掘調査概要報告」（『東京大学構内遺跡調査研究年報1　1996年度』一九九七）にまとめられている。

※3　天正十八年（一五九〇）の史料に「油つほニも可為掛候」と出てくる（『戦・北』三六六〇号）。新井城の改修を指している可能性が高い。

外郭にあたる「引橋」付近。この辺りに、橋が架けられていたようだ。

22 三《み》崎《さき》城《じょう》

三浦半島支配の拠点となった後北条氏の水軍基地

口絵参照

①所在地　三浦市城山町
②地形図　1／2万5千＝三浦三崎
③交通　京急三崎口駅から三崎港方面行バスで三崎東岡下車、徒歩5分、駐車場有
④おすすめ度　★★★★

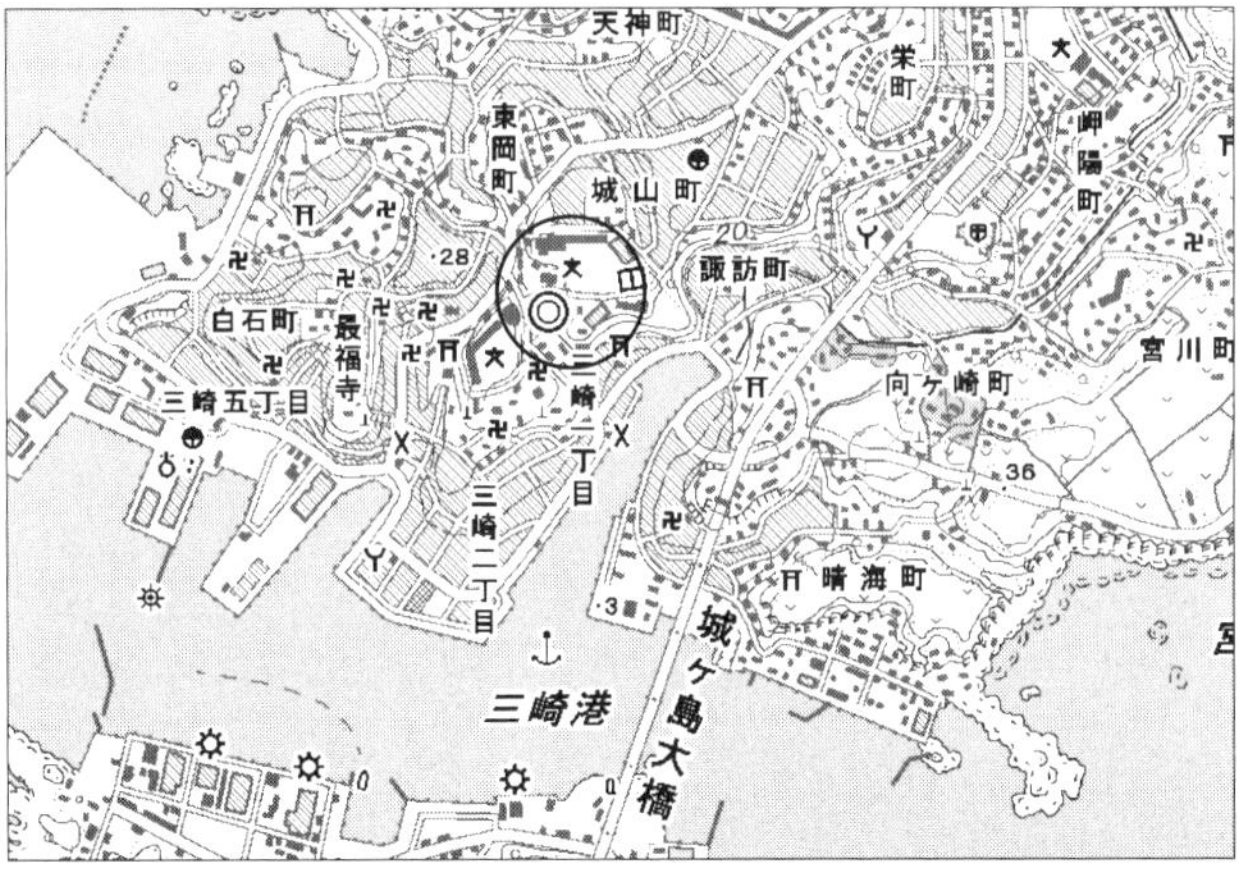

【歴史】　三崎城は、三浦半島の南端に位置する三浦郡の中心的城郭で、後北条氏にとって当地域の支配および、対岸の房総半島を支配する里見氏への対抗拠点となった城である。里見氏は海を越えてたびたび三浦半島周辺に進出し、特に弘治二年（一五五六）にはこの城も襲われて苦戦したと伝わる。後北条氏はこうした状況に対応するため、三崎城を拠点とした本光院殿衆（三浦衆）という軍団を編成している。天正十八年（一五九〇）の後北条氏滅亡まで存続しており、最末期の城主は当主氏政の弟で、豊臣秀吉など上方との外交の中心的人物であった氏規[※1]であった。

【現況】　城は、「北条湾」と呼ばれる細長い入江の最奥部にある、比高30メートル弱の丘に位置する。湾の前面には城ヶ島が横たわって天然の防波堤をなしており、良港であることが一目瞭然である。かつてこの湾を浚渫した際、中国からの輸入品である永楽銭が大量に引き揚げられたことからも、この港が後北条氏領国における有力な貿易港であったことが推測される。現況は市役所、体育館、学校などが建ち並び、土塁や堀が点在するのみであるが、見学は自由にできる。駐車場は公共施設のもののほか、観光用のものが周辺にあるので利用できる。

【解説】　現況図が示す通り、詳しい縄張りの評価は困難であった。だが近年、西股総生氏により

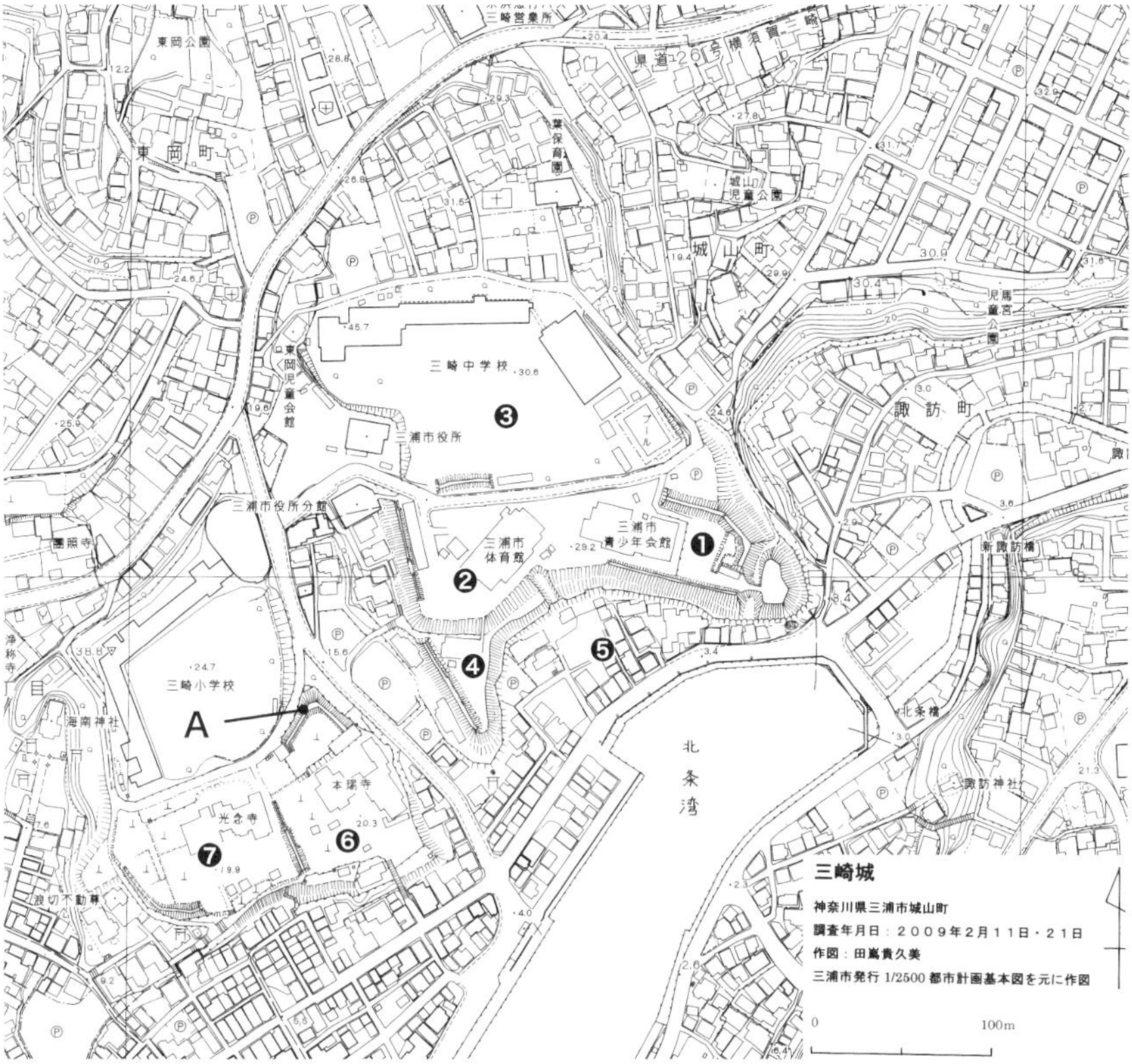

現況図

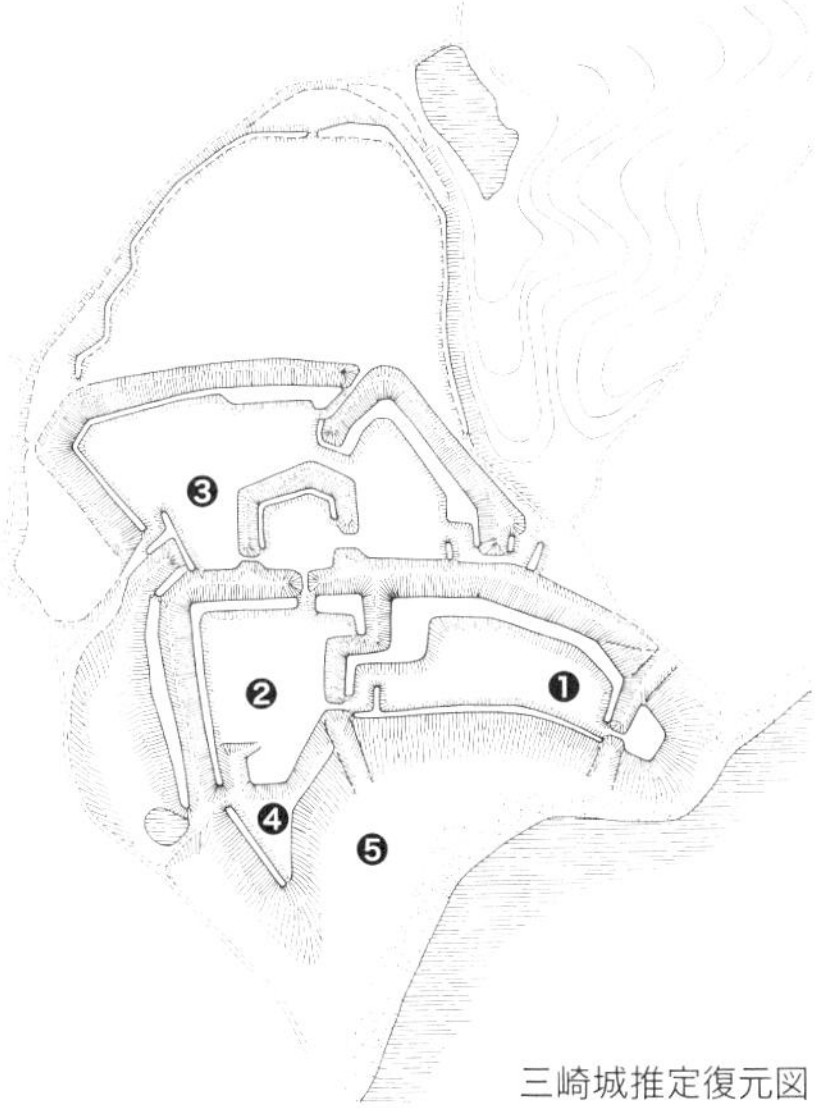

三崎城推定復元図

※1　北条氏規は氏康の五男で、三崎城と伊豆韮山の城主を兼ねた。幼少期には当時同盟関係にあった今川氏のもとに人質として送られ、駿府で暮らした経験がある。この時、同様に人質だった徳川家康と知己を得たといわれ、長じて徳川氏や豊臣政権との交渉窓口を務めた。

　小田原の役で後北条氏が滅亡した後も氏規は赦免され、のちにその子孫が河内狭山藩を興すことになる。

残存する土塁と城跡碑

復元図が提示された。※2 これは明治期に陸軍が作製した「フランス式彩色地図」※3から復元したもので、極めて正確と思われる。現況図と復元図に記した数字は、それぞれ同じ位置を示す。

主郭は❶。北条湾側は、まさに断崖絶壁を呈する。現在は市の図書館、青少年会館、駐車場となっている。急崖である湾側も含めて土塁が全周していたようであり、特に台地続きである北側に面する土塁は、現存しているものを見ても大規模である。西にある小さな曲輪は旧状を残しており、❶との間の堀幅は10メートルを越える。曲輪❷との間は外枡形虎口で連絡したようだ。また、北西隅の土塁は櫓台状に幅広となっている。この❶と❷が三崎城の中心部であろう。

❷の北に開口する虎口の前には、馬出が存在した。現地の案内板などは、三崎中学校の校庭南辺に僅かに残る土塁をこの馬出のものとしているが、復元図に比して直線的であり、位置的にも❷の北側の土塁と見たほうがよさそうである。また、南の虎口も枡形である。

❷の南側には、❹が湾に向かって伸びる。旧地形が分からないので断言はできないが、この❹と❶の西にある小郭によって城下❺の部分を囲っているように思える。❹は東側に極めて規模の大きな土塁を築いているが、❺側には何もない。後北条水軍の軍船は、この湾に面する❺に並べられていたのかもしれない。

現在、小学校となっている❸は三か所の虎口を開けるが、すべて枡形等の凝った形状を示す。また、城郭中心部から谷を挟んだ西側、本瑞寺と光念寺が建つ❻と❼にも土塁が点在する。こち

※2 西股総生「相州三崎城の縄張りについて」(『中世城郭研究』第12号 一九九八)に、詳しい解説があるので、興味がある方は一読を。

※3 明治十五年、この「フランス式彩色地図」の「三浦市及び城ヶ島周辺」に付属して五千分の一の「神奈川県相模国三浦郡三崎城址」の図が作られた。

城の一画にある本瑞寺

らは比高20メートル弱と中心部の丘に比べやや低く、さらに台地続きの北に向かって標高を上げていく。土塁は寺に伴うものの可能性もあるが、地形的不利を補うかのように、本瑞寺北辺に残る土塁Aは大規模であり、また三崎小学校との間を通る道路は堀切道状を呈する。今や一部しか残っていないが、赤星直忠氏が残した図ではほぼ両寺を全周しており[※4]、城の土塁と見て良いと思う。

以上のように残存する遺構は規模が大きく、馬出、枡形虎口等の進んだ構造を計画的に多用する縄張りは、極めて洗練されていると言っていい。三浦半島は海を挟んで房総の里見氏と対峙する国境地帯であり、極めて緊張していた場所である。よって三崎城は改修を重ねられたと思われるが、復元縄張りはある時期一気に抜本的な「新築」をした印象である。西股氏はその時期を天正五年四月（一五七七）と、史料[※5]上の記述から推測している。里見氏との和平がなったのはその三か月後、天正五年七月頃である[※6]。

北条湾から見上げる城跡。海側は断崖絶壁である

【ワンポイント】　破壊が進んでいるとはいえ、残された遺構は後北条氏の重要拠点らしくたいへん立派なものなので、ぜひ見て回ってほしい。また、城内の本瑞寺は、源頼朝が「桜の御所」を建築してたびたび宴を開いた場所と伝わる古刹で、梵鐘は室町前期の作とされる。周辺には、県から文化財指定を受けている三浦総鎮守の海南神社もあり、城ヶ島にもほど近いなど、観光スポットには事欠かない。〈田嶌〉

※4　赤星直忠氏の図は現地案内板に掲示されている。

※5　城主の北条氏規が「三崎之普請就出来申」と、城の工事が完工した旨を記している（『戦・北』一九〇四号）。

※6　「房相一和」と呼ばれ、北条氏政の娘が里見氏に輿入れして婚姻関係を結び、北条氏に有利な領土分割がなされた。

23 鐙《あぶ》摺《ずり》城《じょう》

海・陸交通の要衝をおさえる極小の城

①所在地　三浦郡葉山町堀内
②地形図　1／2万5千＝鎌倉、1／1万＝葉山
③交通　JR横須賀線逗子駅より京急バス逗11・12・28系統で鐙摺下車、北へ徒歩5分
④おすすめ度　★★★

【歴史】 石橋山の合戦のとき、三浦義澄がここを「究竟の小城」として利用したと『源平盛衰記』に記される。その後も三浦一族がこのあたりに屋敷を構えるなど、活用した可能性が指摘されている。案内板によると、戦国期には新井城の支城となり、後北条氏の攻撃によって落城したという伝えもある。

【現況】 旗立山、あるいは軍見山と呼ばれ、公園化されている。日本料理店の駐車場から鉄製の階段がついており、登り口に手書きの案内板がある。

【解説】 独立的な小丘を利用した極小規模の城である。頂上部は20メートル四方ほどの狭い平坦面をなしているが、北端に伊東祐親入道の供養塚とされる土盛りがあり、これと同じレベルで、平坦面の北東側に帯状の高まりが続いている。供養塚の高さが往時の面影を残すとすれば、それと同じ高さを示す北東側の高まりは土塁である。ただ現状では、新しく盛った土というより、平坦面を削った後の削り残しのようにもみえる。反対の海側は崩落しており、旧状そのままではない。

ほかに特にめぼしい遺構はないが、南側麓の海宝寺・須賀神社のある一角は、このピークの続きで、周囲よりやや高い。この部分まで城と結びついていた可能性がある。北側は船着き場を見おろす。古道もこの裾を通っていて、『新編相模』によれば、東麓に「木戸際」の地名があった。

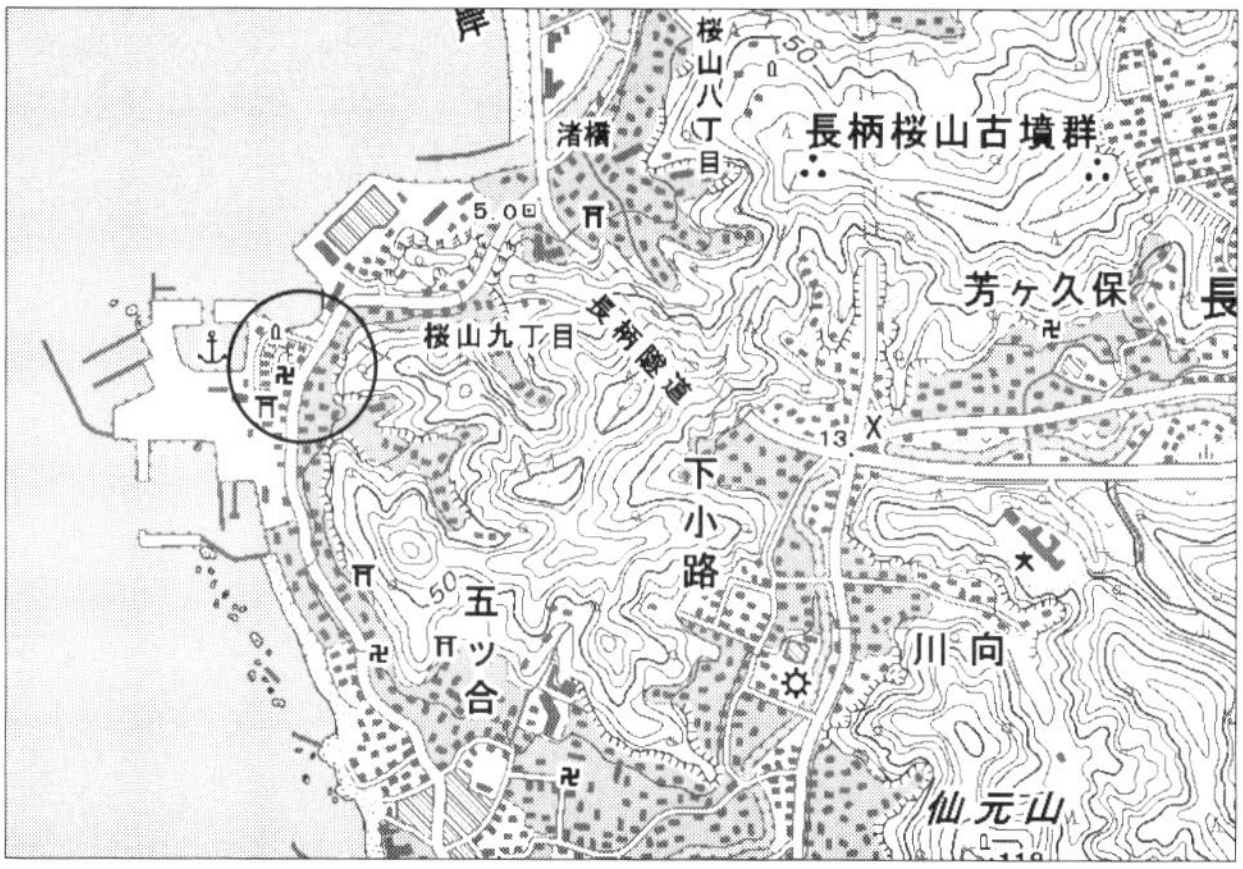

この城の存在意義は、陸上・海上の交通を抜きにしては語れないであろう。
　地元では、この丘の上があまりに狭いところから、単なる物見の場所で、城は内陸のもっと大きな山ではないかともいわれている。ただ、比定される地点も、現状では城跡と判断できない。交通の結節点を意識した築城として、旗立山を城と見てよいのではなかろうか。

【ワンポイント】　この北の披露山公園も飯嶋城跡と伝える。はっきりとした遺構はないが、海辺のながめを楽しみながら散歩するのがふさわしい。〈松岡〉

城跡現況

土塁

戦国初期の城として知られるが疑問

24 住《すみ》吉《よし》城《じょう》

①所在地　逗子市小坪5丁目
②地形図　1／2万5千＝鎌倉、1／1万＝鎌倉
③交通　JR横須賀線鎌倉駅東口から新逗子行バス（鎌41系）で飯島下車
④おすすめ度　☆

海側から見た住吉城。往時は城の近くまで海岸線が迫っていた

【解説】『新編相模』三浦郡小坪村の条に住吉古城蹟として、永正七年（一五一〇）に伊勢宗瑞が取り立て、同九年に伊勢宗瑞によって岡崎城を攻略された三浦義同が住吉城に拠り、これも落とされて後退した、と述べている。※ ただし、後述するように、永正七年に宗瑞が拠ったのは平塚市の住吉要害（伝山下長者屋敷）である可能性が高い。

『鎌倉市史』は、相模湾に面する標高70メートルの丘陵上を城址としているが、現状では比定地の大半が私有地となっていて踏査不能。ただし、『市史』所載の略図を見るかぎりでは、比定地を城郭遺構と断定できない。『新編相模』は、丘陵の南西麓にある正覚寺の境内を城址としている。

本来の住吉城は丘陵上に築かれていたのではなく、海岸沿いの街道を封鎖する臨時の施設だった可能性が高い。〈西股〉

※『新編相模』の記載は、『小田原記』に依拠している。

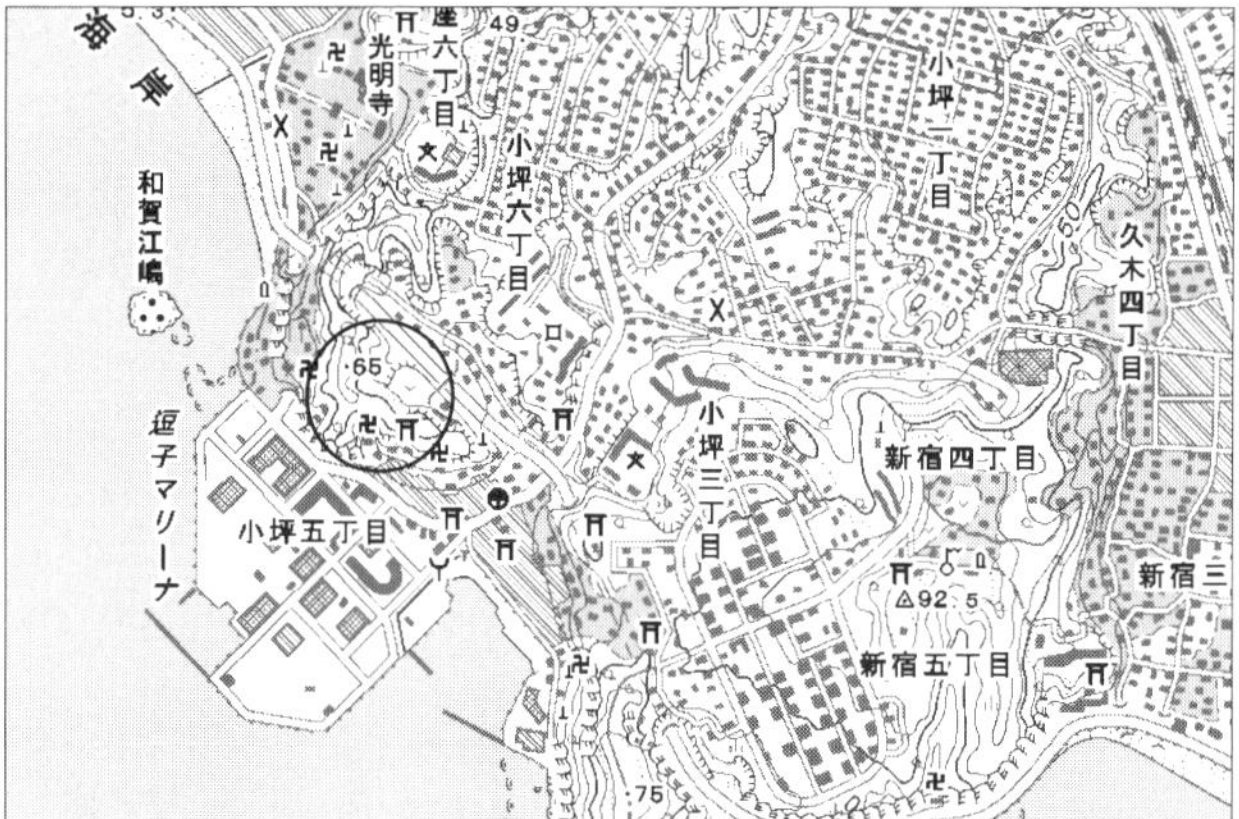

鎌倉最古の寺は南北朝時代の陣所か

25 杉本城《すぎもとじょう》

①所在地　鎌倉市二階堂大蔵山
②地形図　1／2万5千＝鎌倉、1／1万＝逗子
③交通　JR横須賀線鎌倉駅東口から鎌23・24・36系統バスで杉本観音下車
④おすすめ度　☆

【解説】　建武四年（一三三七）、北畠顕家が鎌倉に足利義詮を攻めた際、斯波三郎家長が守る杉本城を陥れており、鎌倉最古の寺院とされる杉本寺の境内から、背後の丘陵地にかけてがその城域とされている。現状では大半が私有地で、見学は不可である。

城跡は現在、杉本寺の境内や私有地となっている

杉本寺を中心として平坦地群が存在しているようだが、『鎌倉市史』所載の略図を見るかぎりでは城郭遺構とは断定できず、むしろ寺院に関連する平坦地群を図化しているように見える。史料上の根拠も「太平記」の記載のみである。おそらく、斯波家長は杉本寺を中心に布陣していただけで、本格的な築城はされていなかったのではあるまいか。

【ワンポイント】　鎌倉史跡散歩の一環として、北畠顕家の故事を偲びつつ杉本寺付近を散策するとよいだろう。

〈西股〉

後北条氏の前線基地から戦略拠点へ

26 玉《たま》縄《なわ》城《じょう》

①所在地　鎌倉市植木、城廻
②地形図　1／2万5千＝戸塚、1／1万＝大船
③交通　大船駅西口から船32系統藤沢行バスで植木下車、徒歩10分
④おすすめ度　☆（主要部は一般立入不可のため）

【歴史】　相模進出をはかる伊勢宗瑞は、永正九年（一五一二）、扇谷上杉氏の有力部将であった三浦道寸の守る岡崎城を攻略し[※1]、三浦氏の勢力を三浦半島に圧迫した。この時、宗瑞が前線基地として鎌倉の北部に築いたのが玉縄城である。玉縄城の役目は、扇谷上杉軍の後詰めを阻止して三浦氏との連携を遮断することにあった。宗瑞の狙いは的中し、三浦氏は扇谷上杉軍の支援を受けられないまま、同十三年には新井城で滅亡した。

宗瑞の跡を嗣いだ氏綱は、玉縄城主として弟の氏時を、ついで三男の為昌を入れて相模東部における後北条氏の戦略拠点とした。為昌の死後は、氏綱の養子となった綱成が城主となり、氏繁《うじしげ》・氏舜《うじとき》・氏勝とつづく玉縄北条氏は、小田原の宗家を輔翼する有力な一門としての地位を保持した。

こうした中で、当初は武蔵や房総方面に進出する後北条軍にとって重要な戦略拠点だった玉縄城も、軍事上の価値は次第に低下して、相模東部における領域支配拠点としての性格を強めていった。天正十八年（一五九〇）に豊臣軍が関東に侵攻した時、玉縄城主の氏勝は玉縄勢の主力を率いて伊豆の山中城を守備しており、山中城から脱出した氏勝は玉縄城で逼塞したのち徳川軍に下って、玉縄北条氏は滅亡したのである[※2]。

※1　通説では道寸（義同）とされているが、実際の城将は嫡男の義意（よしおき）とする説もある。

※2　氏勝は家康から捨て扶持を与えられて下総の岩富城に逼塞したが、ほどなく没している。

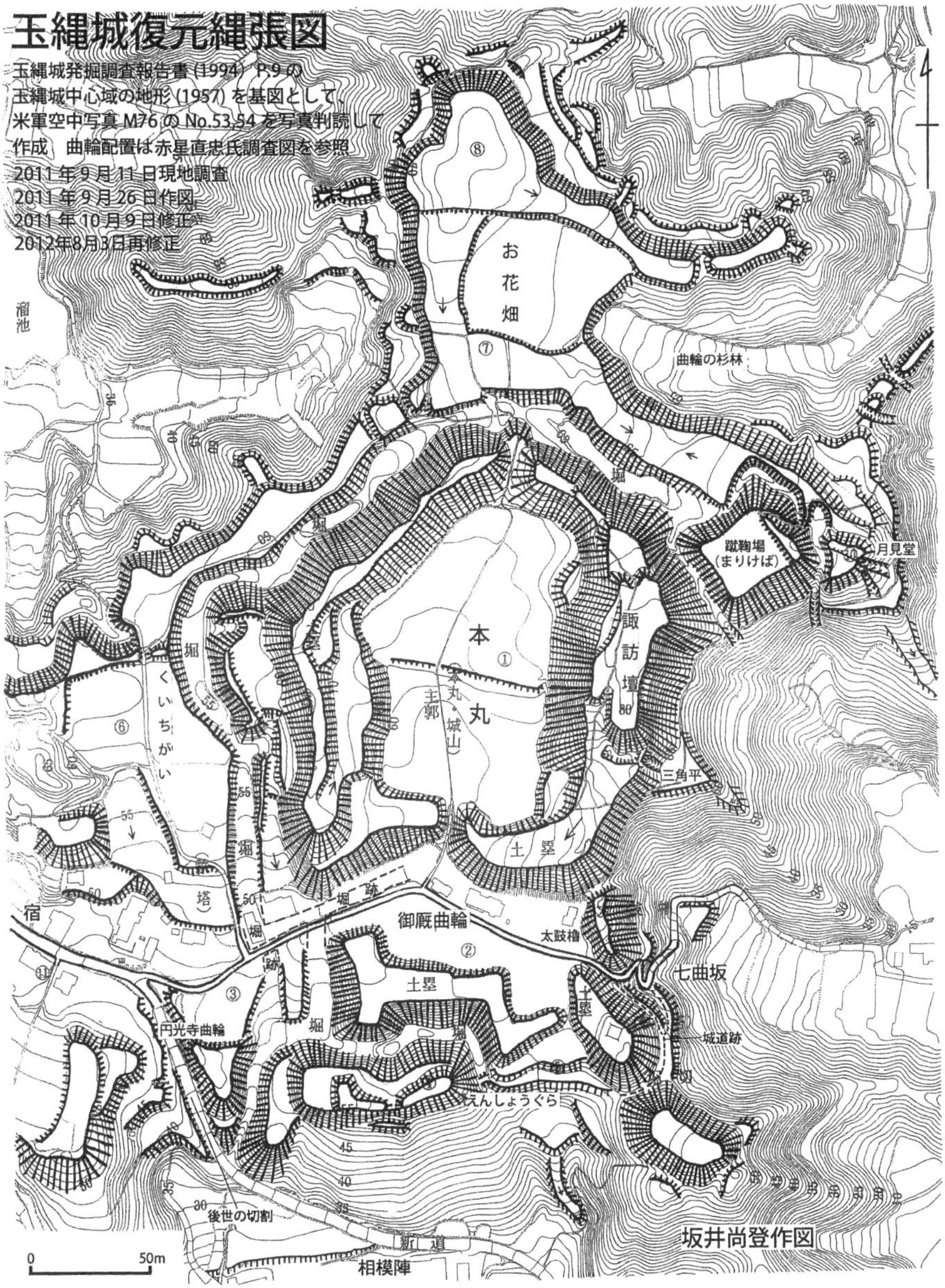

玉縄城復元縄張図
玉縄城発掘調査報告書 (1994) P.9 の
玉縄城中心域の地形 (1957) を基図として、
米軍空中写真 M76 の No.53,54 を写真判読して
作成　曲輪配置は赤星直忠氏調査図を参照
2011 年 9 月 11 日現地調査
2011 年 9 月 26 日作図
2011 年 10 月 9 日修正
2012年8月3日再修正
溜池
⑧
お花畑
⑦
曲輪の杉林
蹴鞠場
(まりけば)
月見堂
本丸
①
主郭
本丸・城山
諏訪壇
くいちがい
⑥
三角平
土塁
塔
堀跡
宿
御厩曲輪
②
太鼓櫓
七曲坂
③
円光寺曲輪
土塁
城道跡
えんしょうぐら
後世の切割
新道
相模陣
0
50m
坂井尚登作図

上：画面奥の女子校校地が往時の主郭である
下：主郭の南東側にわずかに残る遺構

【現況】　中世武家の都として知られる鎌倉ではあるが、中世城郭である玉縄城は、現在では宅地化が進んで見る影もない状態となっており、比較的最近まで残存していた塁壕も失われてしまった。

城の中心部は早くから清泉女学院の校地となって旧状を失ったが、結果として、校地内の一角に塁壕の一部がもっともよく残されることとなった。

【解説】　玉縄城は、複雑に解析された台地の中央に大面積の主郭を置いて巨大な土塁と横堀で囲み、その周辺に防禦施設群を展開していくような縄張りであった。※3 ただし、周辺の防禦施設群は概して粗放な縄張りを見せていたようだ。こうした構造は岡崎城などとよく似ており、戦国前期の相模や武蔵南部でしばしば見られた築城形式のようである。

【ワンポイント】　植木のバス停から清泉女学院に向かう坂道を登ると、玉縄城の要害性を実感できる。主郭は清泉女学院となっているため一般の立ち入りは不可だが、校地南側の壁面が道路からよく見える。主郭南東側の太鼓櫓付近にわずかに残る塁壕を見られるほか、主郭南西側の空堀跡を道路としてたどることができる。〈西股〉

「玉縄城」の幟は賑やかだが、遺構はわずかしか残っていない。

※3　玉縄城の縄張りは、破壊以前に作成された赤星直忠氏の図や、坂井尚登氏の推定復元図によって概要を知ることができる。

本項の執筆に際し、坂井尚登氏から復元縄張図をご提供いただいた。記して謝意を表したい。

古都鎌倉の丘陵上に残る謎の築城遺構

27 一升枡《いっしょうます》の塁《るい》

①所在地　鎌倉市極楽寺2・4丁目
②地形図　1／2万5千＝鎌倉、1／1万＝鎌倉
③交通　江ノ電長谷駅から徒歩40分、駐車不可
④おすすめ度　★

【歴史】鎌倉を取り巻く丘陵上に存在する城郭遺構だが、築城者や年代など一切不明。

【現況】長谷駅を下りて北へ進み、大仏坂トンネルの傍らから大仏坂ハイキングコースに入って、すぐ左に分岐する道を取ると貯水池に出る。その裏手から篠竹の中の微かな踏み跡に分け入り、尾根上を南にしばらく行くと堀切に行き当たる。

城地は現在、まったくのブッシュで、周辺の地形も複雑なので道は非常にわかりにくい。また、周囲の丘腹はコンクリート擁壁で固められているため、いったん道に迷うとエスケープがまったくできず、たいへん危険である。読図能力と方向感覚のしっかりした、山慣れた人以外は探訪をおすすめしない。なお、地図で見ると極楽寺駅からのほうが近いように思うが、道が途絶していてアプローチ不能である。※1

【解説】極楽寺北方の丘陵上に位置し、土塁囲みの区画❶を中心として尾根上に堀切が散在する。❶の標高は94メートル、比高は約54メートルを測る。❶の内部はよく平坦化されているが、外周に堀を伴っていないことや、土塁も内法《うちのり》より外法が緩やかなことなど、城郭遺構と見るには不自然な点が多い。※2 おそらく、寺院などの区画を臨時に軍事施設として転用したものではなかろうか。

また、図示した以外にも尾根上には堀切状の地形が点在しているが、つぶさに観察すると、こ

※1　本書の執筆に際して再踏査を行ったが、数年前に初めて訪れた時に比べて、藪が深く道も途切れがちになっていた。鎌倉における丘陵地の環境が急激に変化していることを痛感する。

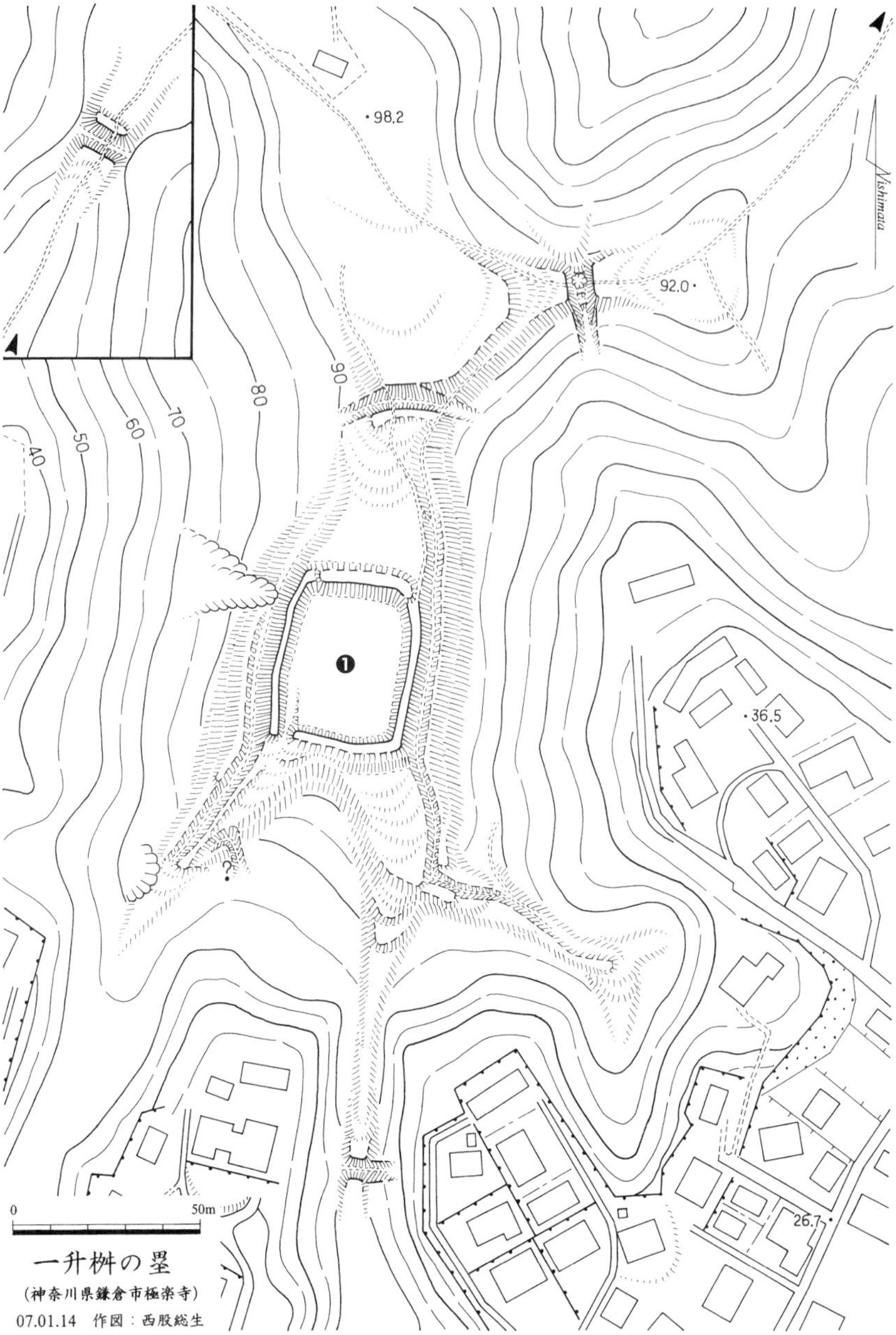

一升枡の塁
(神奈川県鎌倉市極楽寺)
07.01.14　作図：西股総生

れらは堀切ではなく後世の尾根越えの切り通し道のようである。鎌倉市の行った発掘調査でも、堀切状の地形は切り通し道と判断されているケースが多い。

一升枡の塁は、曲輪を中心に構成される一般的な城郭とは異なる構造を有する。鎌倉での市街戦など局地的な戦闘を前提として、寺院（または廃寺）などの施設を利用して築かれた陣、あるいは臨時築城なのではあるまいか。築城年代としては、永享の乱から享徳の乱初期にかけての時期を想定するのが妥当であろう。享徳の乱で公方成氏が古河に走ったのちは、鎌倉の軍事的価値は一気に低下するからである。

上：住宅地に囲まれた丘陵上に遺構が残る
下：主郭の土塁だが、一般的な築城遺構とは様子が違っている

【ワンポイント】　極楽寺駅の東方、成就院の背後の丘陵上にも一升枡とよく似た、ひとまわり小さな土塁囲みの遺構があり、「五合枡」と呼ばれている。ただし、こちらは堀切などの防御施設を伴わないので、築城遺構とは認めがたい。寺院の関連遺構であろう。〈西股〉

尾根上に残る堀切

※2　❶の東西両側は空堀のように見えるが、城郭遺構としてのプランをなしていないので、道跡であることがわかる。

屈曲を繰り返す巨大な塁壕

28 大《おお》庭《ば》城《じょう》

①所在地　藤沢市大庭
②地形図　1／2万5千＝藤沢、1／1万＝藤沢
③交通　JR東海道線辻堂駅北口から神奈中バス辻28・33系統、または藤沢駅から藤15・39系統バスで舟地蔵下車、駐車場有
④おすすめ度　★★★★

【歴史】『新編相模』高座郡藤沢宿の条に「大庭城蹟」として、大庭景親が築いて太田道灌も居城とし、のちに後北条氏の旗本某が在城したとの里伝を載せるが、信に足らない。『新編相模』はまた『豆相記』等を引き、扇谷上杉氏が築いたが、永正九年（一五一二）に宗瑞によって攻略されたとしている。

【現況】現在は大庭城址公園となっている。舟地蔵のバス停で降りると、目の前に見えるこんもりした丘陵が城跡である。バスの場合は南側から丘陵の先端に取り付く道があり、入口に案内板があるので迷うことはない。自動車で来城する場合は、城の北西側から入る。公園として遺構が保存されていることは喜ばしいが、城としての構造が理解できるような整備がなされていないのは残念である。

【解説】引地川に沿ってのびる舌状台地の先端部にあって、城地の平面は三角形をしている。主郭の標高は43メートル、引地川からの比高は35メートルほどである。

縄張りは、主郭を南側に置いて三つの曲輪を北に向けて展開する、直線連郭式を呈している。現存する城域だけでも、南北（長軸）450メートル、東西350メートルに達するが、かつてはこの北側に外郭が広がっており、残存範囲の北方250メートルほどのところで台地がくびれて地峡部を形成していた。この地峡部には、二番構という地名が伝承されていた。※1

※1　外郭はすっかり市街地化して面影を失ってしまったが、二番構公園のあったあたりが地峡部である。

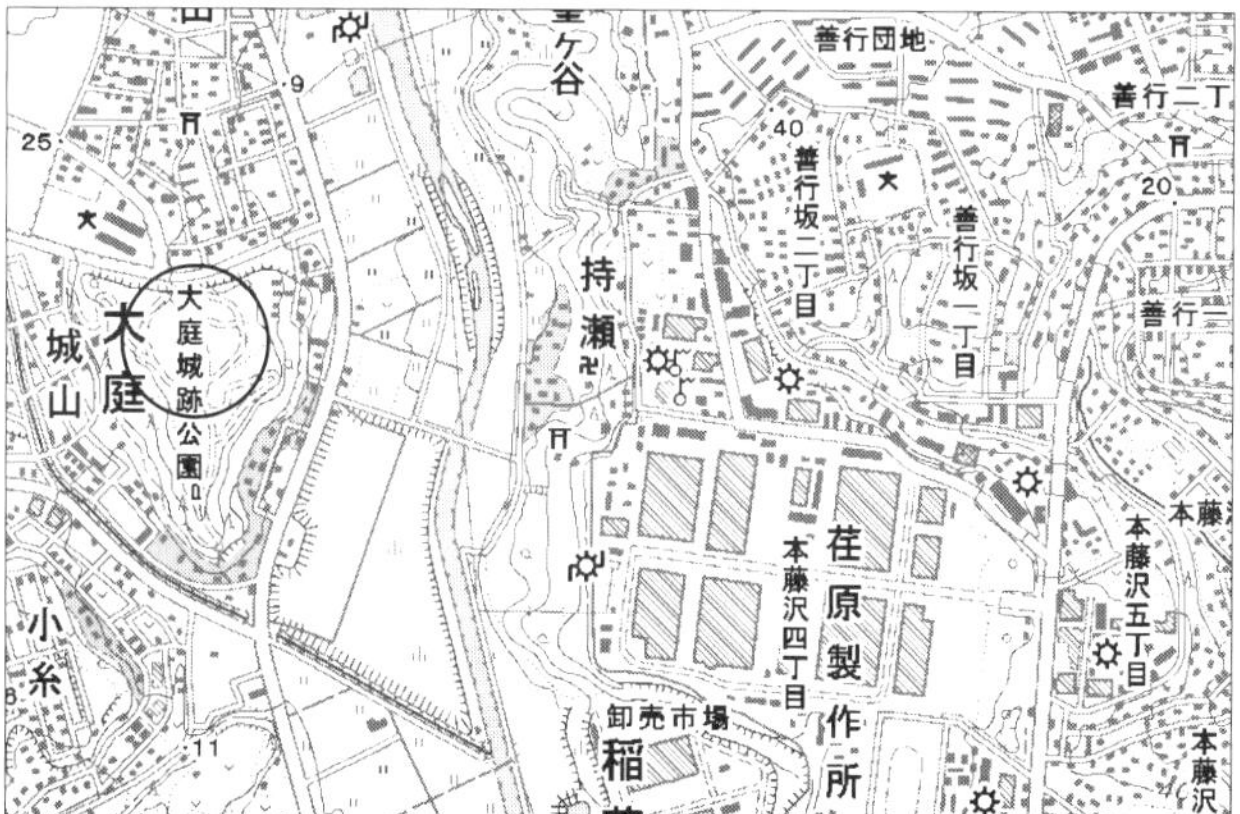

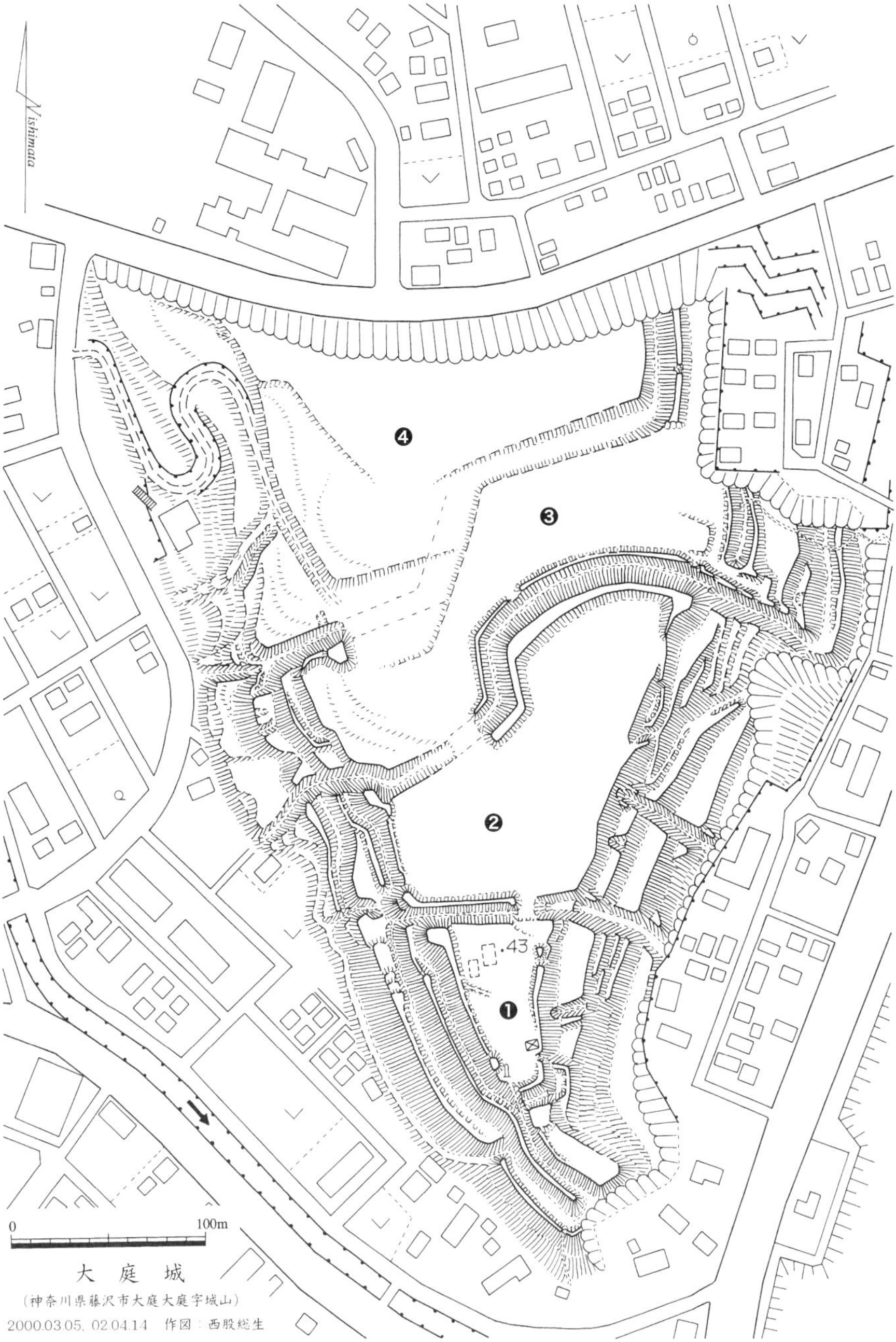

大　庭　城
（神奈川県藤沢市大庭大庭字城山）
2000.03.05, 02.04.14　作図：西股総生

南から見た大庭城

縄張りを見ると、全体に曲輪取りが大きいのが特徴で、各曲輪は大きな空堀と土塁によって防禦されている。主郭❶と曲輪❷とを隔てる堀切は直線的であるのに対し、曲輪❷と❸、❸と外郭❹とを隔てる堀切には大きな折が付けられている。後者の堀が、公園化によってかなり変形してしまっているのは残念だ。

　興味深いのは、主郭と曲輪❷の西面を二重の横堀で防禦し、この横堀が主郭の南側にある小曲輪にまで伸びているのに対して[※2]、東面には横堀ではなく腰曲輪群を配していることで、この腰曲輪群をつづら折のように登ってくる城道が確認できる。主郭・❷・❸とも北西端に櫓台を備えていること、西側に射線を集中するように塁壕が折れていること、などを併せて考えると、築城者が西からの攻撃を念頭に置き、東側に城外との連絡路を求めていたことは明らかである。おそらく、城の東麓はかつては引地川の氾濫原または水田で、攻城軍は北方から西方の城外に展開せざるをえない地形だったのだろう。

　全体としてみるなら、大庭城は上面が平らで充分な地積を確保できる台地を選びつつ、大きな塁壕を普請することによって、堅城として成立していることがわかる。城域そのものが広大であることに加え、塁壕の規模も大きく、横矢掛りの大きな折が目立つことなどから、一見すると高度な縄張り技法を駆使しているように思われがちである。ただし、よく観察すると、横堀対岸の塁上を用いた曲輪間のバイパスルートや、侵入者を足止めしてピンポイントで狙撃するような横

主郭現況。発掘調査で確認された建築跡の位置が表示されている。

※2　舟地蔵のバス停から城址公園の南側に登ってくる道は、途中でこの二重の横堀の中を通るが、横堀であることを見落としがちなので、気をつけたい。

矢掛りといった、戦国後期の関東地方に特有な技法を認めることはできない。[※3]

扇谷上杉氏と山内上杉氏とが抗争を続けていた明応五年（一四九六）、相模西部にあった扇谷上杉方の拠点が次々と陥落して、扇谷上杉軍は一時、相模川以東に後退した。また、永正元年（一五〇四）にも山内上杉軍が相模西部に侵攻して、扇谷上杉軍は苦境に陥っている。こうした時期に、扇谷上杉軍の拠点として大庭城が築かれる必然性は大いにあったと言えよう。状況を考えるなら、相模川以東の地域における軍事的プレゼンスを維持するために、扇谷上杉軍が数千規模の兵力を収容できる作戦拠点を必要とした可能性は高い。

主郭南側の横堀。堀跡は現在、遊歩道となっている

このような事情で構築されたのが大庭城であったのなら、永正九年に伊勢宗瑞が三浦氏を半島に圧迫して玉縄城を築いた時点で、大庭城の存在意義も失われたにちがいない。仮に玉縄城の西方に前衛が必要だったとしても、数百程度の兵力で守備できるような小さな城砦を、引地川や境川の東岸に築くのが妥当ではなかろうか。大庭城のように、曲輪取りが大きく、充分な兵力がなければ守備することができない城を、玉縄城の支城として構築したり維持する必要はなかったはずである。

【ワンポイント】公園化されているので夏でも散策は可能だが、土塁や堀の大半は藪に覆われたままなので、夏場はうかつに踏み込まないほうがよい。主郭には、発掘調査で検出された建物跡の柱穴位置が表示されている。〈西股〉

※3　南関東地方における戦国前期と後期の築城技法の違いについては、西股「後北条氏系城郭以前」（城館史料学会刊『城館史料学』7　二〇〇九）が論じている。専門的な内容になるが、興味のある方は参照されたい。

舟寺蔵　地蔵尊の台座が舟型であることから、こう呼ばれる。伊勢宗瑞の兵が大庭城を攻めた際、その攻め方を教えてくれた老婆を秘密護持のため斬り殺してしまった。舟寺蔵は、この老婆を供養するために立てられたと伝える。

玉縄城西方の支砦と伝わる

29 二伝寺砦《にでんじとりで》

①所在地　藤沢市渡内
②地形図　1／2万5千＝戸塚、1／1万＝大船
③交通　大船駅西口から船32系統藤沢行バスで　久成寺前下車、徒歩3分
④おすすめ度　☆

【解説】玉縄城主郭の南西600メートルに位置する二伝寺は、永正二年（一五〇五）に北条氏時が開基したと伝わり、同寺の付近が砦跡とされている。

境内から背後の丘にかけて若干の段切り地形が存在しているが、城郭遺構とは認めがたい。周囲は宅地化が進んでおり、老人ホーム建設に際しては発掘調査も行われているが、段切りを伴う中世の建物遺構などが検出されたのみで、明確な城郭遺構は見つかっていない。これらの遺構は、玉縄城外縁部の屋敷群だった可能性がある。

玉縄城西方の視界を補うための見張り場が置かれた可能性はあるが、この場所を砦とみなす根拠そのものが曖昧で、検討を要する。

【ワンポイント】二伝寺には平良文らの塚と伝わる石塔があるが、後世のものである。

〈西股〉

二伝寺の境内一帯が砦跡とされる

平良文の塚

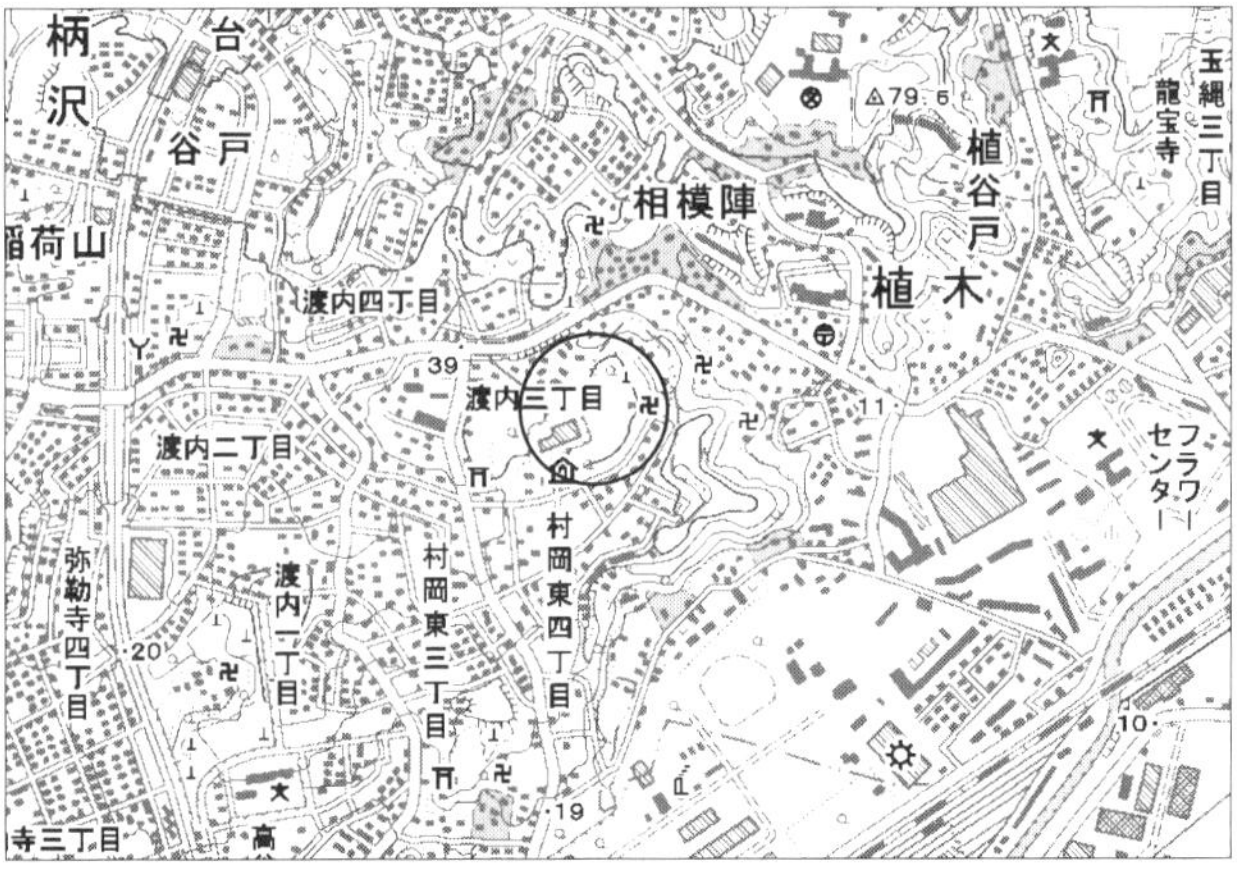

住宅地の中にかすかな面影をとどめる

30 懐島城《ふところじまじょう》

(伝懐島景義館《でんふところじまかげよしやかた》)

①所在地　茅ケ崎市円蔵
②地形図　1／2万5千＝藤沢
③交通　JR茅ケ崎駅から寒川方面行バス（茅13系ほか）円蔵下車、東へ徒歩5分
④おすすめ度　☆

【解説】　懐島景義※が住んだと伝える。応永二十三年（一四一六）から翌年にかけての上杉禅秀の乱では、鎌倉公方・足利持氏勢が懐島に陣を敷いている。

住宅地のただなかに建つ神明社がその跡と伝え、「御屋敷」の地名がある。神明社の狭い敷地の西側に「懐島館址」「土塁址」の碑が建つ。碑銘によると、基底幅2・5メートル、高さは1・5メートルあった。その向こうにある南北に細長い空地が、『大系』の図に描かれた堀（水路）の跡である。

神明社の北側には宝篋印塔や五輪塔群が固められていて、北側は畠に向かって低く壁《へき》をなしている。その先は、往時は低湿地だったようである。

『大系』ですでに指摘されているように、鎌倉期の武士の居所ではなく、室町期の陣跡として土塁や堀が残っていたものであろう。

懐島館址碑と懐島景義像

【ワンポイント】　懐島は、京鎌倉往還が相模川を渡る地点に近く、交通の要衝である。〈松岡〉

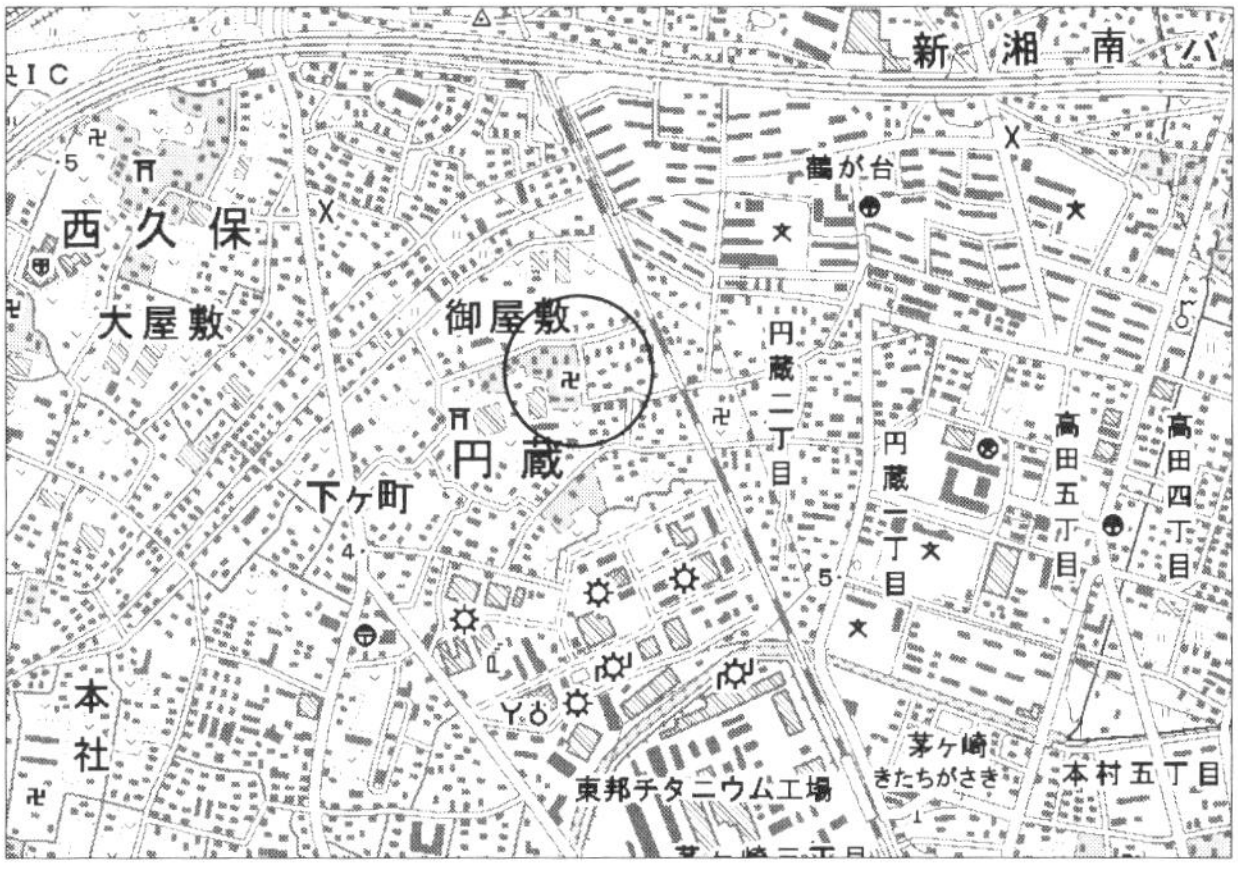

※懐島景義は大庭景親の兄で、景義の没後はその子・景兼が継いだ。

快適な城跡散歩が楽しめる

31 早川城《はやかわじょう》

①所在地 綾瀬市早川城山
②地形図 1/2万5千=座間
③交通 小田急線海老名駅より綾瀬車庫行きバス(綾43・44系)城山公園下車、駐車場有
④おすすめ度 ★★★★

【歴史】鎌倉御家人の渋谷氏一族の城といい、一族中に早川実重の名が見える。『新編相模』では、近世初頭に石川重久が陣屋を構えたと伝える。

【現況】早川城山公園として整備され、四季を通じて遺構は見やすく、駐車場も広い。発掘調査成果の説明板もあるが、出土遺構が見えるような整備はされていない。

【解説】舌状に突出した台地先端部を空堀・土塁で切り離し、独立させた単郭の城である。この遮断線は一直線をなし、横矢掛りの張り出しなどの工夫は見られない。堀の上幅は13メートルを越え、かなり規模が大きい。内側の土塁もしっかりしている。

主郭内で注目されるのは、西側中央部にある物見塚Aである。昭和六年(一九三一)に建てられた「東郷氏祖先発祥地碑」があり、近年の盛土と誤解されやすいが、トレンチ調査で土塁と同じ版築構造であることがわかった。また、表土付近に宝永火山灰が認められたことから、宝永年間以

空堀

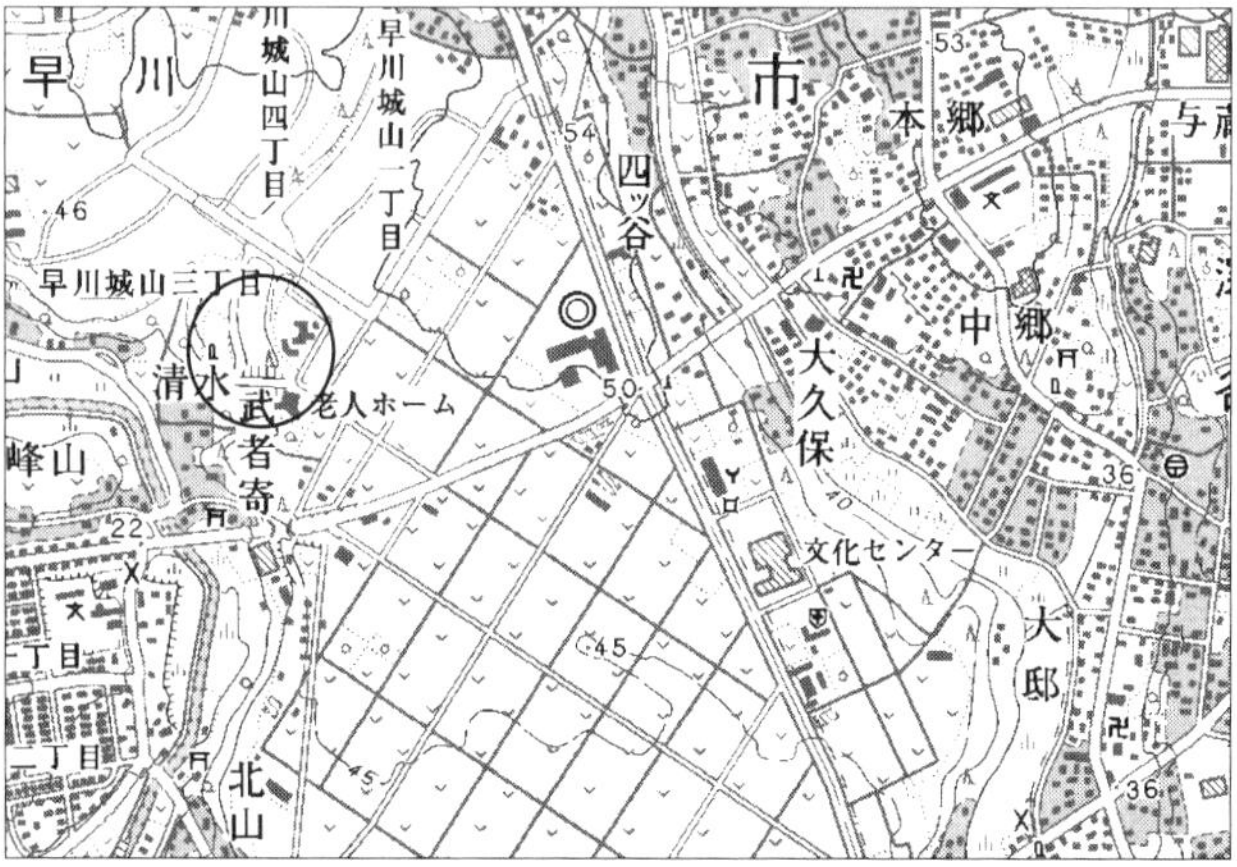

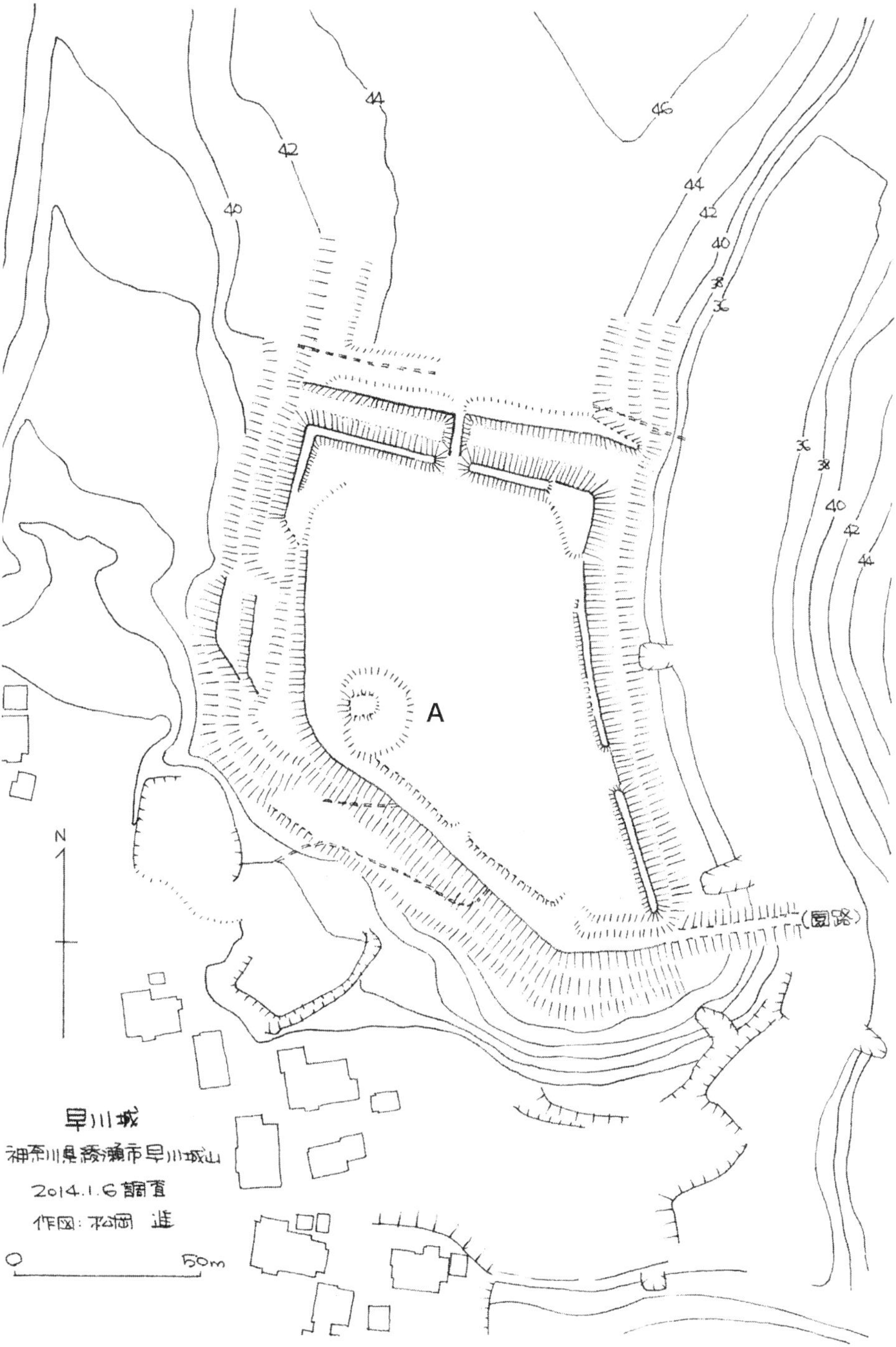
早川城
神奈川県綾瀬市早川城山
2014.1.6 調査
作図：松岡 進
0
50m
N
A
(園路)
46
44
42
40
38
36

物見塚

前に形成された、つまり、中世の遺構の可能性が高いと認められた※。

Aは傾斜はなだらかだが、高さは2・5メートルほどある。自然地形に規定されて塁線がカーブする地点にあり、戦闘の指揮所として有効な位置といえる。中世城郭の櫓台は、土塁に接続したものが多いので、単独で設けられた事例として重要である。

発掘調査では、主郭側面を東側から南側へまわる横堀が新たに確認された。斜面を掘りこんだもので、上幅は7、8メートルあるが、外側からの深さは1メートル前後しかない。横堀は北西端の部分でも確認されており、西側にも全面に掘られていた可能性があるが、未調査である。

主郭の東辺には土塁が残っており、これも全面を囲んでいた可能性が高い。ほかに、東側の谷底にも、中世のものと見られる幅4メートルほどの堀が確認された。

トレンチ調査のために限界はあるが、主郭内では小さな掘立柱建物が若干検出された程度であり、出土遺物も非常に少ない。一四世紀末ころの火鉢と、戦国末から近世初頭ころの遺物が見つかっているが、御家人渋谷氏に結びつけるのは無理であり、戦国期から近世初頭の城として考えるべきであろう。

【ワンポイント】　周辺には、渋谷一族との関連を伝える史跡が多い。上浜田遺跡や、一族の紐帯とされる五社神社などへ足を伸ばすのも一興である。〈松岡〉

虎口

※早川城跡調査会『神奈川県綾瀬市早川城跡発掘調査報告書』一九九七。

宅地開発で土塁・堀が出土

32 下《しも》鶴《つる》間《ま》城《しろ》山《やま》

①所在地　大和市下鶴間
②地形図　1／2万5千＝原町田、1／1万＝大和
③交通　東急田園都市線つきみ野駅から南へ徒歩10分
④おすすめ度　☆

【歴史】後北条氏の家臣・山中貞信の城と伝える。山中氏は後北条氏の家臣の中でも有力であるが、この人物についての確実な史料はない。

【現況】住宅および小学校で、山林が残っている部分にも遺構はない。

【解説】宅地開発に先立つ発掘調査で土塁・空堀が出土しているが、断片的なので、全体のプランを推定するのは無理である。出土遺物は一五世紀のものと一七世紀以後のものに分かれ、後北条氏の時代は空白になる。遺構からは中世に墓地だったことが推定されるので、城の中心部分は台地の中央の小学校あたりだった可能性もある。※

【ワンポイント】近世には、この南で滝山街道と町谷道が分岐していた。滝山街道は、後北条氏の有力支城・滝山城（東京都八王子市）と玉縄城を結ぶ道である。〈松岡〉

城山現況

※大和市教育委員会『下鶴間城山』一九九八。

県内有数の技巧的な小城郭

33 深《ふか》見《み》城《じょう》

①所在地　大和市深見城ヶ岡
②地形図　1／2万5千＝座間、1／1万＝鶴間
③交通　小田急江ノ島線鶴間駅から東へ徒歩20分
④おすすめ度　★★★

【歴史】　山田伊賀守経光の城とされる。この人物は一五世紀半ばに、ここから境川の対岸に当たる瀬谷郷にいたが、深見城との関係を証明するものはない。

【現況】　説明板が建てられているが、擬木の柵が全面を囲んでいて、入るのに困る。

【解説】　技巧的なプランという点ではきわだった城である。とはいえ、いくつもの曲輪が複合的にかみあうのではなく、一つしかない曲輪の前面に、それぞれの意図をもった小区画がたくさん複合的に設けられた独特な縄張りである。

主郭❶には東西二つの虎口がある。いずれも動線が曲がらない平虎口である。西側のAには両側から横矢掛りの張り出しが突出している。虎口の前面は馬出で、その両側にやはり横矢をかける方形の小区画が張り出している。堀の対岸に高まりがあるので、動線はここから橋をかけて馬出に直進すると考えられる。二重に構えられた射撃ポイントからの迎撃で進入者をはねつけるプランである。

東側の虎口Bには、土橋を渡る右手に横矢掛りの張り出しがある。左手の土塁屈曲部からも射程に入る。前面は馬出の形をとっていないが、左右はやはり一段高くなって前に張り出している。ここまでは西の虎口Aとそっくりで、できあがった築城パターンを応用しているように感じられる。さらに東側の崖際に、土塁で囲んだ小区画Cがある。最大の集約的な射撃ポイント

※大和市教育委員会『大和深見城跡発掘調査報告書』二〇〇一。

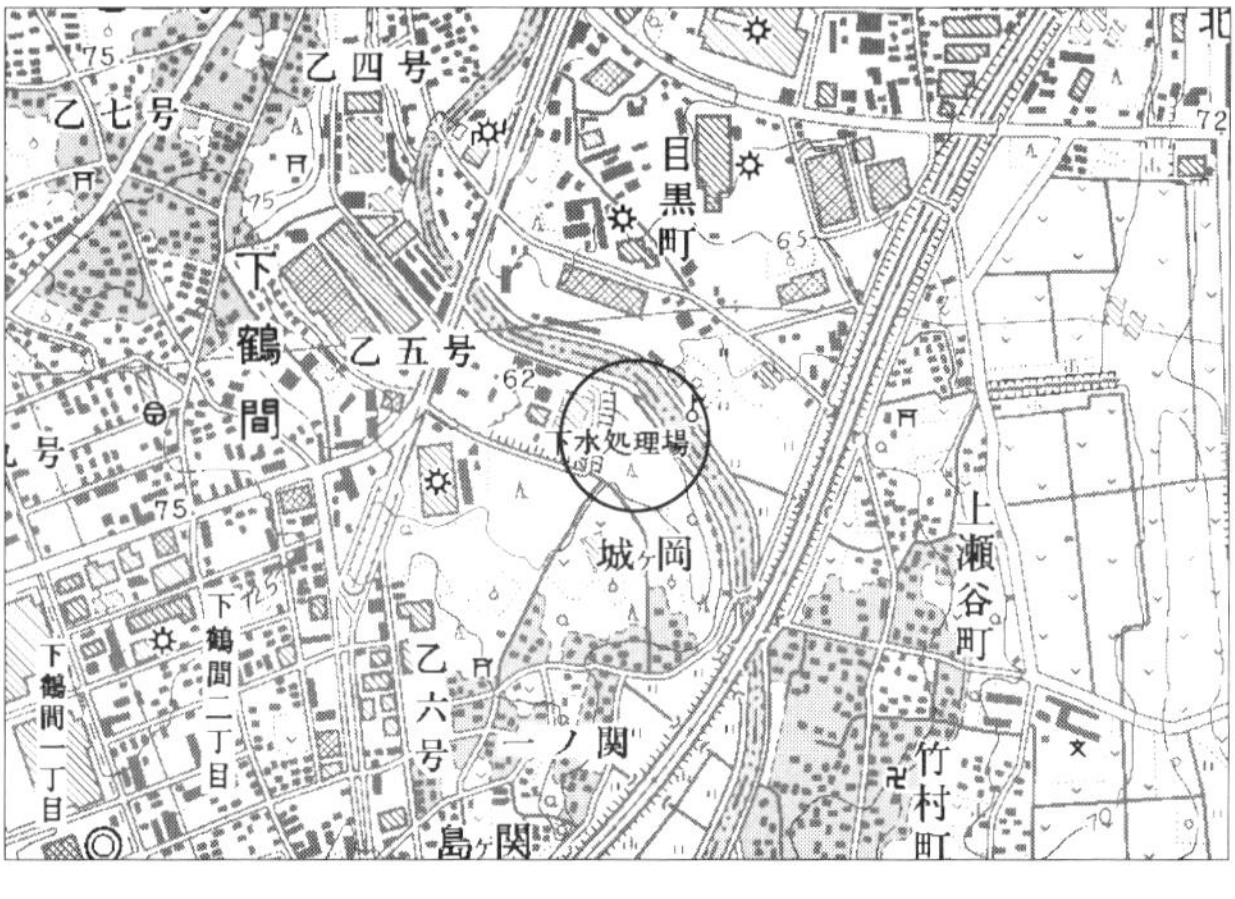

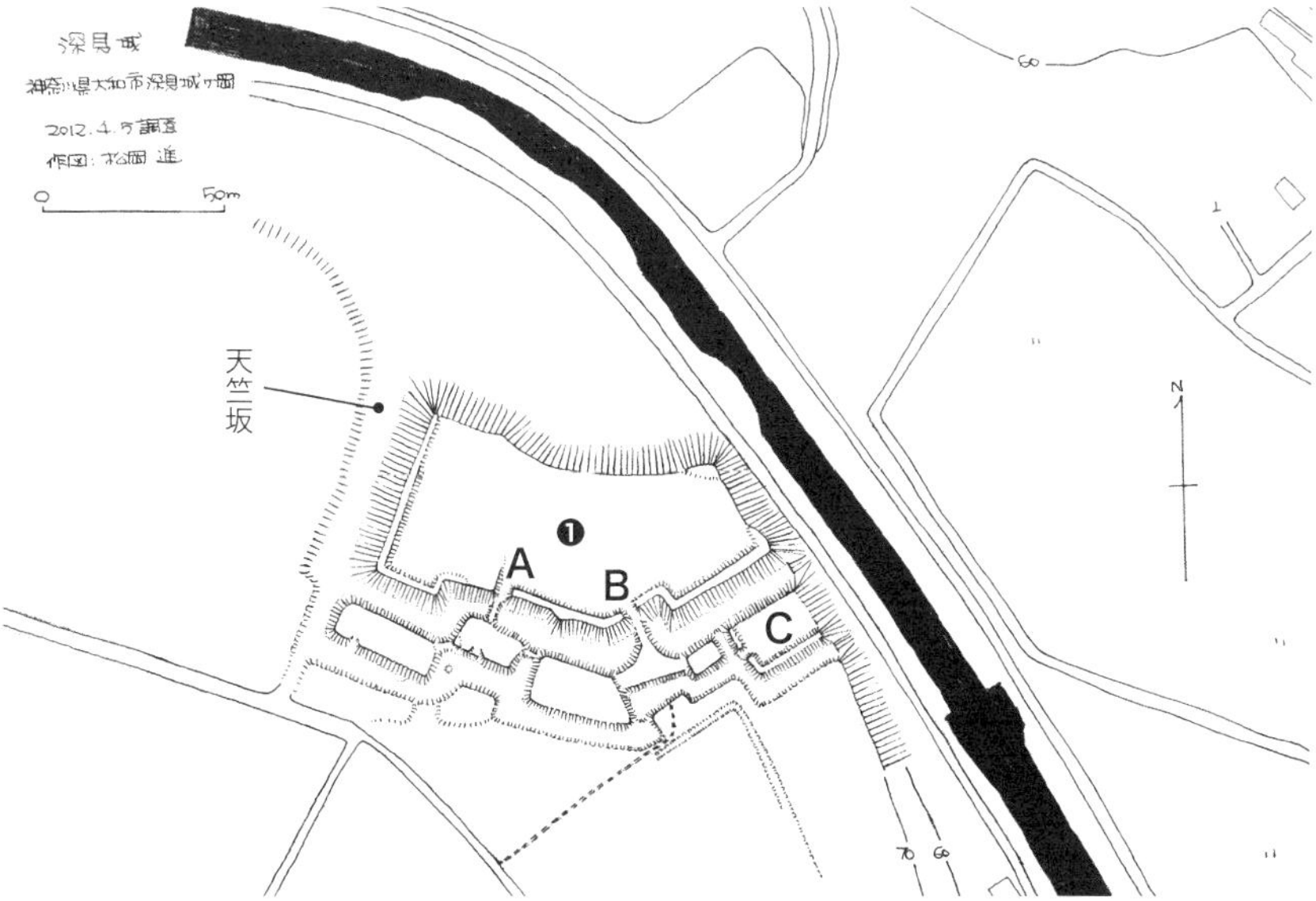

として、虎口前面に取りつこうとする進入者を攻撃したものであろうか。関東地方南部では貴重な土塁囲みの小郭（防禦専用の曲輪）の事例である。

数次にわたる発掘調査が行われているが、出土遺物は一四・一五世紀から一六世紀におよぶ。主郭から瀬戸の大窯Ⅲ期の擂鉢が出ているので、一六世紀後半まで使用されていたのは確実である。

堀が現状では非常に浅く見えるが、発掘調査では、馬出内側の堀は馬出の面から3・6メートルの深さがあった。箱堀で壁の傾斜もきびしく、相当に強固な構えであったと見てよい。外側の堀も、外からで2・2メートルの深さだったのが確認されている。※

【ワンポイント】　西側の天笠坂の堀跡の反対側の台地も長堀南遺跡として調査され、中世の溝（道路か？）が出土している。

〈松岡〉

東方から見る

馬出から主郭を見る

中世相模武士の本拠を偲ぶ

34 上《かみ》浜《はま》田《だ》遺跡《いせき》

①所在地　海老名市大谷字上浜田
②地形図　1／2万5千＝座間。1／1万＝海老名
③交通　小田急線海老名駅前から綾21系統バス（多発）で浜田歴史公園下車
④おすすめ度　★★★★

【解説】発掘調査で見つかった中世遺跡である。現在は史跡公園として保存され、建物跡などの配置が理解できるよう整備されている。

丘陵の上面から東向きに下る緩斜面を平らに造成し、主屋や厩を中心とした建物群を配置している。出土遺物の年代から、鎌倉時代に営まれたことが判明している。建物の規模や出土遺物のグレードから見て、屋敷の主はかなり高い生活水準を有していたようだ。

土塁・堀などの防御施設を伴わないため厳密に言うと城郭ではないが、中世武士の本拠を知ることができる典型例として紹介しておきたい。※

【ワンポイント】周囲の宅地の中に点在する古墳群も、併せて見学するとよい。遺跡公園の西方にある太鼓塚古墳付近からは、相模平野を一望できる。

〈西股〉

遺構は現在、史跡公園として住宅地の中に保存されている

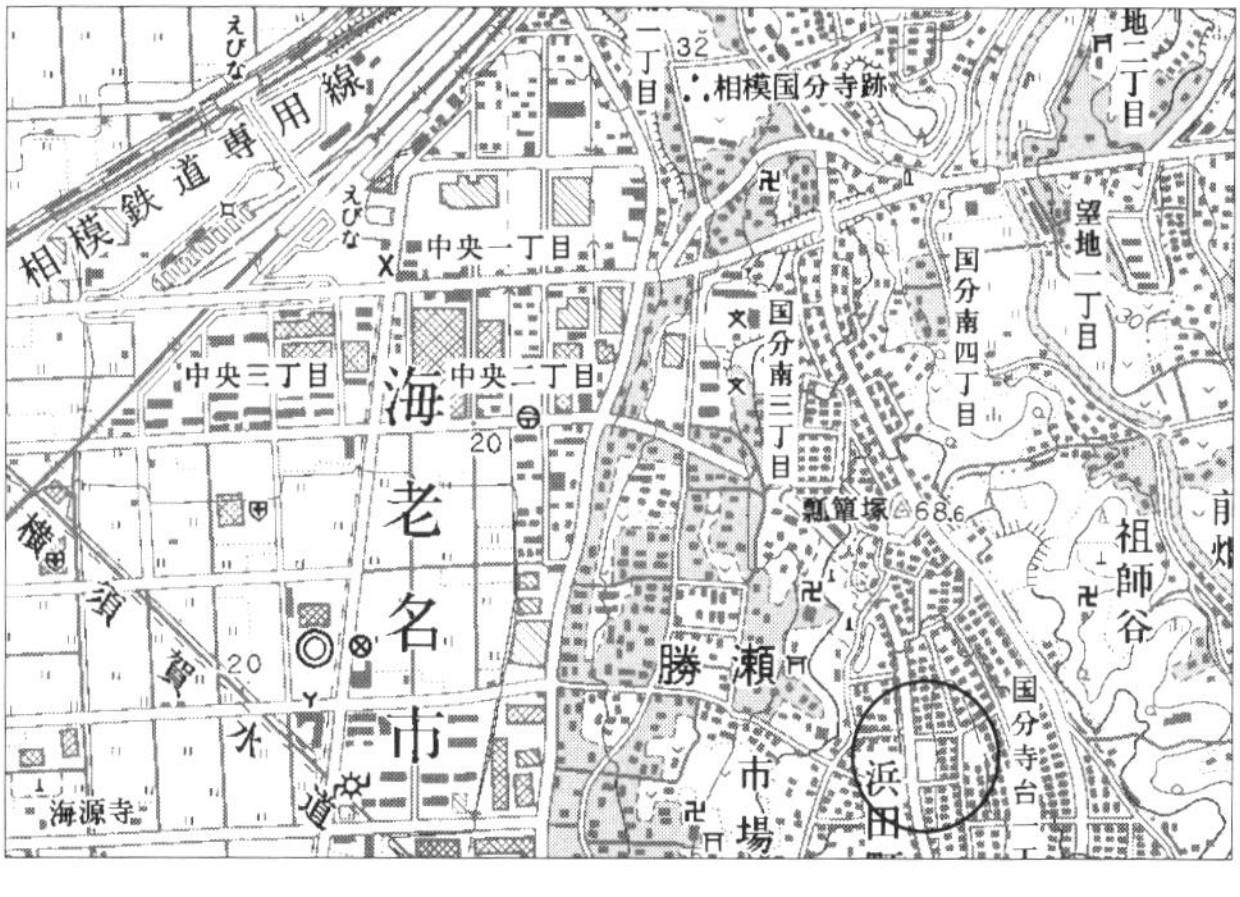

※一九七〇年代に、区画整理事業に伴う全面的な発掘調査が行われて、武士屋敷の全容が明らかになった。

室町期の陣跡か

35 一之宮城《いちのみやじょう》

（伝梶原景時館《でんかじわらかげときやかた》）

①所在地　高座郡寒川町一之宮2丁目・8丁目
②地形図　1／2万5千＝藤沢、1／1＝海老名
③交通　ＪＲ相模線寒川駅下車、南西へ徒歩15分
④おすすめ度　★★

【歴史】　鎌倉幕府の成立期に大きな権勢を誇った梶原景時が、失脚した際に立てこもったと伝えられている。この地はもともと景時の所領で、相模一宮である寒川神社の鳥居前に位置し、鎌倉街道（大山道）が通過して相模川を渡る田村の渡しに通じる要衝だった。とはいえ、鎌倉期の城は一般に臨時的な施設であり、その跡が残るとは考えにくい。

「梶尾景時館址」の碑が立つ天神社

【現況】　「梶原景時館址」の石碑が建つ天神社の小公園が道路のすぐ脇にあるので、これを目印にすると迷わないですむ。ほかはほとんど住宅と畠で、無断立ち入りは厳禁。

【解説】　少し高くなった天神社の境内を西南の端にして、大まかに方形をなす城域が想定できる。特に西側のラインは低い壁となって遺り、南北に長く続く。北寄りには、土塁が残っていたという聞き取りを得た（『大系』の所収図にも「土塁伝承地」と書かれている）。中央あたりには、小さな祠に通じるように東西方向の土塁が今も遺っている。

※1　「香蔵院珎祐記録」。

※2　室町期の陣が、再利用されて大規模な城郭となった例に、青鳥城（埼玉県東松山市）がある。

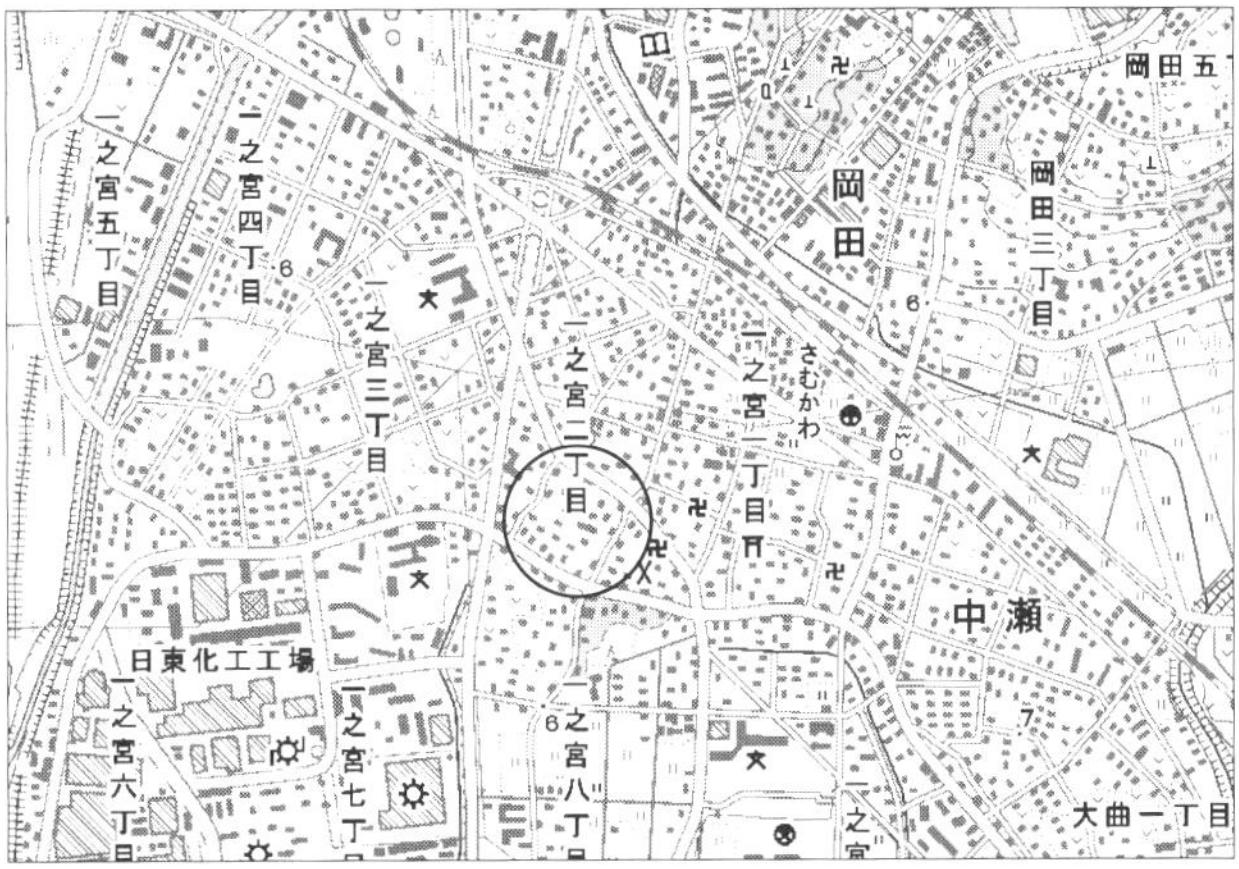

高低をよく見ると、北側を外にしているのがわかる。

　この土塁の北裾には溝があり、これを現地では「外堀」と呼んでいる（『大系』の図では土塁と堀が南北逆に記載されている）。城域東側の境界となる花川から引水できないため、昔から用水としては使っていないという。

一之宮城　わずかに残る土塁

　現在はかなり埋められているが、『大系』の図で一直線になっているのとはちがい、南側にクランクしているのがわかる。さらにもう一回曲がって、東へ伸びていたそうである。

　南側の境界とみられるのは、水路である。南に大きく張り出した地点があり、その内側に、景時の家臣で勇戦した七士の墓とされるものがある。

　一之宮は鎌倉へ通じ、相模川の渡河点をおさえる交通の要衝であり、室町期にも、長禄三年（一四五九）に足利一門・渋川氏の重臣であった板倉頼資が駐屯していたことが記録されている。※1 こうした陣は一回かぎりのものではなく、何度か再利用される事例が多い。※2 残された遺構はわずかだが、この城も室町期における陣の遺構として、あらためて検討する余地が大きい。

【ワンポイント】 ここまで来たら、やっぱり寒川神社にも足を伸ばしたい。

〈松岡〉

一之宮城七士の墓

道路の脇に土塁がそびえる

36 上矢部城《かみやべじょう》（伝矢部氏館《でんやべしやかた》）

①所在地　相模原市中央区上矢部2丁目・5丁目
②地形図　1／2万5千＝原町田
③交通　ＪＲ横浜線淵野辺駅より小山田行きバス（淵21系）上矢部本町下車
④おすすめ度　★★

【歴史】武蔵七党の一つ、横山党の矢部（野部）氏の屋敷という。

【現況】道路の脇に土塁がそびえたち、「上矢部の土塁」の説明板が建てられている。城域とみられる部分のほとんどが宅地となっており、無断立ち入りはできない。

【解説】土塁Ａの規模は大きく、比高が3メートル以上あり、道路に沿って南北に連なる。西側の道路沿いは削られてコンクリートの擁壁になっているが、高低差に注意すると、現状でも東側を外にして造られているのがわかる。

城内とみられる西側には新しい家も多く、遺構らしきものは認められない。『大系』によると、西部にある稲荷社の基礎に土塁が残されていたようであるが、現在はコンクリートで固められており、旧状をうかがうことはできない（Ｂ）。ただ、この地区の北側に低い崖線が続いているのは見てとれる（Ｃ）。これをたどると、土塁の箇所で崖線は大きく南に食いこみ、また、稲荷の祠の奥でも南に入りこんでいる。つまり、境川の氾濫原に向かって、ほぼ半円形に突き出した台地端にこの城があり、今残る土塁はその東の境界となっているのである。

相模原市教育委員会の調査によると、この土塁の東側には深さ2・5メートルほどの堀があった。さらに、レーダー探査に基づいて遺構の埋没している可能性が高いとされた地点で、何度も

※1『相模原市史』考古編。

発掘調査がおこなわれ、いわゆる「方形館」とは違う、複数の区画が接続し、一部では堀が二重になるようなプランが推定されている。遺物は伝承にいう鎌倉期のものはまったく出土しておらず、一五世紀代のものが主体である。※1

道路沿いに残る上矢部城の土塁（手前が城内側）

「鎌倉武士の故地」とか「方形の館」とかいう固定観念に立つと、まったくの平地に土塁や堀が直線的にめぐる形態を考えてしまうが、微地形の利用の仕方もプランも、それとは異なっている。虚心に中世後期の城として見直さなくてはならない。※2

【ワンポイント】北の氾濫原に御嶽神社があり、矢部氏が勧請したと伝える。また、南方の薬師堂も裏鬼門にあたるといい、道路を脇へ入ると乾元二年（一三〇三）銘の板碑を中心とする板碑群があって、矢部氏の供養塔と伝えられている。〈松岡〉

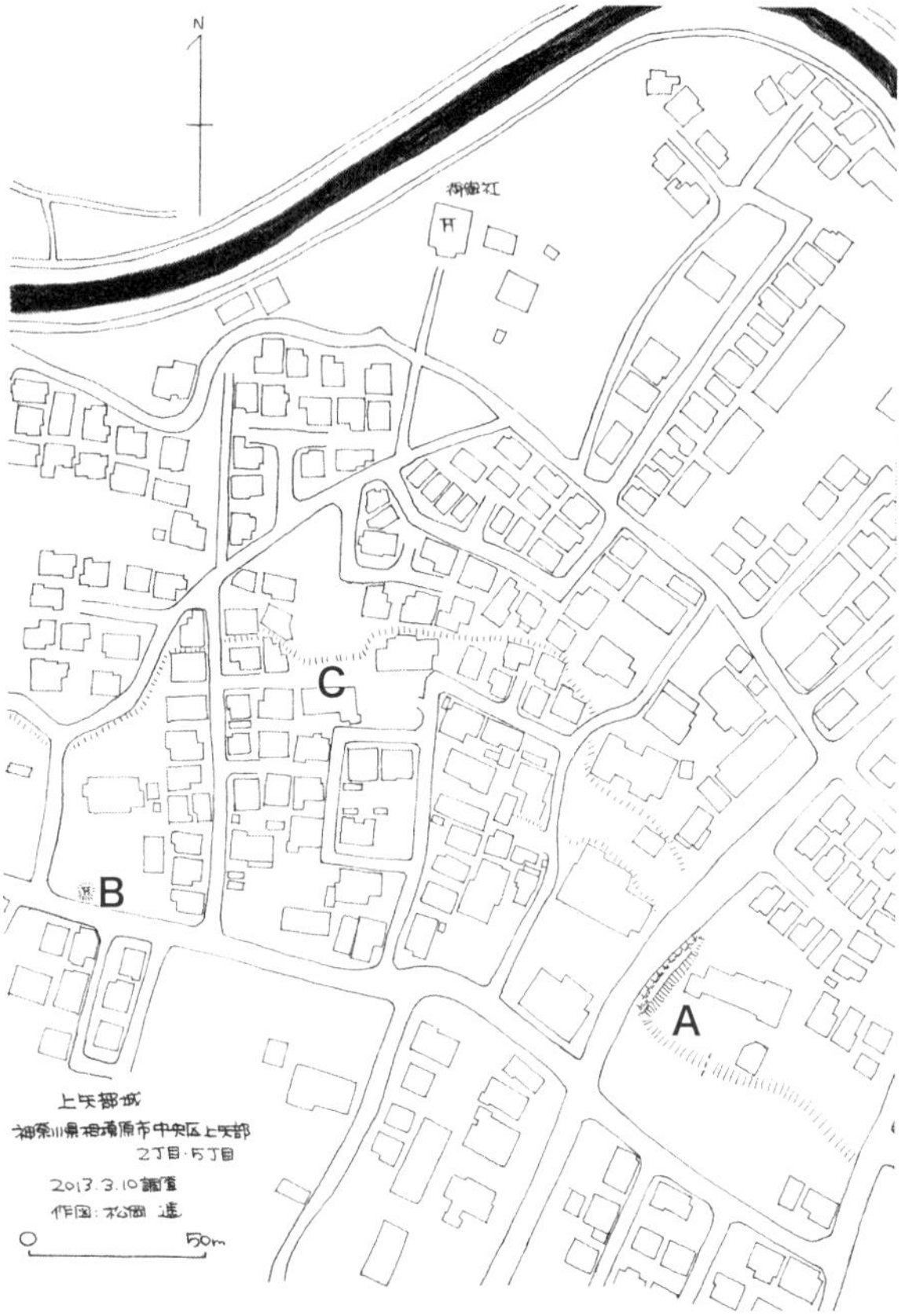

※2『新編相模』高座郡上矢部村の条には「屋敷蹟」とあって、三町四方に土塁の跡が残ることを伝えるものの、居住者は不明としている。また『皇国地誌残稿』同村の条には「秋元但馬守邸址」とあって、矢部氏の居館とは伝えていない。

幻の城跡に土塁があった！

37 磯《いそ》部《べ》城《じょう》

①所在地　相模原市南区上磯部
②地形図　1／2万5千＝原町田
③交通　JR相模線下溝駅下車、南へ徒歩10分
④おすすめ度　☆

【歴史】「太田道灌状」に、長尾景春方の城の一つとして見える。城跡は下磯部の御嶽神社周辺と推定されていたが、一九九七年に相模原市教育委員会が上磯部に残っている土塁を調査し、遺構の存在を確認した。

【現況】相模川の河原を見おろす崖沿いの道を進むと、途中に説明板がある。周囲は畠で、あいだを抜ける道はわかりにくいので、説明板を目印にして、そこからのぞくと土塁が見える。ただし、個人の私有地のため、無断立ち入りはできない。

【解説】相模川の河岸段丘に、L字形に土塁が残っている。東西方向の土塁は特に残りがよく、高さからみると北側を外にしているのがわかる。一九九七年のトレンチ調査で、土塁の外側には幅6・4メートルの空堀が埋没しているのが確認された。発掘調査では中世にさかのぼる遺物も出ていて、この空堀が中世の遺構であることはまちがいない。※1

南北方向の土塁は、民家のために改変されているようで、先をたどることはできない。したがって、かつての全容はわからないが、説明板によれば下磯部の御嶽神社や能徳寺付近が中心だったのではないかとする。しかし、土塁から御嶽神社までは約1キロもあり、全体が一つの城だったとすれば巨大城郭になってしまう。背後の東側には一段高い段丘面が迫っており、大きな城を築

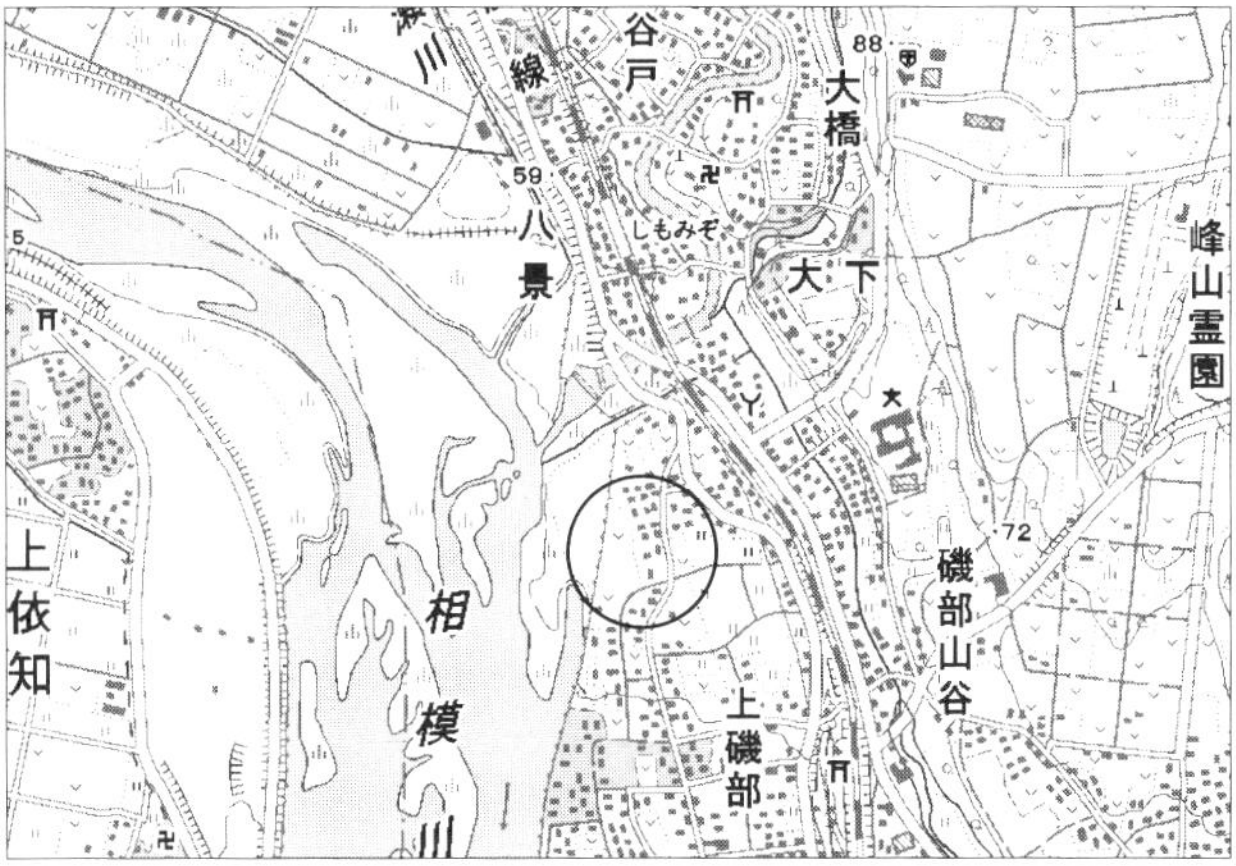

※1　『相模原市史』考古編「上磯部土塁」の項を参照。

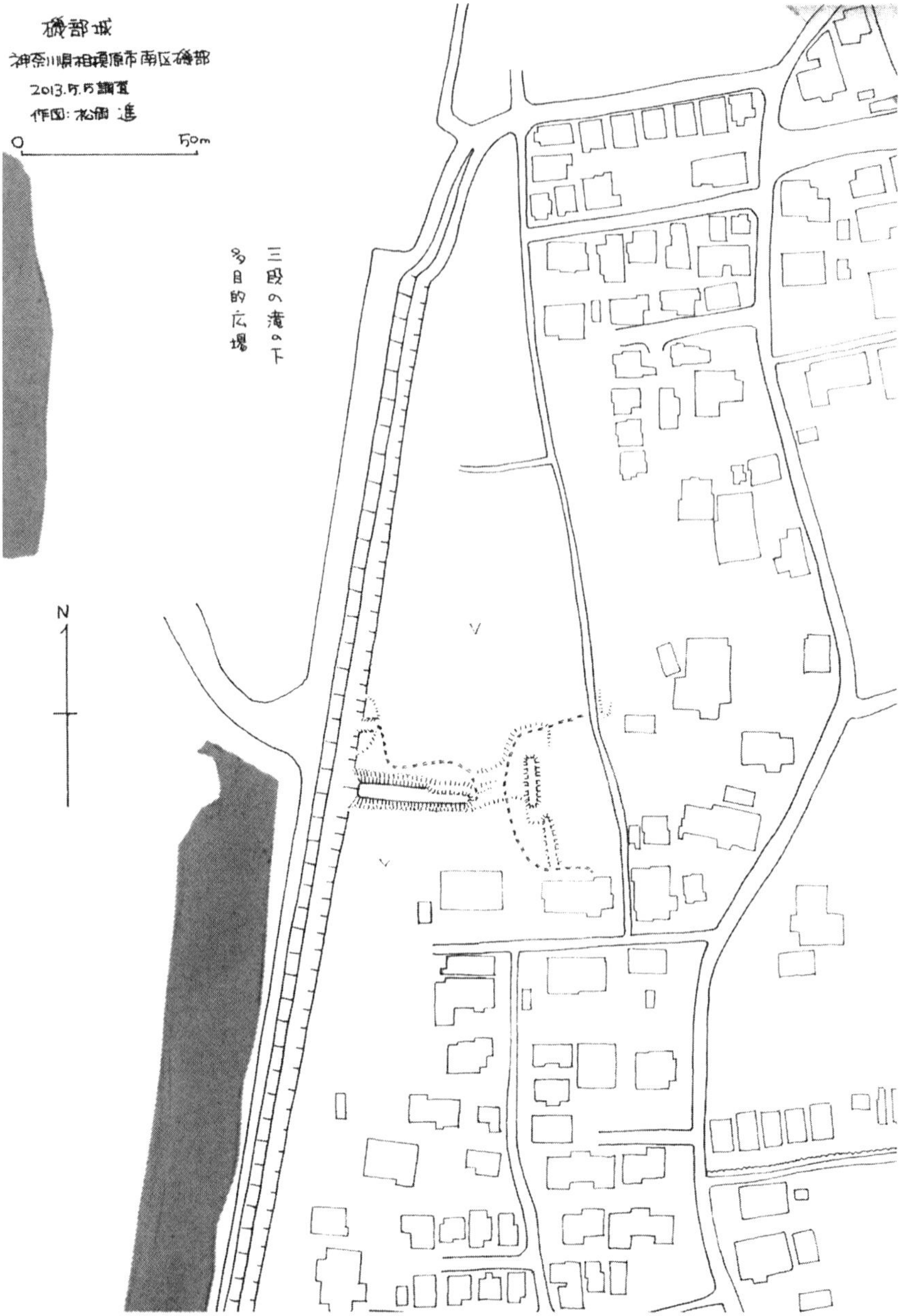
磯部城
神奈川県相模原市南区磯部
2013.5.5調査
作図：松岡 進
0
50m
N
三段の滝の下
多目的広場

いたとしても守るのは困難である。

磯部の地は、武蔵府中から続く大山街道が相模川を渡る渡河点にあたり、さらに伊勢原方面へとつながる要衝である。長尾景春の乱[※2]のころ、扇谷上杉氏の拠点は糟屋《かすや》（伊勢原市）にあったと見られるから、相模川の渡河点に城を築けば相手に大きな脅威を与えられる。だとすれば、小規模でも渡河点そのものに密着して築城したほうが有効である。

この乱の際に使われた小沢城《こさわ》（愛川町）などの例から見ても、大城郭を想定すべき理由はない。一五世紀後半に小規模な平地城郭が、大きな戦略の一環として重要な意義を担ったことを示す貴重な遺構といえる。[※3]

上：城跡は現在、畑となっている
下：部分的に残る土塁

【ワンポイント】磯部から相模川対岸の猿ヶ島（厚木市）へは、近世は渡し船で渡っていた。小沢城は、相模川沿いに北西へ約5・5キロの地点にある。〈松岡〉

※2　長尾景春の乱については視点3「長尾景春の乱と城郭」を参照。

※3　「太田道灌状」によれば、長尾景春が挙兵した当初、相模で扇谷軍に脅威を与えていたのは小磯城・小沢城・溝呂木要害の三箇所であるが、このうち溝呂木要害のみが所在不明とされてきた。溝呂木という地名は上野にあるので、おそらく同地出身の景春被官（溝呂木某）が構えた拠点という意味で溝呂木要害と呼ばれたのであろう。この溝呂木要害が磯部城を指している可能性についても考慮したい。

山林の中に完存する謎の城郭

38 上《うえ》の山城《やまじょう》

①所在地　神奈川県相模原市緑区（旧相模湖町）寸沢嵐
②地形図　1／2万5千＝青野原
③交通　相模湖駅前から三ヶ木行きバス（多発）寸沢嵐下車、南へ徒歩40分
④おすすめ度　★★

【歴史】史料・伝承ともに欠き、築城の時期や主体は一切不明である。

【現況】寸沢嵐《すわらし》バス停を降りたら相模湖方向に少し戻って左折し、帝京大の横を通って南下する。T字路を左折して道志《どうし》の集落を抜け、しばらく行くと城のある小さな丘に突き当たる。※1

東から見た上の山城

遺構の保存状況は良好だが、特に標識等はないので民家脇の石碑の立つ石段を登る。現状は山林で、主郭に祠が祀られているために小径はついているが、城跡としての整備はなされておらず、夏期の踏査は困難である。

【解説】寸沢嵐の集落は道志川左岸の段丘上にあるが、城はこの集落の南西にある小丘に築かれている。城地の標高は242メートル、寸沢嵐集落からの比高は22メートルである。

土塁囲みの主郭❶を中心に遺構が展開しており、要所には虎口や竪堀を効果的に配する。特に、山麓から曲輪❸→❷を

※1　車利用の場合、登り口付近には駐車スペースがないので、住民の迷惑にならないよう要注意。

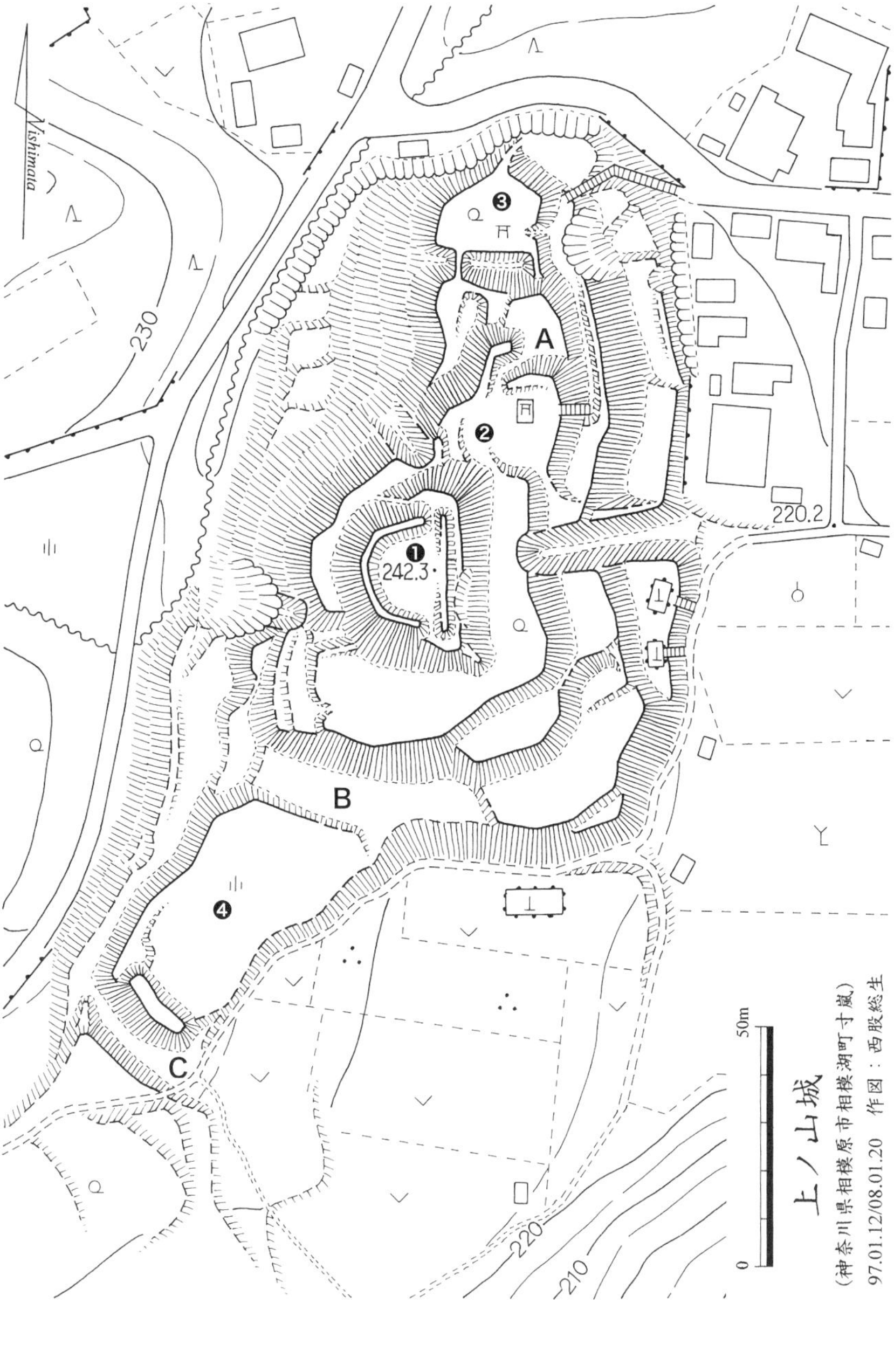

上ノ山城
(神奈川県相模原市相模湖町寸嵐)
97.01.12/08.01.20 作図：西股総生

上：主郭へ通ずる道は横堀跡のようである
下：曲輪❷には祠が建つが、周囲は藪である

へて主郭に至る導入路は、土橋と虎口を組み合わせる複雑なもので、曲輪❷の北端に突出する虎口Aは、導入路を巧みに屈曲させる構造である。

一方で、尾根続きの南に対しては堀切Bを隔てて曲輪❹を置き、その先の鞍部にも堀切Cを入れているが、この二本の堀切はいずれも10メートル以上の幅を有する。しかも、曲輪間の連絡は木橋のみで、この方向に対しては導入路を通すことより、遮断を優先していることがわかる。※2

上の山城は規模に比べて複雑な縄張りをもち、また、近辺には有力な集落もない。何か軍事上の具体的な条件や目的をもって、領域支配とは無関係に築かれた城なのだろう。虎口や導入路の構成が巧妙であることからすると、戦国後期の縄張りと見るのが妥当だ。甲相国境が軍事的緊張状態にあった永禄十二年（一五六九）前後や、天正七（一五七九）から十年頃、あるいは対豊臣戦に備えた時期などに、何らかの作戦上の目的をもって築かれた城ではあるまいか。

【ワンポイント】　寸沢嵐バス停の近くに、永禄十二年の三増《みませ》合戦※3の際、武田軍が首実検をしたと伝承される池がある。〈西股〉

※2　『大系』は寸沢嵐の集落が乗る段丘全体を城域と見なしているようだが、首肯できない。上の山城の縄張りは、少数の守備兵による集約的な戦闘を前提としているように見受けられるので、広大な外郭が存在したとは考えにくい。

※3　三増合戦は、通説では武田軍が大勝したように言われている。しかし、実際には後北条軍の主力が集結する以前に信玄が強引に開戦に踏み切った上で、「勝ち逃げ」をした可能性が高い。武田氏の事績についてまとめた『甲陽軍鑑』も、三増合戦は敵の前軍を切り崩しただけだから本格的な決戦とは言えない、と評している。

尾根を切り刻む堀切群

39 小松城《こまつじょう》

①所在地　相模原市緑区（旧城山町）川尻字松風
②地形図　1／2万5千＝八王子
③交通　JRまたは京王線橋本駅北口から三ヶ木行バスで城山総合事務所入口下車後、北西へ徒歩20分
④おすすめ度　★★★

【歴史】永井某が片倉城（東京都八王子市）の支城として築いたとの伝承もあるが、片倉城の築城者や時期自体が不明なので、小松城についても不明とせざるをえない。

【現況】城山総合事務所（旧城山町役場）の前の道を1キロほど北上すると、左手に小松城のある山が見えてくるので、コンビニのある小松の交差点で左折して宝泉寺をめざす。[※1] 墓地の左手奥にある山道を登ると、すぐに城の中心部に着く。

城跡は現在、山林となっており、南側尾根の一部が墓地の造成で失われてしまった以外は、よく遺構を伝えている。特に整備はされていないが、城内をハイキングコースが通過しているので、見学は比較的容易だ。小松橋バス停の所から、尾根に取り付くハイキングコースを利用してもよい。

【解説】南高尾山稜の一支脈が、平地に下る直前の位置に築かれている。城地の標高は217メートルだが、山麓からの比高50メートルほどしかない。数値上は丘城といってよい高さだが、尾根上に曲輪と堀切を連鎖させた縄張りは山城そのものである。

主郭❶を中心として、東西にのびる稜線上に曲輪と堀切を連鎖させていく縄張りである。東西180メートルほどの城域を六本の堀切で刻み、要所には竪堀を落とすなど、東西方向に対する遮断の意識がきわめて強い。また、曲輪❷以外には、まとまった面積を有する曲輪がほとんど

※1　橋本駅北口から法政大学方面行バスにて小松橋で下りると近いが、本数が極めて少ないので三ヶ木行バスを利用したほうがよい。

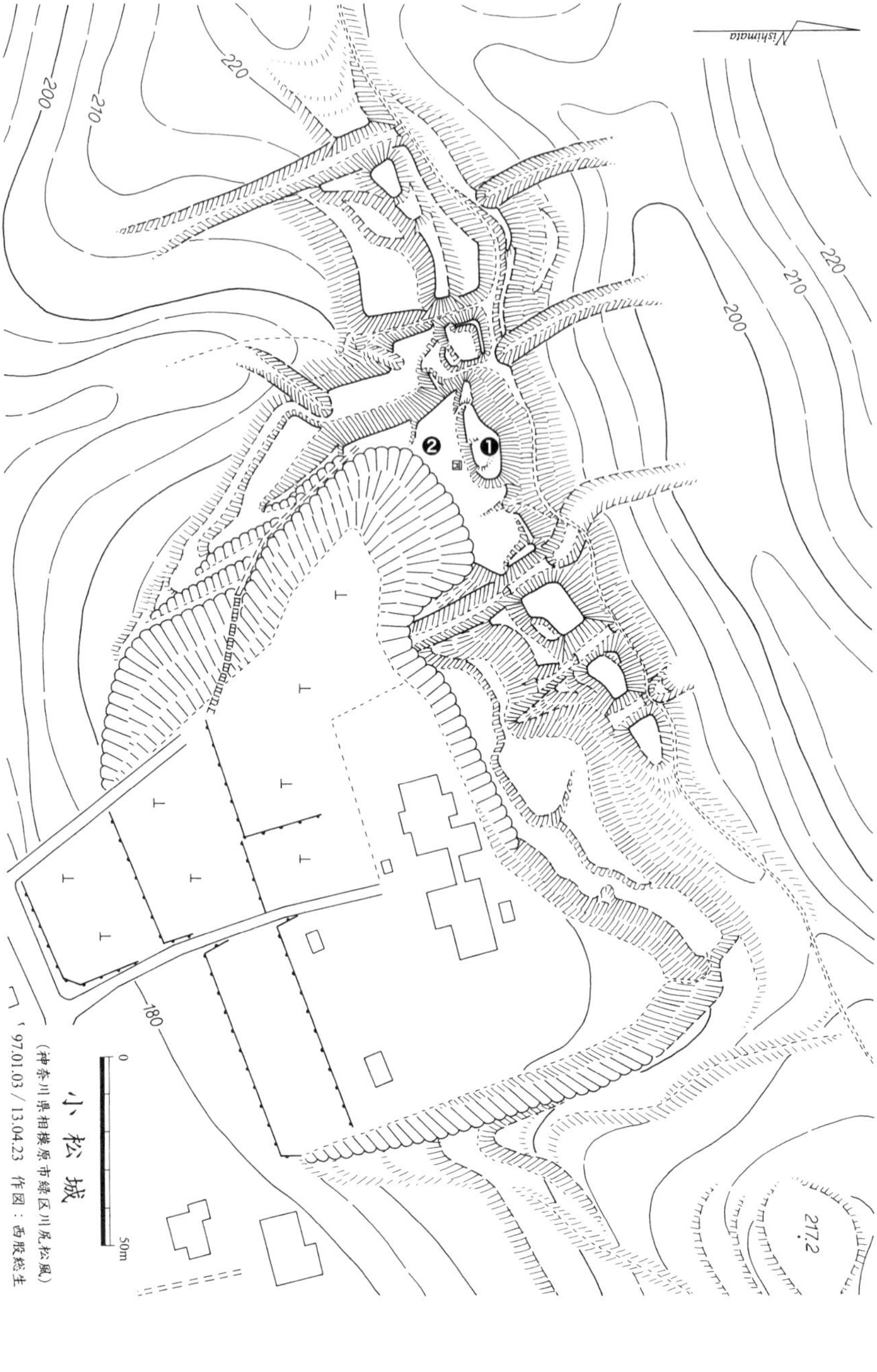
Nishimata
220
210
200
180
217.2
❶
❷
0
50m
小松城
（神奈川県相模原市緑区川尻松風）
'97.01.03 / 13.04.23 作図：西股総生

なく、戦闘本位の城であることがわかる。宝泉寺の背後には数段の平坦地が存在しているが、寺に伴う平坦地である可能性が高い[※2]。

城から尾根づたいに西へ1キロほど行った「評議原《ひょうぎっぱら》」という場所は、侍たちが軍議をしたとの伝承がある。伝承の真偽はともかくとして、城から評議原までは稜線が次第に高度を上げていく地形になっている。また、城地は周囲の山に比べて、特に要害として優れているようにも見受けられない。なぜ、宝泉寺背後の稜線を選んで戦闘本位の城を築いたのかは不明だが、何か具体的な作戦上の理由があったのだろう。

【ワンポイント】小松城から評議原あたりにかけて新緑や紅葉がことのほか美しく、山野草や野鳥も多いので、歩くのが好きな人は城山湖や草戸山と結んでハイキングするのも楽しい[※3]。

なお、城の南方にはカタクリの里があり、春先のシーズンにはバスや道路が混むので注意したい。〈西股〉

上：西側から主郭を見る（画面左奥）
下：曲輪❷から主郭を見る

※2　『大系』は、宝泉寺のある谷戸の内部に存在した居館が小松城の主体であったと推測しているが、首肯できない。小松城の縄張りは尾根の遮断に徹しており、宝泉寺の谷戸を包みこんで防禦する構造になっていないからである。

なお、本書には『大系』の記述に批判的な箇所もあるが、これは『大系』の刊行から本書に至るまでの三十数年間で生じた、研究の進展によるものと考えるべきである。『大系』神奈川編は『大系』全巻中でももっとも記述の水準が高く、伝承や地名を丹念に整理・考証している点において、今も基礎資料としての価値を失っていない。

『大系』神奈川編の編纂・執筆に携わった研究者たちにあらためて敬意を表したい。

※3　城跡から評議原・城山湖南岸を通って草戸山まで約1時間50分、そこから北へ尾根通しに1時間20分ほど歩くと京王線の高尾山口駅に下ることができる。

神奈川県下最強の山城

40 津《つ》久《く》井《い》城《じょう》

口絵参照

①所在地　相模原市緑区（旧津久井町）根小屋字城山ほか
②地形図　1／2万5千＝上溝
③交通　橋本駅北口から三ヶ木行きバス（多発）で津久井湖観光センター下車、駐車場有
④おすすめ度　★★★

【歴史】　中世に奥三保《おくさんぼう》と呼ばれた津久井地域の拠点的城郭であり、神奈川県を代表する壮大な山城でもある。築城者は、戦国期に奥三保の領主だった内藤氏とされる。内藤氏の出自は不詳であるが、戦国期に入ると後北条氏に従うようになるので、※1 津久井城は後北条氏領国の境目の城として甲斐武田氏の侵攻に備えるようになる。

天正十八年（一五九〇）には城主の内藤景豊が、豊臣軍の侵攻に備えて津久井城を改修強化していたことが、史料から判明する。結局、津久井城は天正十八年三月に本多忠勝・平岩親吉らの攻撃を受けて開城し、徳川軍に接収されたのち廃城となった。したがって、現在見る城の縄張りは後北条氏最末期のものである。

【現況】　津久井湖観光センターから橋で国道を渡り、標識に従って山頂を目ざすが、峻険な山城なので山頂まで40～50分かかる。車の場合は、根本の側にある津久井湖城山公園パークセンターの駐車場を利用し、センター前から標識に従って登る。城跡の現況は山林で、登山道が整備されているので主要部分は歩きやすい。

ただし、支尾根の遺構などは藪に覆われているし、登山道も本来の城の導線とは関係なくつけられているので、縄張りをじっくり観察したいのであれば、藪こぎ覚悟で冬場に訪れること。なお、津久井城は随所に石積みの痕跡を残しているが、無闇に藪をこぎ回ると、辛うじて旧態をと

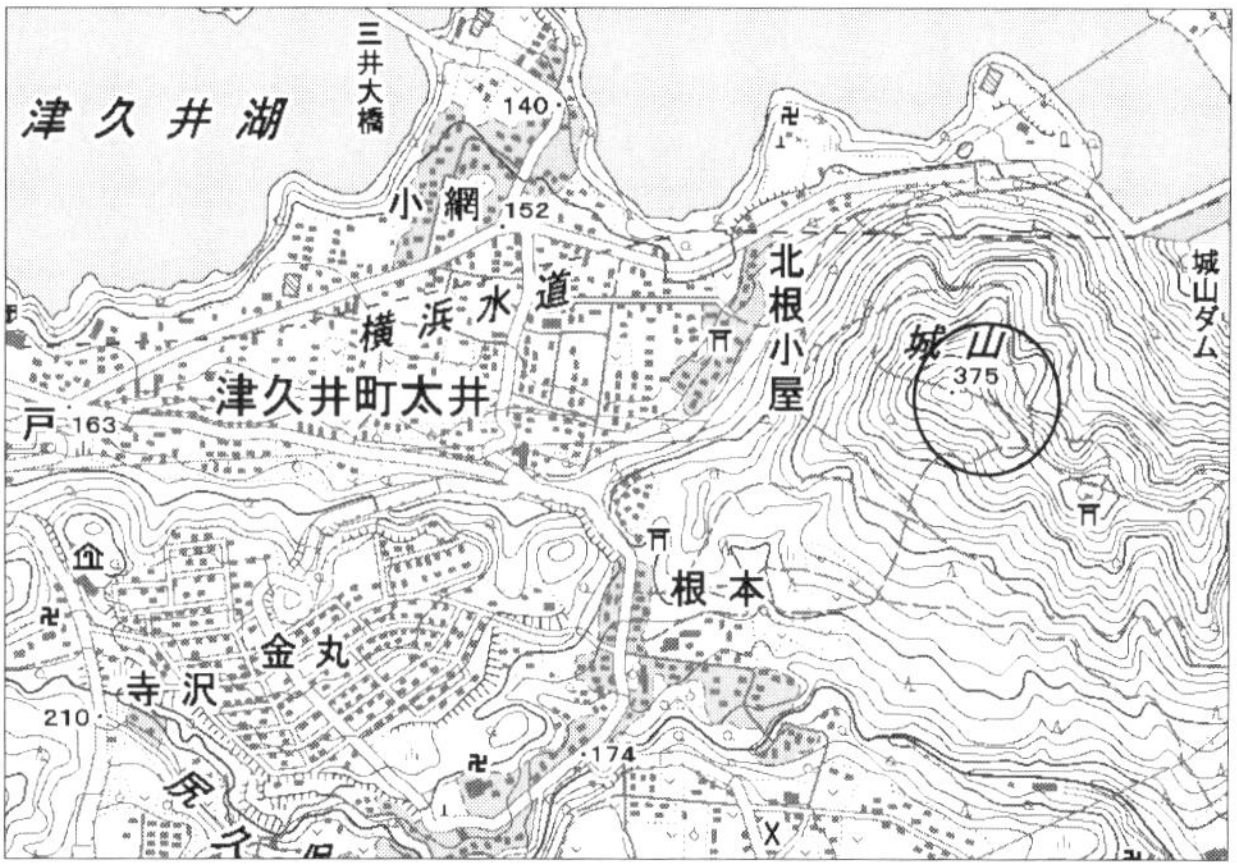

※1　享徳の乱から長享の乱に至る過程で、扇谷上杉氏の部将として奥三保に入部し、そのまま国衆化した可能性がある。後北条氏への服従は氏綱期だったようだ。

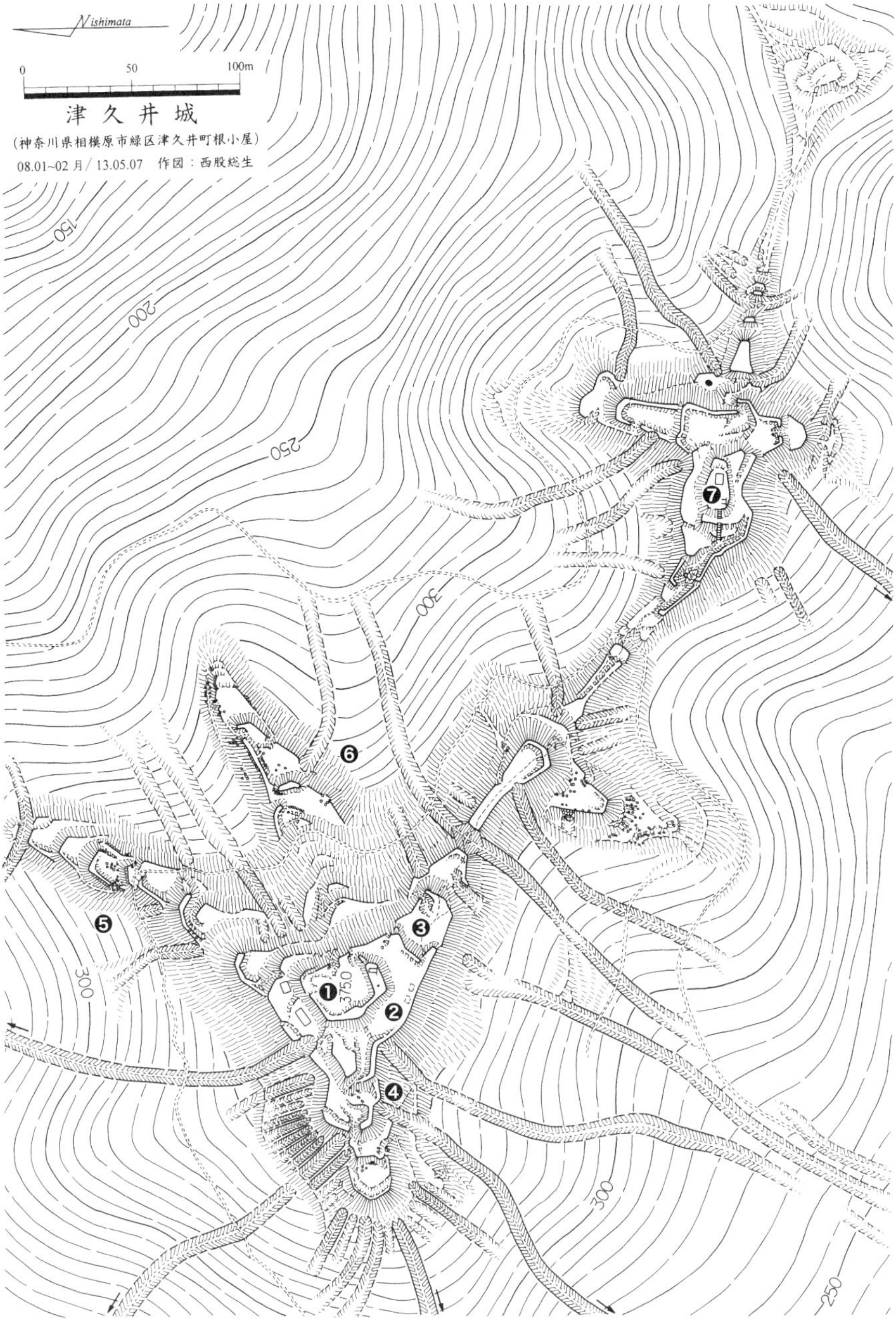
Nishimata
0
50
100m
津 久 井 城
（神奈川県相模原市緑区津久井町根小屋）
08.01~02 月／13.05.07　作図：西股総生
150
200
250
300
300
300
250
375.0
❶
❷
❸
❹
❺
❻
❼

上：主郭部と飯縄曲輪との間の鞍部に登山道が取り付いている　下：土蔵曲輪の虎口

どめている石積みを崩してしまうので、充分に注意してほしい。

【解説】　津久井湖にのぞむ、標高375メートルの急峻な独立山に築かれている。比高は、観光センター側からで220メートル※2、根本のパークセンター側からは200メートルほどで、遠方からでもよく目立つ。

　曲輪群は、主郭❶を中心として尾根上に展開していく。興味深いのは、土塁で囲んだ堡塁状の曲輪や枡形虎口を多用していることだ。曲輪群❹・❺・❻・❼は堡塁と枡形を連鎖させたような縄張りとなっていて、随所に石積みの痕跡が残っている。その一方で堀切の使用は少なく、曲輪群❼の側背面以外では三ヵ所しか堀切を用いていない。尾根を堀切で遮断する意識よりも、堡塁による防禦の意識が卓越した縄張りと評価できるだろう。

　枡形虎口を備えた曲輪❸の内部からは、発掘調査で蔵の遺構が見つかっている。この蔵は、曲輪❸の中心部を占拠するような大きな建物で、曲輪❸は蔵・虎口・通路で占められており、居住施設は建てようがない。

　これまで何度か行われてきた発掘調査でも、山上の曲輪群から建物跡はほとんど見つかっていない。その一方で、通路の造作は現在、地表面で観察できるよりもっと細かく、石積みを多用していたことが判明している。

※2　津久井湖は人造のダム湖であり、ダム建設以前には相模川が流れていた。したがって、相模川岸からの比高は、本来はもっと高かった。

主郭を囲む土塁

※3　政庁としての日常的な機能は、山麓の屋敷が担ったのであろう。山城部分は居住性が低いので、戦時には兵士たちは野営に近い状態で起居していたはずである。

津久井城の縄張りを特徴づけるもう一つの要素が、山腹を刻む多数の長大な竪堀で、そのうちの八本は山麓まで達している。これほどまでに長大な竪堀が、なぜ何本も必要だったのか、具体的にはよくわからない。しかし、傾斜が比較的急な北側の斜面では、総じて竪堀が短かめであることを考えると、やはり緩斜面での敵兵の行動を徹底的に制約する意図をもって掘削されたのであろう。また、曲輪群❹の周囲には、南関東では珍しい畝状竪堀群がびっしりと施工されている。

このほか、城の南西側の麓には城主だった内藤氏の屋敷があって、土塁や堀で囲まれた区画の中に建物群が建っていたことが、発掘調査で判明している。徳川氏の関東入国に伴い、この「御屋敷跡」には代官の守谷氏や野村氏が入って陣屋を構えたが、一七世紀半ばを過ぎる頃には使われなくなったようだ。

現在、見ることのできる津久井城の縄張りは、対豊臣戦に備えた大改修によって成立したものと考えてよいだろう。全体としてみた場合、城の規模自体は大きいものの、縄張りは堡塁と虎口を連鎖させたような構造で、土木量に比べて居住性は著しく低いことがわかる。地域の拠点となるような山城でも、戦時体制下では攻城軍に犠牲を強いる目的で、純然たる戦闘施設であることが求められたのだ。[※3] また、堀切による尾根の遮断よりも土塁囲みの堡塁を重視する点や、長大な竪堀を用いる点、局所的に畝状竪堀群を敷設する点などは、対豊臣戦に備えた後北条氏最末期の築城においてしばしば認められる特徴でもある。津久井城の遺構は、この意味でも貴重である。

【ワンポイント】 城の南西麓の根本を経由するバス便（橋02）もあるが、本数が少ないので、北麓の津久井湖観光センター側を利用したほうが便がよい。観光センターには駐車場やトイレ、売店等が完備しているので、ここで登り仕度を整える。根本側にあるパークセンターには津久井城の概略が解説されているので、立ち寄ってみるとよいだろう。

〈西股〉

発掘された御屋敷跡
写真提供：相模原市立博物館

家老屋敷の石積み
写真提供：相模原市立博物館

誰にも会わない静かな山城

41 伏《ふす》馬《ま》田《だ》城《じょう》

①所在地　相模原市緑区（旧藤野町）牧野
②地形図　1／2万5千＝青野原
③交通　JR中央本線上野原駅から東野行バスで菅井小学校下車、徒歩1時間。または、三ケ木から月夜野行バスで伏馬田入口下車、徒歩1時間20分
④おすすめ度　★

【歴史】道志川沿いの眺望に優れた山城である。『新編相模』津久井郡牧野村の条には、後北条氏の臣だった尾崎掃部助の居城として記載されているが、検討を要する。尾崎氏は、後北条氏の滅亡後は又野村に移住して、名主となっている。

【現況】城跡は山林となっていて山道はついているが、普段はまったくといってよいほど人けのない山だ。菅井集落の中を東に進んで、左手に分かれる道から石砂山《いしざれやま》のハイキングコースに入り、尾根上に出たら石砂山のほうへは行かずに尾根を南にたどる。※

【解説】城の標高は536メートル、西方の菅井集落の側からの比高は160メートルほど。山容もなだらかに見えるが、南方の道志川対岸から見ると突兀としており、川岸からの比高は300メートルに達する。

城そのものの規模は小さく、縄張りも主郭❶を中心として地形に逆らわずに曲輪を配したシンプルなものである。北側の堀切Bは意外に大きく、南斜面には三条の竪堀を連続して落と

西方から遠望した伏馬田城

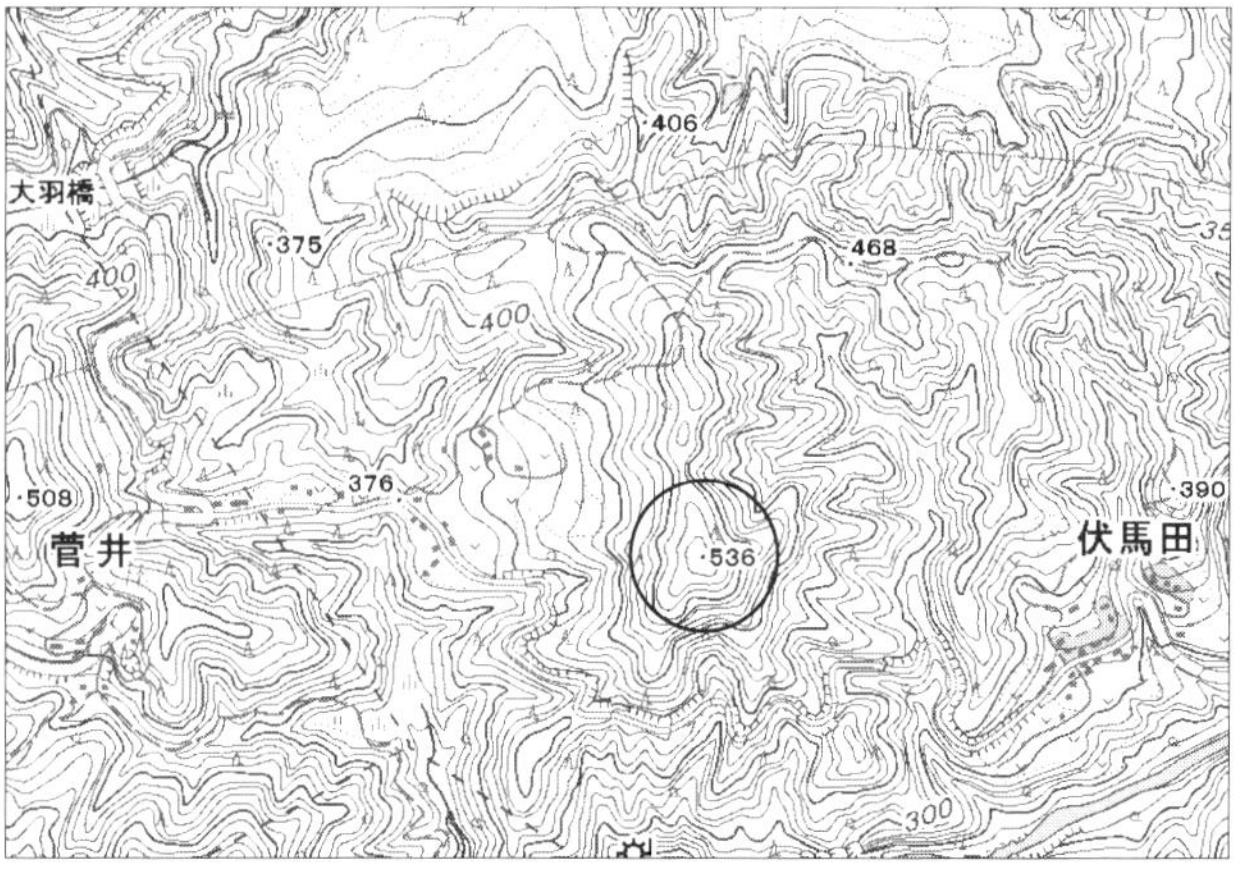

※山深い場所にある城なので、入念な準備をして登山の心構えで訪れたい。

す。曲輪❷の東側の虎口Ａも枡形虎口のようで、小さいなりに実戦的な工夫が見られる。

尾崎掃部助は津久井城主内藤氏の被官だが、後北条氏の『小田原衆所領役帳』によれば津久井郡日連《ひづれ》村に六貫文の知行を持つ。おそらく土豪クラスの小領主で、所領と離れた伏馬田の地に独力で居城を保持していたとは考えられない。相模・甲斐の国境が緊張した時期に、内藤氏の指示で尾崎氏が一時的に伏馬田城の守備に当たっていたのであろう。

【ワンポイント】石砂山のハイキングコースは落葉広葉樹の林相が美しくハイカーも少ないので、晩秋から新緑の季節にかけては静かで快適な山行が楽しめる。城と合わせて歩くのもよい。ただし、菅井方面も道志川対岸の西野々方面もバス便は極めて少ないので、確認が必要。

〈西股〉

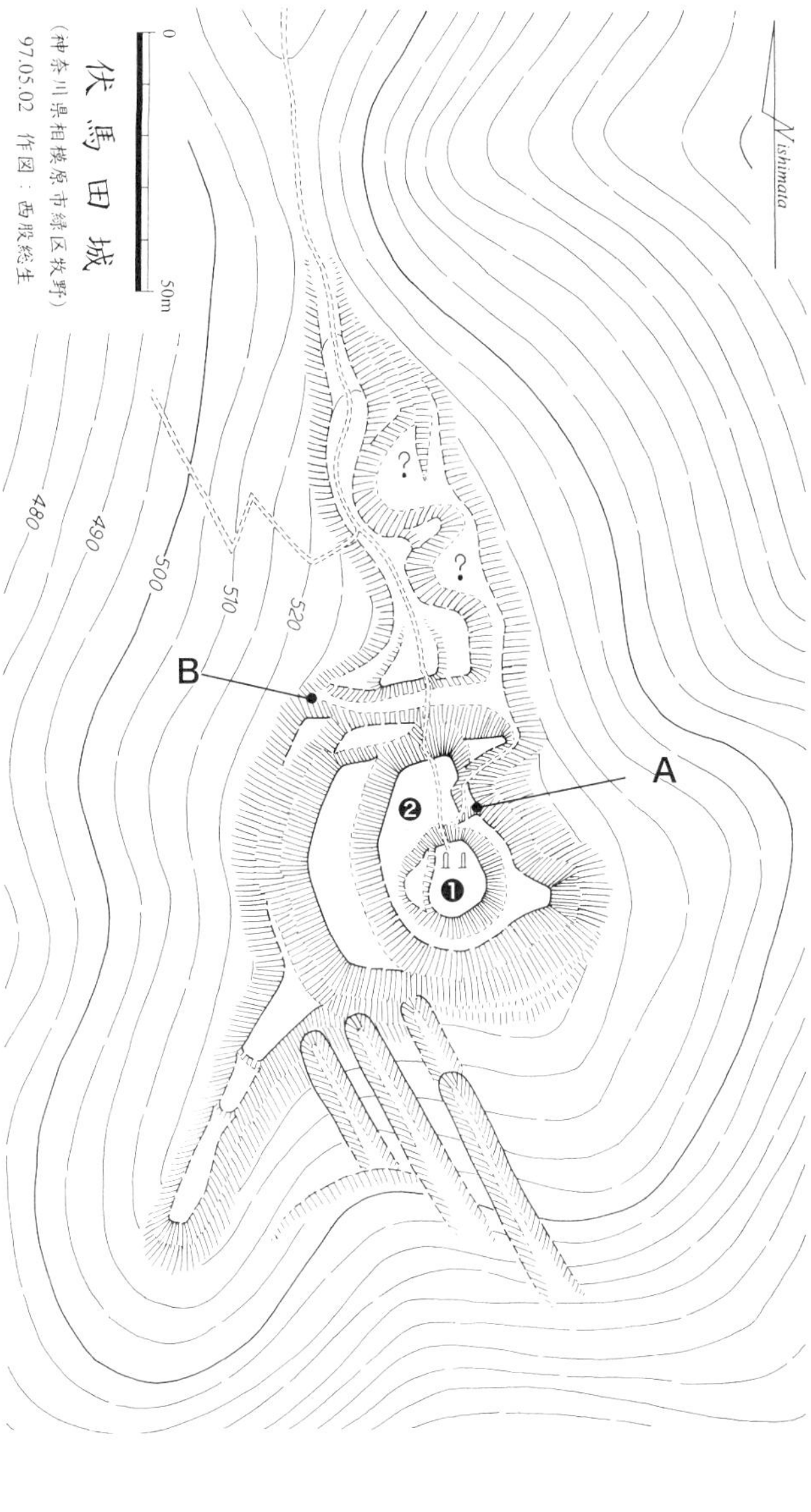

眺望に優れた来歴不明の「城山」

42 又野城山《またのじょうやま》

①所在地　相模原市緑区(旧津久井町)三ヶ木字原替戸・又野
②地形図　1／2万5千＝与瀬
③交通　JR横浜線橋本駅から三ヶ木行バス終点下車後、徒歩20分
④おすすめ度　☆

【解説】又野と三ヶ木《みかげ》の境にあって城山と呼ばれているが、地誌等にも記載がなく来歴は不明である。かつて、旱魃《かんばつ》の時には村人が山頂で雨乞いをしたこと、天明の飢饉に際しては山麓の三箇木諏訪神社が一揆の集合場所になったこと、などが伝承されている。

上の山城付近から見た又野城山

城跡へは、西麓の三箇木諏訪神社の背後から山道を登る。

城山の標高は240メートル、比高は60メートルにすぎないが、地形的な条件がよいため、四周への眺望にはきわめて優れている。山頂にはアンテナが立っているが、山林になっていて、特に城郭遺構らしい人工地形は見あたらない。

戦国期に見張り場などとして用いられ、近世に入って村人たちの儀式的な場として利用される場所が、「城山」と呼ばれたようになったのではなかろうか。

〈西股〉

相甲国境最前線の城

43 奥《おく》牧《まぎ》野《の》城《じょう》

①所在地　相模原市緑区（旧藤野町）牧野
②地形図　1／2万5千＝青野原
③交通　JR中央本線上野原駅から秋山村方面行バス、または藤野駅から奥牧野行バスにて奥牧野下車、徒歩10分
④おすすめ度　★

山梨県（甲斐）側から見た奥牧野城

【解説】『新編相模』『津久井郡勢誌』には記載がない。しかし、『甲斐国志』古跡部の秋山村一古塚の条には、東秋山川の対岸に甲斐への備えとして築かれた後北条氏の城らしい、という内容の記載が見える。

奥牧野の集落を西南方向に進み、山梨との県境の手前で南に下る坂道に入る※。さらに秋山川を橋で渡ると城跡で、現在は山林やキャンプ施設になっている。

曲流する秋山川に向かって突き出した台地に、かつては土塁が存在していたらしいが、現状では何段かの平坦地があるのみで、はっきりした城郭遺構は特に見あたらない。要害性の高い地形のため、それほど大きな普請を加えなくても、城郭としてよく機能したものであろうか。〈西股〉

※バスの本数が非常に少ないので、よく確認すること。

長尾景春、扇谷上杉軍を翻弄す

44 小《こ》沢《さわ》城《じょう》

①所在地　愛甲郡愛川町角田
②地形図　1／2万5千＝上溝
③交通　小田急線海老名駅西口から海01系、または厚木バスセンターから愛川町役場行バス（厚63系）で文化会館入口下車、徒歩10分
④おすすめ度　★★

主郭南側の土塁がわずかに残る

【歴史】「太田道灌状」によれば、文明八年（一四七六）に叛乱を起こした長尾景春は、扇谷上杉氏の背後を攪乱するため相模の三ヵ所で与同勢力を蜂起させた。このうちの一つが小沢城である。道灌の指示を受けた三浦義同《よしあつ》らの相模勢が討伐に向かうと、二ヵ所の要害はただちに自落したが、金子掃部助らが籠もる小沢城のみは容易に屈しなかった。そして、相模勢を一月余も釘付けにして、扇谷上杉軍を分断拘束することに成功した。いったんは城を捨てて逃亡した金子掃部助らは、こののちも再三小沢城に拠って扇谷上杉軍に脅威を与えたのである。

【現況】 文化会館入口のバス停※から進行方向に少し進んで旭硝子工場横の道に入り、敷地を半周して送電線鉄塔の所から住宅地の横手に入ると、突き当たりの畠地が城跡である。遺構の残りはあまりよくないが、小さな説明板が立っているのでわかるはずである。城内は、山林と畠になっている。

※バスの本数が非常に少ないので、よく確認すること。

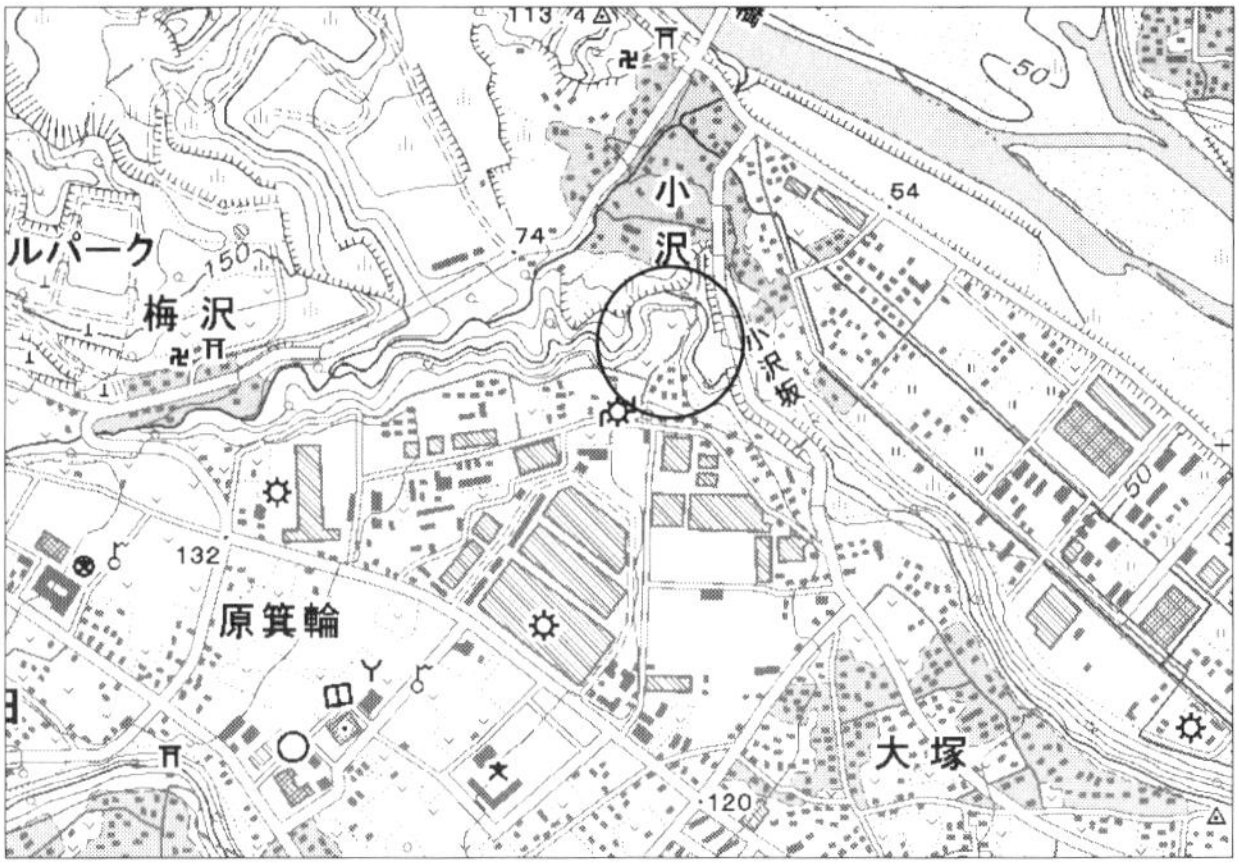

【解説】　相模川西岸の河岸段丘が岬状に突き出した場所が城地で、標高は120メートル、東側からの比高は60メートルほどである。段丘崖が急峻であるため要害性には非常に優れており、眺望もよい。

縄張りは、100メートル四方ほどの曲輪を、幅10メートル強の堀切で切り離した単郭式だが、堀切はかなり埋められており、崖面の北側も採石によって削られている。曲輪の周囲には土塁が断続的に残り、東側には虎口Aと腰曲輪が確認できる。おそらく、この虎口Aから腰曲輪を経由して東麓と連絡していたのであろう。東側に下っていく坂道の傍らにあるCの場所は、出丸のようだ。また、堀切が埋められたあたりに南側と連絡する虎口があったものと推測できる（B）。

このように、小沢城の縄張りはシンプルなものであるが、要害性の高い地形を選んでいる上に充分な収容力も備えているので、戦国初期の戦闘形態であれば、一月程度の籠城戦を行うのに不足はなかったであろう。

【ワンポイント】　堀と土塁の残りのよい場所が、水道施設の管理地となっていて立ち入りできないのは残念である。また、畠地にも勝手に入り込まないよう注意したい。

〈西股〉

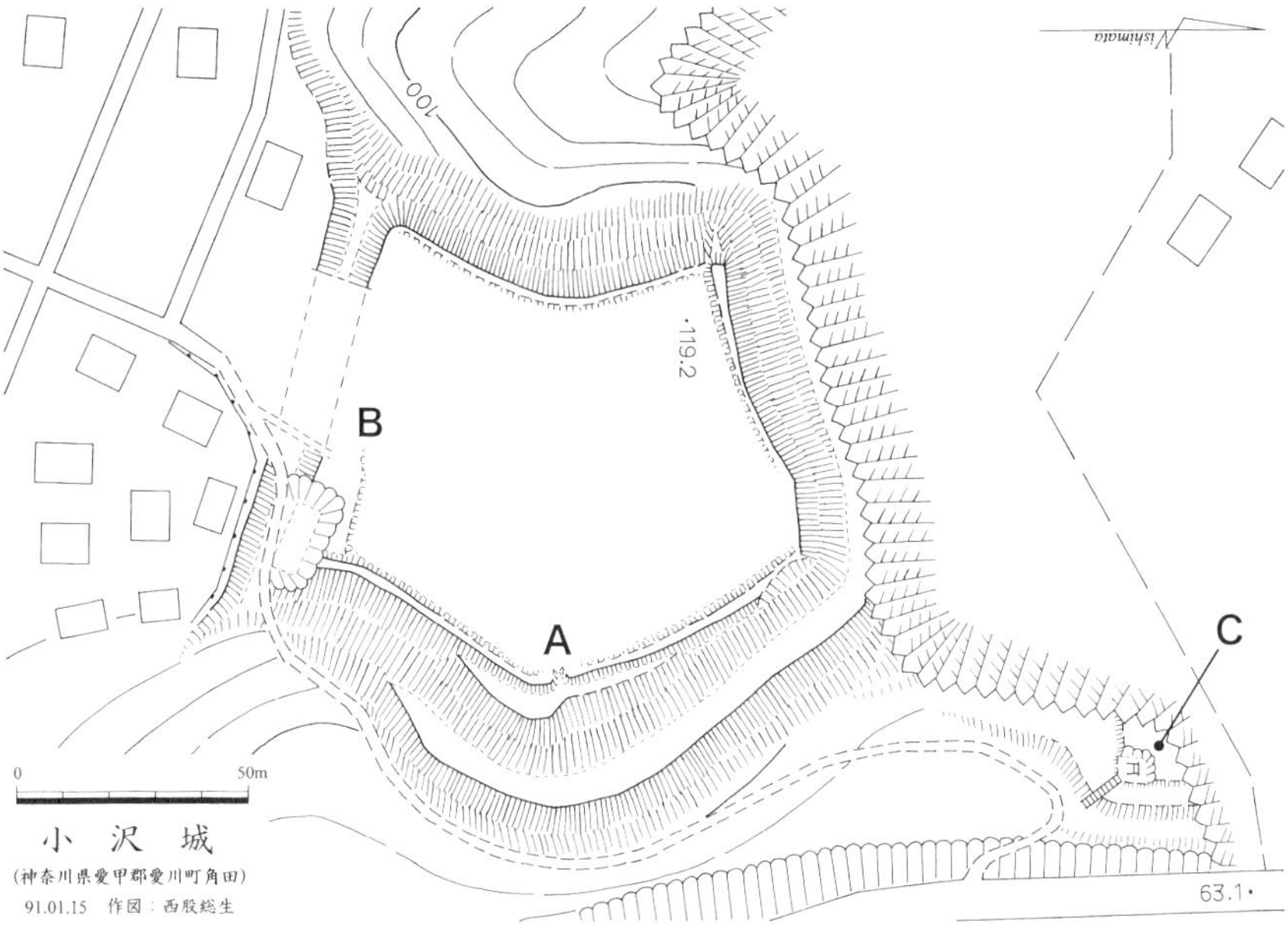

小　沢　城
（神奈川県愛甲郡愛川町角田）
91.01.15　作図：西股総生

記録はなくても遺構は残る

45 細野《ほその》城《じょう》

①所在地　愛甲郡愛川町半原
②地形図　1／2万5千＝上溝
③交通　小田急線本厚木駅・JR淵野辺駅から半原方面行バスで馬渡下車、北西へ徒歩15分、または本厚木駅から厚01系バスで清雲寺入口下車
④おすすめ度　★★★

【歴史】国衆の内藤氏が拠る津久井郡の拠点、津久井城の支城で、当城も内藤一族の内藤定行が城主と伝わる。また、永禄十二年（一五六九）、三増峠の戦いで武田信玄に攻め落とされたというが、裏付けとなる史料はない。

【現況】ハイキングで人気の仏果山《ぶっかさん》の麓にある半原台地の東が、半島状に中津川に突き出た台地端に占地する。台地続きの西側と標高差はないが、三方は、河原から50メートル以上の比高差をもつ急崖である。

【解説】現在は畠、墓地、駐車場、企業寮などになっている❶が主郭で、かなりの面積を有する。台地続きの西に堀切Aを入れて切断する。堀切は県道工事で大きく破壊されたが、かつては堀幅が16メートルに達し、若干クランクしていたという。また、地元の方によると、堀底に滞水もあったそうである。堀は現在も痕跡をとどめ、土塁の残欠Bも高さがある。❷は二の丸とされるが、定かではない。この❶と❷の間から中津川へ下る道付近が城下への虎口とされ、木戸口坂の地名が残る。また、川へ向けて北に伸びる尾根にも堀切Cを入れて備えており、この堀切以北を桟敷戸と言う。

中津川河川敷へ道が伸び一定の備えもしていることから、水運や渡河点をおさえる目的も考えられる※。占地も含め、必要最小限の土木量を合理的に投入して、なかなか効果的な縄張りを成立

※城直下の中津川沿岸には「馬渡」の地名があり、今日馬渡橋が架けられている。

させている感がある。築城者が誰か確証はないが、伝承通りある時期、津久井城の支城として機能していたとしても矛盾はない。

【ワンポイント】公園化されているわけではないが、愛川町作成の案内板もあり、見学しやすい。また、中津川沿いにはレジャー用駐車場があるので、利用が可能である。同じく、内藤氏の居城と伝わる田代城は馬渡橋を渡った中津川対岸なので、併せて見学したい。近くの清雲寺は定行の父、秀行が開いたとされる。〈田嶌〉

上：主郭（左）と二の丸
下：土塁Ｂ

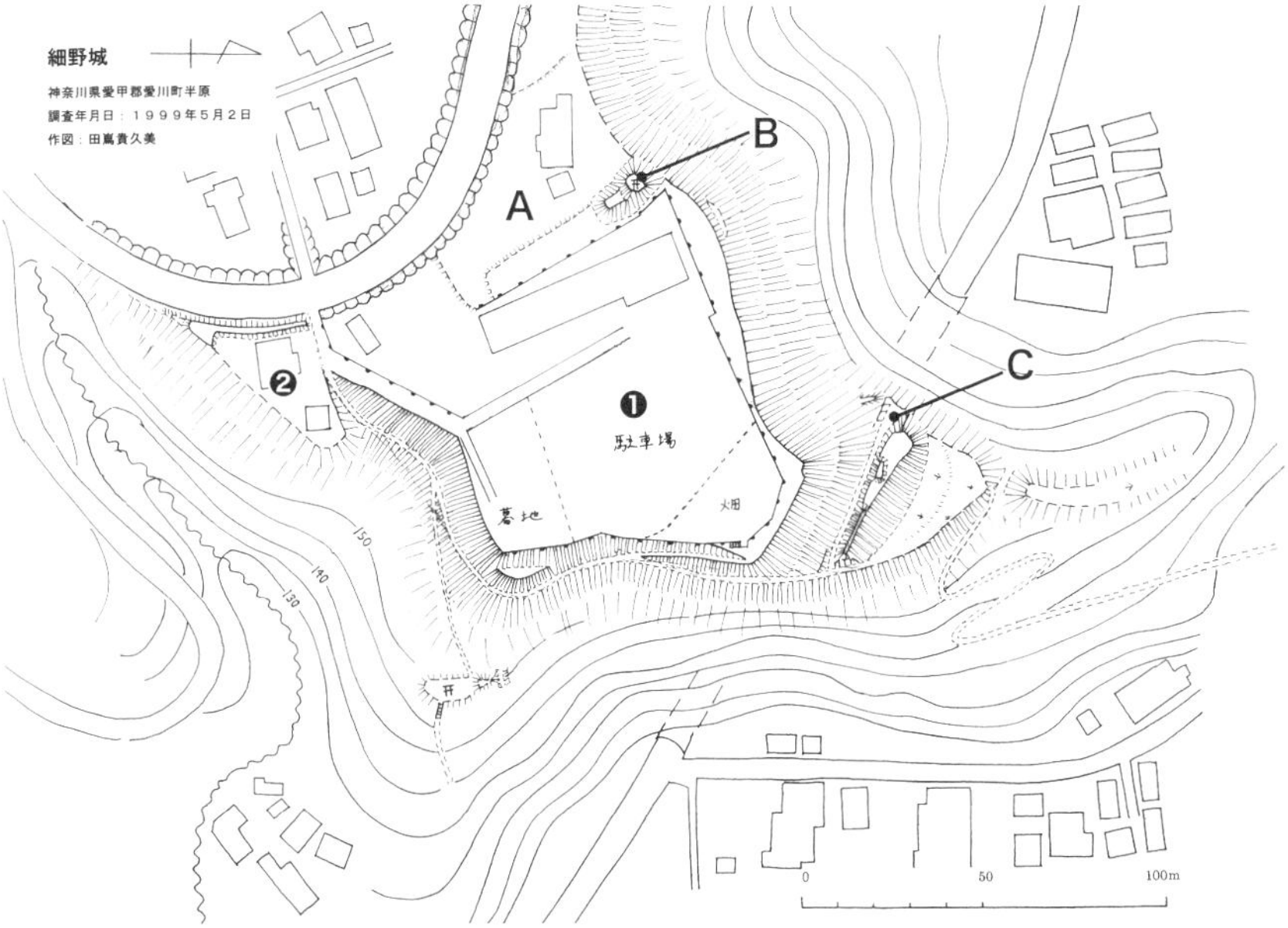

城というより、屋敷か

46 田代《たしろ》城《じょう》

①所在地 愛甲郡愛川町田代
②地形図 1／2万5千＝上溝
③交通 小田急線本厚木駅またはJR淵野辺駅から半原方面行バスで田代坂上下車、東へ徒歩5分
④おすすめ度 ☆

【解説】 内藤一族の秀勝・秀行二代の居城とされ、細野城と同様に三増峠の戦いで武田信玄に落とされたと伝える。後北条勢は背後の富士居山に布陣したというが、伝承の域を出ない。

愛川中学校付近が城跡と伝わり、城の鎮守という八幡社と湧水が北辺に残る。周囲は雑木林・耕地・宅地等になっていて、曲輪や石塁、虎口のように見えるところもあるが、明確な城郭遺構とは判断できない。富士居山にも城郭遺構は見あたらない。

この地を内藤氏が知行していたことは確かで、仕置場、うまや等の地名、立地から類推すると、城ではなく屋敷地として見たほうがよいだろう。

【ワンポイント】 学校や民家の敷地に入り込まないよう注意したい。※富士居山の上からは対岸の細野城をよく見下ろせるし、付近には三増峠の戦いの関連史跡も点在する。〈田嶌〉

三増合戦場の記念碑

※中津川沿いの駐車場が利用できる。

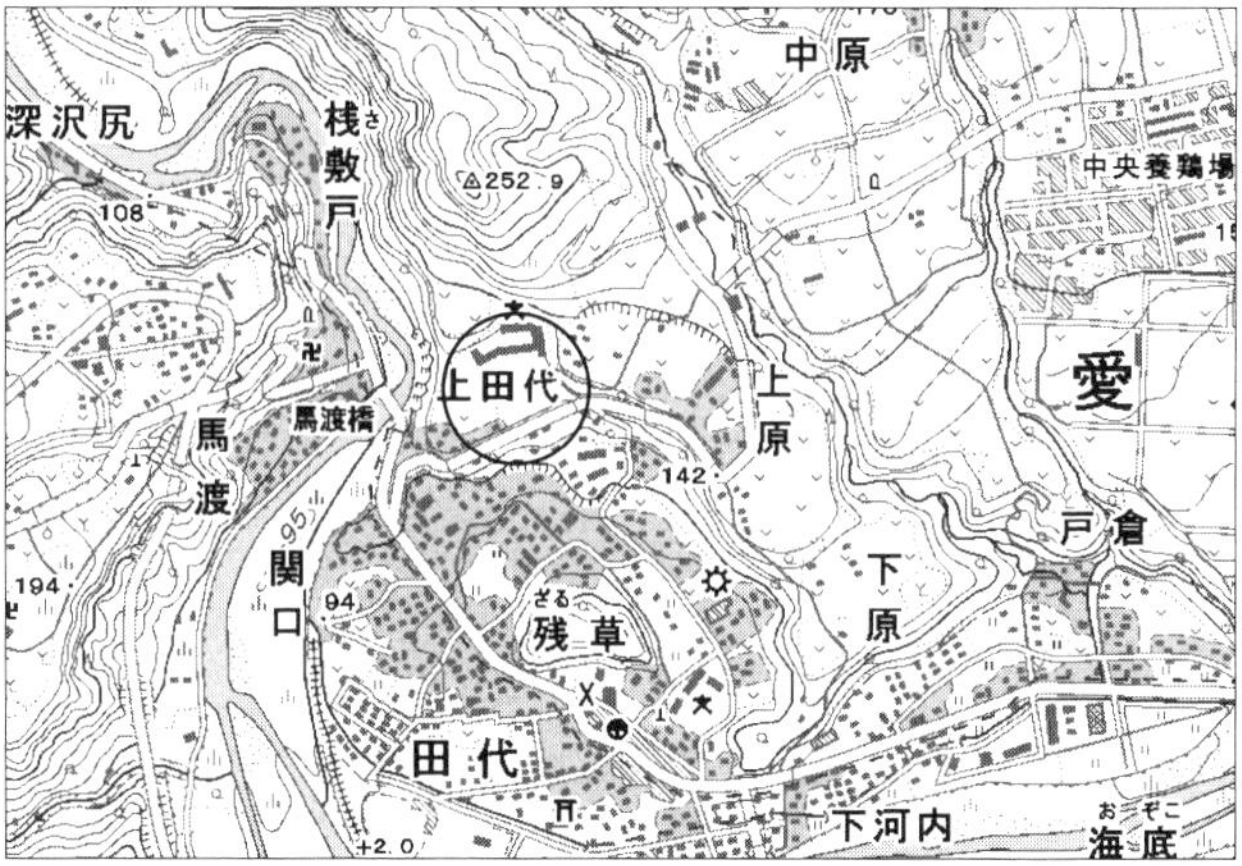

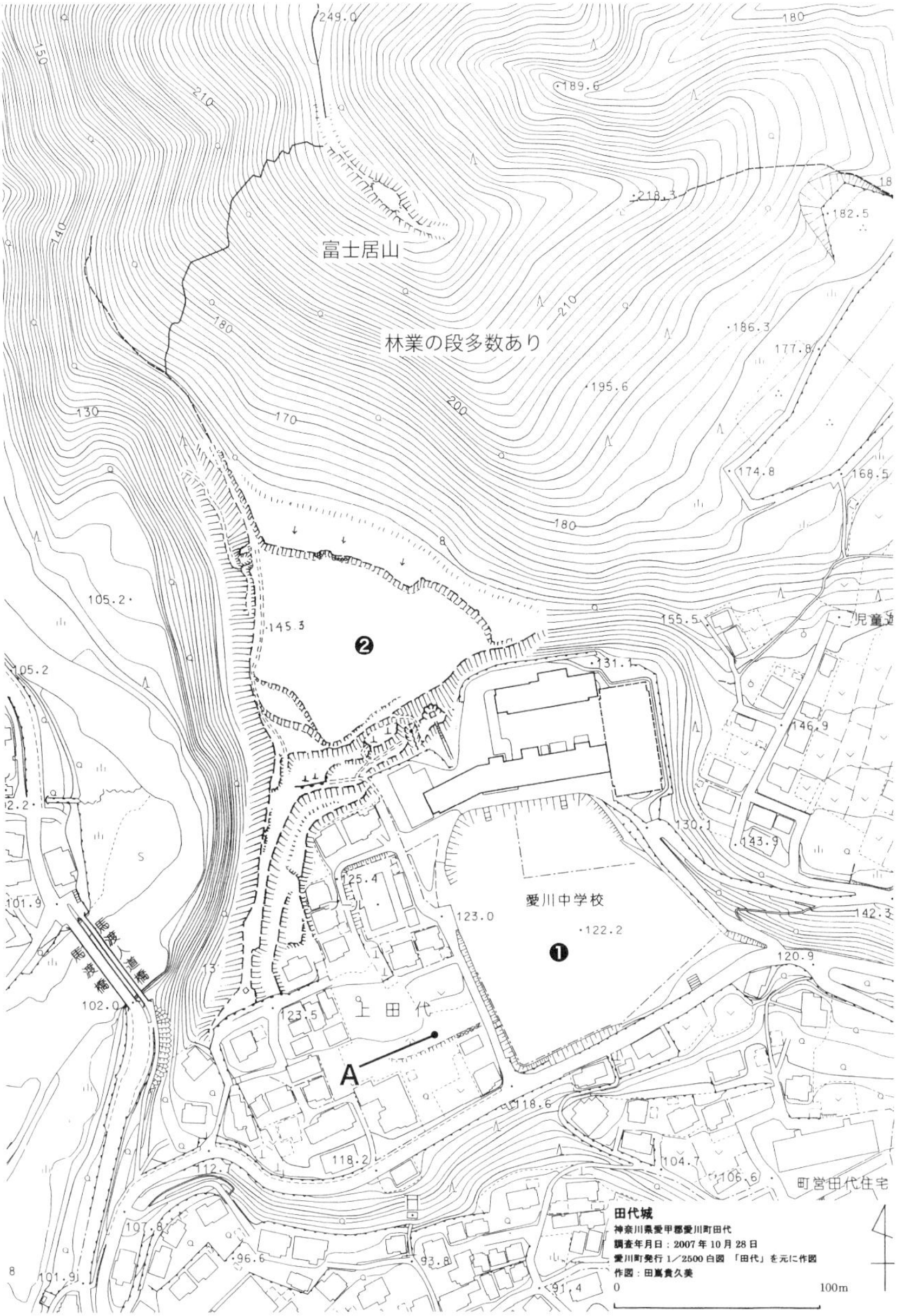
富士居山
林業の段多数あり
❷
愛川中学校
❶
上田代
A
馬渡橋
馬渡人道橋
町営田代住宅
田代城
神奈川県愛甲郡愛川町田代
調査年月日：2007 年 10 月 28 日
愛川町発行 1／2500 白図 「田代」を元に作図
作図：田嶌貴久美
0
100m

視点 2

検証、鎌倉武士の館とは――。

■堀之内には「館」がない

鎌倉武士は平地に土塁と堀をめぐらせた館に住み、武芸にはげむかたわら、農業経営にたずさわって日々をすごしていた――。おそらく、今日でも多くの人が抱いているイメージであろう。しかし、それに当てはまるような「館」の跡を県内に求めても、疑問の余地のない事例は一つもない。具体的に見てみよう。

「堀之内」の呼称は、かつてこのような「館」の跡にともなうものとされてきた。しかし、本書で取りあげたものでも、〈64〉今泉堀之内（秦野市）は武士にまつわる伝承をもたないし、現住者の一軒が「ホリノウチ」の屋号をもつ〈57〉住吉要害（平塚市）の場合は、たしかに土塁も堀もあるが、その規模や文献上の記載からいっても鎌倉期の武士の屋敷ではない。堀之内の称をもつ〈58〉藤間豊後守屋敷（平塚市）も、室町・戦国期のものである。

田名堀之内（相模原市）は本文で取りあげていないが、河岸段丘の裾にできた池を中心とするものだったようで、『大系』で土塁といわれている神社の高まりも、とうていそうは見えない。しかし、武蔵七党のうち横山党に田名氏がいるので、このあたりがその苗字の地だったのは確かである。

川崎堀之内（川崎市川崎区）は、秩父一族の河崎氏との関係がいわれるが、早くから旧状をしのぶすべは失われている。また、日蓮との関係で知られる本間一族の屋敷跡（厚木市）の付近にも「堀ノ内」の称があるが、比定地が複数あることが示すように、やはり決定打となる遺構はない。恩田堀之内（横浜市緑区）も同様である。これらには、土塁・堀があったのに早く失われただけという解釈も成り立つ余地はあるが、果たしてそうだろうか。

■平地の陣跡が「館」とされてきた

「御屋敷」の呼称も、同様に鎌倉武士と結びつけられることがある。たとえば、本書で取りあげたものでは〈30〉懐島城（茅ヶ崎市）である。しかし、これは低湿地に突き出した微高地を利用したものだったようで、残っていたという土塁にしても、室町期の陣にともなう可能性が高い。

鎌倉武士の館　国立歴史民俗博物館蔵

　梶原景時の城とされる〈35〉一之宮城（寒川町）の一角にも「オヤシキ」の称がある。地形はやはり相模川沿いの微高地で、残存する土塁などは室町期の陣のものとみられる。

　これらは交通の要衝にあって、軍隊の移動にも補給にもすぐれ、陣を敷くにはうってつけの場所といえる。こうした陣の跡が、鎌倉武士の「館」跡とされてきた有名な例に、埼玉県川越市の河越氏館跡（山内上杉氏の上戸の陣）があげられる。陣として築かれた土塁や堀の遺構が、後世に、そこを苗字の地とする鎌倉武士に結び付けられてきたのである。

　相模原市には、護良親王を殺害したことで知られる淵辺義博の「館」跡が伝えられている。『新編相模』では土塁があったと記すが現状では失われており、小さな碑が、かつてその地に建っていたという第六天の所在をわずかに語るだけである。この地は境川に突き出した台地端にあたり、付近を大山街道・鎌倉街道が通過していた。「館」のうちのあるものは陣ではないか、という目で見ると、これもその可能性の高い遺跡である。

■苗字の地を見ると

　県下の鎌倉武士は、系譜で大きく分けると、①鎌倉氏や大庭氏・懐島氏・梶原氏一族　②三浦氏一族　③中村氏や土肥氏・土屋氏一族　④秩父氏系統の河崎氏・渋谷氏一族　⑤波多野氏や松田氏・河村氏一族　⑥横山党の愛甲氏・糟屋氏・本間氏・矢部氏・田名氏や姻戚の海老名氏一族に整理できる。これらについて、「館」の跡が確かな者がどれだけいるだろうか。

かつて大庭景親の居城とされた〈28〉大庭城（藤沢市）、三浦氏の本拠とされた〈16〉衣笠城（横須賀市）、愛甲氏の屋敷といわれていた〈48〉愛甲城（厚木市）、これも糟屋氏の屋敷とされていた〈51〉丸山城（伊勢原市）など、いずれも本文に記したとおり、かつての比定はまったく崩れたといわざるをえない。

懐島城や一之宮城のほか、愛甲城も戦国期の陣跡の可能性が高い。また、土肥氏の「館」とされる城願寺（湯河原町）には何の痕跡もとどめないし、波多野氏の「館」は比定地がいろいろ提示されたあげく〈63〉東田原中丸遺跡（秦野市）に決着しそうだが、屋敷の域を越えるような遮断施設は検出されていない。

〈31〉早川城（綾瀬市）や〈36〉上矢部城（相模原市）も、発掘調査の成果を見るかぎり、それぞれ渋谷氏一族や矢部氏と結びつけることはできない。つまり、鎌倉武士の館の典型例は一つも見いだせないのだ。

■屋敷に住んでいた鎌倉武士

それなら、鎌倉武士はどういう施設に住んでいたのだろうか。それは、土塁や堀をもたない屋敷である。東田原中丸遺跡のほか、本文で触れられる〈34〉上浜田遺跡（海老名市）や、同じ渋谷一族のものとみられる宮久保遺跡（綾瀬市）がその実例である。

上浜田遺跡のように、台地の下っていく傾斜面を造成した事例は、これまでの「館」のイメージにはまったく当てはまらないが、むしろそうした選地は、〈61〉和田屋敷（秦野市）のように、戦国期にいたるまで地侍層の屋敷として引き継がれている。

城とはちがう屋敷の系譜を正しく踏まえたとき、城というもののもつ意味、そして武士がことさら城を居所とするに至る、変化の意味を初めて正しくとらえることができるのである。

〈松岡〉

残っていた扇谷上杉氏の要塞

47 七《なな》沢《さわ》城《じょう》

①所在地　厚木市七沢
②地形図　1／2万5千=厚木
③交通　小田急線本厚木駅バスセンターから七沢・広沢寺方面行バス（厚33・34・92・86系）七沢病院前または七沢病院入口下車
④おすすめ度　★★★

【歴史】　宝徳二年（一四五〇）の江ノ島合戦[※1]の際、上杉憲忠方の長尾景仲・太田資清らが七沢山に要害を構えた。長享二年（一四八八）の実蒔原《さねまきはら》の合戦の際には、扇谷上杉朝昌が守り、以後、数代続いたとされるが定かではない。

【現況】　七沢リハビリテーション病院の建設によって全壊したと信じられてきたこの城に、なお遺構が残るのが明らかになったのは近年のことである。中でも、『厚木市史』[※2]での紹介は画期をなした。遺構が残る部分は、山林となっている。

【解説】　遺構は各所に分散しているが、リハビリテーション病院の場所❶が主郭であることは、「ジョウ（城）」の呼称や『新編相模』所載図から見て、動かしようがない。残念ながら、この部分の遺構はほぼ壊滅してしまったが、北に派出した小さな支尾根に堀切Aが残る。谷戸川の谷筋から尾根上へ進入しようとする相手に備えたものである。なお、東裾の七沢児童館の地点は、七沢神出遺跡として発

東方から見た七沢城

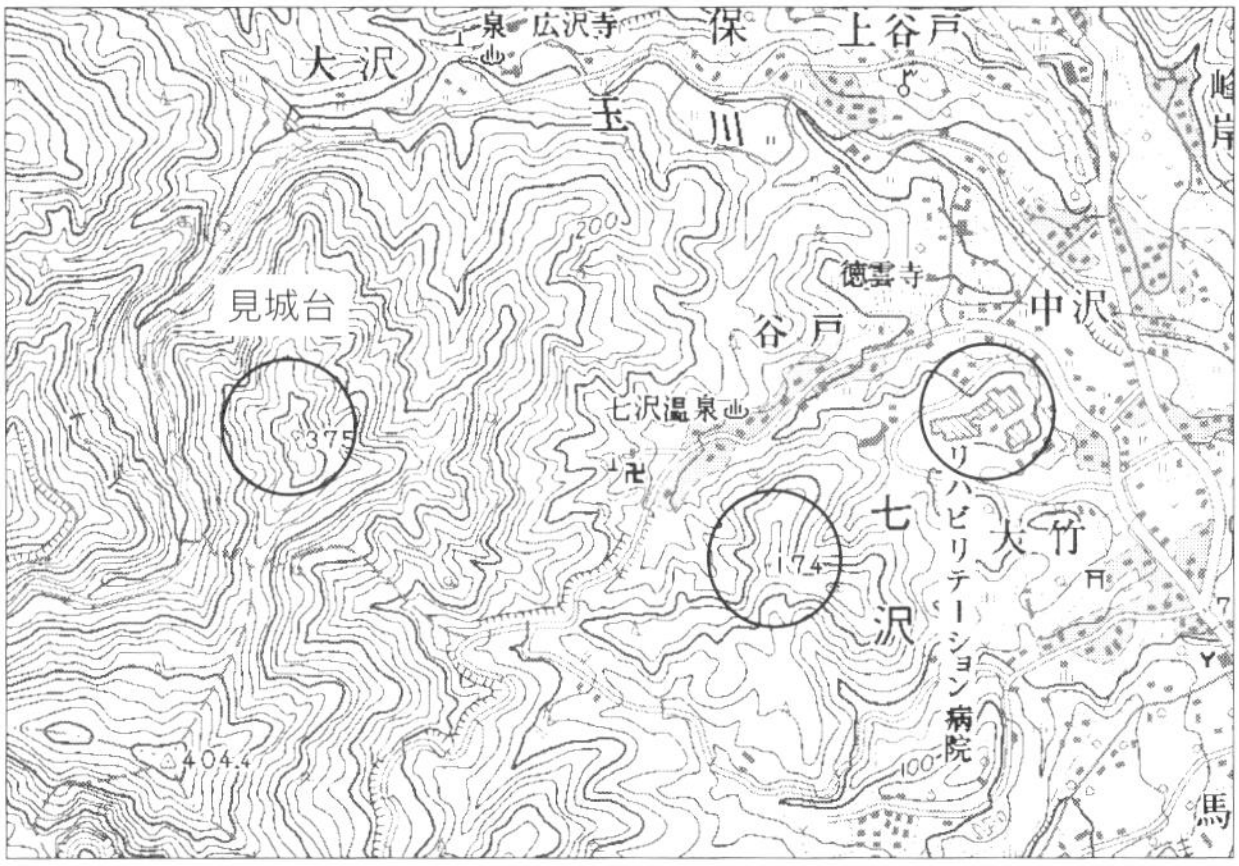

※1　鎌倉公方である足利成氏と、管領の上杉憲忠の対立から起きた合戦。享徳の大乱の前哨戦となった。

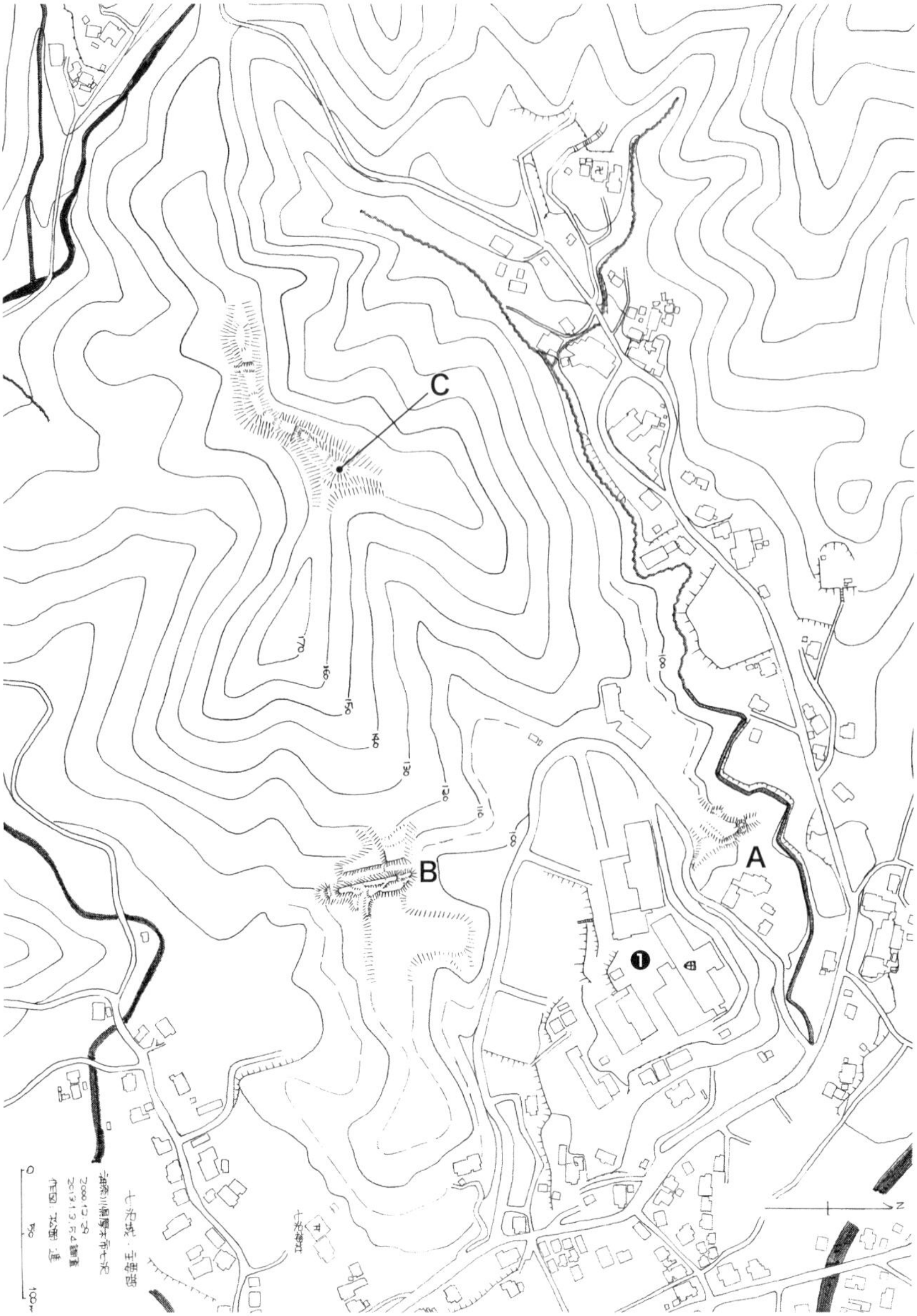
C
170
160
150
140
130
120
110
100
B
A
❶
七沢城・主郭部
神奈川県厚木市七沢
2000.12.29
2013.3.5・4 調査
作図：松岡 進
0
50
100m
七沢神社
N

掘調査が行われており、一五世紀後半を中心とした遺物が出土している。

病院の南、七沢神社のある尾根にも遺構が残っている。尾根を切断する堀切Bと、その内側に沿って土塁がある。堀切の外側は、急激に登りとなる。つまり、尾根の急傾斜が終わる寸前を掘り切って、東側を独立させた構えである。もっとも、東の尾根上は平坦ではあるが、はっきりした遺構はなく、途中の幅の狭い鞍部にも加工した形跡はない。堀切を下って病院に面するあたりを水汲沢といい、城兵の用水源と伝えられる。この地点を城内に取り込むことを意図したものであろうか。また、この尾根を東に下りた地点が「門口」と呼ばれている。

病院の尾根と、この七沢神社の尾根は、西側の標高175メートルの高地Cを頂点とする山塊で一つにつながる。この部分を「タカハタ（高旗）」と呼ぶ。『大系』によれば、上杉氏在城のころに旗が掲げられていたことによるという。

山上は自然地形のままだが、ピークから少し西に下った地点に山神宮の碑があり、ここから先の細尾根に三か所、堀切のように見える地形がある。遺構の形態そのものだけで全部を堀切と断定するのはむずかしいが、一番東のものは、

上：南尾根堀切　下：北尾根堀切

※2『厚木市史』中世通史編一九九九。同書にはリハビリテーション病院建設前の航空写真が立体視できるように載せられており、一見をお勧めする。

実蒔原古戦場跡

短いながら削り落とした壁が明確で、はっきり堀切とわかる。両側の高低差から、東を内側として掘られているようだ。従って、それより外にある二本も、ピークへの取りつきを阻む意図で掘られたと解釈できる。このすぐ西で尾根が分岐していることから見ても、合理的な配置である。

ここまでで城郭の主要部分は完結しているが、谷を隔ててさらに北西に標高375メートルのピークがあり、「見城台《みじょうだい》」と呼ばれる。小規模な堀切と低く曖昧な壁で防禦した小さな山城で、研究者の中にはミジョウを戦国期の文書にしばしば見える「実城」にあて、ここを城全体の中心と見なす考え方もあるが、そうではないだろう。

プランは、堀切で区画した南北二郭を軸に東と南に曲輪を派出させ、南端と少し離れた北の尾根続きに堀切D・Eを設ける。南端の堀切からは西斜面に長く竪堀を落とし、城内側の壁も比較的高く、最もしっかりした普請が行われている。強い遮断の意志がうかがえる。

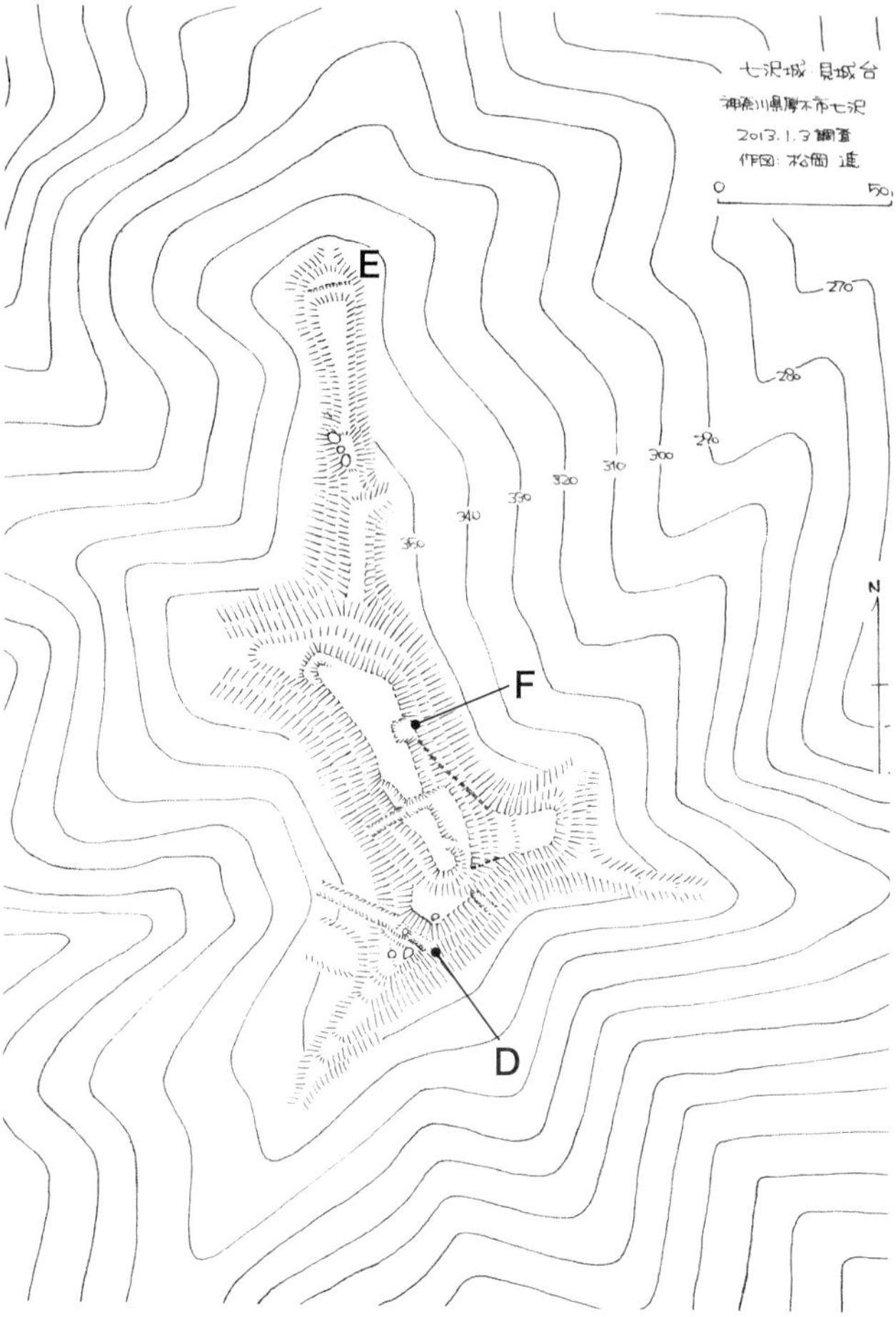

一方、北の堀切Eは、岩盤の露出した小ピークをはさむ尾根先にあり、自然の高低差を利用

した小規模なものである。支尾根はほかに何本も出ているが、遮断する施設は見られない。全体に壁の削りだしがあまいので断定できないが、主郭東側の掘り込みの箇所Ｆに東の曲輪からの道が通じ、枡形虎口の形状になっているのは注目できる。

このほか、七沢神社のある尾根のさらに南、神奈川県自然環境保全センターのある尾根も、『市史』では城跡の一部とする（図では範囲外）。尾根の先端部は「ゴショヤマ」と呼ばれ、付け根の部分に谷状の切れ込みがある。ただ、この地点は後世の改変も大きく、堀切の残欠と断定することはできない。ここで尾根上はいったん土橋状に狭まり、東側は半独立の地形になっている。

以上のように、七沢城は複雑な地形を広範囲に取り込んだ複合的な山城である。リハビリテーション病院❶の尾根と七沢神社の尾根が派生する高旗のピークＣで西側を遮断し、一応のまとまりをもった城域が形成されている。個々の遺構は小規模で、最高所の高旗のピークも自然のままである。やはり、城としての中心はリハビリテーション病院の地点であろう。これより西の見城台は高旗より２００メートルも高い地点にあり、むしろ別の城といってもよい。ただ、普請の小規模さは主要部分と等しい。

全体としては、いわゆる根小屋式山城のパターンに似ているが、高所の見城台が小さく孤立的なのと対照的に、山裾の城域が広く拡散しているのが特徴的である。戦国前期の軍事性の強い本拠として、類例との対比に関心がもたれる。

【ワンポイント】　周辺には七沢温泉・広沢寺温泉があり、見城台にはハイキングコースが整備されている。見城台からの眺望はすばらしく、遠く東京スカイツリーまではっきりと見わたせる。ただ、獣害もあるので、山歩きには充分注意されたい。

〈松岡〉

七沢城を築いたとされる長尾景仲像　群馬県渋川市・双林寺蔵

見城台の堀切Ｄ

やっぱり、堀が出てきた

48 愛甲城《あいこうじょう》

（伝《でん》愛甲《あいこう》季隆《すえたか》屋敷《やしき》）

①所在地　厚木市愛甲西3丁目
②地形図　1／2万5千＝厚木、1／1万＝厚木
③交通　小田急線愛甲石田駅から北西へ徒歩15分
④おすすめ度　★★

【歴史】鎌倉御家人《ごけにん》・愛甲季隆[※1]の屋敷跡と伝えるが、疑問である。

【現況】畠と宅地になっている。南側に城址稲荷と上愛甲公民館があり、そこに説明板が建てられている。

【解説】この城の比定地には異説もあったが、『大系』によって現在の地点にコの字形に堀が残っていることが紹介され、確定した。現地は地名を「屋敷添」というが、付近の東名高速道路の屋敷添橋のたもとにある説明板によると、かつては「中ノ御所」という小字であった。明治九年に、愛甲季隆の屋敷という所伝によって改称されたという。『皇国地誌』には「城跡」という呼び方もされていたとあり、改称によって、むしろ鎌倉武士の屋敷という固定観念的な理解が強化されたようだ。

遺構は規模が小さく、一辺50メートルほどの方形区画を囲むとおぼしい堀が残るのみだったが、二〇〇六年、こ

愛甲城の堀跡

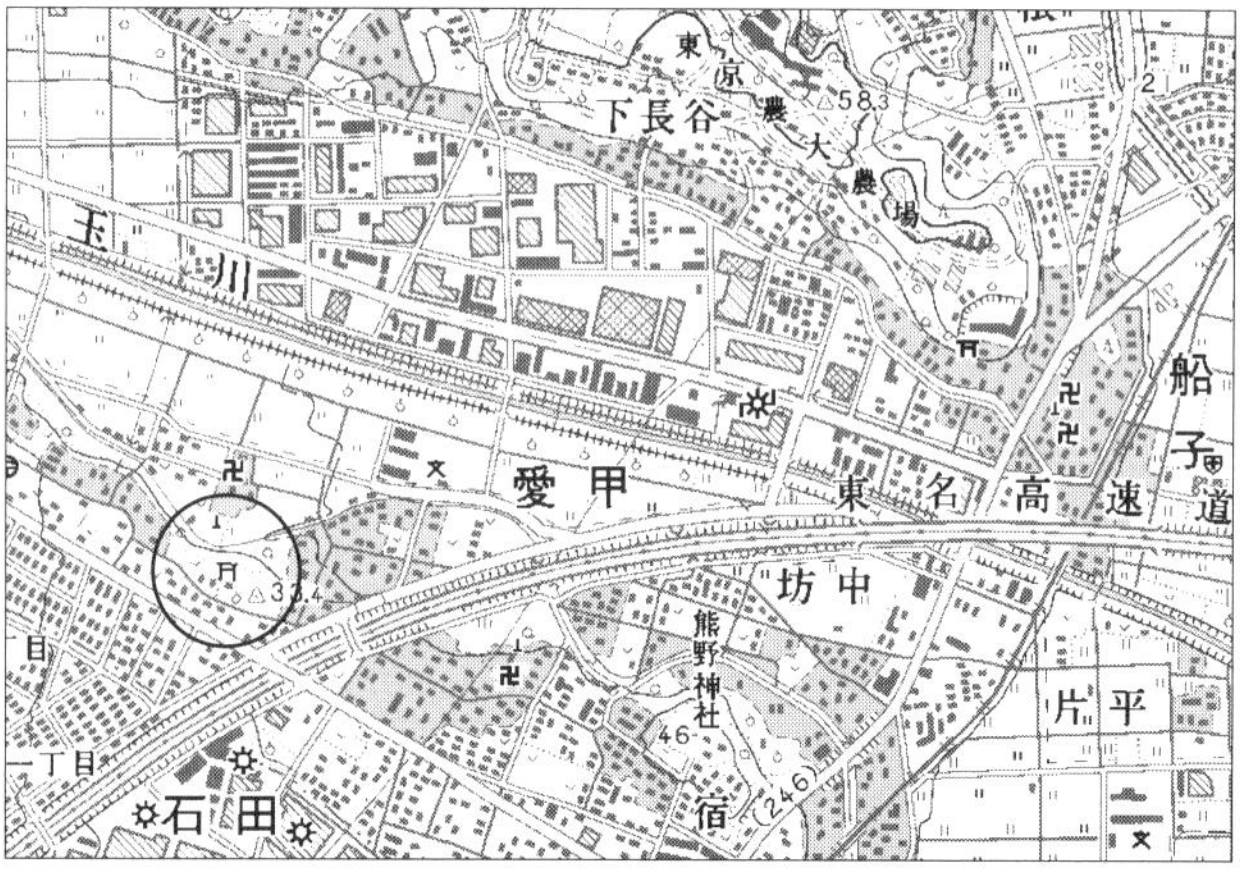

※1　愛甲三郎季隆は弓の名人で、二俣川の合戦で畠山重忠を討ち取ったことで知られている。

※2　平成一八年度『厚木市文化財年報』六。

の東側の堀の上に道路が新設されることになり、発掘調査が実施された。果たして、深さ2・5メートルほどの逆台形状の断面をなす堀が検出された。上部の幅は8メートルにおよぶ。調査前の状況からの想像を上回る、堂々たる空堀であった。底面からは一六世紀半ばから後半とみられるかわらけが出土している。※2 愛甲季隆の屋敷でなかったことは、すでに明らかである。

なお、北の麓を直線的に流れる玉川は、戦中から戦後すぐの時期に洪水対策として現在の水路に改修されたもので、かつてはこの丘陵の裾を縫うように流れていた。

発掘調査の後、道路は予定どおりに建設され、現在では東側の堀が失われているのは残念というしかないが、貴重なデータが得られたのも確かである。この地は扇谷上杉氏が軍事的拠点とした七沢城に近く、その少し西にある岡津古久城と同様、七沢城をめぐる軍事的状況の中で理解することが可能であろう。「中ノ御所」の旧称は、そうした見地に立ったとき、この城が陣として機能した可能性をうかがわせるものである。

【ワンポイント】 東方の熊野神社に、康暦二年（一三八〇）の石灯篭がある。鳥居前は「宿」と呼ばれる。西へ1キロほど行った地点には、やはり愛甲氏にかかわる伝承をもつ縁切橋があり、現在は石碑が建てられている。 〈松岡〉

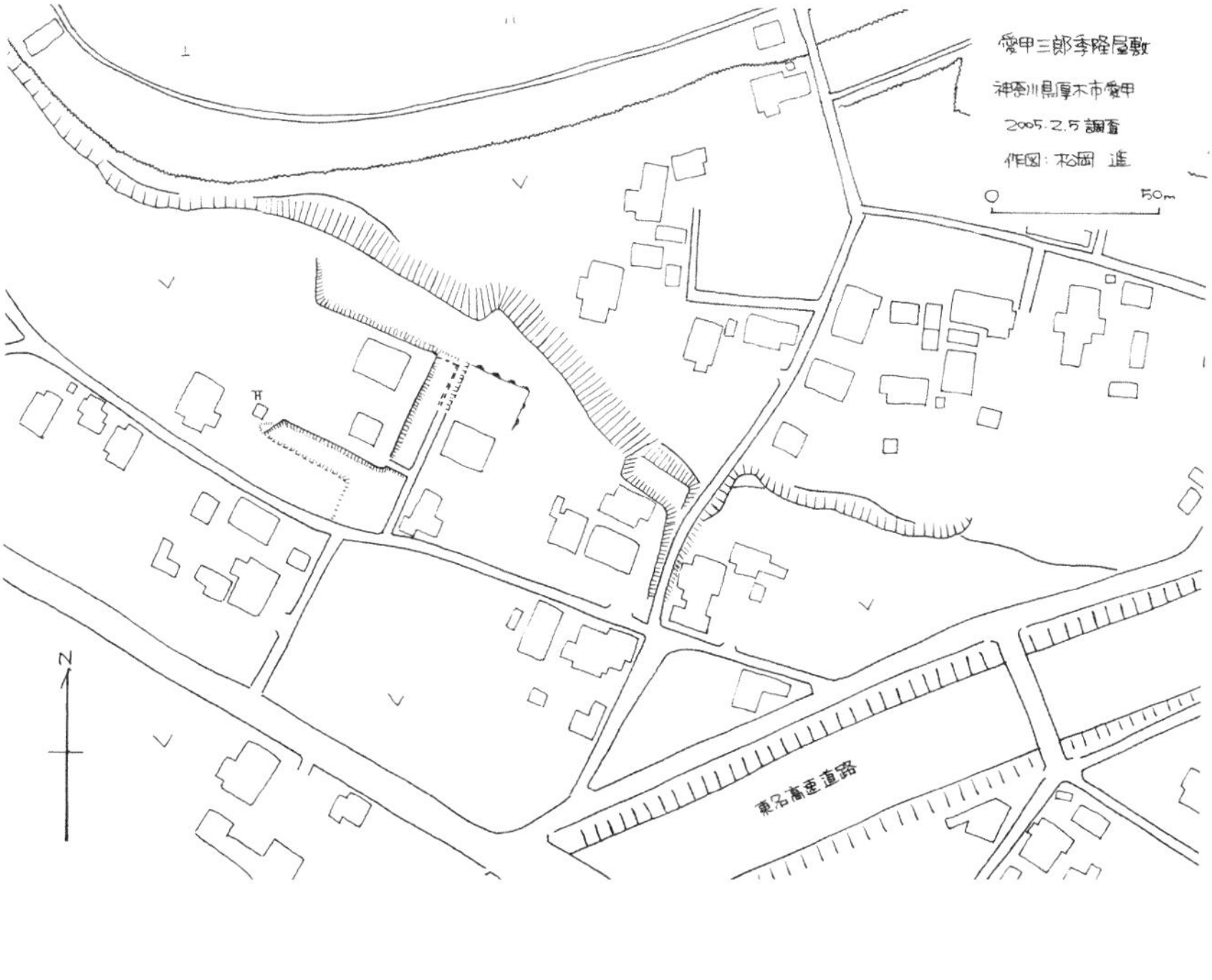

誰が、なぜここに築いたのか

49 岡《おか》津《つ》古《こ》久《く》城《じょう》

①所在地　厚木市岡津古久
②地形図　1／2万5千＝厚木、1／1万＝厚木
③交通　厚木バスセンターから七沢・広沢寺方面行バスで小野宮前下車、南へ徒歩10分
④おすすめ度　★

【歴史】この城に関する史料・伝承はなく、築城者・時期ともにまったく不明である。

【現況】城跡は現在、山林となっていて手入れもよくない。また、複雑に入りくんだ丘陵の一角にあって、たいへん見つけにくい※。

【解説】縄張りはしごく単純で、谷戸に向かって突きだした標高５０メートル、比高８メートルほどの舌状丘陵の先端を幅約７メートルの堀切で遮断し、内側に土塁を盛ったのみである。曲輪の内部は自然地形のままで、充分に平坦化されていない。丘陵の先端に腰曲輪状の地形が二、三段あるが、防禦上特段に有効とも思えず、城郭遺構と評価してよいかどうか疑問である。総じて居住性に乏しい造りの城といえる。

また、前述した堀切から南に４０メートルほどの位置にも、堀切跡のように見える窪みがある。ただし、前述の土塁は堀切に面して虎口を開いていないので、この城を複郭式と見なした場合、曲輪間の連絡が取れないことになって、縄張りとしては

東北側から見た岡津古久城

※城へは民家の裏手から取り付くこともできるが、南側の丘陵上に回り込んで畠の中の小径を進んだほうがよい。ただし、畠の中へ勝手に立ち入らないよう、注意すること。

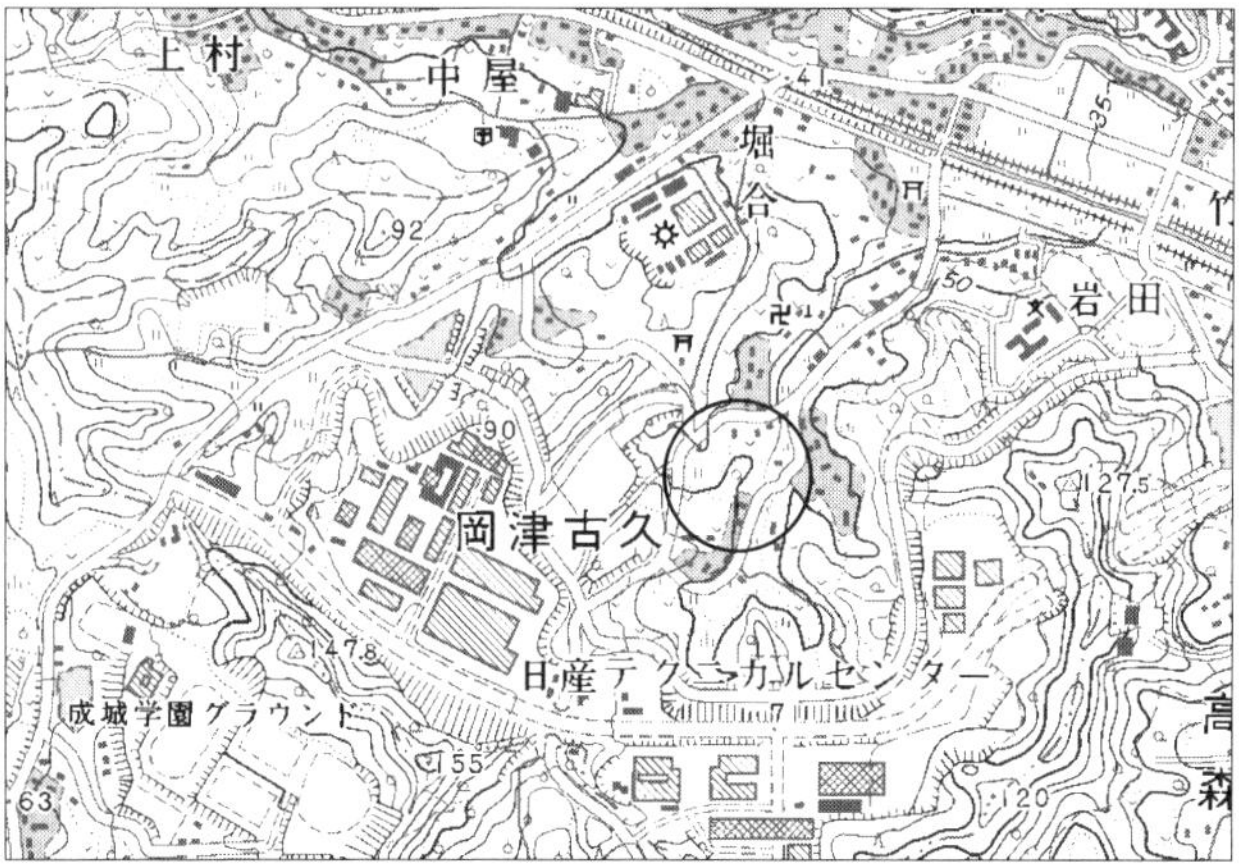

不自然である。

この城は、最小限の普請によって成立している単郭式の城砦と見なすべきだろう。規模や縄張りから見て、南側からの小規模な攻撃を念頭に置いて築城しており、北東方に連絡線および退路を求めていたと推定できる。

『大系』は、規模が小さく縄張りが単純であることから、室町期における土豪の城とするが、当城のような形態は神奈川県下では決して普遍的とは言えず、単純に土豪の城と片付けることはできない。城の周辺の丘陵は近年、大規模な工業施設が建設されて旧状を失っているが、南西500メートルには津古久峠があって、かつては古道が丘陵を越えていた。こうした峠や古道を意識した築城と見る余地がある。

当地の北西3キロには、長享の乱における扇谷上杉氏の拠点だった七沢城、西方1・5キロには実蒔原の古戦場が控えている。東方1・8キロに位置する愛甲城とともに、七沢城や実蒔原合戦に関連する築城遺構として理解するのが妥当ではなかろうか。

【ワンポイント】岡津古久城は見つけづらく歩きにくいので、初心者向きとはいえないが、歩き慣れた人なら、愛甲城・実蒔原古戦場・七沢城などとともに廻るとよい。〈西股〉

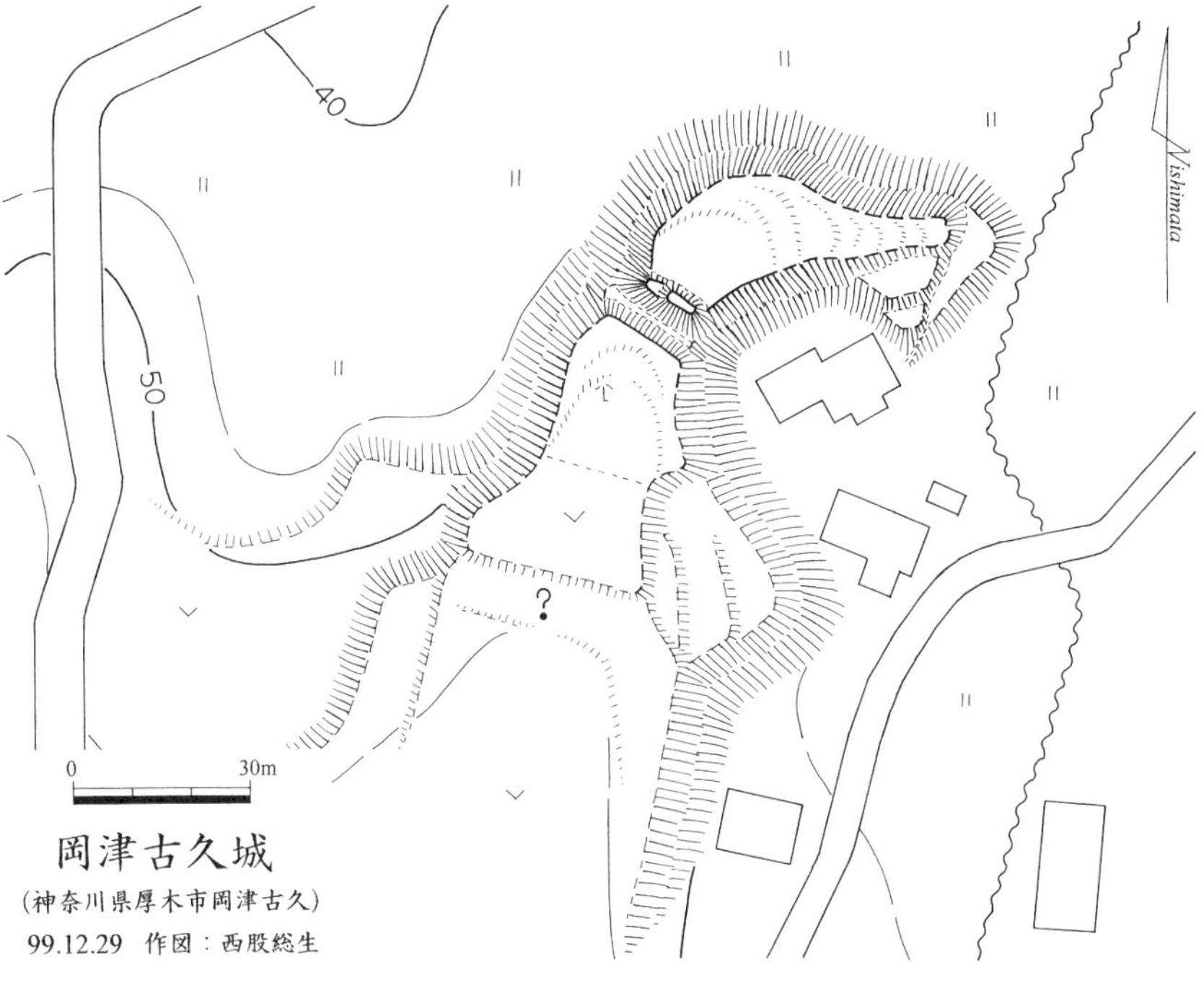

岡津古久城
（神奈川県厚木市岡津古久）
99.12.29　作図：西股総生

堀跡らしい地形もみえる

50 厚《あつ》木《ぎ》城《じょう》（伝厚《でんあつ》木館《ぎやかた》）

①所在地　厚木市旭町2丁目
②地形図　1／2万5千＝厚木、1／1万＝厚木
③交通　小田急線本厚木駅から南東へ徒歩10分
④おすすめ度　☆

【解説】　永享十二年（一四四〇）の結城合戦の際に見える厚木氏の館跡と伝えられる。

相模川西岸の自然堤防の上にあり、智音寺（現在智音神社に改称申請中）の境内で、一部は畠や住宅地になっている。城跡は西側の畠より一段高くなり、東側には暗渠となっている水路があって、やはり一段高い。つまり、南北に長いカマボコ形の地形である。

敷地の北端には、那須与一の墓と伝える五輪塔二基をまつった堂がある。その手前は、地形の流れに逆らって東西方向に帯状に低くなっており、堀跡のように見える。自然堤防の連なりをここで断ち切れば、その内部は最小限の防禦単位として機能を果たせるはずである。

そのほか、『大系』では、敷地の北・西・南西に竹や雑木が密生した低い土手がまわっていたとするが、現在ではそれらしい痕跡を認めることはできない。※

〈松岡〉

堀らしい跡（左端）。正面は那須与一を祀るお堂

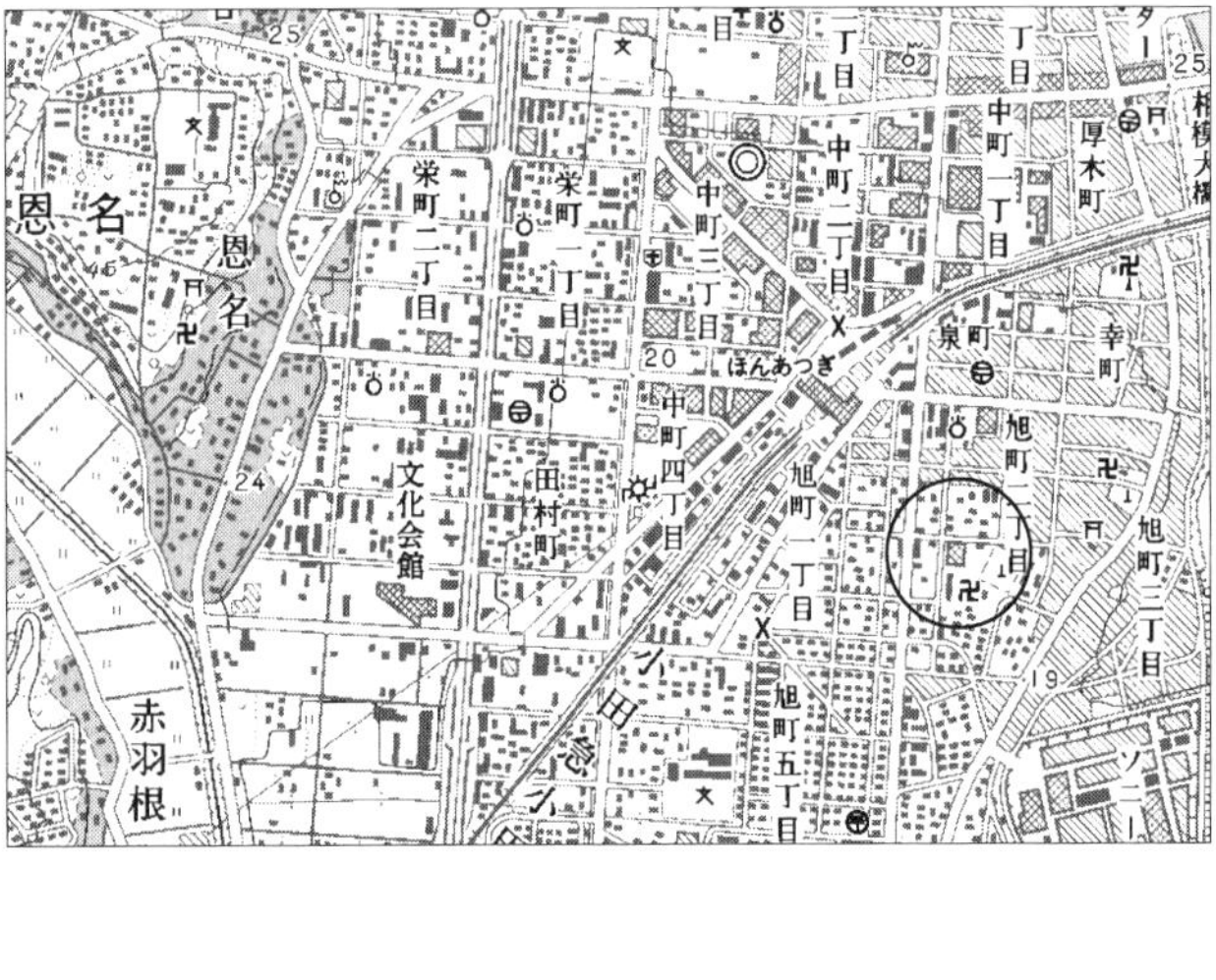

※南側の川田前遺跡は、マンション建設に際して発掘調査が行われたが、城跡らしい遺構は出土しなかった。中世の掘立柱建物も含む集落跡と考えられている。

厚木城
神奈川県厚木市旭町2丁目
2008.1.3調査
作図：松岡 進
0
50m
N

51 丸《まる》山《やま》城《じょう》

いつ訪れても歩きやすい入門向の穴場

①所在地　伊勢原市下糟屋
②地形図　1／2万5千＝伊勢原、1／1万＝伊勢原
③交通　伊勢原駅北口から愛甲石田駅行きバス（伊74系）で粟窪入口下車、駐車場有
④おすすめ度　★★★★

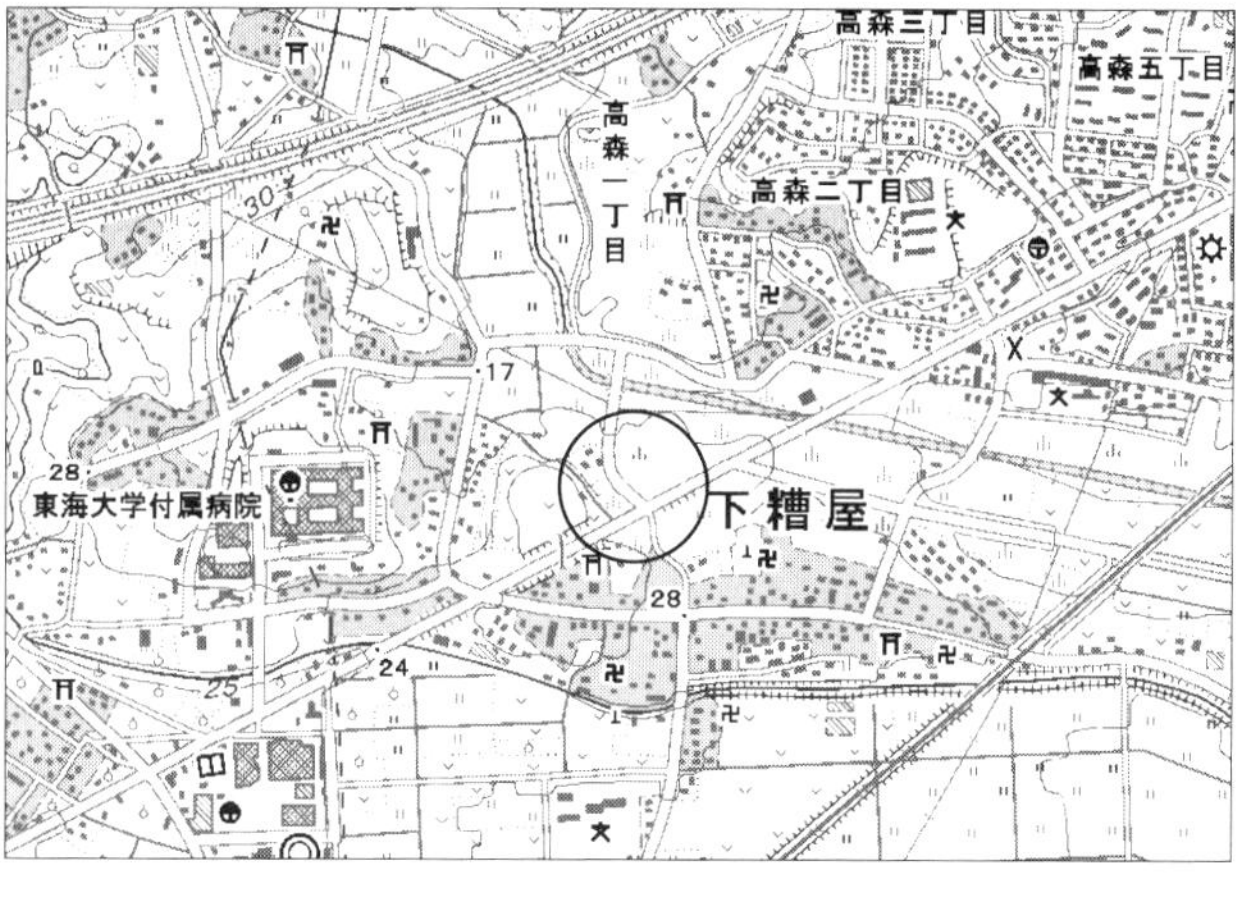

【歴史】『大系』では『新編相模』を引いて、鎌倉幕府の御家人だった糟屋左衛門尉有季の館とするが、規模・構造から見て鎌倉期の屋敷とは考えにくい。近年ではこの場所を、扇谷上杉氏の本拠だった糟屋《かすや》館に比定する見解が浮上している。

【現況】粟窪バス停のすぐ上が城跡で、バス停から東に少し行くと入口がある。現在、城の中心部は公園になっていて、東屋やベンチが置かれ、発掘調査の成果を盛り込んだ説明板も設置されている。いつでも気軽に訪れることのできる城だが、周辺は宅地化が進んでいる。

【解説】標高30メートル、比高13メートルほどの台地縁に、南北150×東西130メートルほどの大きな曲輪が造られていたようだが、曲輪の南東端は国道二四六号線によって削られている。ただし、現在残っている範囲で見ても、曲輪の縁には土塁が断続的に確認できるし、北西隅Aは櫓台のようだ。壁面の造作もしっかりとしており、外側の遊歩道は主郭を取り巻く空堀跡のようである。曲輪の平面形を見ると、東西に大きな横矢掛りの折B・Cがあって、かなり本格的な城郭であることがわかる。城域は、二四六号線の南側にある高部屋神社のほうまで広がっていた可能性がある。

扇谷上杉氏の糟屋館については、これまで上粕屋の産業能率大学キャンパス付近に比定される

※佐藤旺「相模丸山城」（『中世城郭研究』22　二〇〇八）。

ことが多かったが、史料上は所在を特定できない。また、中世城郭研究会の佐藤旺氏※が指摘しているように、『新編相模』の記載を精読する限り、糟屋館を上粕屋に比定する根拠自体があやふやだ。

一方、歴史的経緯を踏まえるなら、長享の乱や永正の乱に際して、扇谷上杉氏が糟屋館を城郭化する必要に迫られたことは想像にかたくない。丸山城が、重防禦化を遂げた糟屋館である可能性は、大いにある。また、城内を通過する国道二四六号線が、矢倉沢往還（大山街道）の後身であることを考えるなら、扇谷上杉氏がこの場所に軍事拠点を求めた蓋然性も高い。

【ワンポイント】車で訪れる場合は城の東側に駐車場とトイレがあるので、二四六号の上り車線から左折して入るとよい。

〈西股〉

国道 246 号線を隔てて主郭を望む

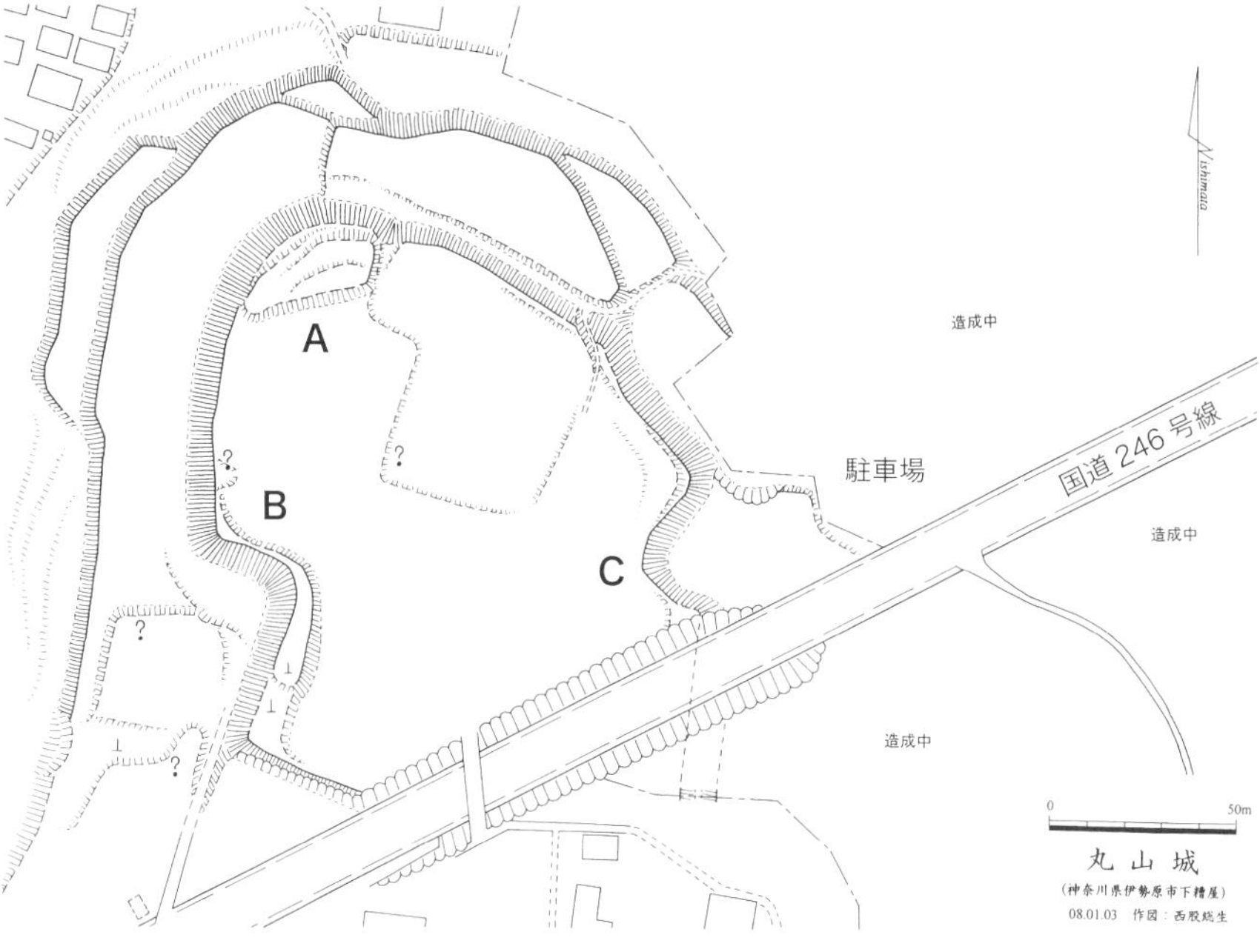

住宅街にわずかに残る塁壕

52 石田城《いしだじょう》

①所在地 伊勢原市石田
②地形図 1／2万5千＝伊勢原、1／1万＝伊勢原
③交通 小田急線愛甲石田駅南口から南へ徒歩7分、駐車不可
④おすすめ度 ☆

【解説】 塁壕が残っているため、以前から城跡であることは知られていたが、来歴は不明である。

城は舌状台地の先端に位置し、ここから南は相模川西岸の広大な沖積低地が広がっている。愛甲石田駅から600メートルほど南に行った駐車場の裏手の小径が堀跡で、その南側の民家の敷地内に土塁が30メートルほど残っている。標識などは設置されていない。

かつては、ここから南にも断片的に土塁や堀の痕跡が残っていて、200メートル四方ほどの城域が確認できたらしいが、現在では市街地化が進んでいて面影を失っている。

当城が、丸山城の東方約2キロの位置にあることを考慮すると、長享・永正の乱などに関連する、戦国初期の城郭と見るべきかもしれない。

〈西股〉

市街地にわずかに残る土塁と堀跡（左手の小径）

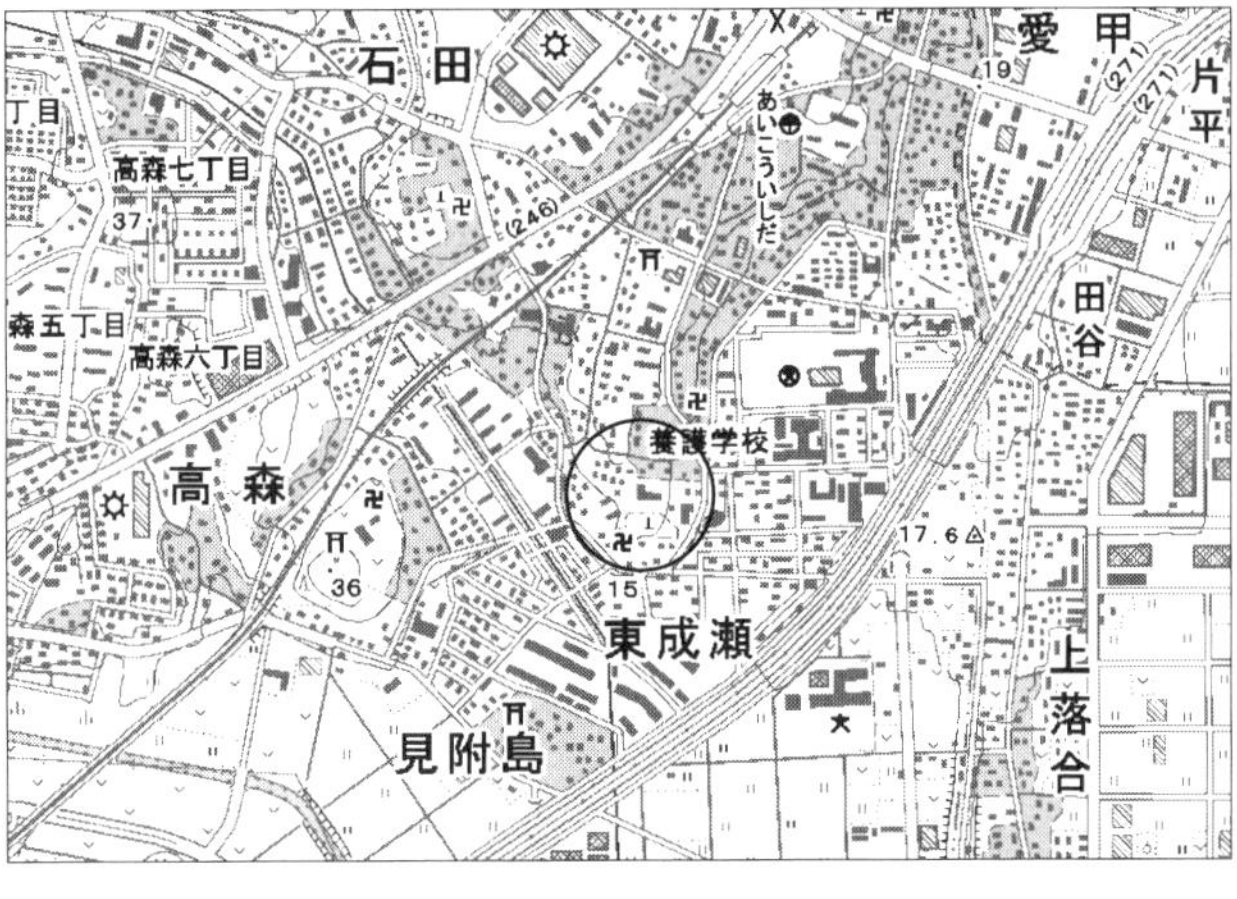

ミカン畠に埋もれて

53 今《いま》井《い》修《しゅ》理《り》屋《や》敷《しき》

①所在地　伊勢原市上粟原
②地形図　1／2万5千＝伊勢原
③交通　小田急線伊勢原駅から伊16系バスで栗原下車、北西へ徒歩10分
④おすすめ度　☆

【解説】今井修理の屋敷と伝えるが、どういう人物かは不明である。小字を「二重堀」という。

伝承地はゆるやかに下降する広い尾根で、ほとんどはミカン畠である。保国寺の本堂の裏（北側）に、空堀のように見える遺構がある。続きは舗装道路でいったん切られ、道の向こうの谷状地形に連続する。この谷状の部分には、山から出た水を逃がす水路が西から接続しており、空堀状の遺構も、水を下の水田に導く用水路の一部だった可能性がある。

谷状の部分の内側には今井家があるが、比較的新しい分家という。同家の南寄りは一段高く、なだらかな自然地形をとどめていて、全体を屋敷地として利用したようにはみえない。谷状の部分をはさんだ西側にもそれらしい地点はなく、屋敷跡は特定できない。

一見空堀のようだが、用水路の跡か

【ワンポイント】東方に、相模三の宮の比々多神社がある。

〈松岡〉

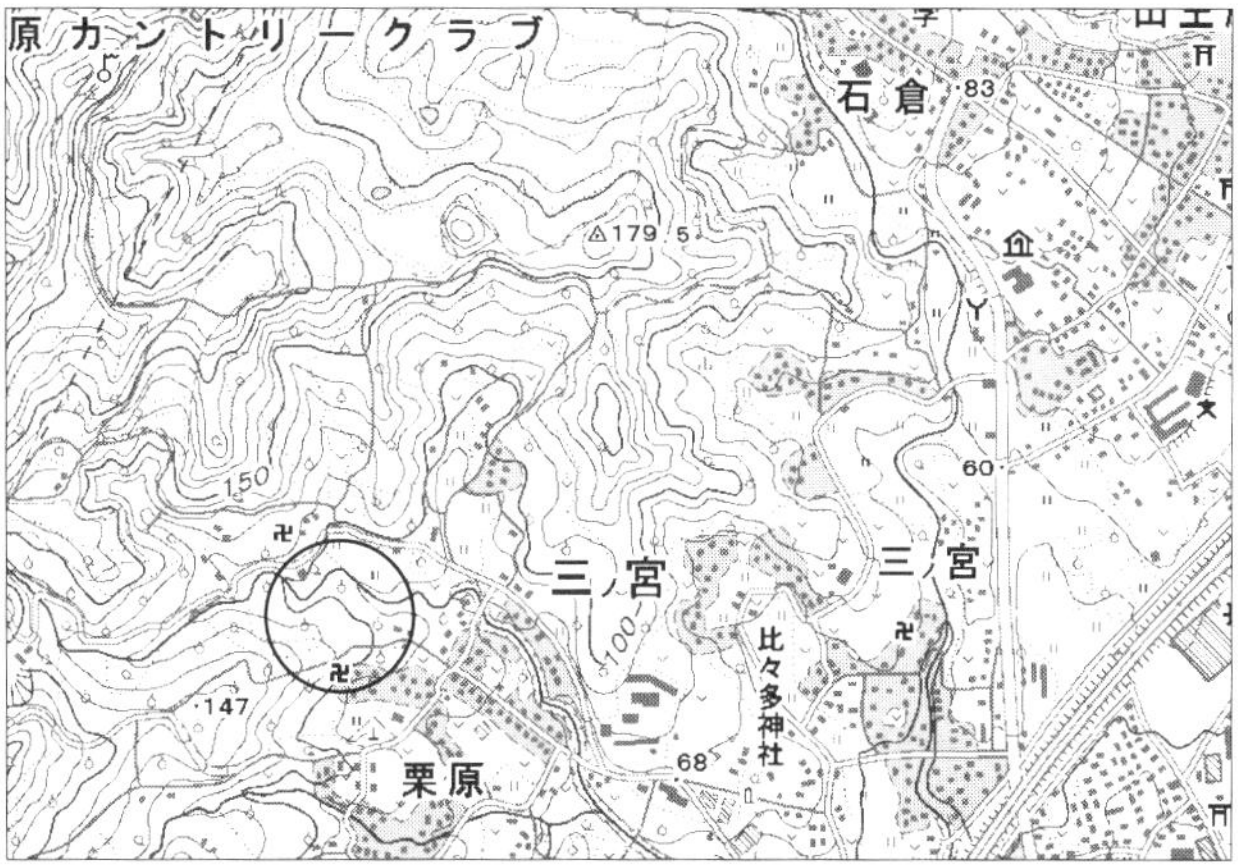

伊勢宗瑞 V.S. 三浦氏の激闘の跡をたどる

54 岡《おか》崎《ざき》城《じょう》

①所在地　平塚市岡崎字城山・野陣ほか
②地形図　1／2万5千＝伊勢原、1／1万＝伊勢原・平塚北部
③交通　小田急線伊勢原駅南口から平塚駅北口行き平89・90・91系バスで岡崎城址入口下車、北へ徒歩5分
④おすすめ度　★★★

【歴史】鎌倉時代初期、三浦氏の一族である岡崎義実が築いたのが最初とも言うが、附会にすぎない。『鎌倉大草紙』には、享徳の乱に際しての記述に登場するが、本格的な城郭として成立していたかは疑問で、築城年代は不明とせざるをえない。

相模への進出をはかる伊勢宗瑞は、永正九年（一五一二）八月、扇谷上杉氏の拠点で三浦氏が守備していた岡崎城を攻め、出撃してきた城兵を撃ち破って、そのまま城を陥れた。

【現況】伊勢原・岡崎台地の一画にある。※1 現在では無量寺の境内を中心として、南北４５０×東西４００メートルほどの範囲に遺構が確認できる。ただし、城域内は宅地や畠地となっており、地形が改変されている箇所も多い。

【解説】谷戸をいくつもかかえ込んで複雑に広がる丘陵に占地しており、城地の標高は３８メートル、比高は２８メートルを測る。無量寺の建つ場所が主郭❶で、周囲に空堀を隔てて小さな曲輪群を付属させ、これらの全体を幅２０メートルもの横堀で囲み、城の中枢部を防禦する。この横堀は、耕作によって失われてしまった部分も多いが、西側の尾根を遮断するＡのあたりなどでは比較的よく残っていて、一見の価値がある。

主郭から南西にのびる尾根上には、堀切で区画された三つの曲輪❷・❸・❹が並び、その先に

※1　伊勢原駅前のバスターミナルは「伊○○」の系統表示がずらっと並んでおり、一部の人には潜水艦基地のようで楽しい。

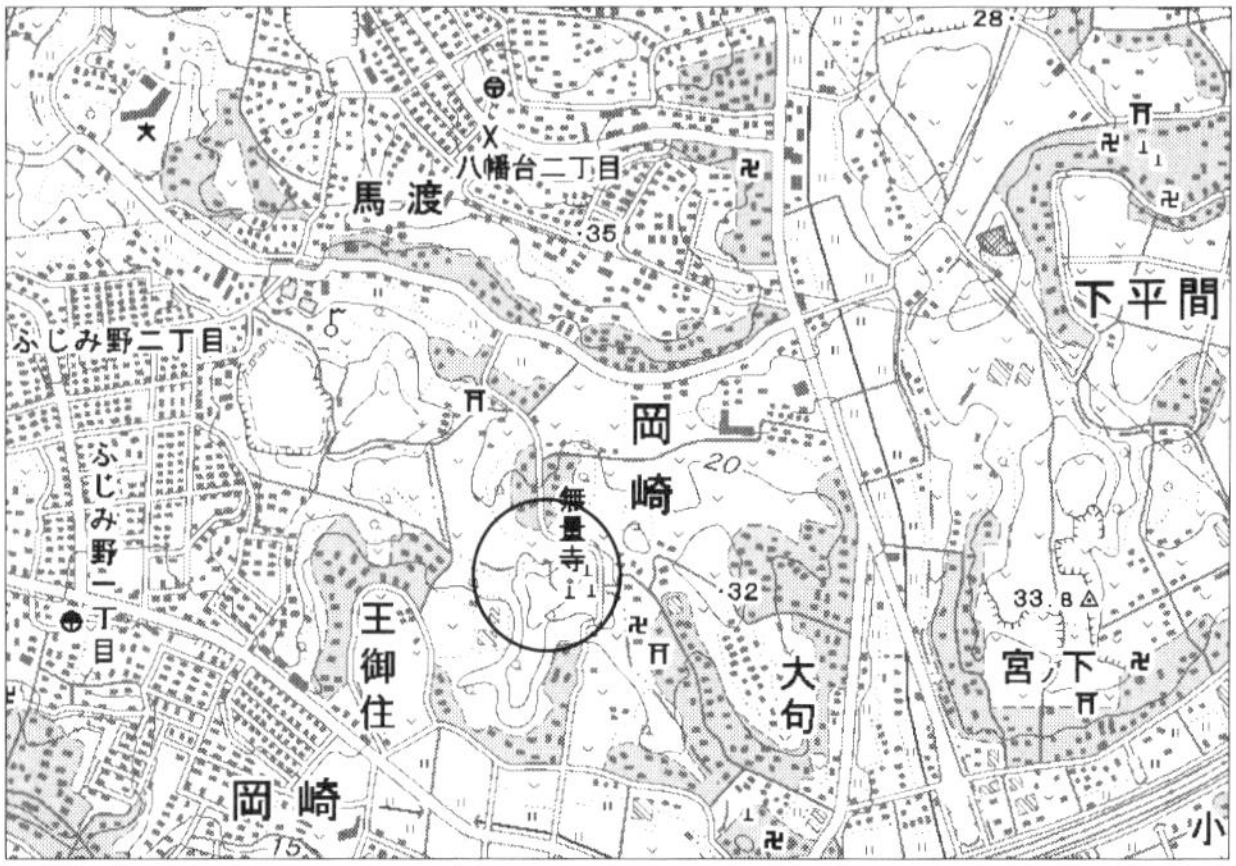

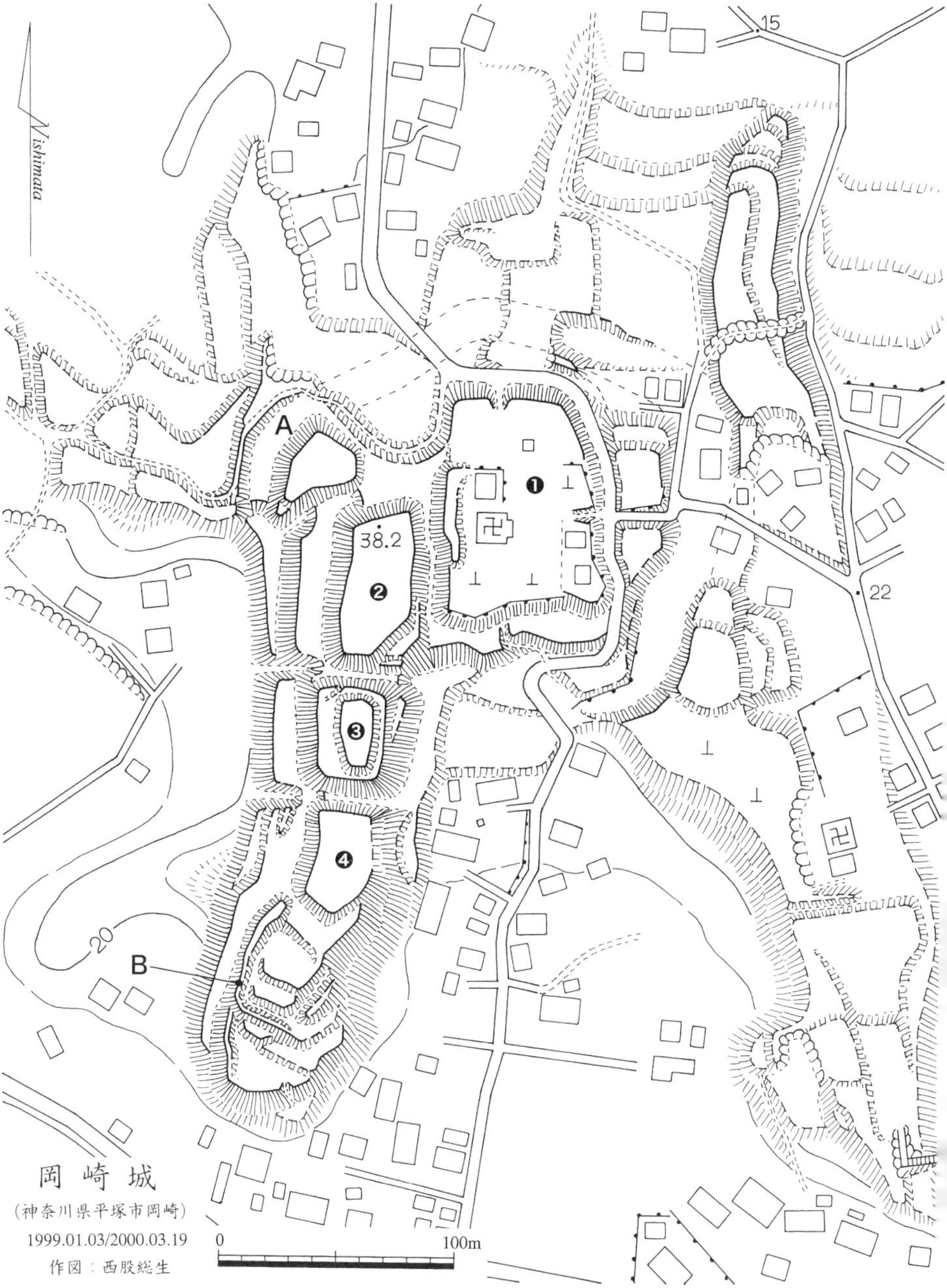

岡崎城

(神奈川県平塚市岡崎)

1999.01.03/2000.03.19

作図：西股総生

上：矢崎城から望む岡崎城の全景。背後に大山が見える
下：主郭西側の横堀。軽トラと比べて規模の大きさがわかる

は数段の腰曲輪と土塁を組み合わせた巧妙な虎口Bが造られている。[※2]

これらの遺構群の西・北・東にも段築や曲輪、堀切らしい人工地形が茫漠と広がっていて、耕作などに伴う後世の地形改変との区別がつけにくい。ただ、大きな堀切の痕跡などは認められないので、もともと野戦陣地のような粗放な構造だったのではないか。[※3]

上記の遺構群を中心として、さらに広大な範囲を城域と見なす説もあるが、現状では、明確な城郭遺構を認めることができなかった。城外で機動的な防御戦闘を行う際の防戦ポイント（切所）として、複雑な丘陵地形を利用する予定であったことは考えられるが、城域に含めることには疑問が残る。

【ワンポイント】　丘陵の中央に主郭を置いて巨大な横堀で厳重に防御し、その周囲に粗放な陣地帯を展開させる構造は、玉縄城や小机城などと類似性があり、戦国初期の南関東における城郭の構造を考える上で興味深い。

〈西股〉

※2　岡崎城内ではもっとも遺構がよく残っていて見応えのある場所だが、残念ながら藪に覆われていて歩きにくい。

※3　城域東方の丘陵地には「野陣」という字名が残る。

主郭は無量寺の境内となっている。

岡崎城の南に残る謎の城跡

55 矢《や》崎《ざき》城《じょう》

①所在地　平塚市岡崎字矢崎・西海地・大畑
②地形図　1／2万5千＝伊勢原、1／1万＝平塚北部
③交通　小田急線伊勢原駅南口から平塚駅北口行き平89・90・91系バスで岡崎城址入口下車、南西へ徒歩10分
④おすすめ度　☆

【解説】『大系』は、名称を「岡崎南部方形囲郭群」としている。地誌類には記載がなく、築城者・時期等は不明である。城址の北東にある大森山紫雲寺が、大森氏頼（寄栖庵）の屋敷跡と伝承されていることから、大森氏の築城とする説もあるが、推測の域を出ない。

岡崎城址入口のバス停から岡崎城とは反対側（南側）の坂道を登ると、岡崎神社の周辺が城址である。境内や民家の敷地内に断片的に土塁が残っているが、一帯は宅地化が進んで城跡の面影は失われつつある。※

『大系』等を参照すると、かつては岡崎神社の境内を中心に土塁囲みの方形区画がいくつか並んでいたらしい。こうした形態から見るなら、陣城だった可能性が指摘できる。あるいは、伊勢宗瑞が岡崎城を攻めた際の陣であろうか。

〈西股〉

城跡は現在、宅地や畠となっていて、明確な遺構は乏しい

※見学に際しては、私有地や畠に入り込まないよう注意する。岡崎城とセットで回るとよい。

空堀が、消えた……

56 真田城《さなだじょう》

①所在地　平塚市真田
②地形図　1／2万5千＝伊勢原
③交通　小田急線東海大学前駅から南東へ徒歩15分
④おすすめ度　★★

【歴史】　石橋山の合戦で討ち死にした佐奈田与一の城と伝えるが、もちろん伝承にすぎない。文献史料では、扇谷上杉氏の家臣・上田氏の城として、一五世紀末から一六世紀初頭に見える。それ以後の史料には登場しない。

段状地形となってしまった堀の跡

【現況】　主郭は天徳寺境内であるが、周辺ぎりぎりまで宅地開発が進み、近年まで残っていた大規模な空堀も造成されて、ただの段状地形に変わってしまった。

【解説】　舌状台地の先端を大きな主郭にし、広がっていく台地の付け根部分や主郭の裾まで、かなり大きくとりこんで複郭のプランを形成していた。宅地化にともなう発掘調査で、次々と堀が検出されて話題になったが、もともと残っていた主郭やその東側の空堀も規模が大きく、この地域を代表する城であった。だからこそ、地表で観察できた遺構まで破壊されてしまったことは、痛恨のきわみである。

舌状台地に築かれた城は、台地続きを堀切で切断して城

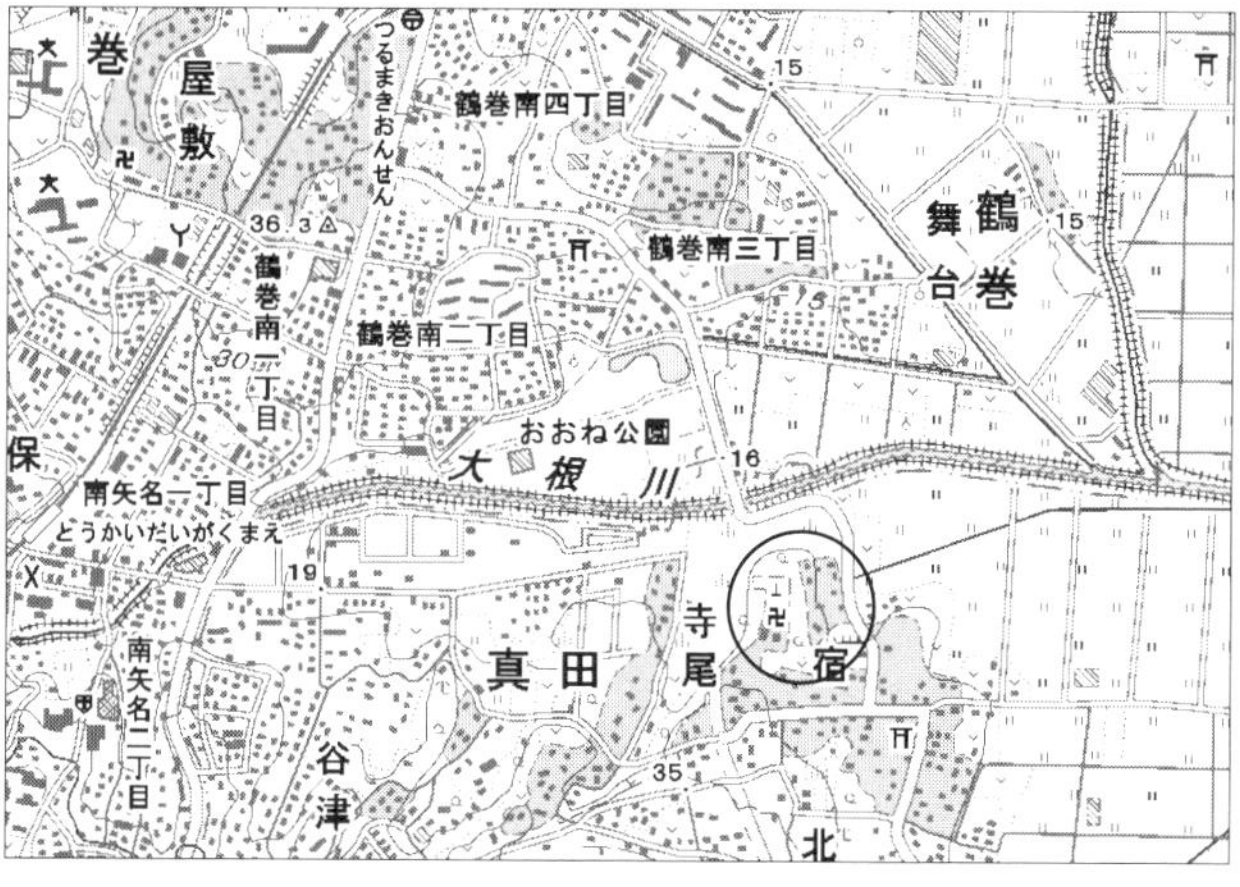

域を設定し、周囲は自然の崖を利用する例が多い。しかし、この城は台地の周囲に大きな横堀をめぐらし、土木量が増すのをいとわずに遮断性を高めようとしている。

発掘調査で検出された遺構からのプランの復元は、まだ検討の余地がありそうだが、台地続きの堀は直線ではなく、大きな折れをもつ。主郭の東南に接続する副郭は、発掘されるまで地表ではまったくわからなかった曲輪で、やはり塁線に大きな折れがあったのが確実である。ただし、これらを含め虎口や木橋が想定される箇所は、いずれも直線的に入る平虎口である。

堀の埋没状況からは数回の改修が想定されているが、細かい技巧を理詰めで組み合わせて複雑な動線を設定するよりも、高低差や射撃ポイントの工夫で侵入者を圧倒しようとする意図が、最後まで一貫していたようである。

発掘調査での遺物は、一五世紀後半のかわらけなどのほか、堀の覆土上層から人骨と鉛の鉄砲玉が出土し、竪穴状遺構の一つからは一六世紀後半とみられる中国陶磁が見つかっている。※研究の余地は大きいが、文献史料で確実な年代よりも、さらに後まで使用されていた可能性はある。

〈松岡〉

※平塚市博物館・平塚市社会教育課『真田・北金目遺跡群』二〇一三。発掘調査で確認された堀の配置図も同書に載せられている。

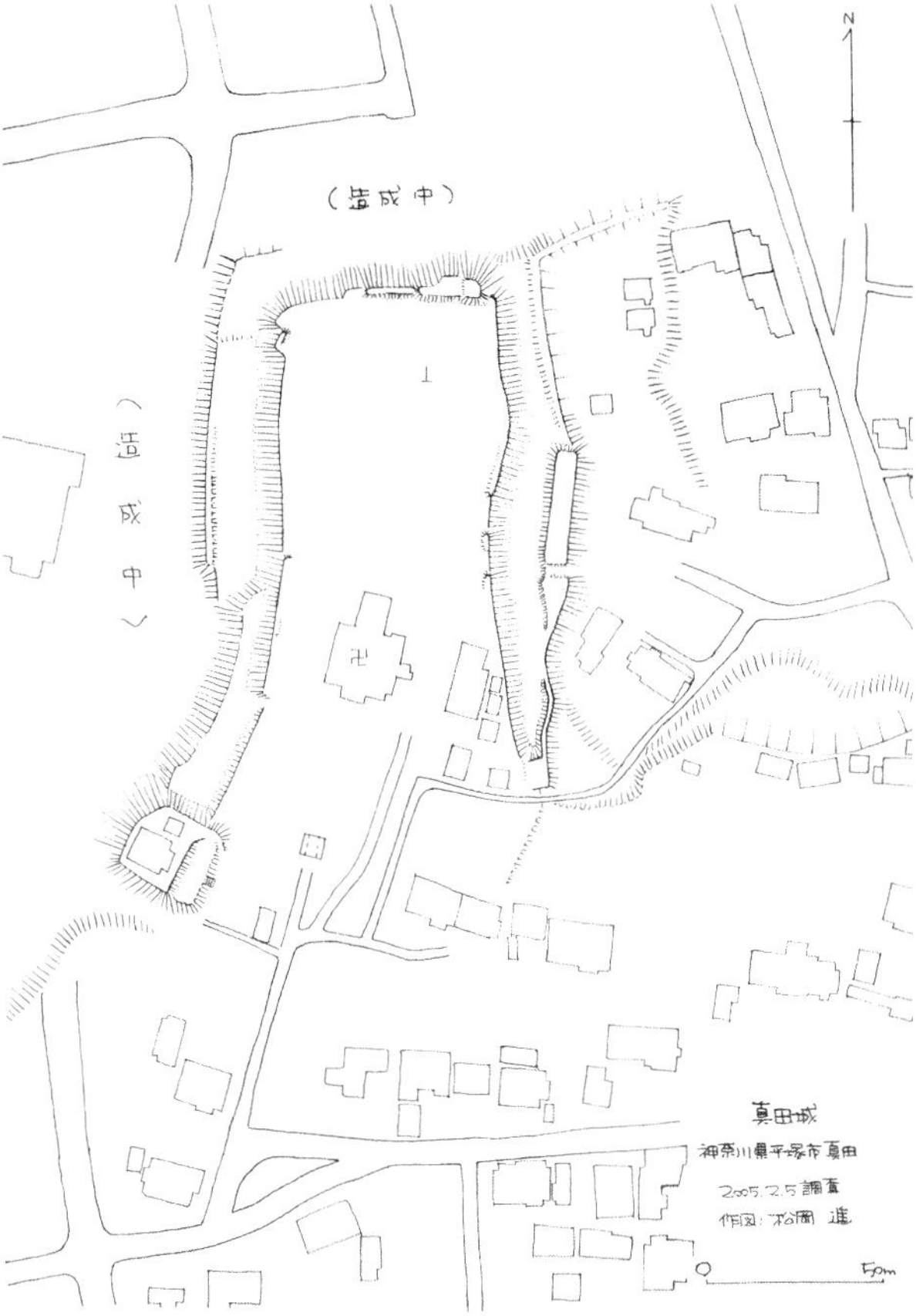

大きな土塁を遺す伊勢宗瑞の戦略拠点

57 住《すみ》吉《よし》要《よう》害《がい》

（伝山下長者屋敷《でんやましたちょうじゃやしき》）

①所在地　平塚市山下
②地形図　1／2万5千＝平塚
③交通　JR東海道線平塚駅から平バス33・35・36系統下万田下車、北へ徒歩5分
④おすすめ度　★★★

【歴史】　かつて「山下長者屋敷」として知られ、すぐそばに曽我兄弟の愛人・虎御前の庵の伝承地があるところから、その父・家長の屋敷などといわれていた。ここを永正七年（一五一〇）に伊勢宗瑞（北条早雲）が取りたてた「住吉之古要害」であるとしたのは、古くは戦前の沢野栄太郎氏で、その後、『大系』で新たに論拠が提示され（執筆は山口貢氏）、以後、妥当な推論として支持されている。

【現況】　三軒に分かれた宅地で、立ち入りは不可。周辺も宅地化が進み、遺構のすぐ際まで住宅が建つため、限られた地点以外は遺構の観察はむずかしい。

【解説】　大きく南東部が突出した形態で、本来は土塁・空堀が全周していたとみられる。土塁は散在する程度しか残っていないが、西南端で高さが3メートル以上あり、上に稲荷の石祠があって櫓台のように見える。東南部の土塁は道沿いから眺められる唯一の遺構である。外周には幅5メートルほどの堀がめぐっていたが、現在ではほとんどが埋められ西南部がわずかに残る。この部分がクランクして隅が内に入っているのは珍しく、裏鬼門ともい

道路に沿って残る土塁

長者屋敷の碑

う。ここでは土塁も西辺と南辺で分かれ、間を低くつないだような形態である。

『大系』がここを「住吉之古要害」としたのは、同時に取り立てられた高麗山城との地理的密接さや、付近に住吉川・住吉社があること、当時の軍事・政治状況から考えて、それまでの有力比定地であった三浦の住吉城（逗子市）では不適切なことなどが理由である。それはまた、平地の城をただちに鎌倉期の「館」と見なす当時の研究状況への異議申し立てでもあった。縄張りを見ても南東部が突出して射撃ポイントとなり、南の虎口はわずかに食い違う。こうしたプランは、戦国前期に「要害」とされるにふさわしい。

しかし、なぜ史料には「古要害」と記されているのであろうか。『鎌倉大草紙』は、永享十二年（一四四〇）の結城合戦の際、上杉持朝が「高麗寺の下徳宣」に陣を置いたと記す。徳延はすぐ北に隣接する地名で、これも当城をさしている可能性がある。この城は、陣から城への展開を示す事例となるかもしれない。

【ワンポイント】 城内への立ち入りはできないが、周囲の道路を歩くだけでも土塁の大きさを実感できる。高麗山城や虎御前の史跡とともに、一日の散策を勧めたい。すぐ脇の虎御前庵の跡や薬師堂には五輪塔群も見られる。〈松岡〉

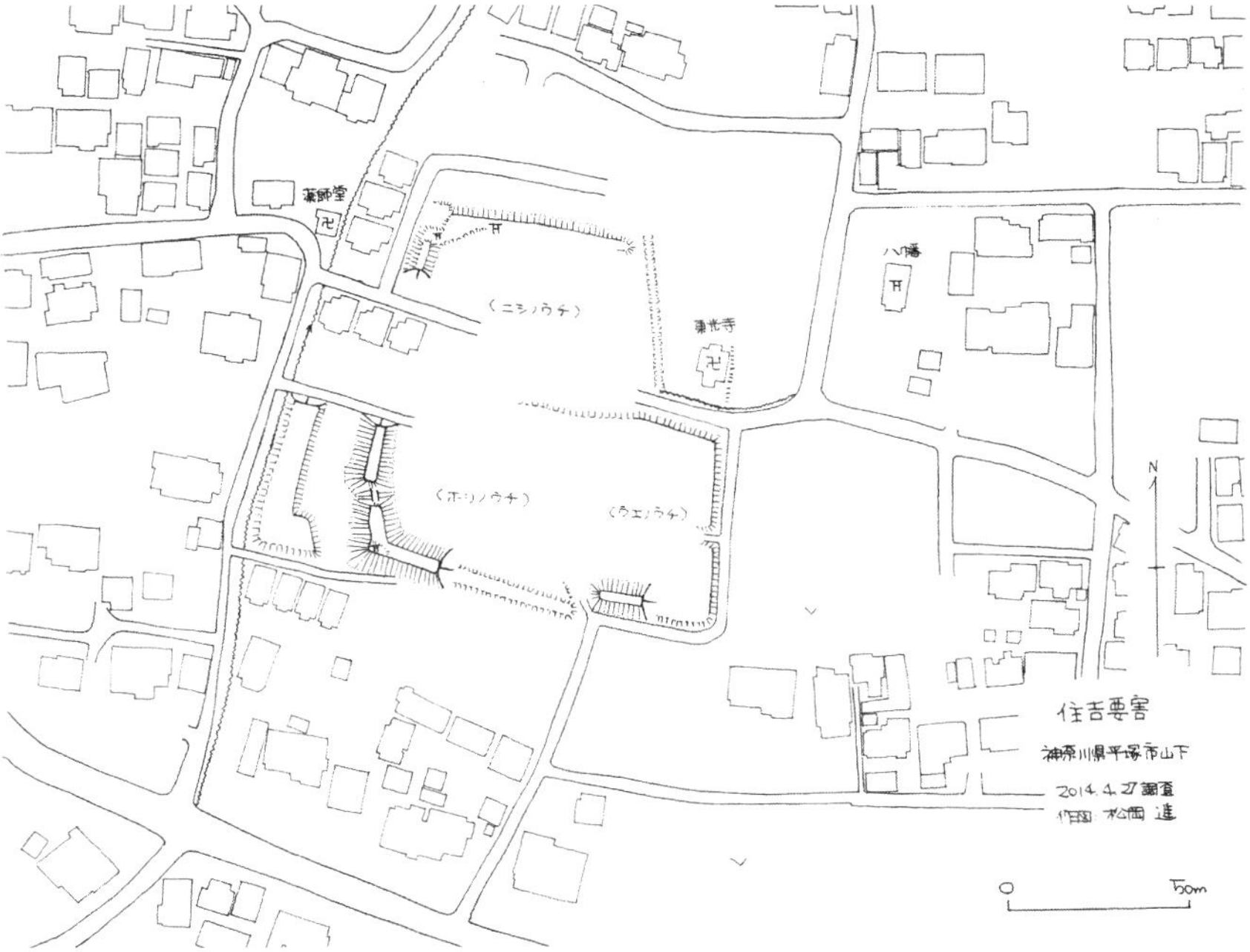

土塁に面影を残す戦国期の平城

58 藤間豊後守屋敷《とうまぶんごのかみやしき》

①所在地　平塚市南金目
②地形図　1／2万5千＝伊勢原
③交通　JR東海道線平塚駅から秦野行きバス（秦41系）金目駅下車、北東に徒歩5分
④おすすめ度　☆

【歴史】　後北条氏の臣・藤間豊後守、あるいは十左衛門の屋敷とされる。ただし、この人物の事績については知られていない。「堀の内」の称があり、『平塚市史』では、「堀ノ内館」と呼んでいる。※

【現況】　藤間氏の子孫が現在も住んでいる。敷地内に勝手に立ち入らないこと。

藤間家の裏手に残る土塁と稲荷祠

【解説】　もとは「上屋敷」といわれ、藁ぶきの大きな家屋を囲んで土塁と水路が残っていた。現在では相当失われているが、藤間家の母屋の北側に土塁の形跡が認められ、特に東端部ははっきりしている。土塁の上には稲荷が祀られている。

南の駐車場の一角には神明社があり、その東側にも土塁の残欠らしい高まりがある。このあたりに、かつて藤間家の東門があった。屋敷の南側を限っていた水路は、西から流れてきて北東へ長く続くもので、埋め立てられずに今も残っている。この水路が屋敷跡西南で古い道筋と交わるあ

※『平塚市史』一一巻下　別編考古（2）。

たりに関所があったと伝えられている。この道は平塚秦野街道である。全体として、県内の平地城郭跡としては、かつての姿をとどめていて貴重である。

『市史』では、一九八六年・九二年の発掘調査の成果を紹介している。北側の土塁の外に堀があったことや、西側に幅2メートルほどの堀が続いていたことが確認されている。出土遺物から一五世紀ごろの構築がうかがえ、一六世紀後半から末の瀬戸の大窯の製品も見つかっていて、室町・戦国期に属することが確かめられる。ただ、「堀の内」の呼称から想像されがちな鎌倉期までは、とうていさかのぼらない。

土塁・堀の規模は大きくないが、交通路をおさえる要所にあり、単なる武士の「館」とか土豪屋敷ではなく、室町・戦国期の城として評価されるべきであろう。

【ワンポイント】屋敷跡のすぐ南東には大宝二年（七〇二）創建と伝える金目観音堂光明寺があり、一帯は江戸時代に宿場町であった。光明寺には中世の銅鐘や厨子、平安末期という非公開の本尊がある。〈松岡〉

後北条氏家臣の屋敷跡

59 布施康貞屋敷《ふせやすさだやしき》

①所在地　平塚市上吉沢字台
②地形図　1／2万5千＝伊勢原
③交通　ＪＲ平塚駅北口から神奈川大学方面行バス（平37・76）で神戸下車、北西に徒歩10分
④おすすめ度　☆

【解説】　後北条氏の家臣だった布施三河守康貞の屋敷。布施氏はもともと室町幕府の奉公衆で、伊勢宗瑞に従って関東に下り、一族は後北条氏の御馬廻衆や小田原衆に属した。

屋敷跡は丘陵裾野の緩傾斜地にある

屋敷跡は、余綾《よろぎ》丘陵の端に近い緩斜面に占地するが、現在は私有地のため、内部への立ち入りはできない。丘陵を背に、北・東・南の三面に堀と土塁を構えていたようで、現在も一部が残存している。ただし、塁壕の規模は小さく、高所をあえて取らない占地とあいまって、防御施設としてははなはだ弱体である。

こうした形態は、上浜田遺跡や東田原中丸遺跡と共通しており、中世における武士（領主）の屋敷のあり方を考える上で興味深い。

【ワンポイント】　内部には立ち入れないが、周囲を歩くと占地の特徴を理解できる。〈西股〉

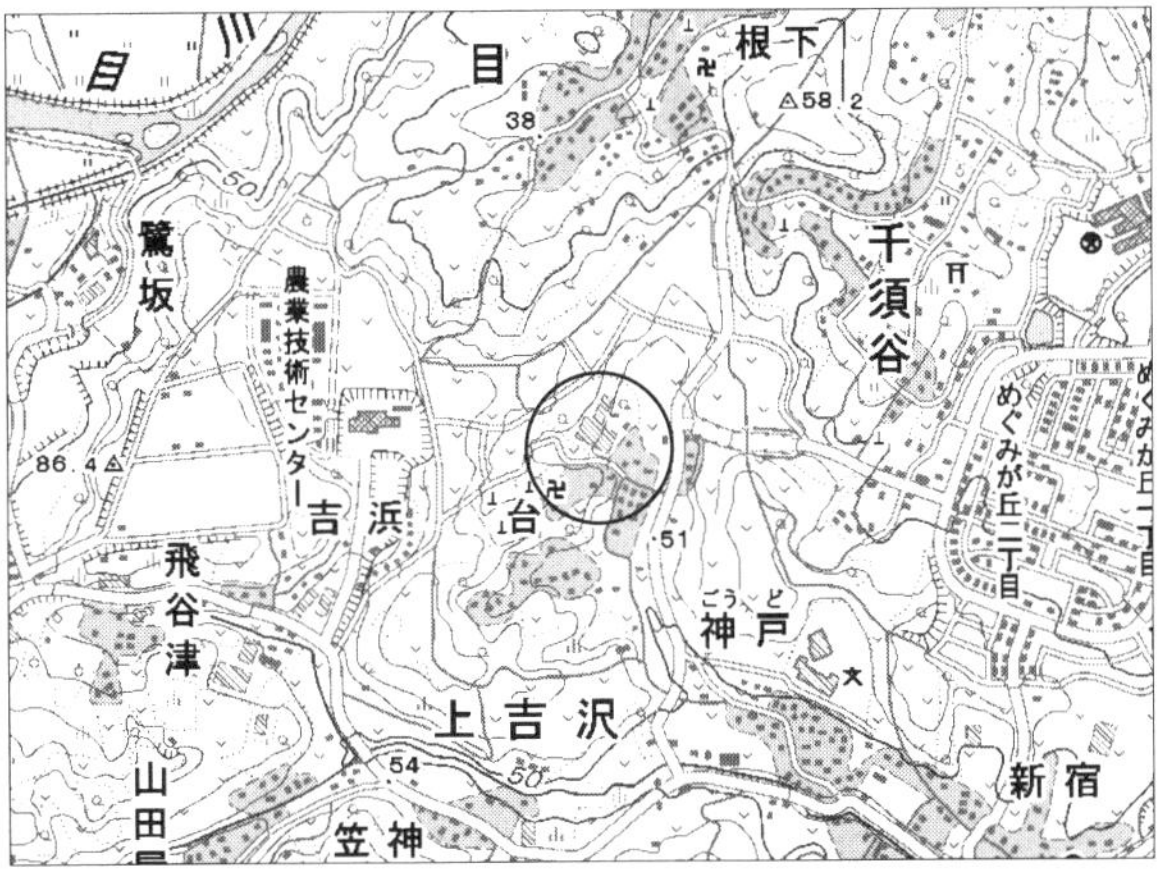

多くの武将が宿陣した交通の要衝

60 田《た》村《むら》城《じょう》（伝《でん》田《た》村《むら》館《やかた》）

①所在地　平塚市田村
②地形図　1／2万5千＝伊勢原、1／1万＝平塚北部
③交通　JR平塚駅北口から田村車庫行きバスで田村団地入口下車、東に徒歩5分
④おすすめ度　☆

【解説】『新編相模』大住郡田村の条では『吾妻鏡』を引いて、鎌倉幕府初期の重鎮だった三浦義村の「山荘蹟」と伝承され塁壕の跡が残ることを記しているが、田村という地名からの附会であろう。

田村団地に石碑が建つのみである

現在は市営団地の一隅に石碑が建つのみで、『新編相模』の記す塁壕は失われている。当地には相模川を越える田村の渡があり、平塚から八王子方面へ抜ける街道も交差していて、古くから交通の要衝として知られていた。※

永禄年間に関東へ侵攻した上杉謙信（長尾景虎）や武田信玄、小田原の役ののちに奥州に向かった豊臣秀吉なども、みなこの地に宿陣している。『新編相模』の記す塁壕は、戦国期に利用された陣城に伴う施設と見なすべきであろう。

〈西股〉

※田村館の石碑から少し北に行った神川橋のたもとに、田村の渡の石碑（写真）がある。

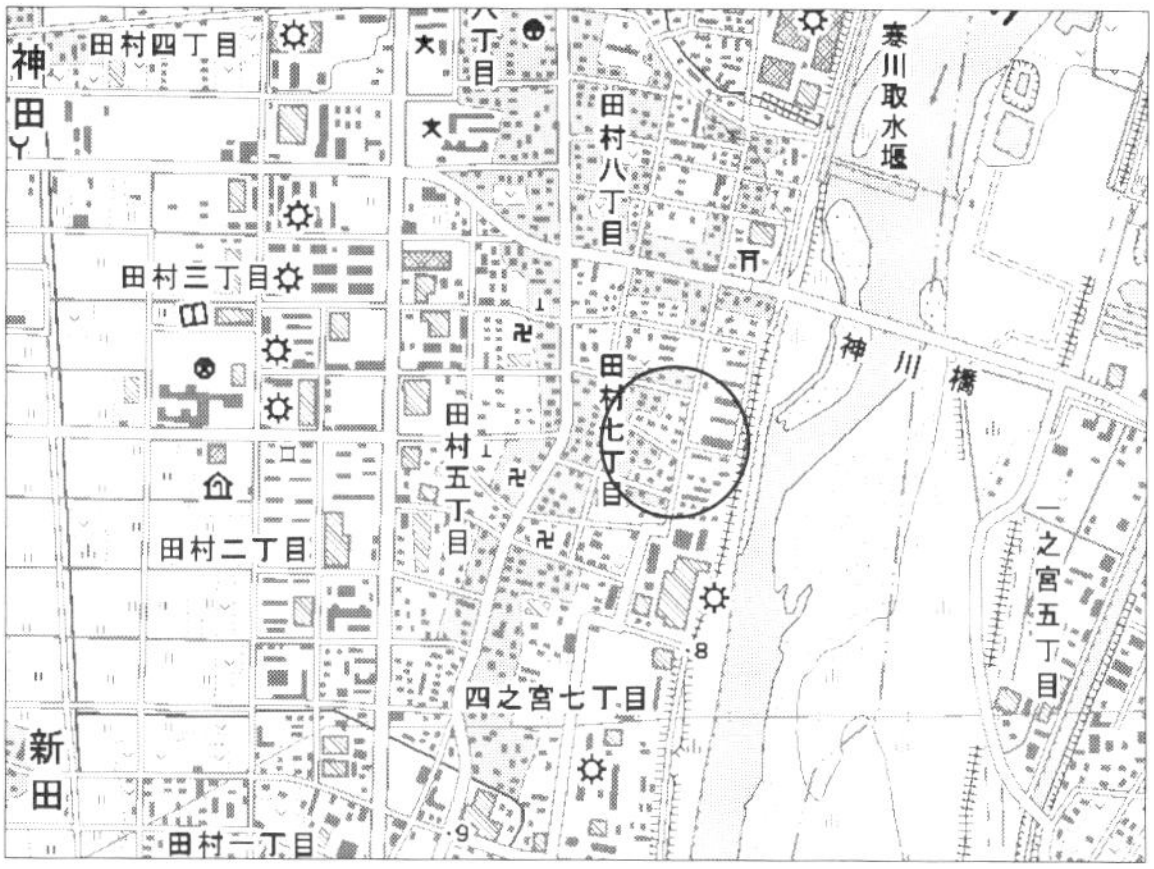

戦国期の謎の土塁、城か寺か

61 浄円寺土塁《じょうえんじどるい》・和田屋敷《わだやしき》

①所在地　秦野市平沢
②地形図　1／2万5千＝秦野
③交通　小田急線秦野駅から渋沢方面行バス（神01・05・06系）平沢下車、南へ徒歩5分
④おすすめ度　★★

浄円寺に残るコの字形の土塁

【歴史】浄円寺は一六世紀後半開創の寺院で、その裏手に土塁と堀が残るが、これにまつわる伝承はない。

【現況】寺院境内となっている。

【解説】土塁はコの字形の形状をなし、北辺がよく残っている。高さは1・7メートルほど。両端で直角に曲がっており、西辺の末端は無縫塔群の敷地となって上を広げられて終わり、東辺は建物にぶつかって終わる。土塁はすべて直線的で、隅にも櫓台のような造作は見られない。

北辺の外側は墓地との境界で道になっているが、よく見ると土塁に沿ってわずかに低くなっている。この部分が、『大系』でいう堀の痕跡とみられる。西辺の外側も帯状に低くなっているが、隣接する民家との境界で改変された個所もあるようで、明瞭ではない。

土塁で囲まれた部分は一辺５０メートルほどしかなく、

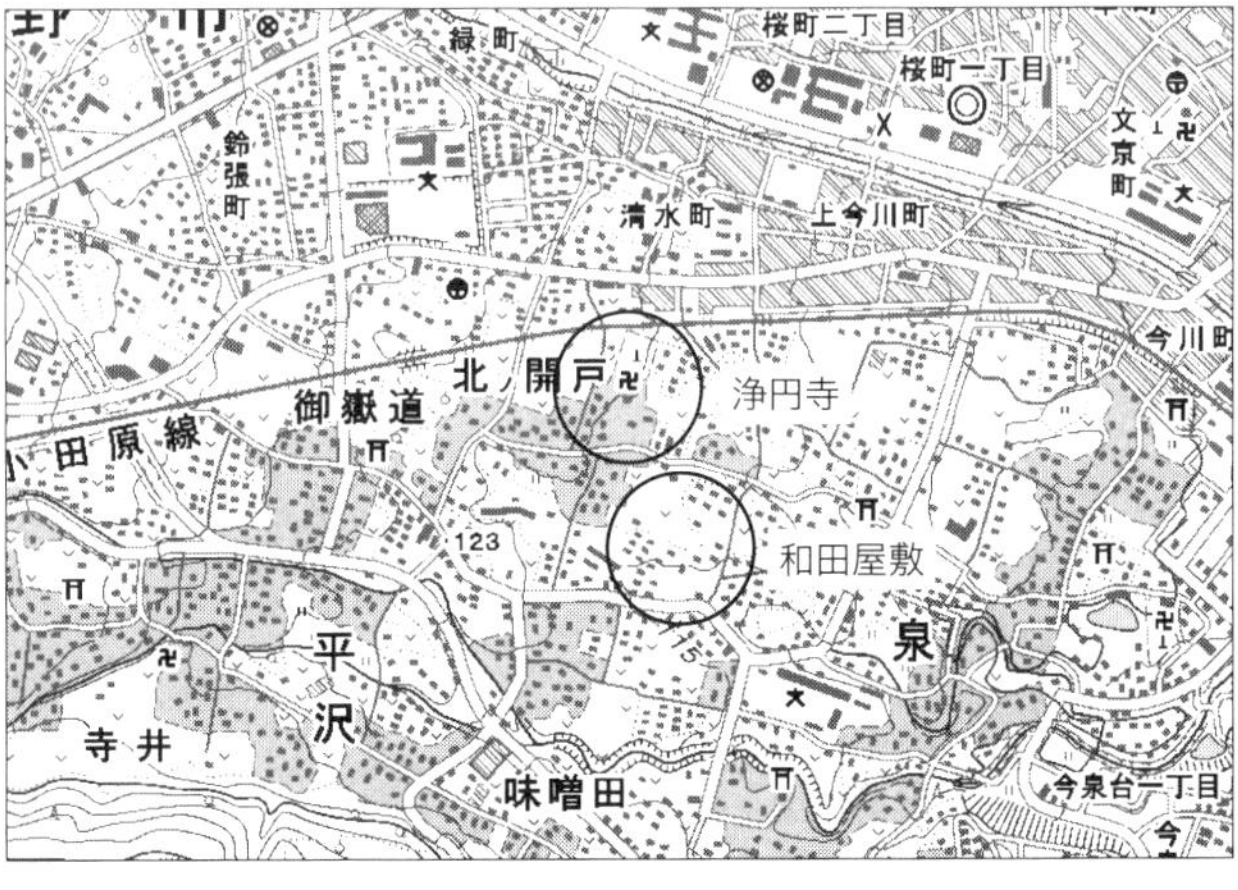

浄円寺の敷地と一致しているから、寺院の境界と考える余地もあるが、城郭の遺構と考えて不都合な特徴もない。周辺には、同様の土塁をもった寺院や屋敷も見当たらない。遺構の北側すぐを小田急線が通過しているため、つながりがわかりにくくなっているが、その北には矢倉沢往還が走っている。地域間の交通をおさえる上で、意味のある地点なのは明らかである。寺の開基は北条氏康に仕えた和田石見と伝え、いずれにせよ戦国期の遺構である可能性が高い。

その和田家の屋敷が東南250メートルほどのところにある。現在も子孫が居住しており、無断立ち入りはできないが、「大堀」と呼ばれる空堀がL字形に残っている。現地は浄円寺がある台地の端で、南側の谷へ向けてゆるく傾斜した地形である。屋敷はその傾斜の裾に建っており、背後を空堀で断ち切り、さらに西側でそれを直角に曲げて屋敷の裏手に落としている。内側に土塁はなく、堀の外に立つと屋敷地の内部が見下ろせるから、防禦ではなく、区画のための堀と考えられる。『大系』では、この上段にも別に土塁の痕跡があったとするが、現在は畠になっていて不明だ。和田屋敷の立地は、丘陵の裾を利用した戦国時代の屋敷として、典型的なものである。〈松岡〉

中世波多野氏の伝説をたどる

62 伝《でん》波《は》多《た》野《の》城《じょう》

①所在地　秦野市寺山字小附
②地形図　1／2万5千＝秦野
③交通　小田急線秦野駅北口から東田原・くず葉台方面行バス（前記）で東農協前下車
④おすすめ度　☆

【歴史】『新編相模』大住郡寺山村の条に「城蹟」として見え、「金目川の傍らの字小附《こづくえ》の地に空堀を廻らせた少し高い土地があって、波多野次郎の城跡と伝承されている」との記載がある。この「城蹟」、すなわち波多野城に比定されてきたのが、金目川とその支流によって三方を深く刻まれた台地である。大正年間には、地元の人々によって「波多野城址」の石碑が建てられた。波多野城、つまり中世波多野氏の本拠については、これより西の金目川右岸の地を宛てる説もあるが、地形的には築城適地とは言いがたい。

また、小田原の役に関係する豊臣方の史料※1には、後北条氏の武将とその持ち城として、大藤長門守の「田原の城」が挙げられており、これを波多野城に比定する見解もある。ただし、現在では、城址碑の建つ台地を波多野氏の居城や屋敷、大藤長門守の田原の城に宛てる説には、多くの疑問が出されている。

【現況】東農協前のバス停を降りると、目の前にある川に挟まれた台地が城址碑の建つ比定地で、現在は畠となっている。三方を深く刻まれたこの台地は、一見して攻めるに堅く守るに易い地形で、築城適地のように思える。また、当該地は、金目川の形成する小さな扇状地の扇頂にあたっており、農業経営や水利などの面から考えても、中世武士団の本拠としての要件を備えているよ

※1「関八州諸城覚書」（『毛利家文書』一五六四）。

うに思える。周囲に散在する「カドバタケ」、「竹ノ内」、「前原」といった小字も、領主屋敷を思わせる。[※2]

【解説】城址碑の建つ台地には、城郭遺構らしい人工地形を認めることはできない。一九八〇年代にこの台地を対象として数次におよぶ発掘調査が実施されたが、中世の陶磁器片を若干出土したのみで、城や屋敷らしい遺構を見つけることはできなかった。こうした経緯から、城址碑の建つ台地を城跡と見なすことは困難になっている。

波多野氏の屋敷には東田原中丸遺跡を宛てるほうが妥当であるが、波多野氏一族の屋敷は、秦野盆地の各所に散在していたはずで、さまざまな地名や伝承を生んでいるのではなかろうか。また、「田原の城」については、そもそも後北条氏の足軽大将であった大藤氏が、独自に居城を保持していたとは考えにくい。

豊臣方が後北条軍の主要な武将とその在所を書き上げたのみで、城としての実態は把握していなかったのであろう。〈西股〉

上：伝承地には石碑が建つものの、城や屋敷の遺構は見つかっていない　下：伝承地は舌状台地の先端部である

※2　一般に「竹ノ内」は「館のうち」の転訛であることが多いとされ、「カドバタケ」や「前原」は領主屋敷門前の直営農地（門畠）を連想させる。

発掘調査で見つかった遺跡は波多野氏の本拠か

63 東《ひがし》田《た》原《わら》中《なか》丸《まる》遺《い》跡《せき》

①所在地　秦野市東田原
②地形図　1／2万5千＝秦野
③交通　小田急線秦野駅北口から東田原・くず葉台方面行バス（秦23・26・27）で、谷戸入口下車
④おすすめ度　☆

【解説】二〇〇〇年からの数次にわたる発掘調査により見つかった中世の屋敷遺跡で、波多野氏の本拠に宛てる見解が有力となっており、史跡公園として整備されつつある。

遺跡は秦野盆地北端の丘陵地に位置している

小附の伝波多野城参考地（前項）から、西に1キロほどの場所にある。丹沢山塊の麓が秦野盆地にとけ込む直前の舌状微高地先端部に営まれた屋敷で、発掘調査では領主屋敷にふさわしい多数の建物と、鎌倉時代を中心とした遺物が出土している。

また、室町期と思われる堀囲みの区画が若干の遺物とともに見つかっており、屋敷の廃絶後に陣や城として利用された可能性がある。

【ワンポイント】周囲には源実朝の首塚や農村広場、農産物直売所などがあるので、家族連れで史跡散歩を楽むのもよいだろう。〈西股〉

源実朝の首塚

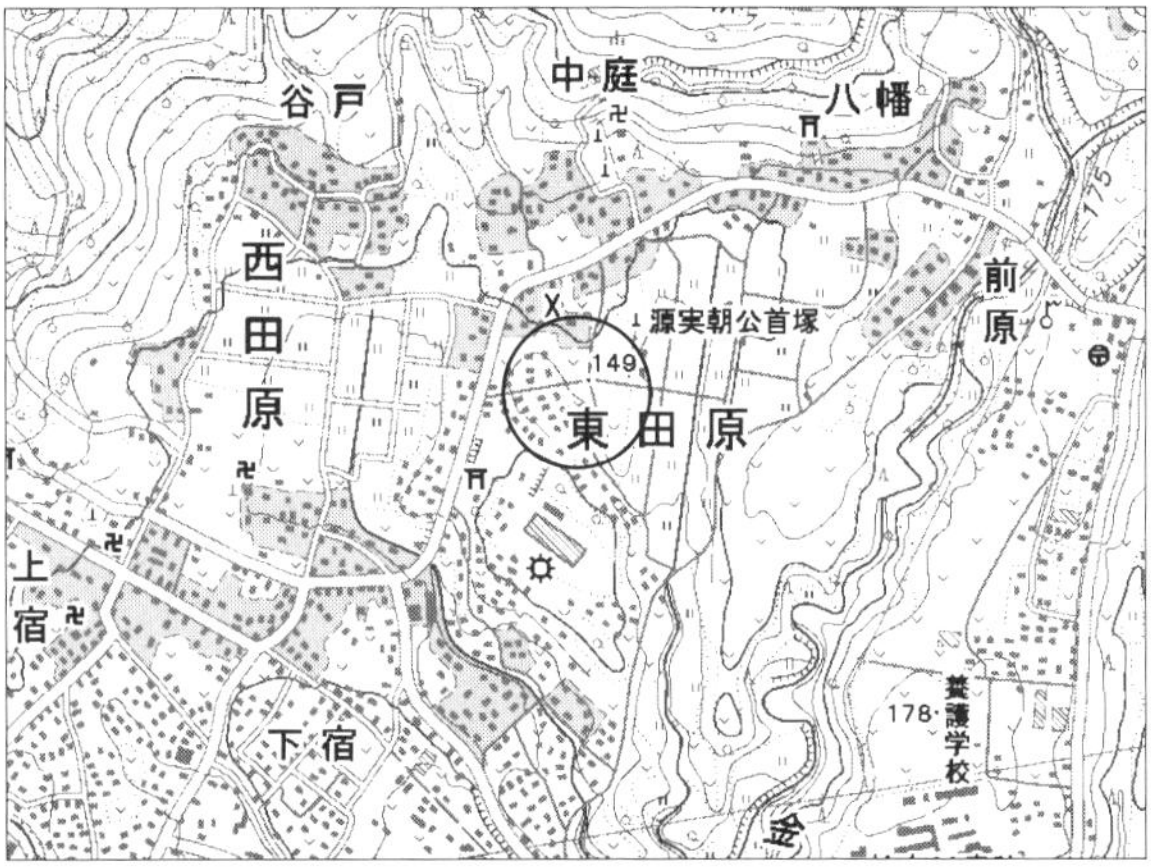

池に桜が映える

64 今《いま》泉《いずみ》堀《ほり》之《の》内《うち》

①所在地　秦野市今泉
②地形図　1／2万5千＝秦野
③交通　小田急線秦野駅から南西へ徒歩10分
④おすすめ度　☆

【解説】堀之内の呼称があるだけで、城跡らしい伝承はない。『大系』は、永享の乱で一色伊予守が立てこもった今泉の館と関係づけようとしているが、同書が別項でふれるように、今泉館の伝承地は別にある。今泉堀之内は秦野市街地の裏の池に沿った場所で、寺院と公園（今泉名水桜公園）になっている。

ここは、もともと水田中の湧水であったものが、市街地化にともなって池として整備され、太岳院池と呼ばれている。その南側の舌状台地に、『大系』によると土塁があったというが、現在はまったく痕跡をとどめない。池の東岸にあったという土塁の一部は、太岳院の山門脇の無縫塔群が建つ高まりであるが、微弱な地形で、土塁と断定することはできない。

【ワンポイント】太岳院には、平安後期の木造十一面観音像がある。〈松岡〉

伝承地にある太岳院

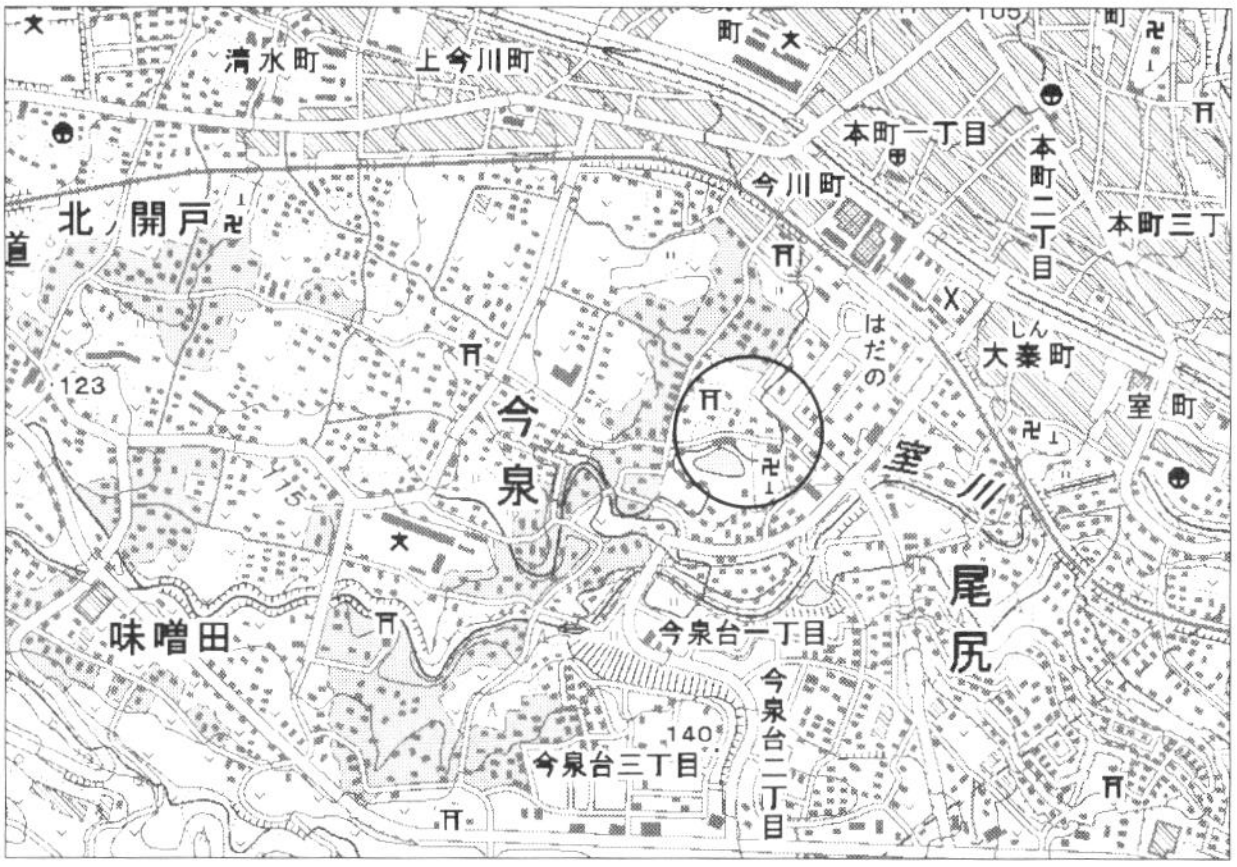

東海道を遮る絶好の位置にあるが……

65 小《こ》磯《いそ》城《じょう》

①所在地　中郡大磯町西小磯
②地形図　1／2万5千＝平塚、1／1万＝二宮
③交通　JR大磯駅から二宮駅方面行バス城山公園前下車、駐車場有
④おすすめ度　☆

【解説】王城山城の直下を通る東海道を西に向かうと、大磯からは海沿いに海岸砂丘上を進むが、やがて行く手を遮るように台地が横たわる。この台地の先端が、文明九年（一四七七）に長尾景春の被官が籠城し、太田道灌により落城したという小磯城の伝承地である。

現在は城山公園、旧吉田茂邸になっており、比較的自由に見て回ることができる。※

公園内にある堀切状の地形

交通を扼する絶好の位置にあって、伝承通りだとすれば、さすがは名将・景春が選んだ地と言えるが、現状でははっきりした城郭遺構は確認できない。台地の鞍部Aを堀切とする指摘もあるが、切通道の跡のようである。線路を挟んだ北側のピークBに、曲輪のように見える場所もあるが、城郭遺構と断定できない。

現状は、城郭類似遺構という評価しかできない。なお、丘の東を流れる川は「血洗川」という物騒な名前である。〈田嶌〉

※公園内の大磯町郷土資料館も合わせて見学したい。

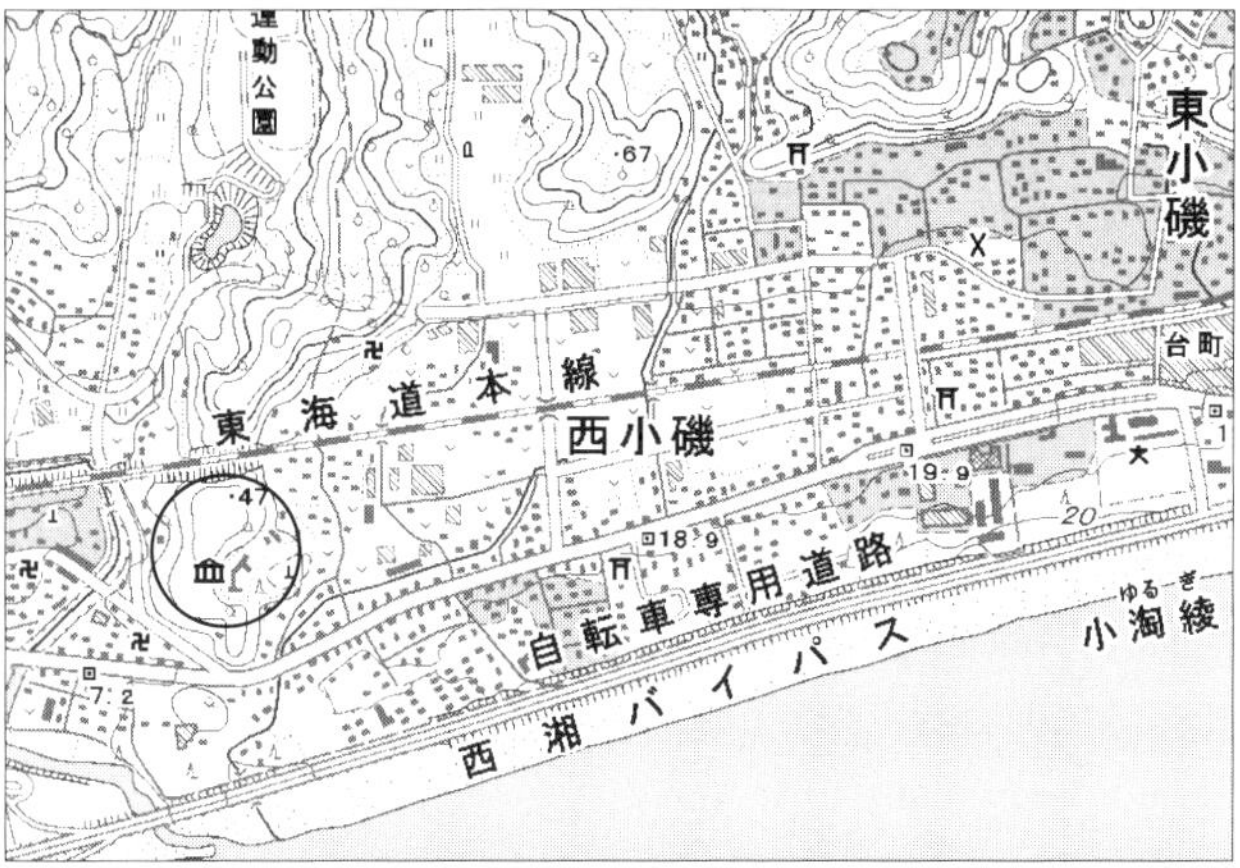

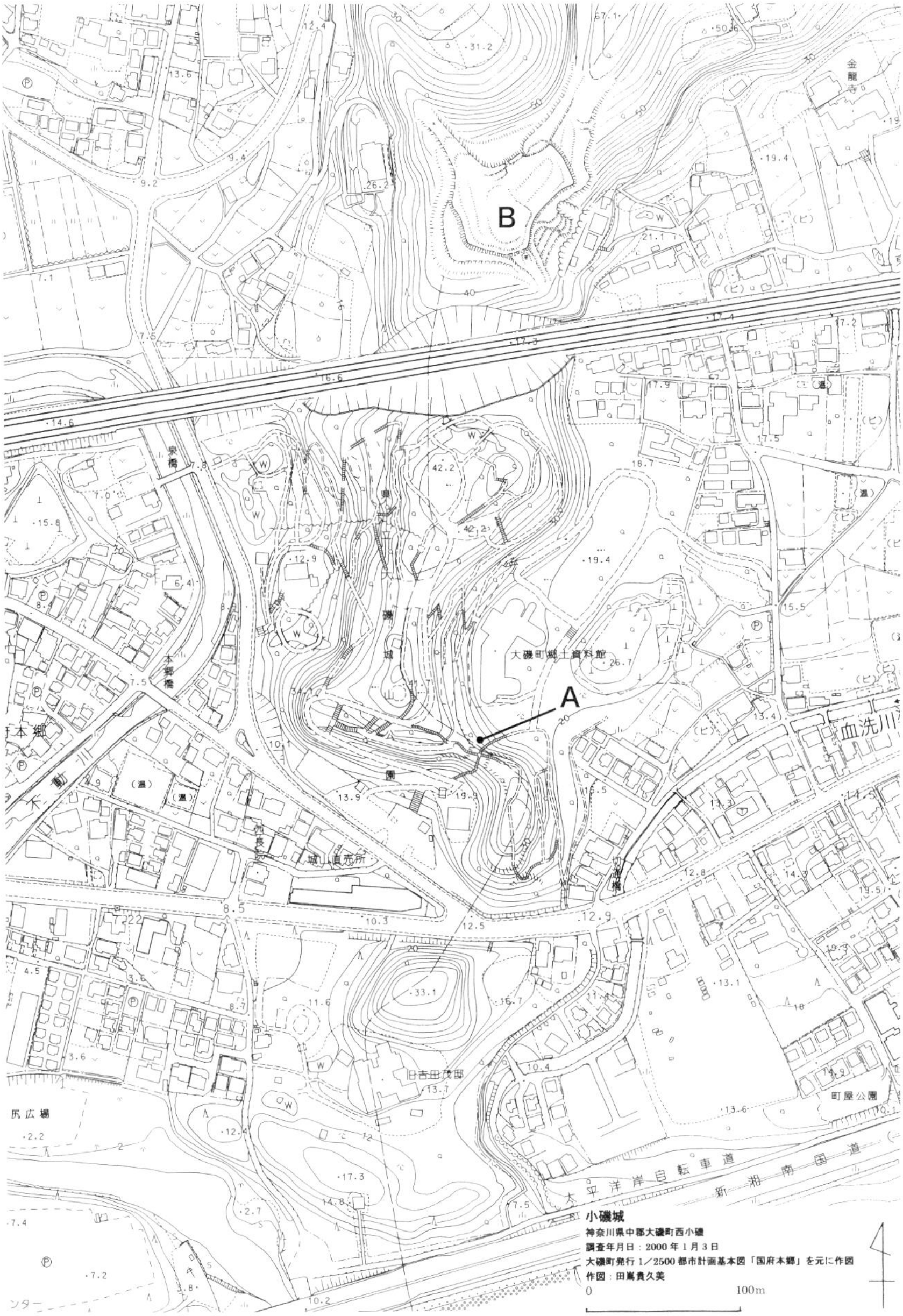

小磯城
神奈川県中郡大磯町西小磯
調査年月日：2000 年 1 月 3 日
大磯町発行 1／2500 都市計画基本図「国府本郷」を元に作図
作図：田嶌貴久美

寺院を転用した伊勢宗瑞の山城

66 高麗山城《こうらいさんじょう》

①所在地　中郡大磯町高麗
②地形図　1／2万5千＝平塚、1／1万＝平塚南部
③交通　JR平塚駅から大磯駅行バス（平41・43〜48系）で花水下車、山頂まで徒歩30分、駐車場有
④おすすめ度　★★★

【歴史】　永正六年（一五〇九）、伊豆と相模西郡[※1]を領有した伊勢宗瑞は、さらなる侵攻を図り、相模中郡の住吉要害と高麗寺山要害、すなわち当城を取り立てて扇谷上杉朝良と敵対する。

宗瑞は、朝良の宿老・上田蔵人を調略して武蔵権現山城（横浜市）で蜂起させるが、朝良は山内上杉氏の援軍を得て翌永正七年（一五一〇）、反撃を開始。権現山城を落とし、さらに朝良配下の三浦義同が高麗山城と住吉要害を落としたという。その後、朝良勢は一時は小田原城まで肉薄し、宗瑞は永正九年（一五一二）に至るまで厳しい戦いを強いられることになる。

【現況】　標高166メートルの高麗山には、古代からの寺院・高麗寺の堂宇があったようだ。ちなみに、高麗寺は江戸期まで続くが、明治の廃仏毀釈によって廃され、高来神社のみ麓に残った。高麗山公園としてハイキングコースが整備されており、歩きやすい。

【解説】　山頂の尾根筋に並ぶ寺院の削平地を、そのまま城の曲

南東から見た高麗山城

※1　戦国期の相模は西郡・中郡・東郡・三浦郡・奥三保に分けられていた。

※2　平塚市は小磯城も含めて「高麗山城跡群」と名付けている。

輪に転用しているようだ。主郭に当たる❶は神社跡で、土塁がめぐるように見えるが、これは社殿の造営に伴うもので城の遺構ではないだろう。東側は❷の手前に堀切を入れたようで（A）、西もB、C、Dと堀切を入れる。このうちCは、城の堀としてはやや浅いが、Dはほかに比べ大きい。これらの堀切を自然の谷頭と見る向きもあるが、筆者は城郭遺構と考える。

なお、Dのみは南斜面に竪堀のように続くが、この部分は林業、ないし近年の橋建設にともなう破壊の可能性がある。❷の北西山腹にある土塁囲みの❸も「寺窪」の地名があり、土塁の外側も切岸状になっておらず、寺院に伴う遺構のようである。

全体に、寺社の施設と自然の険阻を頼みに最小限の普請を加えて、山城として成立している印象だ。平城である住吉要害の視界的不利を補いつつ、最終的には詰城として利用することが築城目的であろう。

【ワンポイント】後北条氏初期の築城として、また寺院転用城郭の例として貴重である。周辺には住吉要害、王城山と城郭が集中しているので併せて見学できる。※2 山中には楊谷寺谷戸横穴墓群をはじめ、横穴墓が多く存在する。また、尾根続きのハイキングコースを西に向かえば、展望台や飲食店がある桜の名所・湘南平に達するので、駐車場はここを利用するとよい。〈田嶌〉

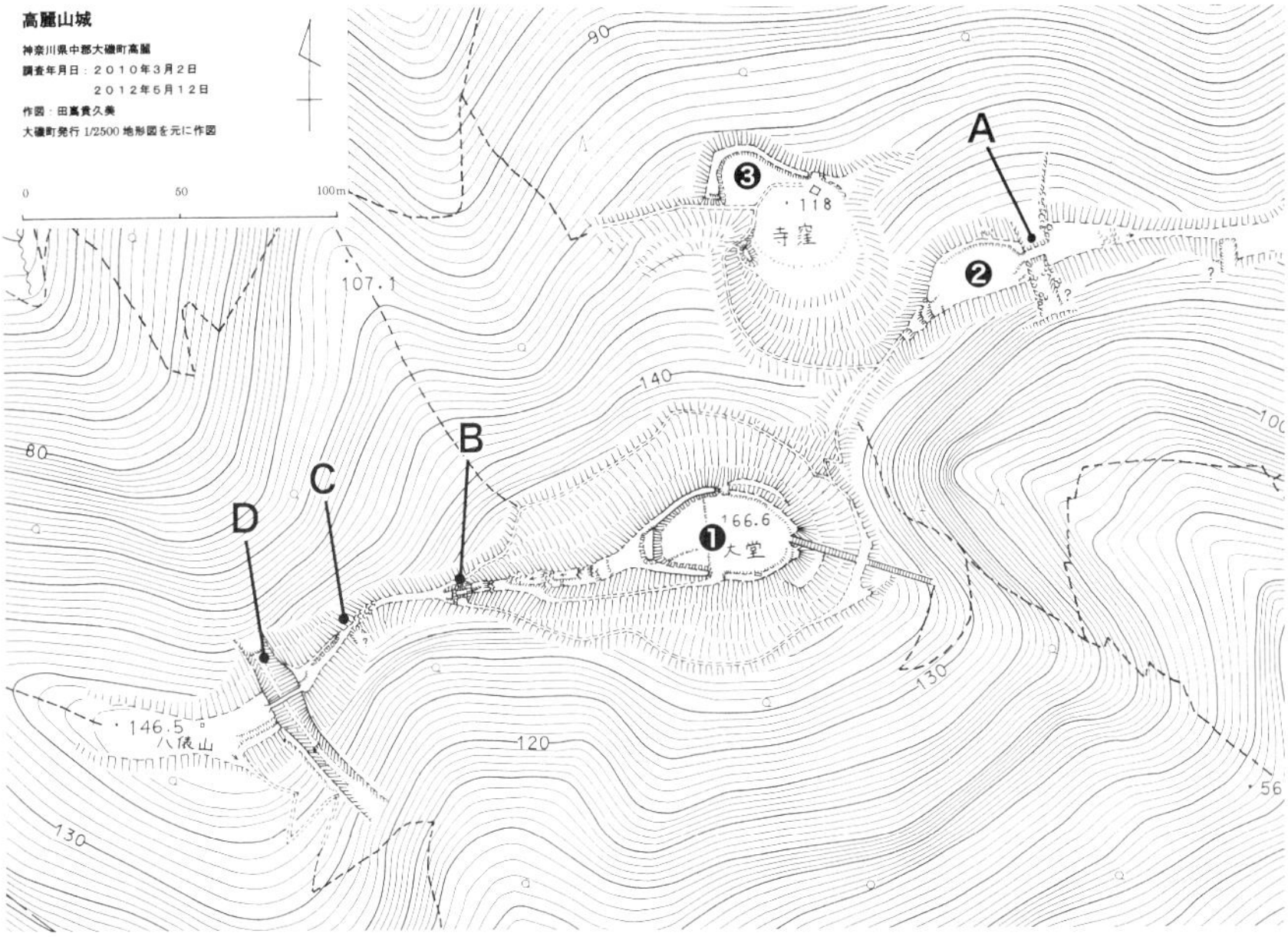

住吉要害・高麗山城と連携した城郭か

67 王城山城《おうじょうさんじょう》

①所在地　中郡大磯町大磯
②地形図　1／2万5千＝平塚、1／1万＝平塚南部
③交通　JR大磯駅下車、北へ徒歩15分、駐車場有
④おすすめ度　★★

高麗寺山から見た王城山城

【歴史】天王山城ともいう。『新編相模』にも「城跡と傳ふ」と一言記されるのみで、歴史は一切不明である。南麓城下に堀ノ内の地名が残るが、城との関係は不明。

【現況】高麗山城のある山塊の南に位置する、半ば独立した低山にある。頂部には大磯高区配水池と明治天皇観漁記念碑があり、配水池の敷地以外は自由に見られる。※1

【解説】堀切と思われるAによって、❶と❷に分けられる。❶は配水池によって大きく破壊されているが、観漁記念碑付近は旧状を留めているようだ。※2 北から東にかけて帯曲輪が巻くが、特に北側の切岸は高さがあり、その北側は堀のようだ（B）。堀幅は最大でも6～7メートル程度だが、かなり高さのある切岸に沿って堀を回していたことになる。こうした形態は、付近では真田城や丸山城が類例であろうか。❷は削平が甘く、積極的に城内に取り込もうとしていないように見える。また、北へ伸びるスロープ状のCは車道跡である。

図の通り、縄張りで特筆すべき点は多くないが、立地は特徴的である。標高も83・5メートルと高くなく、北から北東はよ

※1　山頂まで車道がつけられていて駐車スペースもあるので、車での登城も可能。

※2　大正時代、碑の辺りは公園で、当時の写真を見るとあまり現状と大差ないようだ。

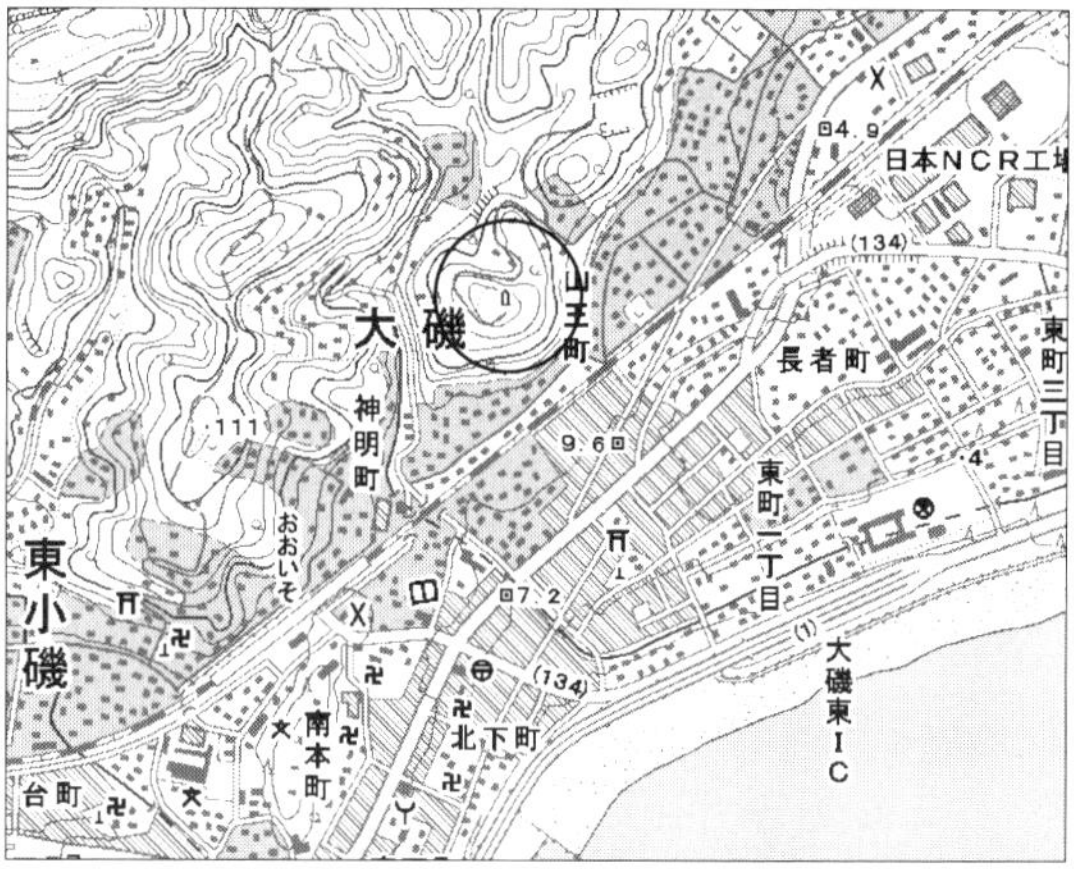

り高い山に囲まれ、眺望が効かない。西は大磯から先は大磯丘陵に阻まれ見通せず、かろうじて東と南に開けるが、南は海しかないのだ。要するに、あまり城に向いていない立地と言ってよい。

では、なぜこの山に城を築いたのであろうか。それは当城が単独で機能したのではなく、周辺の城郭と連動し、一部の「役割」を果たしていたからだろう。つまり、北にそびえる高麗山城が眺望を確保する役割を果たし、王城山は南麓直下に走る東海道をおさえる役割を果たす。住吉要害は高麗山北を通って西に向かう東海道のサブルートをおさえる役割を持つ。王城山に関する史料は一切ないが、永正七年（一五一〇）の権現山の戦い前後、伊勢宗瑞が住吉要害・高麗山城とほぼ同時期に取り立てたのではなかろうか。

権現山城落城以降、厳しい状況下に立たされた宗瑞は、高麗山城を挟むように住吉要害と王城山城を南北対称に配して、ここで敵の西進を食い止めようとしたのではなかろうか。この三城は、一六世紀初頭における後北条氏城郭の標識となりうる。

【ワンポイント】　平城の不利を大規模な堀と土塁、横矢掛りで補う住吉要害、険峻な地形を頼る高麗山城、そして堀と切岸で低山の不利をある程度カバーした王城山城と、三種類の戦国初期の城を一度に見られる。〈田嶌〉

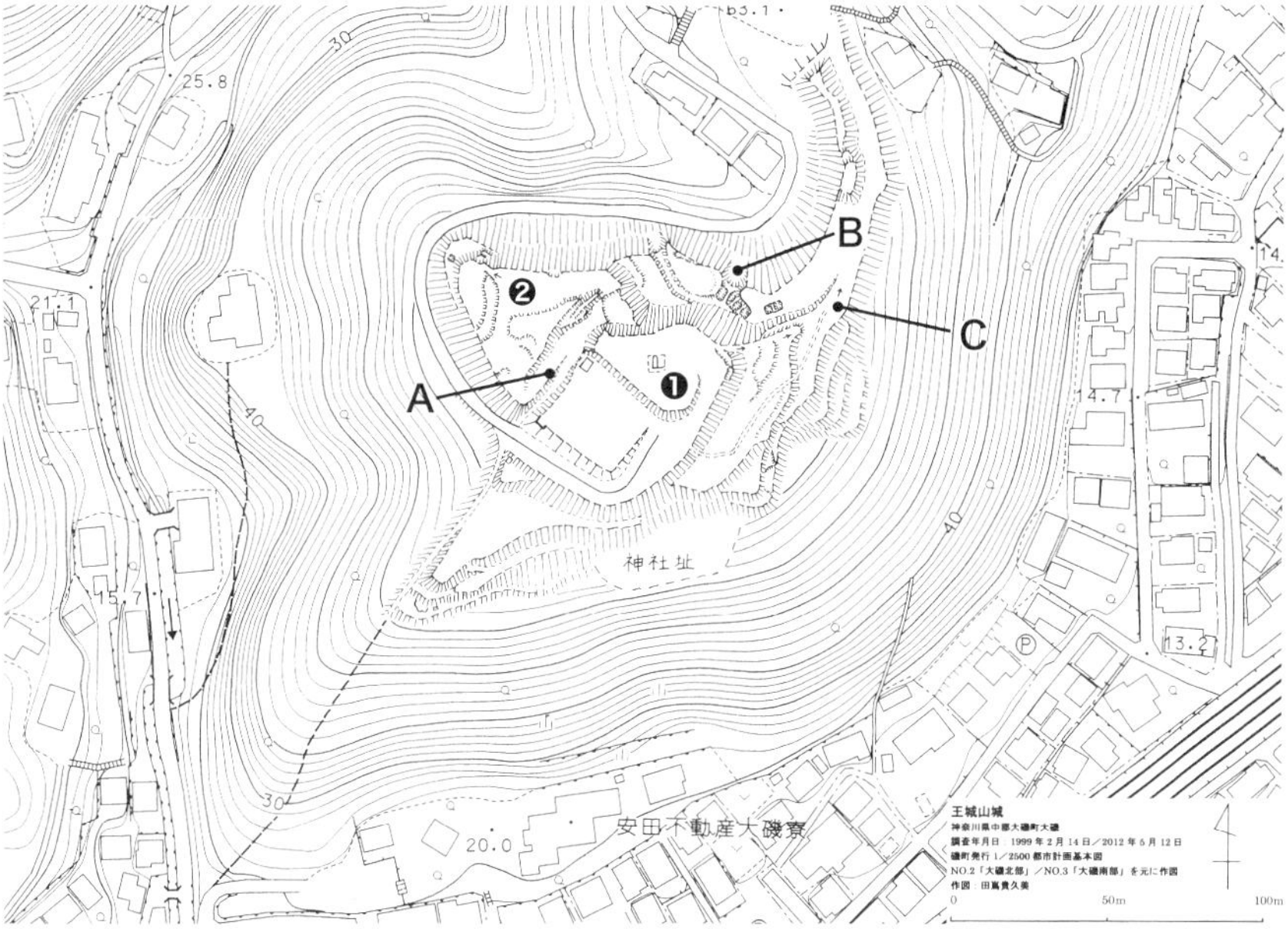

視点
3

長尾景春の乱と城郭

■叛乱の勃発

享徳の大乱が泥沼化の様相を呈していた文明八年（一四七六）、長尾景春が北武蔵の鉢形城に拠って挙兵した。景春は、関東管領・山内上杉氏の家宰（被官の筆頭）をつとめる長尾氏の嫡流に生まれたが、主君である山内顕定の裁定によって家宰職を継承できなかったことに不満を抱いたのだ。この景春の叛乱が、関東地方に本格的な戦国乱世をもたらし、合戦と城のあり方を根本から変える事件となる。

太田道灌木像　東京都北区・静勝寺蔵

当時、管領の山内家が上野および武蔵の守護に任じていたのに対し、庶家の扇谷家は相模の守護であったが、古河公方側に対抗するための戦略拠点として江戸城や河越城を取り立て、扇谷家がその守備を担当していた。扇谷家の家宰だった太田道真・道灌父子は、江戸・河越の築城をテコとして、扇谷家の勢力を武蔵国内に扶植しつつあったが、道灌の軍事的手腕を怖れた景春は、彼が駿河守護・今川家の内紛を調停するために関東を離れている隙を衝いて挙兵した。

古河公方軍と対峙する上杉軍は、北武蔵の五十子にベースキャンプとなる陣を置いていたが、景春は五十子陣に向かう隊商たちを片っ端から襲撃して、上杉軍の補給線をしめあげていった。そして、ついに陣を維持できなくなった上杉軍は上野へと後退し、景春は古河公方の足利成氏と結んでこれを圧迫したのである。

一方、駿河から江戸に戻った道灌は、主君である扇谷定正から、早く上杉軍に合流するようにとの催促を受けていた。しかし、相模における扇谷家の拠点である糟屋館と、江戸城・河越城とを結んだ弧状のラインこそが扇谷家の生命線と考えていた道灌は、帰陣した直後で兵を休ませる必要があることを理由に、江戸から動こうとしなかった。

■景春vs道灌

上杉軍の「戦線」を破断させることに成功した景春は、江戸の西郊にあって道灌と対立していた豊島氏を指嗾《しそう》して、石神井・練馬の両城で挙兵させるとともに、相模の〈65〉小磯・溝呂木・〈44〉小沢でも潜伏中の与同勢力を蜂起させた。同時多発的に背後を突くことによって、道灌に相模・武蔵方面で不本意な戦いを強いる作戦である。

そして、豊島氏らを援護するために、腹心の矢野兵庫助と宮里宮内とを鉢形城から出撃させた。鎌倉街道沿いに南下した矢野隊は河越城を西から牽制し、宮里隊はさらに進んで小山田（現・町田市）にあった扇谷軍の中継拠点を一蹴し、相模にある扇谷軍残存部隊（三浦義同ら）と江戸城との連携を断とうとした。

石神井城の土塁と空堀　東京都練馬区

景春の巧妙な作戦によって苦境に立った道灌は、まず三浦義同らの相模勢に対し、小磯・溝呂木・小沢の三城を攻略するよう指示した。

義同らが攻め寄せてみると、小磯・溝呂木の城兵はたちまち城を焼いて逃亡したもの

江古田・沼袋原古戦場跡の石碑　東京都中野区

の、残る小沢城は守りが堅く簡単には落とせそうもなかった。景春方は、最初から要害性に優れる小沢城で徹底抗戦することによって、相模勢を釘付けにしようと目論んでいたのだ。

　相模勢との合流を阻止された道灌は、兵力不足に陥って石神井・練馬の両城を同時に攻略することができなかった。そこで、まず練馬城に挑発攻撃を仕掛けて周囲の村を焼き、退却すると見せかけて城兵を誘い出した。そして、敵が湿地帯に差しかかったところを反転急襲して豊島勢を撃破した。いわゆる、江古田・沼袋の合戦である。

　道灌は、これにつづいて石神井城を攻略したが、河越城にあった弟の資忠にもすでに同様の戦法を指示しており、資忠も矢野隊の撃退に成功していた。

　こうして景春方の脅威を取り除くことに成功した道灌は、ようやく上野にあった上杉軍主力と合流し、景春との対決に臨むことになる。

■新時代の城

　こののちも、景春は巧妙な作戦を駆使して上杉軍の側背を脅かし、相模・武蔵の各所で戦いがつづくのであるが、道灌もまた迅速な用兵をもってこれに対処していった。

　文明十一年（一四七九）には、さしもの景春も秩父山中に逼塞し、まる四年におよんだ叛乱も鎮定される。しかし、この戦いによって鎌倉府体制の崩壊は決定的となり、関東は果てしのない戦いの時代へと突入していくことになる。

　長尾景春の乱は、景春と道灌という二人の軍事的天才によって終始リードされた戦いであったが、この戦いを境として戦場の様相は大きく変化することとなった。まず、これまでの中世の合戦では、双方が戦力を結集して相手方の野戦軍を破砕する、という単純な原理で行われていた。そして、城は基本的に軍事力を運用する上での策源地であり、籠城とは地域における拠点を保持するための行為であった。「陣」と呼ばれた五十子の本営も、策源地という本質は同様である。

ところが、景春の乱では敵戦力の分断や誘引・拘束、連絡の遮断、援軍の阻止、あるいは味方連絡線の確保、といった具体的な戦術を実現するために城が取り立てられ、用いられるようになった。

溝呂木要害や小磯城にいたっては、陽動を目的とした偽装陣地に近い性格をもち、所期の目的が達せられれば簡単に放棄された。

本拠や策源地とはまったくことなる、「戦術的築城」とでも呼ぶべき、新しいタイプの城が戦場に出現したのである。

景春も道灌も、限られた兵力を巧みにやりくりしながら、このような「戦術的築城」と野戦とを組み合わせた立体的な作戦を展開し、相手方に不本意な戦力運用を強いることによって、自軍の優位をつくりだそうとした。

こうして、作戦の可否が戦場を支配する時代が到来し、城は作戦や戦術の中で具体的な位置づけをもつようになっていった。戦国時代における爆発的ともいうべき築城数の増加と、築城技法の急速な発達がもたらされたのである。

〈西股〉

熊倉城主郭の土塁と空堀　秩父に逃れた景春が拠点にしたとされる　埼玉県秩父市

伊勢宗瑞の相模進出拠点

68 鴨沢要害《かもさわようがい》

①所在地　足柄上郡中井町鴨沢・雑色
②地形図　1／2万5千＝小田原北部
③交通　ＪＲ東海道本線二宮駅または中井町役場前から
高尾行バスで雑色下車、徒歩15分
④おすすめ度　★★

【歴史】『新編相模』足柄上郡鴨沢村の条に「塁跡」として見え、古文書に扇谷朝良が攻めたとある「中村要害」をこれにあてている。『大系』は史資料を検討しつつ、永正年間に伊勢宗瑞が相模進出を図った際の拠点で、扇谷上杉軍の攻撃を受けたものと考証していて説得力がある。近年の研究に従うなら、この合戦は永正六年（一五〇九）頃である可能性が高いが、中村要害が陥落したかどうかは史料の記載から判断できない。※1

【現況】城跡のほとんどが山林で明瞭な道はない。地図や縄張り図を頼りに、畠の裏手から城域の中心部である押切山への踏み跡を辿る。

【解説】複雑に開析された余綾丘陵のただ中にあり、城地の標高は117メートル、比高60メートルほどである。城地の南側を中村川が流れてはいるが、一見してさほどの要害地形とも思えない。

城地の最高所である押切山の西に堀切Aがあり、これを挟んで城内側に櫓台、城外側に土塁がある。ここから南東に

南東側から見た鴨沢要害。伊勢宗瑞は余綾丘陵の一角に相模平野進出の拠点を構えた

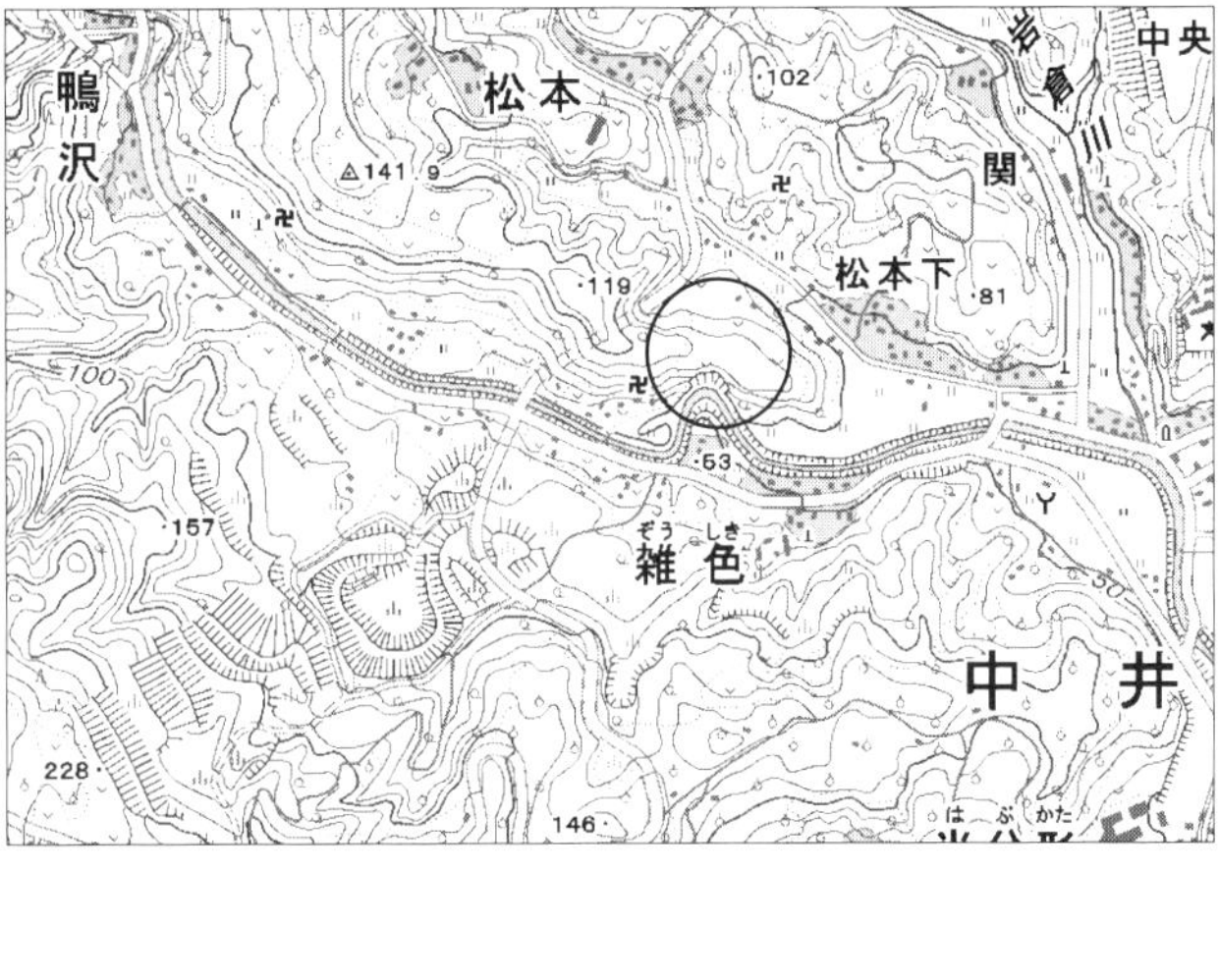

※1　年欠十二月二十三日付「三浦弾正少弼（義意）宛・足利政氏感状」（相州古文書）。

※2　上記の文書は、城際に出撃してきた敵兵と交戦して多くの首級をあげたことを賞している。

140メートルほど下ったＢの位置と、北東に派生する尾根上のＣにも堀切を確認できる。ほかにも、竪堀や段切り状の地形が確認できるが、全体として粗放な構造で明確な曲輪を造らず、城というよりは野戦陣地に近い印象を受ける。堀切Ｂの東にも平坦地群が確認できるが、後世の畠跡のようだ。

　鴨沢要害は、おそらく、数百程度の兵力を宿営させることに主眼をおいた施設で、敵の攻撃からこの場所を堅守する意志はないのだろう。[※2] 城地の前後を画する堀切は、宿営地の範囲を確定するとともに、夜襲などを防ぐためのものと思われる。

　今川氏親麾下の部将として、今川氏と扇谷上杉氏との連携関係の中で伊豆や足柄地域の支配権を得ていた伊勢宗瑞は、永正六年頃から次第に今川氏の指揮を離れて独自に行動し、扇谷上杉氏の領国を蚕食しはじめる。こうした時期に、相模平野への侵出を策する前線基地として、伊勢宗瑞が築いたのが鴨沢要害だったのであろう。

　この要害地形とも思えない占地は、小田原からの距離、余綾丘陵の中を複雑に縫う道との位置関係を考慮した上で、攻城軍が思うように兵力を展開できない地形を選んでいるのかもしれない。

【ワンポイント】城跡の保存は良好だが、粗放な遺構が藪の中に散在していてわかりにくいので、どちらかと言えば上級者向きである。

〈西股〉

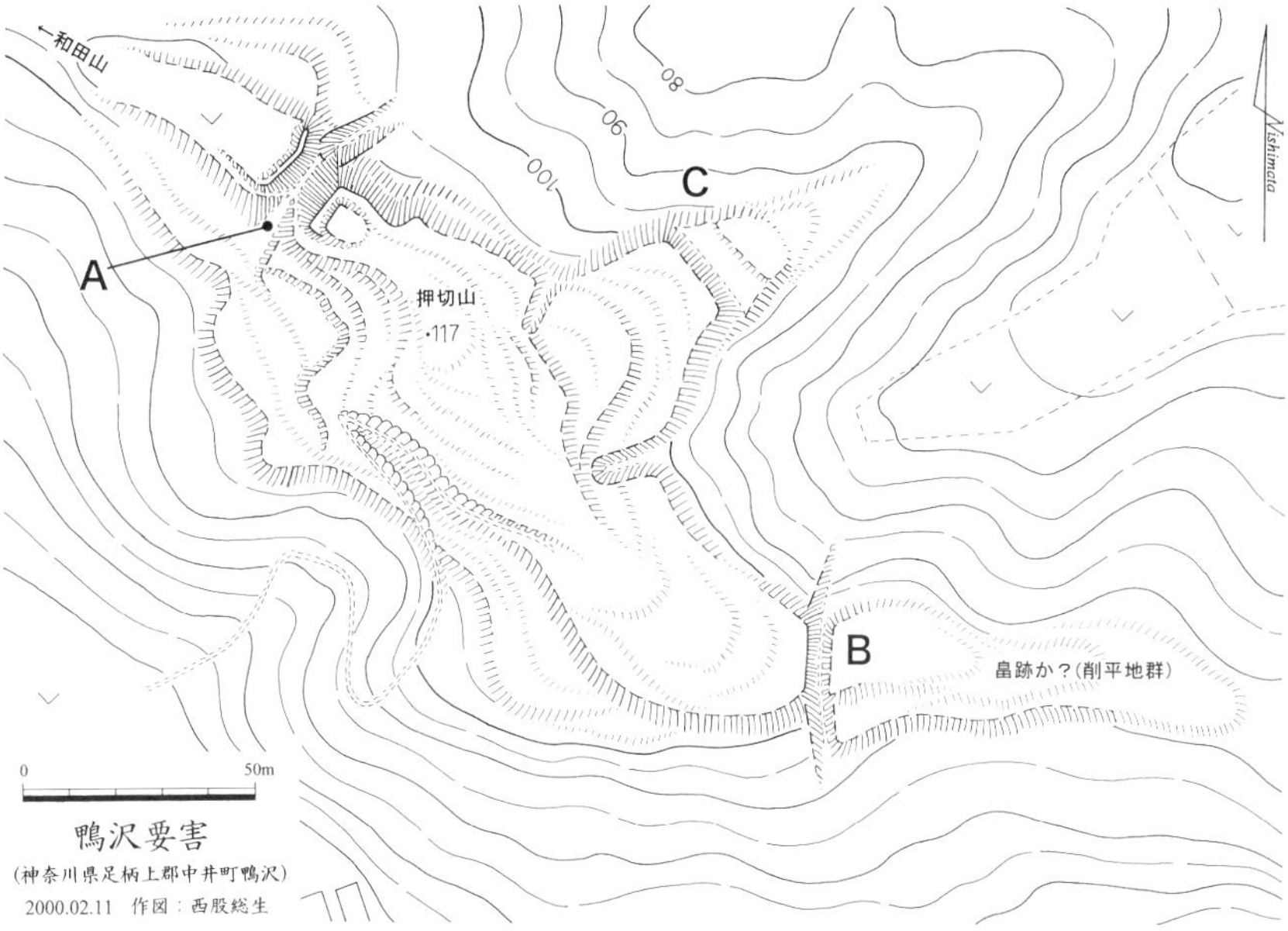

鴨沢要害
(神奈川県足柄上郡中井町鴨沢)
2000.02.11　作図：西股総生

足柄城の背後を守る後北条氏の大城郭

69 河《かわ》村《むら》城《じょう》

①所在地　足柄上郡山北町山北
②地形図　1／2万5千＝山北
③交通　JR山北駅から南へ徒歩20分、駐車場有
④おすすめ度　★★★

河村城航空写真　写真提供：山北町教育委員会

【歴史】　南北朝期の観応三年（一三五二）「三富元胤軍忠状[※1]」に河村城の名が見られるが、これが現在の河村城と同じ場所かどうか定かではない。後北条氏の城としては、元亀二年（一五七一）に深沢城（静岡県御殿場市）を武田側に奪取されて以降、史料に登場するようになる。その後、武田氏が滅亡して、後北条氏の勢力が徳川氏らと直に接するようになる天正十年以降は、「新城」の記述が見られるようになり、逆に河村城の名は史料から消える。

一般に、「新城」はJR谷ケ駅近くの足柄上郡山北町川西城山にある新城を指すとされるが、河村城の再普請を指すとの指摘もある。天正十八年（一五九〇）の「松田康長書状[※2]」には「川村口」と見え、当城と直接結びつく記述ではないものの、足柄城を突破された場合の防衛拠点として、当時も河村城が存在したのは確実であろう。

※1　『県史・資』3上四一四五号。
※2　『戦・北』三六八七号。

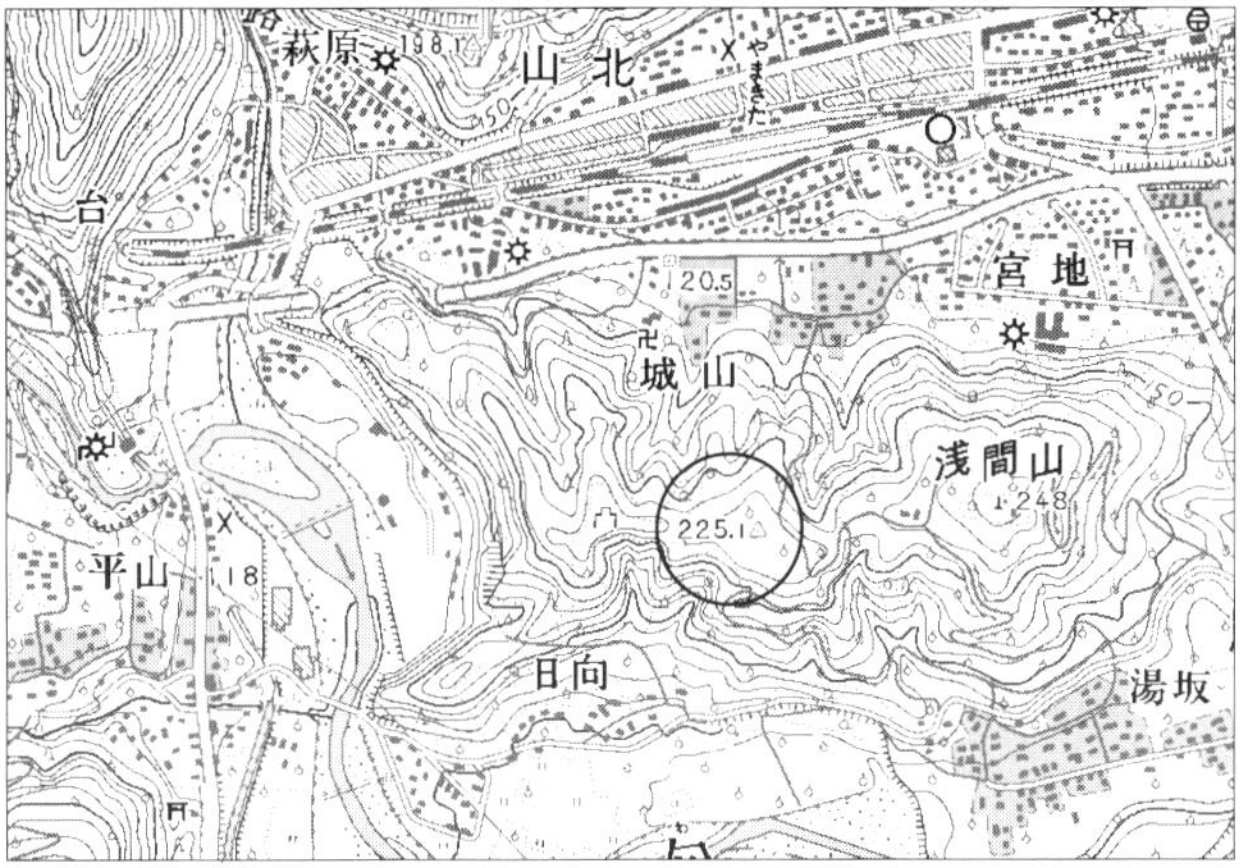

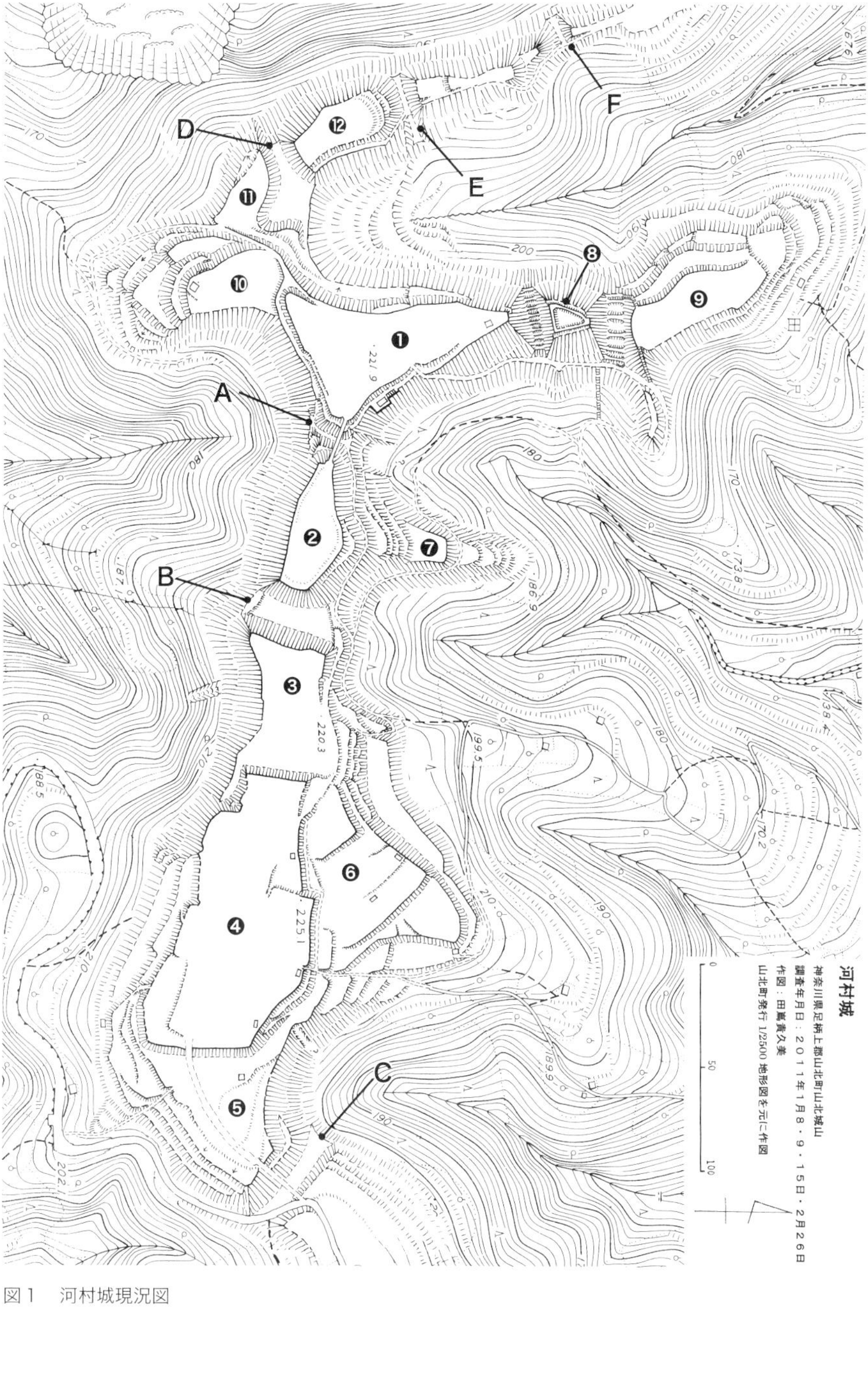
河村城
神奈川県足柄上郡山北町山北城山
調査年月日：２０１１年１月８・９・１５日・２月２６日
作図：田嶌貴久美
山北町発行 1/2500 地形図を元に作図
A
B
C
D
E
F
0
50
100

図１　河村城現況図

❶と❽を遮断する大規模な障子堀

【現況】 城はＪＲ山北駅の南にある、標高220メートル強の城山に位置する。城山は、すぐ東にある標高250メートルほどの浅間山と峰続きであるが、浅間山の山頂部は山容が緩く、また、国境方面である西方への視界を得るためにも、城山の位置に築城したようだ。

城跡は近年まで畠であったが、山北町により発掘調査の成果を元にした整備が進められているので、中心部は見学しやすく、トイレも設置されている。

【解説】 後北条氏系城郭の最終段階にふさわしい規模を持つ。主郭は❶で、かなり広い。曲輪❷は蔵曲輪と伝えられ、発掘調査ではその名の通り大量の炭化米が出土した。❶との間は堀Ａで隔てられるが、標高差はほとんどない。堀切Ａは幅が十数メートルあるが、これでも河村城の堀切の中では狭いほうである。

❸は近藤曲輪と呼ばれ、当城で最大の規模を持つ堀Ｂによって❷と分断される。Ｂは、深さが13メートル以上にもなる巨大なもので、堀底からは障壁が検出された。河村城にとって重要な防禦ラインであったことが推測される。

❹は大庭曲輪と呼ばれ面積的には当城最大であり、標高も225メートルと、❶より若干高い。すぐ東の出張と称する❺はほとんど削平がされておらず、堀Ｃで城外と区切られる。Ｃも現状で幅約25メートルという大規模なもので、これより東には城の遺構らしきものは見当たらな

堀切❸土層断面
写真提供：山北町教育委員会

※3 内部についたて状の仕切を設けた堀を「障子堀」と呼び、仕切そのものは「堀障子」と呼ぶ。障子が一重のものを「畝堀」と呼ぶ場合もあるが、「畝状竪堀群」とまぎらわしいため、現在の城郭研究では障子が一重か二重以上かによらず、「障子堀」と総称している。

い。❷と同じく蔵曲輪と称する❼や、多地屋敷と称する❻は削平が甘く、耕地化により遺構も判然としない。

次に、主郭の北に目を移す。小曲輪❽は、極めて大きな障子堀[※3]によって❶・❾と分断される。障子堀はどちらも幅約20メートル、深さも10メートルを超え、壁面は鋭く切り立ち、主郭や❾とどう連絡したのか見当もつかない。梯子などで出入りしていたのだろうか。発掘調査で曲輪内からは削り残しによる低い土塁、柵跡とも考えられるピット、投石用の礫石[※4]と思われる集石、薄い焼土などが確認された。❾は茶碓曲輪と呼ばれ、当城の北端に位置してかなりの面積を持つが、耕作や植林による破壊を受けているようで、遺構をとらえにくい。

次に、南西の尾根に目を移す。❿は馬出曲輪と称するが、馬出のような構造は認められず、❶との間も段によって仕切られているだけである。❿より西の尾根は向きを北に変え、曲輪⓫を経て、これも幅20メートル弱の堀Dにて⓬と分断される。⓬の北にはさらに堀E、Fを入れて徹底的に遮断している。

河村城は先に述べたように、近年、継続的に発掘調査がなされ、今まで不明であった細部の構造が姿を見せ始めた。その調査結果を加味して復元

❷と❸を隔てる障子堀は圧倒される規模

〈参考〉外堀に造られた障子堀（岩槻城・さいたま市岩槻区）

※4　中世～戦国期の城郭戦では投石が多用され、かなりの殺傷力を発揮した。投石は、弓・鉄炮を持たない下級兵士（足軽・雑兵）が塁壁際の防戦に参加する際に有効だったのであろう。

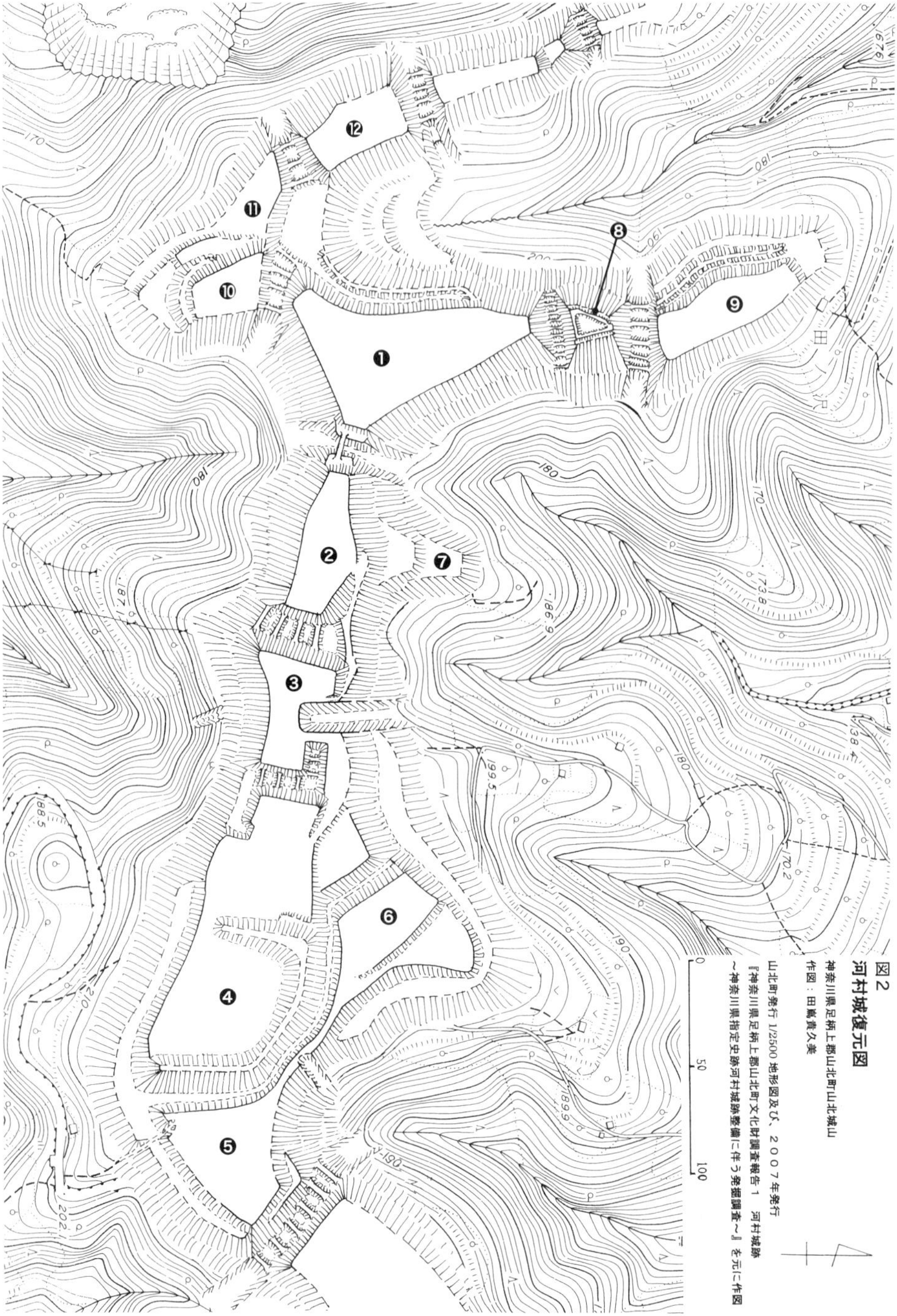

図2
河村城復元図
神奈川県足柄上郡山北町山北城山
作図：田嶌貴久美
山北町発行 1/2500 地形図及び、２００７年発行
『神奈川県足柄上郡山北町文化財調査報告１　河村城跡 ～神奈川県指定史跡河村城跡整備に伴う発掘調査～』を元に作図

案内板も整備されていてわかりやすい

を試みたのが図2であるが、点線で描いた遺構は筆者の推測による部分も多いので、留意されたい。

発掘調査よると、❹にのみ土塁の基部を検出している。一見して、障子のない横堀に囲まれ土塁を伴う❹と、幅20メートル前後の障子堀に囲まれて強力に遮断される反面、土塁がない❶を中心とする部分では構造が異なる。城郭研究者の斎藤慎一氏は「本城郭周辺と大庭郭周辺は設計に相違があることになる。普請年代の相違をしめしているのではなかろうか」とし、一五世紀代は大庭郭が中心で、一六世紀代に本城・蔵郭に中心が移ったと推測する。※5

年代観はともかく、指摘は重要である。つまり、ある時期、横堀と土塁で防禦する思想が、土塁を伴わない大規模な堀切による遮断に変化した可能性があるのだ。また、❸には側面から入る虎口を持った角馬出のような構造が見られる。

かかる大規模な普請によって敵に備えていた河村城だが、火災を受けながらも兵糧米を搬出していない一方で、礫石は集積されたままの状態であるなど、激しい戦闘が行われた様子が見られない。山中城落城の報が届いた時点で、戦わずに自焼したのであろう。※6

【ワンポイント】　復元整備されているので、最末期の後北条氏系城郭の凄まじさをつぶさに見て取れる。遊歩道も整備されているので、ほとんどの場所は見やすい。南麓には、かつての城主の居所と思われる河村土佐屋敷もあるので、併せて見学したい。

〈田嶌〉

※5　峰岸純夫・齋藤慎一編『関東の名城を歩く・南関東編』（吉川弘文館　二〇一一）。

※6　榊原康政が加藤清正に宛てた書状『榊原康政書状案写』には、「山中城近江中納言殿一手之御人數ニて片時之間乘捕、五六百　被切懸候、彼競以一日之間、爲始足柄城十二三捨逃候」とある。

山中城落城後、足柄城を始め北条方の一二～一三城が一気に自落した旨記されているが、河村城もこの中に入っていると思われる。

本格的戦闘を意識しない山間の小城

70 中《なか》川《がわ》城《じょう》

①所在地　足柄上郡山北町中川
②地形図　1／2万5千＝中川
③交通　JR谷峨駅から中川・西丹沢方面行バスで中川橋下車、徒歩約10分、近くに駐車場有
④おすすめ度　☆

【解説】新田義貞の次男、義興が当城を経由して甲斐（山梨県）に逃れたとされ、また、永禄十二年（一五六九）には武田信玄に攻められ落城したと伝わるが、定かではない。『新編相模』には、天正七年に中川村が甲斐大窪村（山梨県笛吹市）の百姓に夜討ちされたという、生々しい記述がある。

中川の東岸にそびえる城山の麓にあり、上ノ原集落からは対岸となる。❶の北に堀切状の遺構Aがあり、川沿いの西側縁にも削り残しの土塁残欠が見られる。その南端が櫓台のような小山Bを呈し、頂部に第六天が祀られていたとされるが、現在はない。❶と❷間の切岸斜面には、河原石による石積みが残る。

中川に面した側は崖だが、東の城山に登られたら対処できない占地であるにもかかわらず、城山の山頂には築城の痕跡は認められない。およそ本格的な戦闘に耐えられる城には見えず、一戦もせず自落したという『新編相模』の記述はリアリティを感じる。小規模な襲撃からの防衛や、逆に進攻時の中継点的な運用が考えられるだろう。

【ワンポイント】近くに湯ノ沢城もあるが、比定地は平坦なだけで城郭遺構は存在しない。

〈田嶌〉

中津川対岸から見た中川城

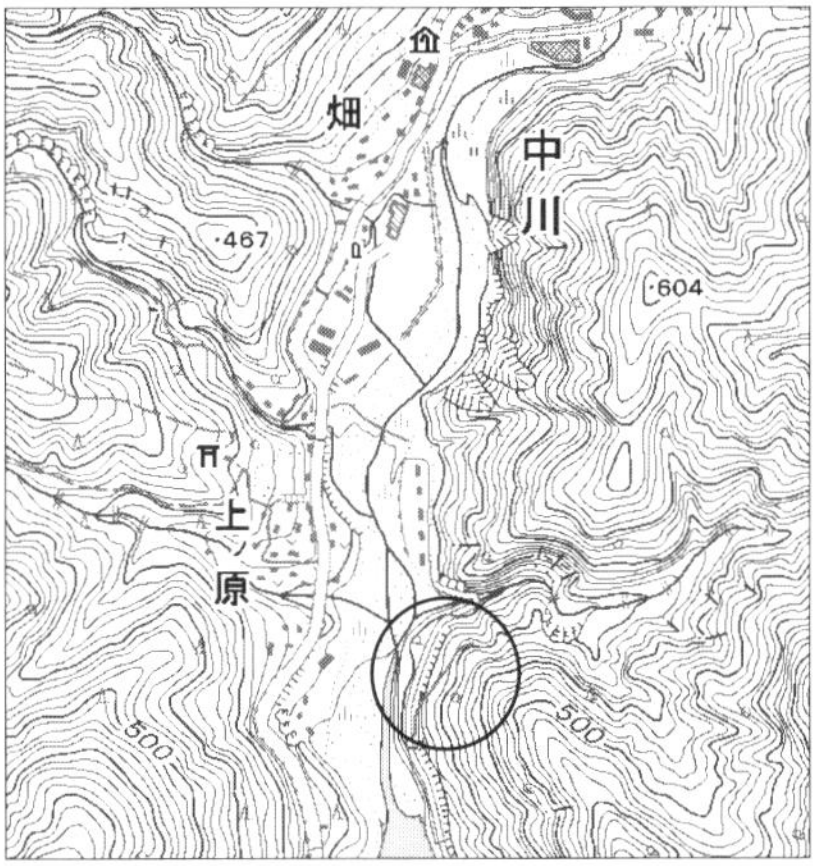

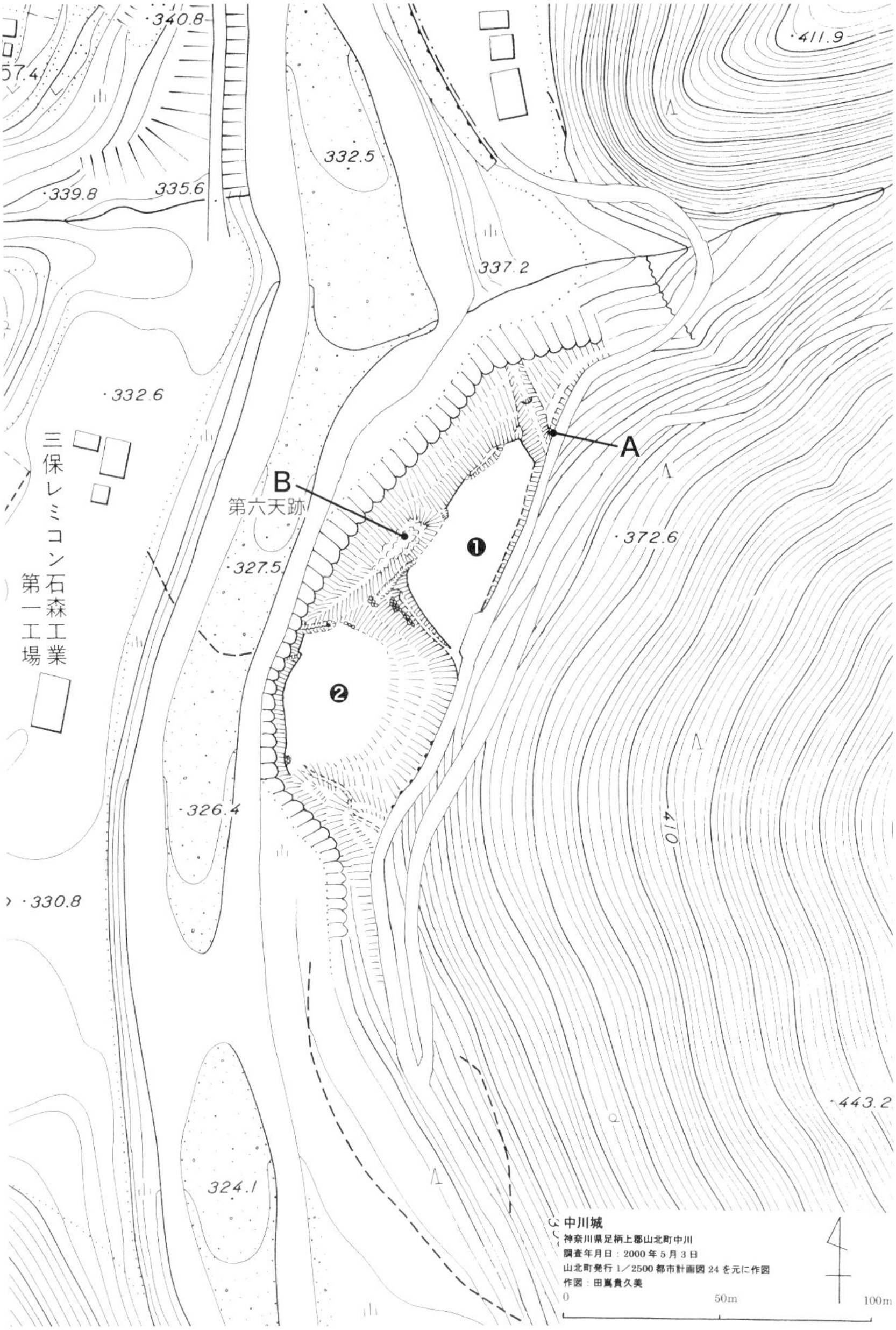
340.8
411.9
57.4
332.5
339.8
335.6
337.2
332.6
三保レミコン石森工業
第一工場
A
B
第六天跡
❶
372.6
327.5
❷
326.4
410
330.8
443.2
324.1
中川城
神奈川県足柄上郡山北町中川
調査年月日：2000年5月3日
山北町発行1／2500都市計画図24を元に作図
作図：田嶌貴久美
0
50m
100m

砦の伝承はあるものの……

71 鐘《かね》ヶ《が》塚《づか》砦《とりで》

①所在地　足柄上郡山北町都夫良野
②地形図　1／2万5千＝山北
③交通　ＪＲ山北駅から大野山登山口行バスで都夫良野入口下車、西へ徒歩15分
④おすすめ度　☆

【解説】現在、造成中の「山北つぶらの公園」一角にある。位置としては、新城と河村城の中間にあたり、緊急時に鐘をついた場所とされるが、詳細は不明である。

比定地の候補は、都夫良野集落裏の地点と地蔵堂裏地点で、前者には土塁のように見える地形、後者には若干の平坦地が存在するものの、現状ではどちらも城郭遺構と認めることができない。ただ、両者とも頂部は平坦である。

その名の通り、鐘を突く施設のみが置かれたものであろうか。比定地は道もない山林だが、さほどの藪ではない。※

なお、南を走る車道は山北から玄倉や中川へ通じた奥山家古道とされる。

都夫良野集落裏のピークにある土塁状の地形

【ワンポイント】地蔵堂のほかにも源頼朝伝説がある頼朝桜や、麓の川村関所跡などの旧跡を見て回れる。地蔵堂裏地点は見晴らしが良く、新城も見渡せる。〈田嶌〉

※近くの地蔵堂に駐車スペースがある。

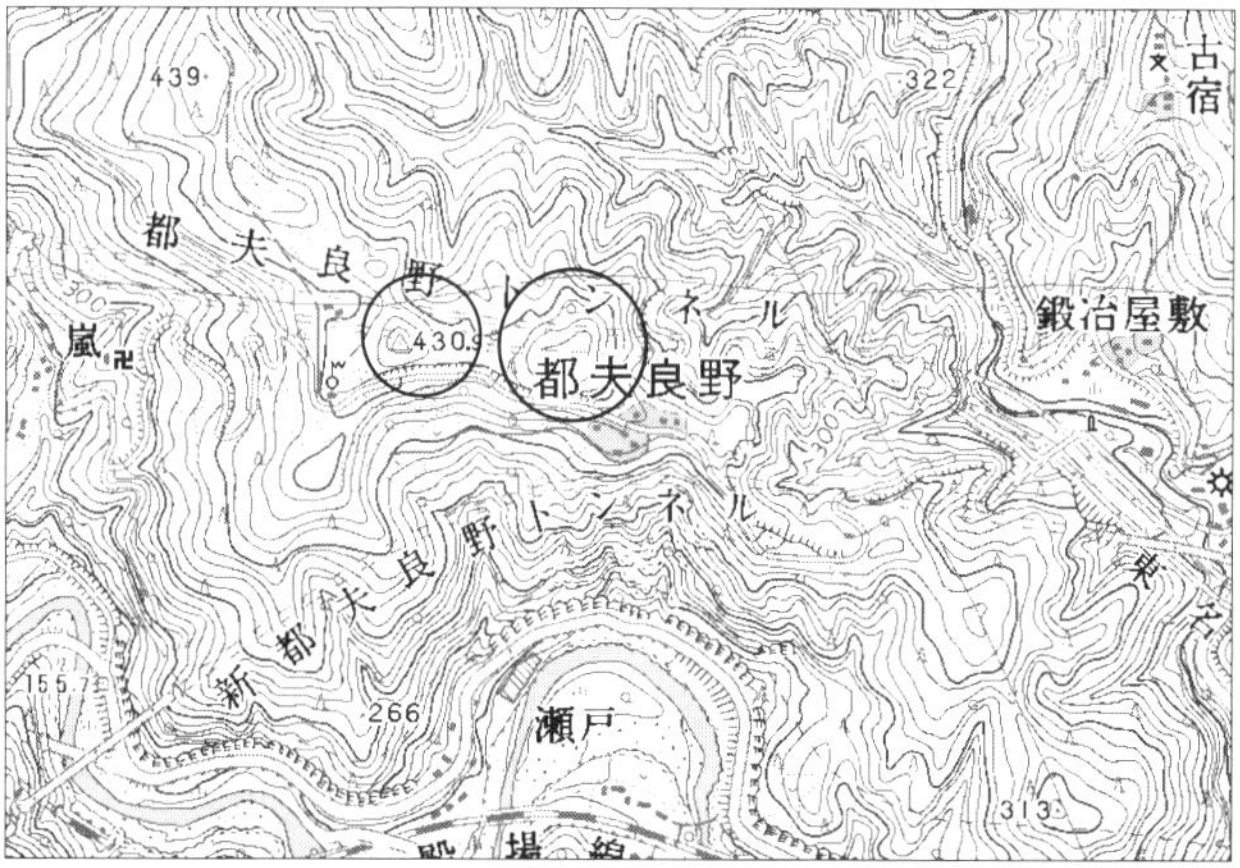

蜜柑畠の下に埋もれた遺構

72 松《まつ》田《だ》城《じょう》

①所在地　足柄上郡松田町松田庶子
②地形図　1／2万5千＝山北・秦野
③交通　JR松田駅・小田急線新松田駅から山北方面行バスで庶子下車、北へ徒歩15分
④おすすめ度　★★

【歴史】　秦野盆地を本拠とする波多野氏の一族が山を越えて酒匂川流域に進出、この城を築いたという。これが国衆の松田氏である。城の周辺に松田本領、松田庶子などや城下に根小屋の地名が残ることから、ここが松田氏の本拠であった可能性は高い。そうなると、鎌倉時代から続く城ということになりそうだが、現在の遺構は戦国期のもののようだ。

　なお、後北条氏重臣で有名な松田憲秀は父の代、伊勢宗瑞と同じ時期に備前から下向した松田氏の傍流であり、彼の一族が代々この地を支配していたわけではない。

【現況】　松田山から派生する尾根が南の酒匂川岸まで迫り、平地部分を著しく狭める場所に築かれている。つまり、穀倉地帯である足柄平野は当城の対岸にあり、城側には平地があまりない代わりに、松田山山麓が台地のまま酒匂川に接するため洪水の心配はないと思われる。渡河点と陸路を同時におさえていたのだろうか。城跡は大部分が蜜柑畠となっており、遺構の観察が難しい。

【解説】　最高所は❶で、現地の案内板では❶の背後に二本の堀切を描いているが、見当たらない。しかも❶の背後は標高を上げていく。❷と❸の間に認められる堀切Aは、畠になっていてわかりにくいが、現状で幅15～16メートルの大きなものだ。Bは櫓台の可能性がある。Cに

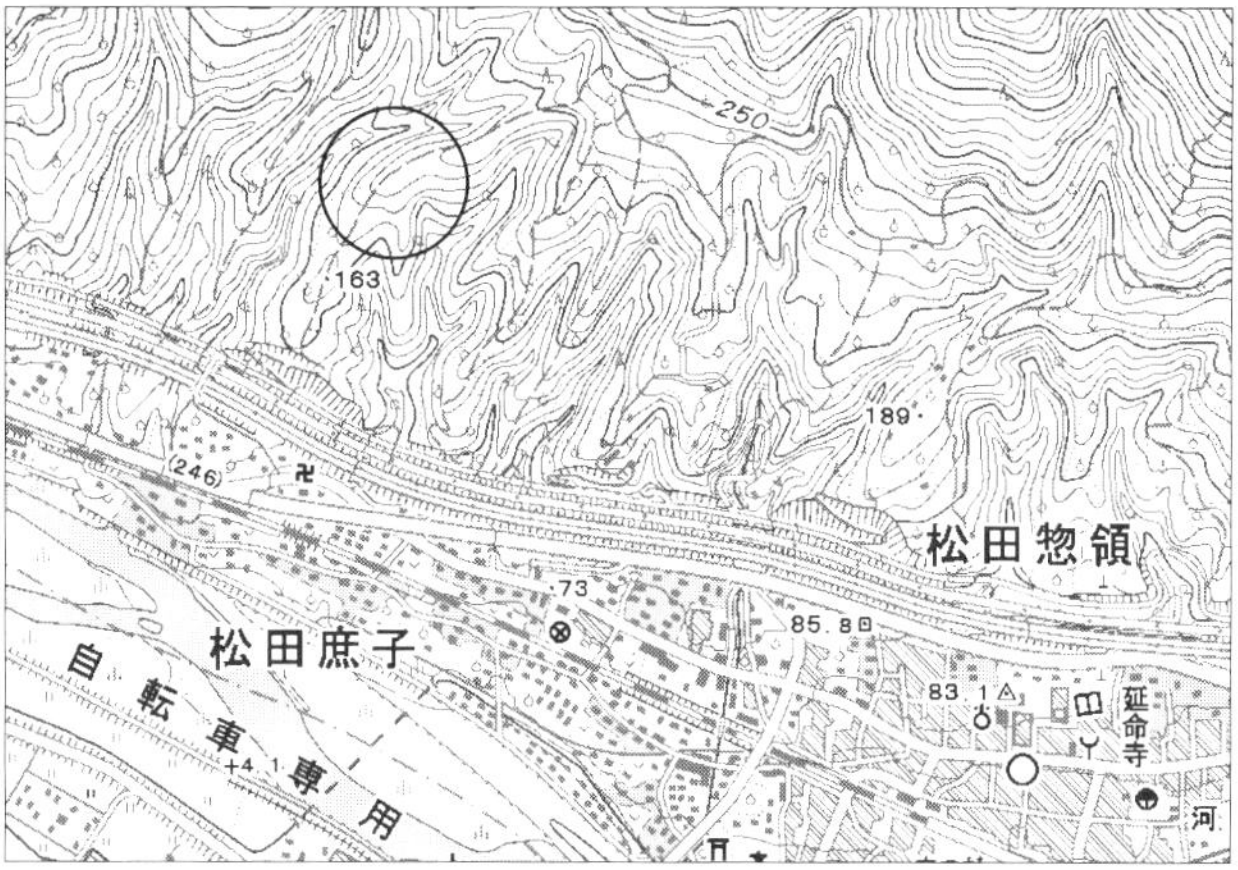

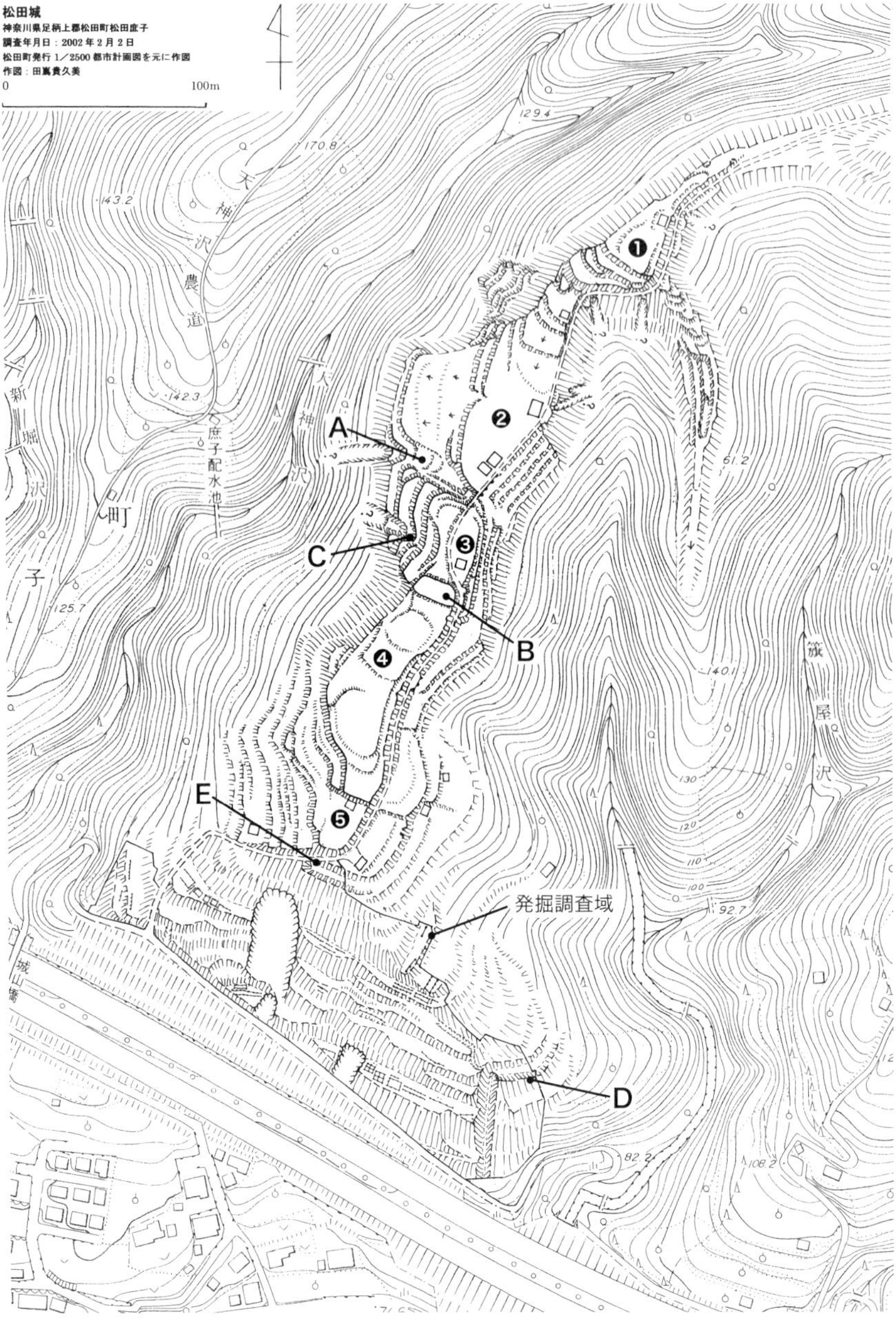
松田城
神奈川県足柄上郡松田町松田庶子
調査年月日：2002年2月2日
松田町発行 1／2500 都市計画図を元に作図
作図：田嶌貴久美
0
100m
A
B
C
D
E
発掘調査域
大神沢
農道
庶子配水池
新堀沢
町
子
簱屋沢
城山橋
170.8
129.4
143.2
142.3
125.7
61.2
140.1
130
120
110
100
92.7
82.2
108.2

堀の残欠らしきものがあるので、この部分でさらに掘り切られていたのかもしれない。こう考えると、二重の堀切A・Cによって遮断されつつ、さらに櫓台Bで守られるこの地点を城の北限と見ることができるので、❶・❷は城外ということになる。

❹は当城最大の面積を持ち、主郭の可能性があるが削平は甘い。曲輪の内部は、さらに二つ程度に分けられていたのかもしれない。❺の先は東名高速道路によって削られてしまっているが、一九八九年、高速道路拡幅に伴い行われた発掘調査により、思わぬ成果が上がった。実線で囲まれた内部が発掘調査で明らかになった遺構で、可能な限り復元してみた。[※1]

この斜面には細長い帯曲輪状の削平地群が築かれ、[※2]柵列・建物・土坑などが複数検出された。曲輪の幅が狭いので、柵と建物で立錐の余地もないような箇所もある。松田城が厳しい状況下に置かれていたことを明示している。また、堀Dは横堀で東に伸びる尾根を切断し、さらに南へ竪堀となって落ち、城外と区切っている。❺の直下にも横堀Eが検出され、現在、畠の段になっている部分に伸びていたようだ。

城跡では、以前から馬具や焼米が出土したようだが、発掘調査でも炭化米が検出されている。反面、武器類の出土はない。つまり極めて切迫した状況下で、兵糧の搬出もできないままに火災で最期を迎えたと推測できる。状況としては河村城と似ているが、障子堀や複雑な虎口がない、堀の規模が小さいといった相違もある。

堀Aを東の農道から臨む

付近を流れる酒匂川

※1　調査報告書の記載に合わせ、復元可能な柵列、獲物のピット（柱穴）間には線を引いている。

※2　これら削平地群は発掘前の測量図を見ると、畠の段として地表にある程度表れていたようだ。よって当城の側面に細かく取り付く段の大半は畠によるものだろうが、中心に近い斜面のものは、なるべく図化した。

松田城が今の姿になった時期に関しては検討を要するが、筆者は上杉謙信（当時は長尾景虎）による小田原攻めがあった永禄三年（一五六〇）頃を想定している。この戦いでは隣接する秦野市や近隣の南足柄市怒田でも戦闘があった一方、基本的に後北条氏は野戦での迎撃を諦めて各地で籠城戦術を採っている。※3 周辺に戦火が迫るに及んで、城を捨てて小田原城などの大規模城郭へ撤退したとは考えられないだろうか。当時の小田原城下は、障子堀を巡らせた屋敷が立ち並び、さながら家臣ごとの小城郭が並んでいるかのような景観だったことが発掘調査でわかってきている。上杉勢により城下が焼き払われた後は、それらを廃し、小田原本城に防御を集中させるという発想の大転換があったようだ。

推測の域を出ないが、こうした発想の転換――すなわち、小田原城が堀囲みの屋敷を廃したように、松田城のような中途半端な規模の城は廃して拠点的な支城に兵力も労力も集中する。このような防衛方針の転換は、上杉勢の略奪で全土が荒廃した相模、引いては後北条氏の分国全体に及んだのではなかろうか。松田城の発掘調査報告書は、一六世紀中葉から後葉に廃城時期を求めているので、その結果とも矛盾しない。当城は後北条期の文献史料に欠けるが、これも後北条最末期までは松田城が存続しなかったことの現れのように思えるのだ。

【ワンポイント】 松田城は車でも登城可能で、案内板の脇に若干だが駐車スペースが確保できる。城下の大蔵院は松田氏の菩提寺だったようで、松田一族のものと伝わる五輪塔が並ぶ。すぐ西にある長谷観音寺の本尊は平安時代の行基作と伝わり、町の文化財指定を受けている。また、城の尾根道を松田山へ向かえば最明寺跡に登り着く。池や本堂跡が残り、古代の瓦焼き窯が移築された史跡公園になっているので、足を伸ばしてみたい。

〈田嶌〉

城下近くの観音寺

※3 上杉謙信（長尾景虎）が管領の上杉憲政を擁して侵攻したため、かつて管領家の被官であった北関東や武蔵の諸勢力はなだれをうって上杉軍に参陣した。後北条軍は主要拠点を保持して敵が攻勢限界に達するのを待つよりほかに、作戦上の選択肢がなかった。

駿河への古道を監視する城か

73 新《しん》城《じょう》

①所在地　足柄上郡山北町川西
②地形図　1／2万5千＝山北
③交通　ＪＲ山北駅からバ丹沢湖方面行バスで清水橋下車、北西へ徒歩20～30分、またはＪＲ谷峨駅から北西へ徒歩40～50分
④おすすめ度　★★

【歴史】築城時期は明確ではないが、武田氏が滅亡して後北条氏が徳川氏らと直接境を接するようになった天正十年（一五八二）以降の文献に、たびたび登場する。「能々致普請」と、大規模な普請もあったようだ。※1

【現況】駿河小山方面から流れる酒匂川と、丹沢湖から流れる河内川の合流点西側にそびえる、城山の山頂に位置する。甲斐と駿河へのルートの分岐点である。山はさほど険しくなく、山頂まで車で行くこともできるが、集落や茶畠になっている。基本的に農道なので徒歩での登城が望ましい。案内板以外は特に整備されていないので、地元の方の迷惑にならないようにしたい。

遠望。河川が合流する地に築かれている

【解説】城山は現在、採石によって独立山となっているが、かつては西側が駿河との国境の谷ヶ山まで尾根続きで、そこから南下して駿河小山駅近くの生土《いきど》城や尾立城付近に達するルート「御厨古道」が通っていたようだ。城はこの古道を内包していたらしく、発掘調査で道跡が見つかっている。※2

※1　『戦・北』一三九七号。
※2　出土遺物の年代観は一六世紀後半なので、文献と一致する。

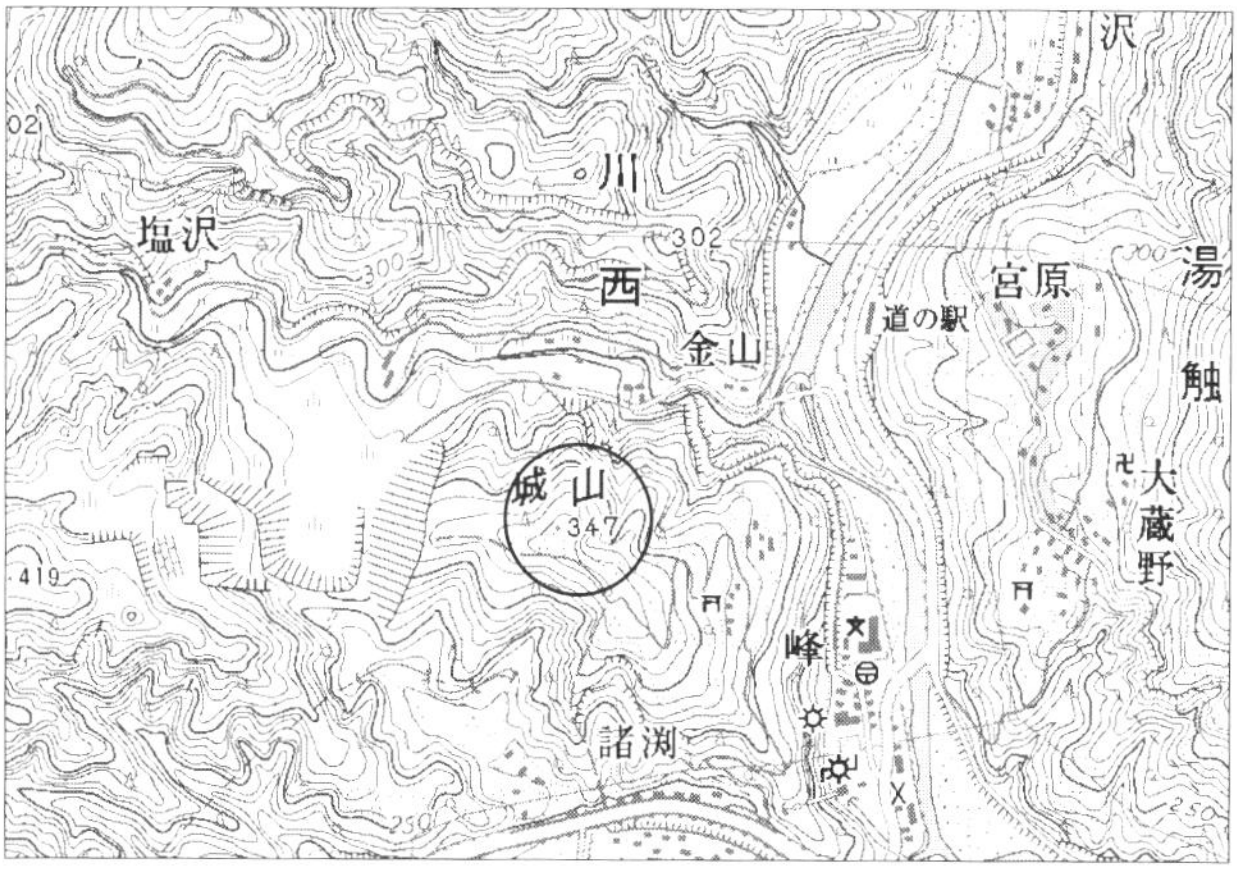

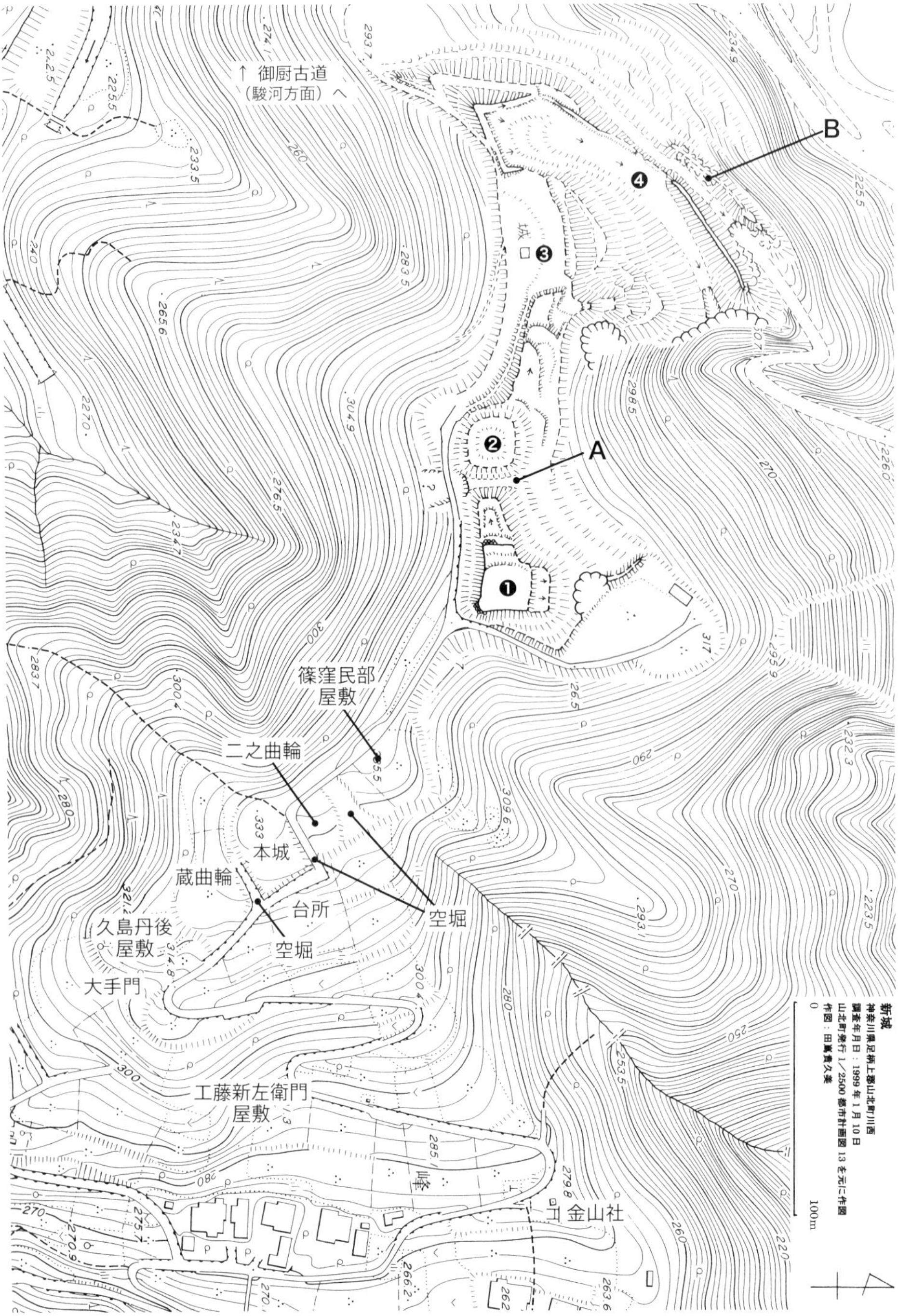
↑ 御厨古道
（駿河方面）へ
B
❹
城
❸
❷
A
❶
篠窪民部
屋敷
二之曲輪
本城
蔵曲輪
台所
空堀
久島丹後
屋敷
空堀
大手門
工藤新左衛門
屋敷
峰
金山社
新城
神奈川県足柄上郡山北町川西
調査年月日：1999年1月10日
山北町発行 1／2500 都市計画図 13 を元に作図
作図：田嶌貴久美
0
100m

最高所は❶で櫓台と伝わるが、全体的に普請が甘い。発掘調査ではAの堀切が障子堀であることが判明した。道跡が検出されたのは、堀の東側である。❷は❶以上に曖昧で、曲輪と認めるのに躊躇するが、もしかすると馬出なのかもしれない。❸は「城口」の名が残り、駿河へ続く道に何らかの防備を施しているようにも見えるが、判然としない。

❹は「鮒窪」の名の通り細長い窪地状を呈する。横堀という見解もあるようだが、自然地形の谷頭に見え、底に富士山の宝永火山灰が堆積している。北や南辺に土塁状に削り残した箇所が見られるので、若干、人の手が加えられているのは確かだ。❹の外側Bも横堀に見えるが、これは採石場による廃道で、この下に砕石に伴ういくつもの段が見られる。

遺構らしいものは以上だが、江戸期の絵図では谷を挟んだ南東のピークを「本城」としている（図2）。山北町は町史発刊に当たり、絵図を元に野心的な復元案を提示しているが、※3その復元案の比定地名も記しておく。この城は、現状では火山灰の堆積や耕地化によって縄張りがわかりにくくなっているが、全体としては、浜居場城に似た「通行監視を主目的とする城」という印象を受ける。普請や城番制による管理の記録が、たびたび出てくるような城には思えない。史料に見える「新城」は当城のことではなく、旧い河村城の再普請という意味での「新城」ではないかとする指摘があるが、※4検討に値する見解である。

櫓台と伝わる城内最高所

【ワンポイント】　谷峨駅近くの近世に谷ケの関所が置かれ、現在集落の片隅に説明板がある。また、集落内の圓通寺は弘治三年（一五五七）の開基と伝わる。同時に見学できるだろう。〈田嶌〉

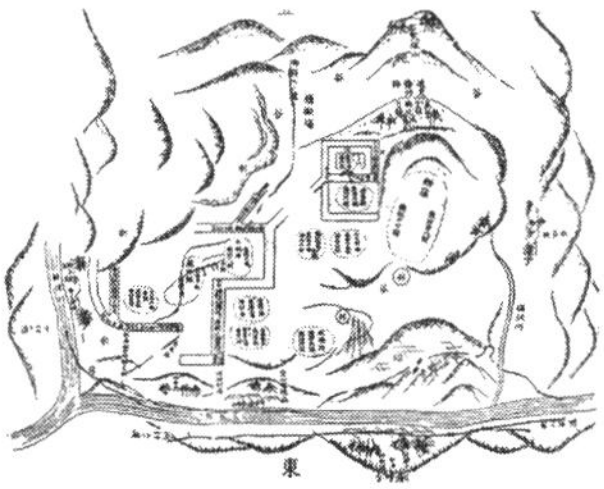

図2　新城絵図

※3　絵図に描かれた堀らしきものと、現在の農道等の形、地形等がかなり一致するので、絵図の地名と現状の場所との比定はかなり正確と思われる。発掘の成果と併せて『山北町史 史料編』（二〇〇〇）にまとめられている。

※4　峰岸純夫・齋藤愼一編『関東の名城を歩く・南関東編』（吉川弘文館　二〇一一）

徳川家康宿営の伝承はあるが……

74 矢《や》倉《ぐら》沢《さわ》陣《じん》場《ば》

①所在地　南足柄市矢倉沢
②地形図　1／2万5千＝関本
③交通　伊豆箱根鉄道大雄山駅から地蔵堂行バスで足柄古道入口下車
④おすすめ度　☆

【解説】『新編相模』足柄上郡矢倉沢村の条では、「御陣場蹟」として小田原の役の際に、足柄峠を越えた徳川家康が陣を取った場所だとの所伝を載せるが、検討を要する。

伝承地は、矢倉沢城の北東1キロの位置にある標高366メートルの小山で、現在は山林や茶畠・蜜柑畠となっている。県道からの入口に案内板があるが、特に城郭遺構らしいものは見あたらない。

小田原の役に際しての徳川軍は複数のルートで侵攻しているので、矢倉沢陣場は徳川軍宿営地の一つとして考えたほうがよいだろう。※ 矢倉沢城を陣場として利用しなかったのは、おそらく、城の周囲に充分なスペースを確保できなかったためで、短時日の宿営ゆえ、本格的な塁壕は築かなかったのではなかろうか。〈西股〉

陣場伝承地の入口には説明板が立っている

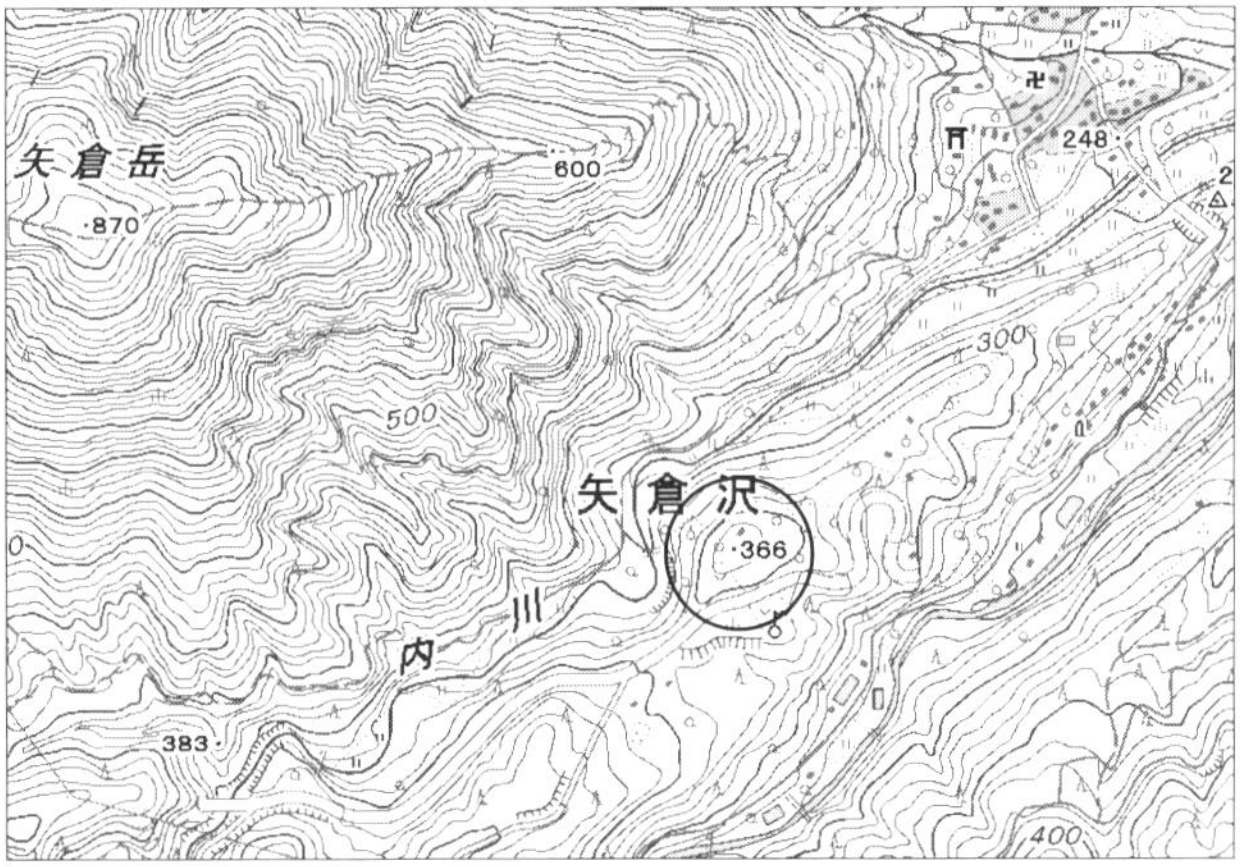

※足柄城を突破して矢倉沢村を通った一隊があったことは確かだが、家康自身は箱根越えのルートをとっている。

足柄峠を守る戦国末期の巨大要塞

75 足《あし》柄《がら》城《じょう》

①所在地　南足柄市矢倉沢／静岡県小山町竹之下
②地形図　1／2万5千＝関本
③交通　大雄山線大雄山駅から足柄万葉公園行バスで終点下車、南へ徒歩15分、駐車場有
④おすすめ度　★★★★

【歴史】　足柄城は、古来より箱根と並んで関東の玄関口であった足柄峠に位置し、静岡県小山町側、すなわち、駿河方面に延びる長大で幅広な尾根上を中心に遺構を展開している。

築城時期は定かではないが、昌泰二年（八九九）には関所が設けられ、中世でも建武二年（一三三五）に足利尊氏と朝廷軍との戦いが山麓の小山町竹之下付近で行われた（竹之下合戦）。戦国期の文献では天文二十四年（一五五五）が初見とされ、武田氏との緊張が高まった永禄十二年（一五六八）以降、たびたび普請が行われたのを確認できる。

特に元亀二年（一五七一）に駿河側（静岡県御殿場市）にあって、後北条側の前線基地であった深沢城を武田側に奪取されて後は当城が最前線拠点となり、後北条氏は河村・足柄両城の普請を指示し、極度に緊張した状況にあった事がわかる。武田勝頼時代の天正七年（一五七九）にも、武田氏が上杉氏と甲越同盟を結んだため再び緊張し、後北条氏は武田氏が織田氏によって滅ぼされた後まで、足柄城付近の通行を厳しく制限した。

武田氏に代わって駿河の主となった徳川氏とは天正壬午の乱以後は和睦するが、徳川氏が豊臣氏に屈服すると事態は悪化し、豊臣氏との緊張が高まった天正十五年（一五八七）以降は、足柄城

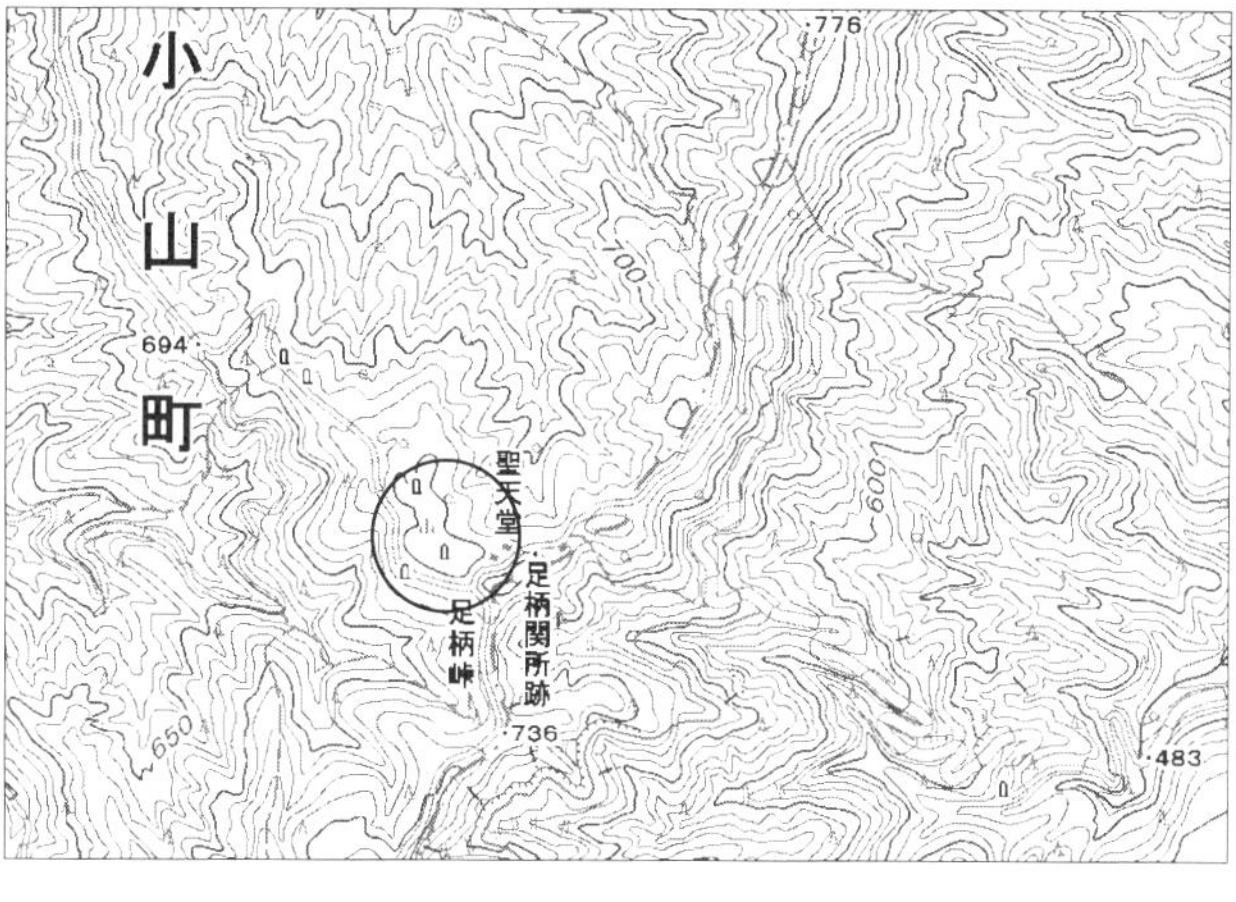

足柄城
静岡県小山町竹之下～神奈川県南足柄市矢倉沢
調査年月日：2009年11月7・8日
2010年1月10・11・17・31日
作図：田嶌貴久美
南足柄市発行 1/10000 及び 1/2500 地形図を元に作図
『ふるさと古城の旅』水野茂図及び
『足柄城現況調査報告書』の図面を参照
0
50
100m
発掘調査で検出された竪堀
A
B
C
D
E
F
G
H
I
J
❶
❷
❸
❹
❺
❻
660
670
680
690
700
710
720
730

足柄山中心部

はもちろん、後北条領内の諸城郭が盛んに普請され、滅亡寸前の天正十八年（一五九〇）まで続けられたようだ。今日見る足柄城の姿も後北条氏最末期のものであろう。

【現況】　城跡は公園化されていて主要な箇所は自由に見学できるが、一部私有地は立ち入りできない。公園なので遊歩道も整備され見学に苦労しないが、藪が密集する場所もあるので注意。なお、冬季はバスが地蔵堂止まりなので、そこから徒歩で登る※1。

【解説】　中心部は❶～❺までの曲輪群で、よく「五連郭」と称される。主郭は❶。高所であるが北辺に「お玉ヶ池」と呼ばれる井戸を持ち、現在もわずかながら湛水している。また、中央部に低い石塁跡のような遺構があり、さらに細かく区画されていた可能性があるが、曲輪内の削平は全体的にやや甘い。

❷に向けては、高さはないが厚い土塁を設けている。だが、この土塁以外、当城には顕著な土塁があまり見られない。

❷は❶より若干低く、幅約２０メートルの堀で隔てられる。この堀の両端は土橋のようになって

上：主郭より富士山を望む。曲輪の削平が甘いのが見て取れる　下：❷と❸を隔てる堀切

※1　地蔵堂から足柄城までは徒歩約1時間。古道がハイキングコースとして整備されているので、歩くのが好きな方は楽しめるだろう。なお、地蔵堂や足柄万葉公園バス停の近くにはトイレがある。足柄城の主郭には東屋等も建っているので、休憩には事欠かない。

上：❷から望む❸。手前に堀切が見える
下：❸の斜面に残る石垣の痕跡

いて、現状では道が通っているので判然としないが、本来は堀障子だった可能性がある。❶と❷との連絡経路も不明である。❷は❶以上に削平が甘い。❷から北東方向へ伸びる尾根の先にあるAは「クラヤシキ」と呼ばれる。

❸は❷と幅約15メートルほどの堀切で隔てられる。この堀は、発掘調査で見つかった竪堀に接続するようだ。❸は❶や❷と違い曲輪のエッジは比較的明確であり、平面型は方形をなす。❷に付属する角馬出と見て良い。北西面には石積みの痕跡をわずかに残す。[※2] ❹との間の堀幅は20メートルを超えるが、これまでと違って土橋で接続する。接続した先のBは、比較的まとまった面積を持つ。❸とBで重ね馬出を形作っていたのかもしれない。Bの南西下には、塹壕状の堡塁Cを設ける。さらに、県道を挟んだ尾根Dは「マタイノダイ」と称される。

❹は、主郭に匹敵する面積を持つ広大な曲輪である。❺との堀幅は最大30メートルに達する長大なもので、最末期の後北条氏系城郭の特徴とされる強力な遮断線を構築している。この

※2　ここ以外にも各所に石材が散乱しているので、往時はかなり石積みを多用した城であったと思われる。

❹と❺を結ぶ導線には、注目すべき遺構が存在する。枡形虎口Ｅと、それに続く堡塁Ｆである。❹とＦ、Ｆと❺は高低差があるものの、土橋で連結される。Ｆは❹に付属する馬出と思われる。つまり❷と❹、❹と❺は、それぞれ馬出❸、馬出Ｆによって連結されているのである。

❺は、❹と同じく駿河側に長大な堀を築き、堀幅は一部３０メートルを超える。長さは❹との間の空堀をさらに上回り、全長１２０メートルにもなる。❹と❺をもって、敵をなんとしても食い止めようとする築城者の強烈な意思を感じる雄大な遺構である。

❻は古道の跡と伝わる。南西の城外側に、当城としては珍しく長大で規模の大きい土塁を持つが、外側斜面は切岸としては緩く、❻の構築に伴い削り残されたようにも見えて、土塁であるかどうかの判断が難しい。古道の防禦や城外側からの遮蔽を目的とした可能性もあるが、後世の街道拡幅による結果なのかもしれない。また、Ｇには導線を竪土塁で守った枡形虎口が見られる。周辺には、さらに寺庭遺構Ｈ、猪鼻口遺構、山の神曲輪Ｉ、明神山曲輪Ｊなど、広範囲に遺構が広がっている。

以上のように、駿河側に向けて執拗に堀を切る、極めて指向性の強い縄張りを持つ。※3 この極端な指向性は、主郭の❶でさえ❷の方向、つまり駿河側にしか明確な土塁が存在しない点からも指摘できよう。

【ワンポイント】歴史深い土地なため、周辺には史跡が多い。主郭のすぐ近くには「新羅三郎義光 笛吹之石」がある。また、駿河側の麓には、金太郎と源頼光が出会ったという「頼光対面の滝」が水を落とす。足柄古道はハイキングコースとして整備されているので、家族連れでも十分歩ける。周辺には、別項で取り上げた足柄城の支城が点在するので、併せて見学したい。〈田嶌〉

※3 ❶と❷は斜面の切岸処理も甘い。この曲輪で包囲攻撃をしのぐのは難しく思える。❸～❺は土橋で連結され、城兵の移動をスムーズにして敵の攻撃に臨機応変に対応し、極力抵抗する。万が一、❺や❹が持ち支えられない場合、少数の殿部隊が❸と❷、❷と❶の間に架けられた橋を落としつつ時間稼ぎをして、主力は撤退する――足柄城で後北条氏が想定した戦い方は、このようなものかもしれない。

足柄古道は良く整備されている

古道を要所でおさえる小城砦群

76 足柄《あしがら》城《じょう》支砦《しさい》群《ぐん》

①所在地　南足柄市〜山北町／静岡県小山町
②地形図　1／2万5千＝山北・関本
③交通　足柄城に同じ
④おすすめ度　★

【歴史】　現在の足柄道は、足柄城を抜けるとすぐ斜面を下って麓の地蔵堂に達するが、中世では現在の県境に沿う尾根を北上して阿弥陀尾砦付近を通っていた。さらに東に進路を変えて浜居場城を経由し、河村城に近い南足柄市内山付近にて平地に達する古道も多く利用された。この尾根筋や、谷峨方面に枝分かれする尾根に城郭遺構が点在し、全体として足柄峠方面を防衛していたのが見て取れる。

【現況】　足柄城と反対側の北東に伸びるハイキングコースを進めば、数分で最初の古檜尾砦に着く。支砦の多くはハイキングコース上にあるが、阿弥陀尾砦はコースから外れていて案内もないので、尾根上の踏み跡を慎重にたどる。丹土尾砦・長土手遺構への道は、一部わかりにくい。古檜尾砦以外は山林である。探訪する場合は、しっかりとした装備で臨むこと。

【解説】　「足柄万葉公園」バス停から一番近い古檜尾砦（図1）は、神奈川と静岡の県境をなす尾根道に位置する。尾根東側（相模側）斜面を掘り込んで、土塁に囲まれた曲輪を整形し、西側（駿河側）に伸びる枝尾根を堀切Aで切断して櫓台Bを設ける。曲輪内の削平は不充分で、地形な

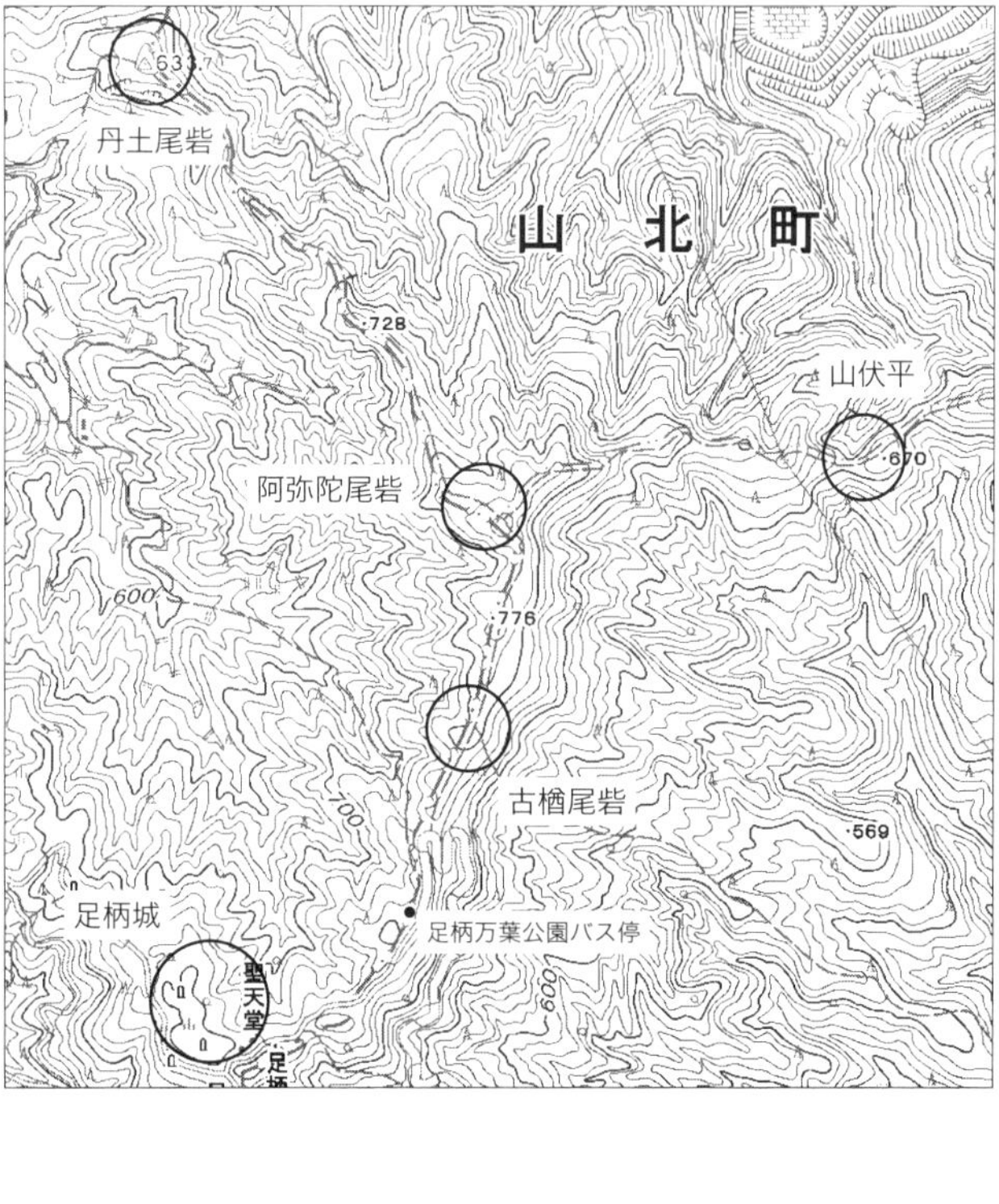

りに東へ傾斜している。また、土塁もあくまで曲輪を整形した結果、削り残した部分が土塁のように見えている感じで、南北両面の外側は切岸として整形していない。一方、西側は急斜面になっているので、ある程度、切岸を普請したようだ。

古楢尾砦からさらに尾根を450メートルほど北進すると、山北町・南足柄市・静岡県小山町の境が出合うピークに達するが、ここが阿弥陀尾砦（図２）である。道も東と西に分かれる分

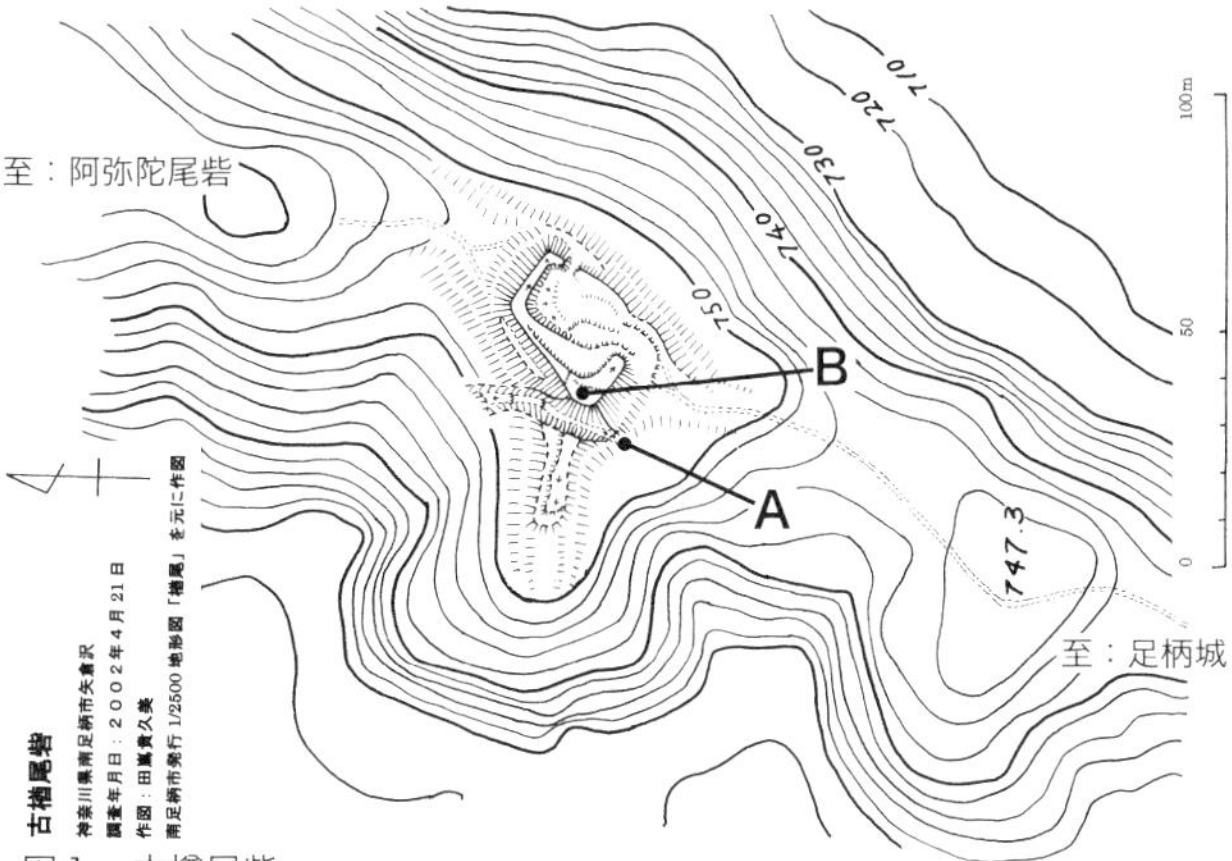

図１　古樽尾砦

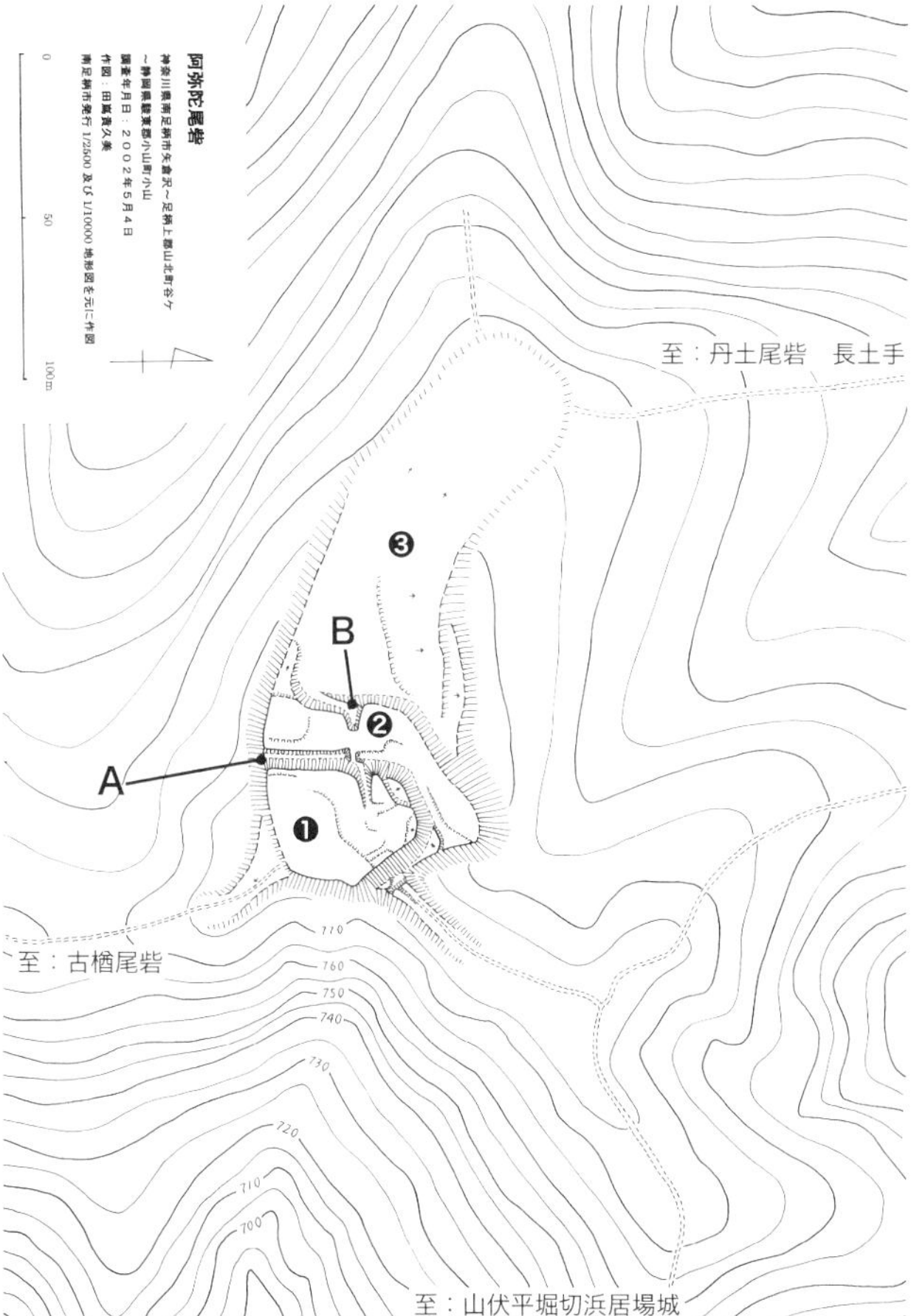

図２　阿弥陀尾砦

岐点で、西はそのまま県境の尾根となり、北東は矢倉岳の北方を回りこんで浜居場城へ向かう重要な場所だ。古楢尾砦同様、主郭❶の西から北西にのみ横堀Aを回している。横堀を越えた帯曲輪❷には、スロープから右に直角に曲げる通路Bがあるが、虎口かどうか断定できない。その南、エッジに沿って西に延びる坂が本来の導線のように思える。砦の西には幅広で比較的平坦な地形❸が続くが、特に何も処理していない。

　阿弥陀尾砦から西に伸びる尾根は西端でさらに2つに分かれ、約1・2キロで丹土尾砦・長土手（図3）に至る。丹土尾砦もまた西側、つまり駿河側へ向けて横堀Aを回し、さらに数十メートル先に堀切Bを重ねる。また、背後（阿弥陀尾砦方面）の少し離れた尾根を堀切Cで切断している。「十三間堀」とも呼ばれる長土手も、現状ではほとんど埋没しているが、西に向けて横堀を築いていたようだ。また西側斜面を下った場所にある平坦地には「古戦ヶ原」の名がある。

　これら支砦群は、駿河側にある「大沢」と呼ばれる谷筋を取り囲むかのように、県境、すなわ

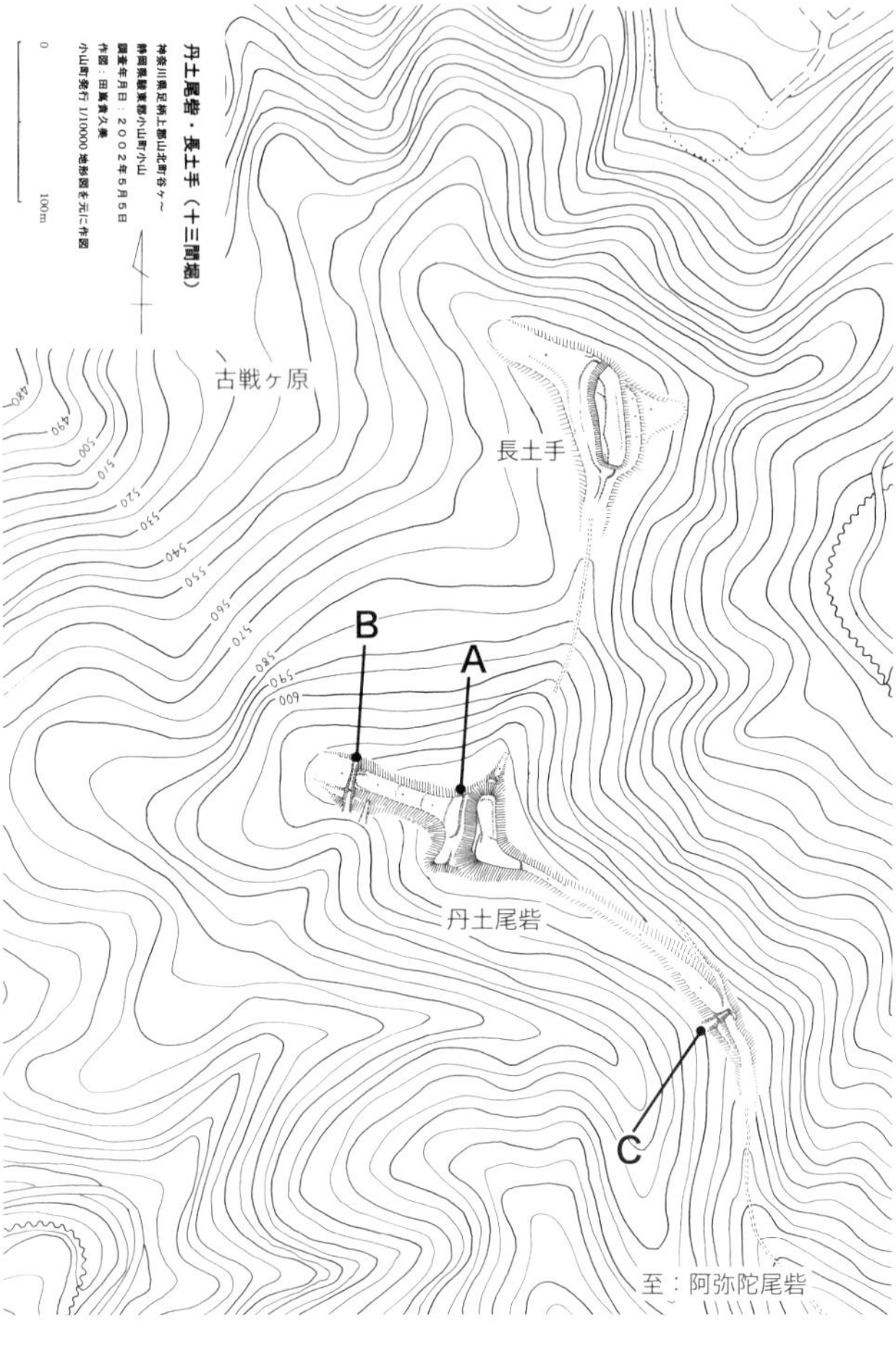

図3　丹土尾砦・長土手

ち相模と駿河の国境となる尾根筋に点在している。大沢からの間道や谷伝いに侵入する敵に備えたものであろう。ただ、堀の規模などは足柄城と比べるまでもなく小規模であること、史料に記載が見られないことをもって、これらの支砦群を後北条氏以前、例えば大森氏時代の産物と見なす意見もあろう。

しかし、阿弥陀尾砦の分岐点を山北町と南足柄市の境にそって東に約800メートルほど進んだ尾根上に、山伏平堀切（図4）という極めて興味深い遺構が存在する。これは、尾根に直交して、幅10メートルに満たない二本の堀切を入れただけの遺構で、堀切に挟まれた標高671メートルのピークはまったくの自然地形である。要するに、堀切は守るべき曲輪を持っていないわけで、単体では城郭遺構と断定する事に躊躇を覚えるほどである。

けれども、「はまいはと足柄之間道往還之事、一切令停止」として、この道の遮断を命じ、さらに「橋をはつし可置、并彼引橋ニ番屋を作、昼夜守手を置」と、足柄城と浜居場城の間に堀を築いて橋を架け、番屋を設置して兵を置き厳重に監視せよ、と命じる天正九年（一五八一）の

山伏平堀切。尾根を断ち切る

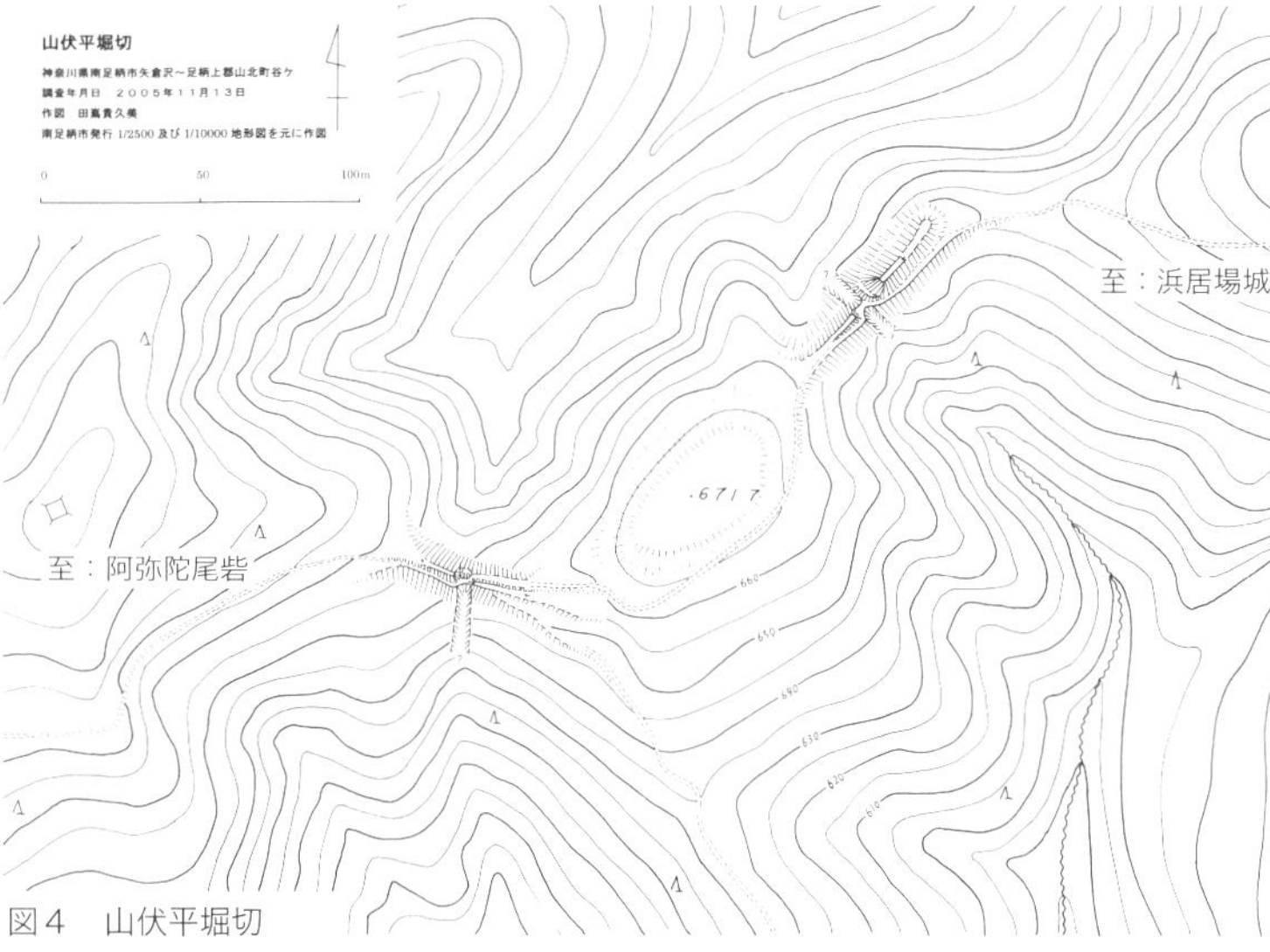

図４　山伏平堀切

※1　『戦・北』二二四一号。

古楢尾砦の土塁と曲輪。曲輪内が若干傾斜しているのがわかる

文書[※1]が存在する。場所から考えて、これは山伏平堀切を指していると見ていいだろう。天正九年段階でも、後北条氏はこのような小規模な施設を築いているのだ。

尾根道[※2]の延長は、浜居場城から足柄城間だけで約4キロに達する。この堀切や足柄城、浜居場城のみでは目的とした交通の遮断は不可能であり、もっと多くの施設が必要だと考えるのが自然であろう。以上のことから筆者は、ほかの支砦群も天正九年頃に後北条氏が整備したものと考える。

また、これら小規模な支砦群は、いずれも西方（駿河側）に著しい指向性を示し、築城者は包囲籠城戦など一切考慮していないことがわかる。おそらく、文書が語るとおり第一の目的は街道の監視であり、戦闘は二の次で「可能な限り防ぐ」程度なのだろう。

支砦群は、概して曲輪面を平坦にする意識に乏しい。地域支配の拠点城郭でもないわけだから、恒久的な建物も必要ないのだ。無用な普請をするなど時間と労力の無駄、というわけである。だがこの「西に対する指向性」と「曲輪を平坦にする意識に乏しい」という特徴は、主城である足柄城にも共通する。無駄なことはせずに、目的に特化した普請のみ行うという、後北条氏の城郭に対する合理的な思想が見て取れるのではないだろうか。

【ワンポイント】　支城群のある尾根が囲む大沢という沢には、金太郎伝説縁の「遊女の滝」がある。なかなか美しい滝なので時間があれば立ち寄りたい。山北側の地蔵堂近くにある「夕日の滝」は雄大で、途中には「金太郎遊び石」もある。

〈田嶌〉

※2　阿弥陀尾砦から山伏平をへて稜線上のハイキングコースを東にたどると、矢倉岳に至る（所要50分ほど）。標高870メートルの矢倉岳は眺望が非常によいのでハイカーに人気の山だが、山頂から矢倉沢本村への下り道は急下降の連続で、足腰がかなり疲れる（所要1時間10分ほど）。

足柄街道を見下ろす監視所か

77 苅野丸山城《かりのまるやまじょう》

①所在地　南足柄市苅野
②地形図　1／2万5千＝関本
③交通　伊豆箱根鉄道大雄山駅から内山・足柄万葉公園行バスで柄沢下車、南へ徒歩15分
④おすすめ度　★

【解説】松田城の支城で松田氏の築城とされるが、実際は不明。箱根外輪山の明神ヶ岳から派生する尾根が、狩川南岸で尽きる先端の小山に位置し、対岸を走る足柄街道を見下ろす。西の足柄峠へは直線で6キロ弱の要地ではある。

かつては全山耕地化されていたようで、その際の段が多数見られるものの、図の通り現状では城と断じるに憚られる。❶は平坦だが切岸らしきものが存在しない。Aの鞍部を堀切跡と見る向きもあるが、建物跡のようだ。ただ、北東に全体と比して不自然なほど明確な竪堀状の遺構Bが二本伸びる。総じて「城郭類似遺構」としか評価できないのだが、城であるとしても、監視所的な役割をもった施設であったろう。

【ワンポイント】城は大半が雑木林なので自由に見られる。※狩川対岸には、慶応二年（一八六六）に建てられた大型社殿が特徴的な足柄神社がある。

〈田嶌〉

明確な竪堀状の遺構が斜面を走る

※車でも登城可能だが駐車場はない。

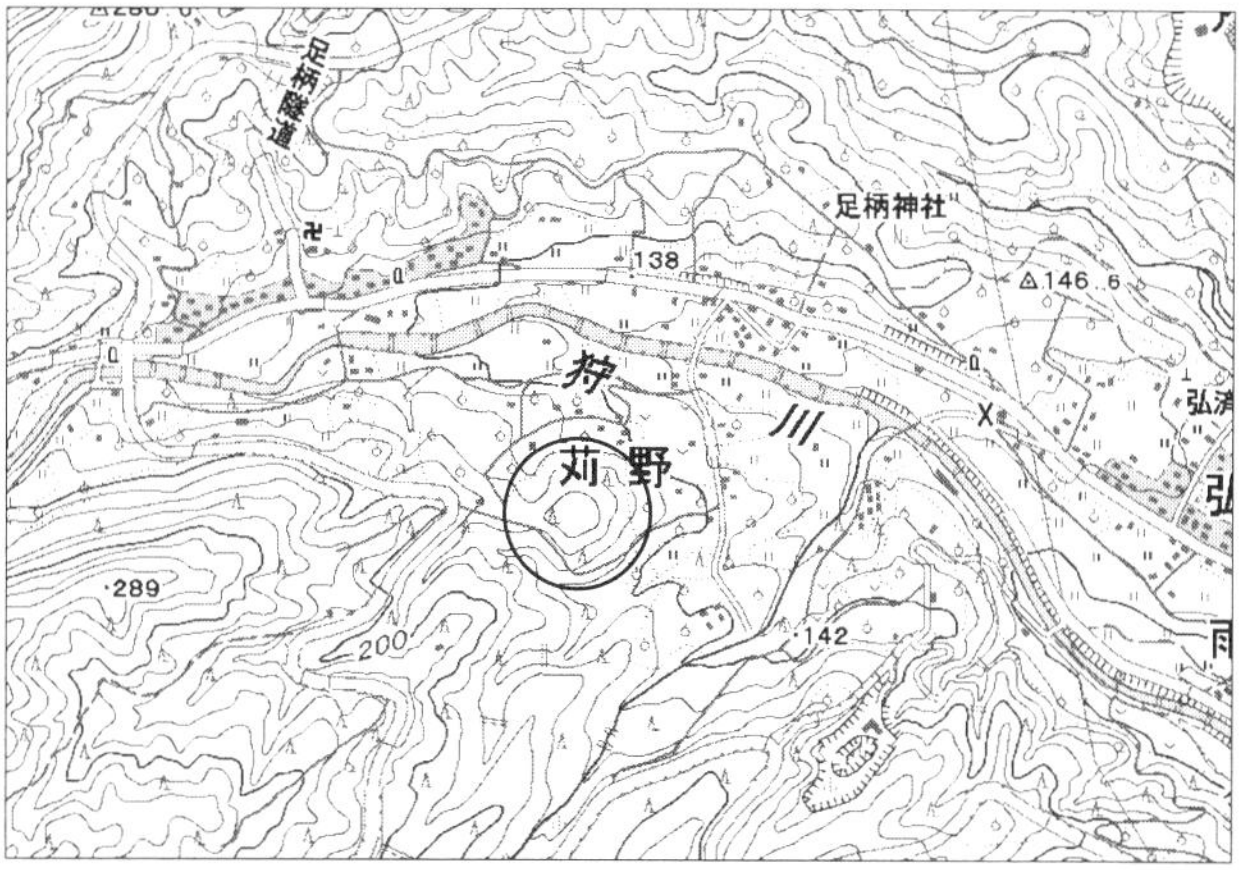

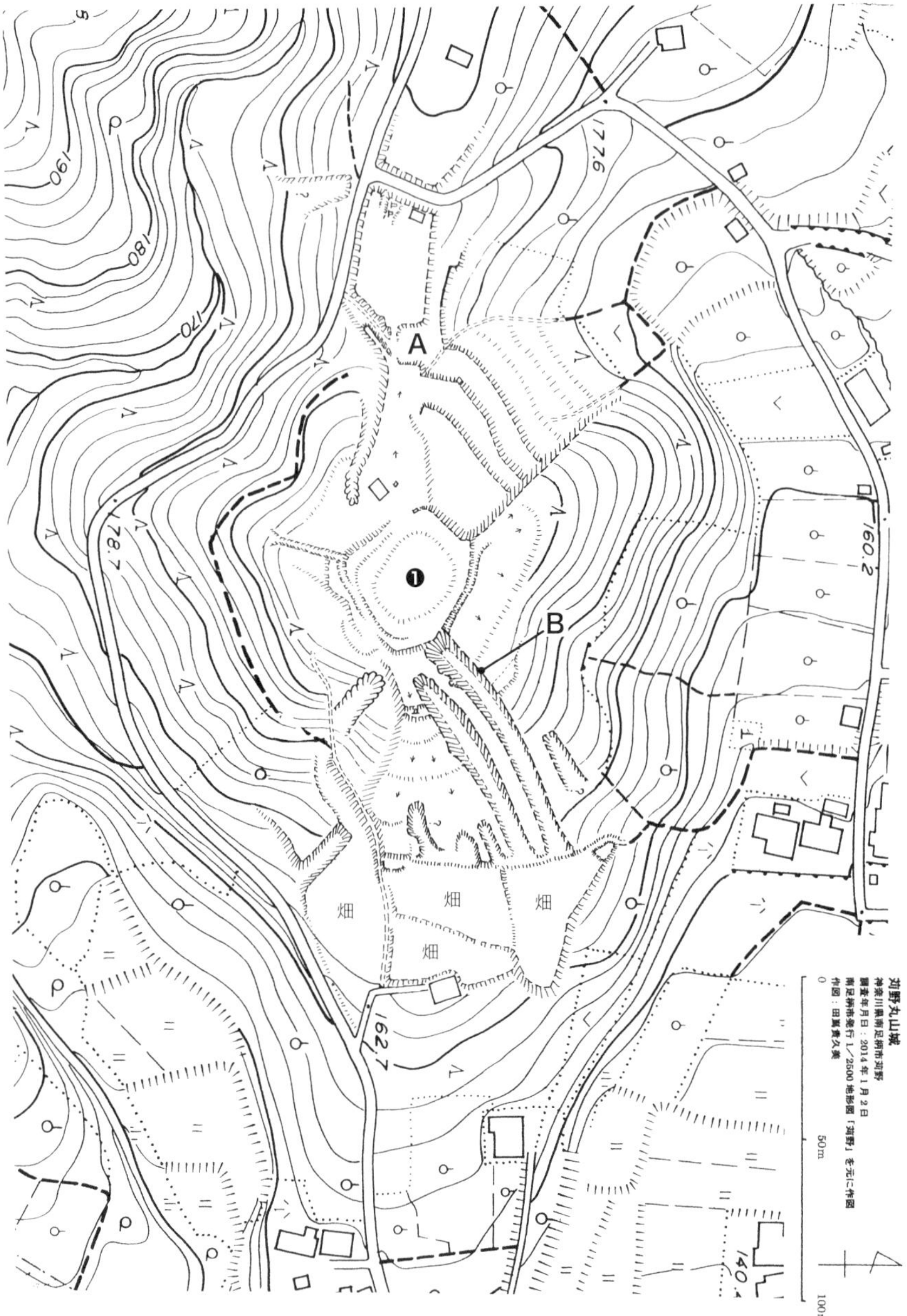
A
B
❶
畑
畑
畑
畑
190
180
170
177.6
178.7
160.2
162.7
苅野丸山城
神奈川県南足柄市苅野
調査年月日：2014年1月2日
南足柄市発行1／2500地形図「苅野」を元に作図
作図：田嶌貴久美
0
50m
100m

苅野丸山城縄張り図

藪の中に眠る巨大な空堀

78 相模沼田城《さがみぬまたじょう》

①所在地　南足柄市沼田字城山
②地形図　1／2万5千＝小田原北部
③交通　伊豆箱根鉄道大雄山線相模沼田駅から西へ徒歩10分
④おすすめ度　★★

【歴史】『新編相模』足柄上郡沼田村の条に「城蹟」として載せ、大森氏の城との伝承や、室町時代に沼田氏が築いた城との推測を記すが、詳細は不明である。※1

【現況】標高67メートル、比高37メートルのこんもりした丘で、大雄山線の車窓からも城跡らしい山容がよく目立つ。この丘を目ざして、地図をよく見ながら城の南側を巻く道に進むと、小さな標識がある。標識の所から登る農道が空堀跡で、城跡は現在、畠や山林、宅地となっているが、主な遺構は藪に覆われている。

【解説】箱根外輪山の裾野が、足柄平野に落ち込む直前の半独立丘に占地している。城の本体は東西180×南北90メートルほどの丘頂部で、これを大きな折のある堀切で東西二つの曲輪（❶・❷）に分割している。※2 ただし、曲輪の内部は畠地化によってかなり改変されており、土塁も東縁にわずかに残るのみで、❶・❷のいずれが主郭であったのか現状では判断がつかない。

二つの曲輪の南北は大きな横堀で防禦されていて、比較的遺存のよい北側では堀幅が15メートルほどもある。これら主要な遺構群の外側には腰曲輪群が展開していて、Aのあたりは虎口や導入路を構成していたようであるが、城の外縁部は粗放な印象を受ける。

あらためて縄張りの特徴を整理してみると、丘頂部に幅広の横堀を廻らせて城の中枢部を形成

※1　沼田氏は波多野氏の支族で、同系の松田氏・河村氏と共に鎌倉～室町期には西相模で勢力を持った。

※2　この堀切は畠地化によってかなり埋められているので、注意深く観察しないと見落としてしまう。

し、腰曲輪や段築群によって外縁部に粗放な陣地帯を形成する技法は、岡崎城や玉縄城に似ており、大きな折れを持った堀切で曲輪を区画する技法は大庭城や丸山城、住吉要害等に通じることがわかる。また、数段の腰曲輪を利用して複雑な導入路を形成する技法は、大庭城や岡崎城と共通している。こうした縄張り上の技法は、全体として戦国前期の特徴を示しているのではなかろうか。大森氏云々という伝承の妥当性はともかくとして、永正の乱に関わる築城である可能性は考慮してよい。

南方から見た相模沼田城

【ワンポイント】巨大な横堀は一見の価値があるが、主要な遺構は藪に覆われていて見学しづらく、初心者向きではない。曲輪内の大半が畠地に、その周囲は宅地となっているので、不用意に入り込まないよう、くれぐれも注意したい。〈西股〉

大森氏の故地と伝わる

79 岩原城《いわはらじょう》

①所在地　南足柄市岩原字吹場・的場
②地形図　1／2万5千＝小田原北部・関本
③交通　伊豆箱根鉄道大雄山線塚原駅から西へ徒歩10分
④おすすめ度　★★

【解説】一般には大森氏頼（寄栖庵）の居館とされているが、『新編相模』足柄上郡岩原村の条では「岩原城蹟」として旧家所蔵の記録を引いて「大森氏の持ち城だったが、藤頼の代の明応年間に北条氏によって落城した」と述べている。

大雄山線塚原駅から国道を渡って坂道を登り、市の福祉施設の所で右折して進むと、手製の小さな案内板があるので見落とさないように。現状は畠や宅地だが、民家の裏手に石碑が立っており、その一画は城跡らしい面影をとどめている。

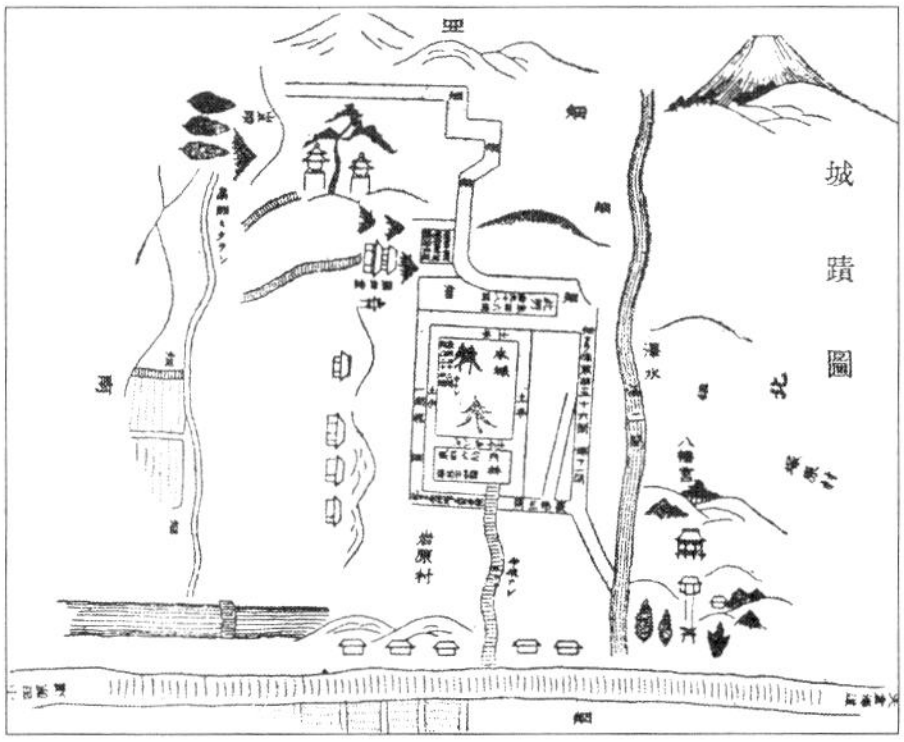

上：岩原城現況。手前の畠は空堀跡である
下：岩原城蹟図　『新編相模』

注意深く観察すると、

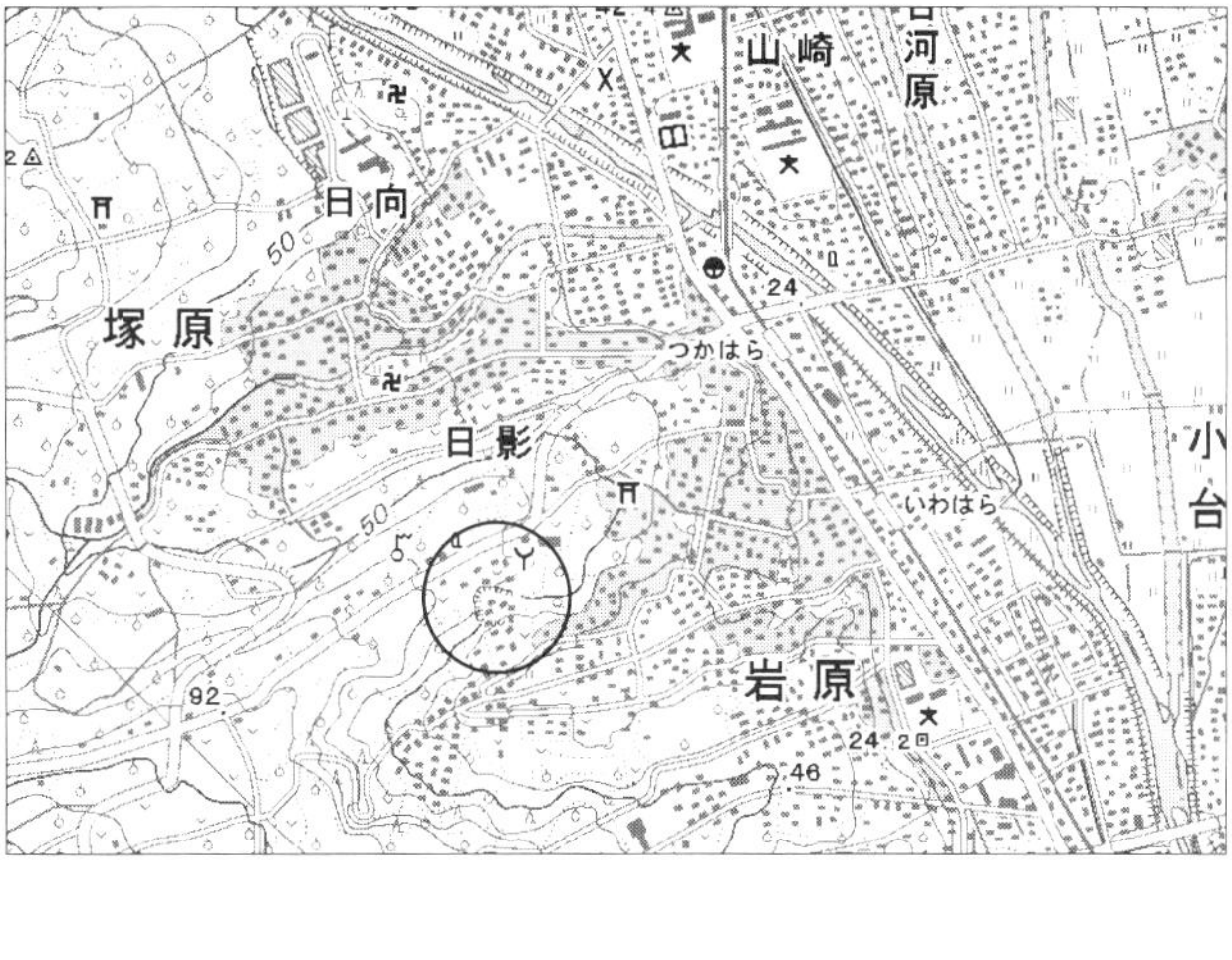

幅広の堀Aで区画された二つの曲輪（❶・❷）があった事がわかる。おそらく、❶が主郭の一部であろう。※縄張りの詳細は不明だが、居館ではなく、永正の乱に際して築かれた陣城である可能性も考慮したい。〈西股〉

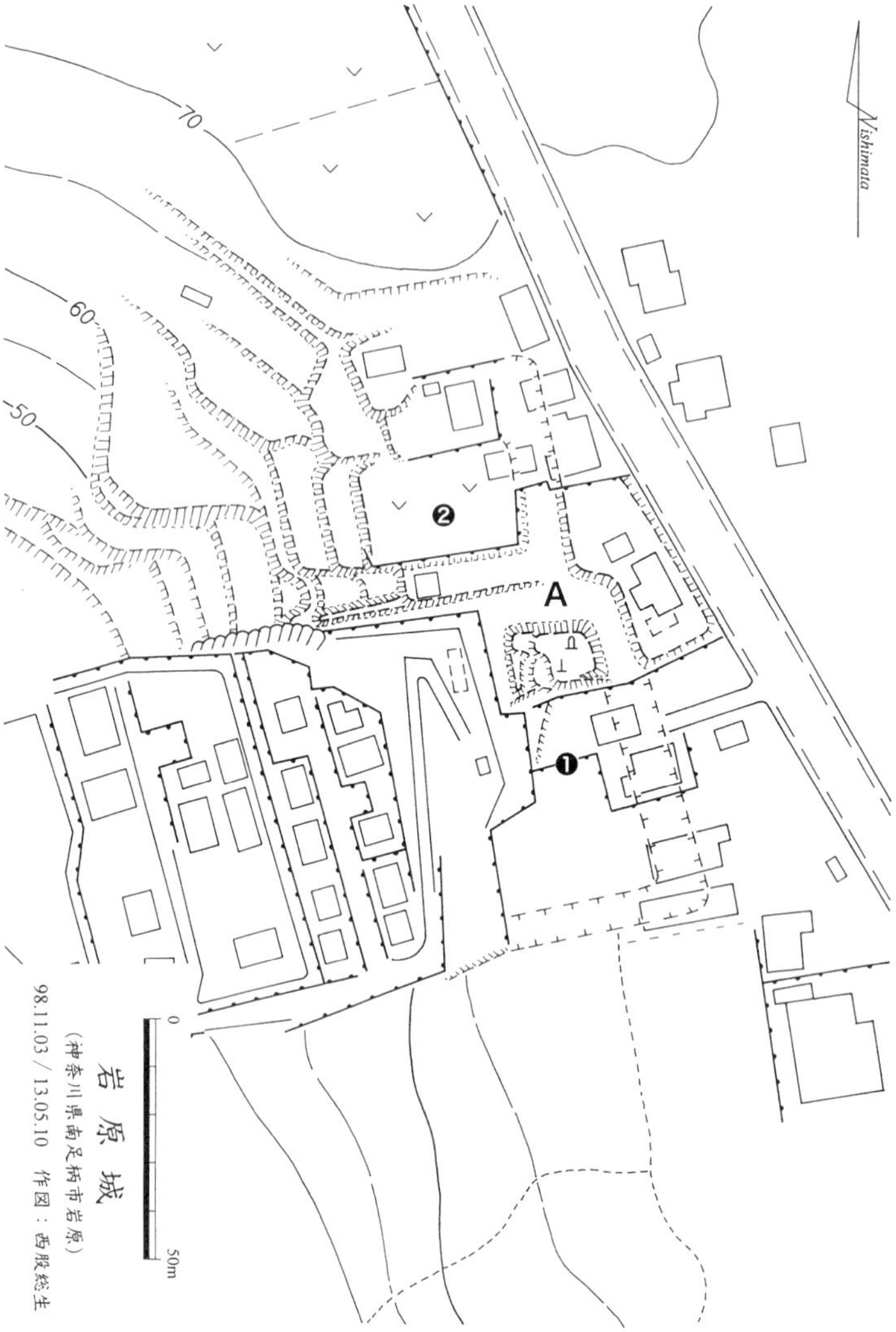

大森氏頼ほか六代の墓　静岡県小山町・乗光寺

※『新編相模』所載の城蹟図と対比すると、❶が主郭と見なせそうだ。

城掟で知られる山城

80 浜《はま》居《い》場《ば》城《じょう》

①所在地　南足柄市矢倉沢・内山
②地形図　1／2万5千＝山北・関本
③交通　JR山北駅から内山方面行バスで内山または平山下車、西へ徒歩約1時間半
④おすすめ度　★★

【歴史】 最初の築城者は大森氏とされるが定かではない。戦国期には後北条氏の持ち城で、足柄城との間の通行監視や、糞尿の処理等を詳細に指示した「はまいは掟」と「掟」でよく知られている。※1

【現況】 静岡県御殿場市に抜ける足柄街道は、今では狩川沿いの低地を通るが、かつては矢倉岳周囲の尾根伝いを進むルート（現在の「浜居場城ハイキングコース」）も使われていた。城はそのルート上、標高700メートルほどの「城山」にある。

【解説】 史料に登場する城であるが、規模はあまり大きくはない。主郭は❶で削平はあまり良くない。地域支配の拠点となり得ぬ当城の性格をよく表している。「櫓台」と呼ばれる馬出Aが西に付く。❶は土塁が巡っていたようであるが、宝永火山灰や近世の耕地化によって判然としない。馬出を出ると❷であるが、ほぼ自然地形の平坦な尾根で100メートル以上も続く。しかしその西端に堀切Bが現れる。

全体的に見ると、縄張りは西側、つまり足柄城方面（さらに言うと駿河方面）を強く意識したものとなっている。逆に東側（山北城・小田原方面）は緩斜面であるが処理しておらず、西側に対してのみ指向性を示す。規模からしても大軍で守るような城ではないので、城掟が指示する通り、通行監視が主目的であろう。もっとも、この周辺で包囲籠城戦に耐えうる縄張りを持つのは、

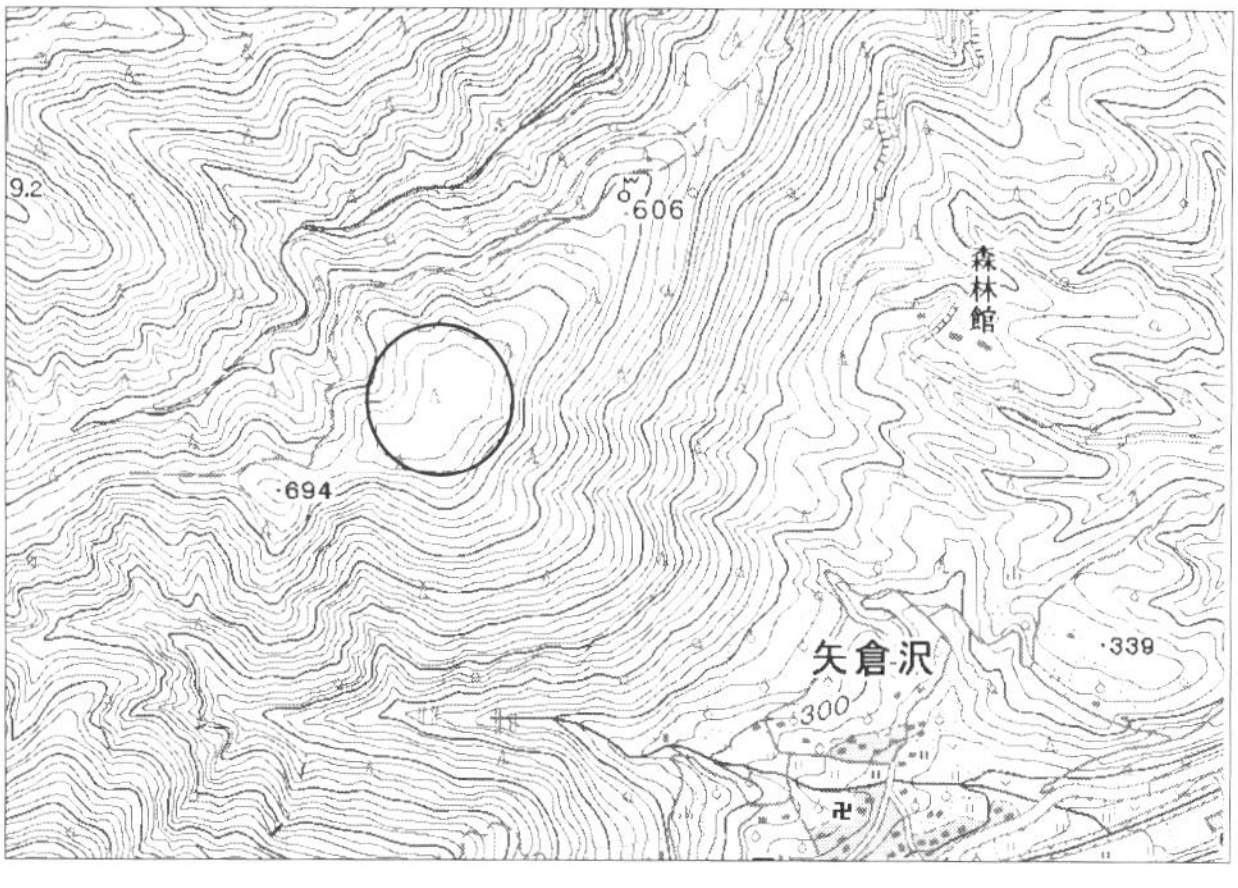

※1　『戦・北』二二四〇・二二四一号。天正九年（一五八一）、武田氏との緊張が高まった時期に出された。

※2　車の場合は、「二十一世紀の森公園」駐車場を利用するとよい。同駐車場から徒歩約1時間。

東方約3・5キロメートルにある河村城のみであり、西側に極端な指向性を示す縄張りは足柄城も同様である。

【ワンポイント】　初心者向けのハイキングコースとして整備されているので、健康な方なら苦労せず登れる。[※2] また、城掟には足柄城との間に引き橋を作り、番所を置いて管理するよう指示されているが、この遺構と思われる矢倉岳近くの「山伏平堀切」も、このコース上にある。足柄城まで続く中世の足柄街道を楽しむのもよい。〈田嶌〉

上：西端の堀切Ｂ　下：城のある峰の東端からは、河村城を見下ろすことができる

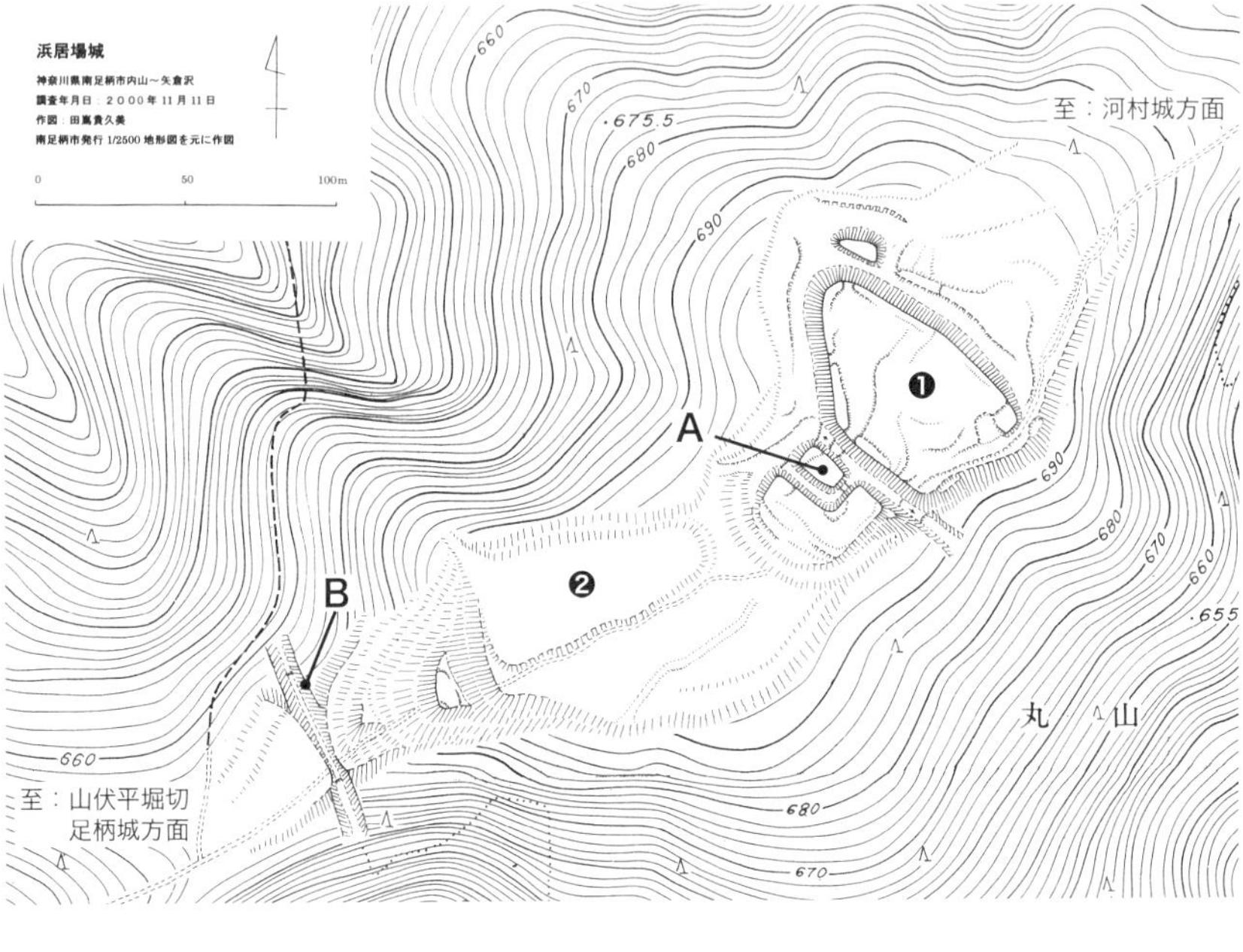

足柄古道の守り

81 矢倉沢城《やぐらさわじょう》

①所在地　南足柄市矢倉沢
②地形図　1／2万5千＝関本
③交通　伊豆箱根鉄道大雄山駅から地蔵堂行バスで足柄古道入口下車、西へ徒歩15分
④おすすめ度　★

【歴史】　足柄峠から足柄平野に下る古道に沿って存在する。『新編相模』足柄上郡矢倉沢村の条には、「大森信濃守氏頼城跡」と記載されているが、詳細な来歴には触れていない。※『大系』は地名をとって「矢倉沢定山」としている。

【現況】　足柄古道入口のバス停から、林道となっている古道を８００メートルほど進んだあたりの右手にある。現状は山林で、案内板は出ているが、遺構のある場所とずれているので要注意。地形図を注視しながら探さないと見つけにくい上、富士山の宝永火山灰が厚く堆積し遺構も把握しにくいので、上級者向きである。

【解説】　図のように変則的な縄張りで、宝永火山灰の堆積で遺構の細部が観察しにくく、縄張りの意図を読み取ることが難しい。まず、主郭❶と曲輪❷の北側を横堀で囲い込みつつ、堀切によって主郭の独立性を確保している。また、北東に下る尾根には堀切を三本入れて厳重に遮断している。曲輪❷には枡形虎口らしい箇所Ａがあるが、そのすぐ西側にも櫓台に面して虎口と土橋とが造ってあるので、枡形虎口がどのように機能するのか理解に苦しむ。

この城の縄張りでもっとも特徴的なのは、尾根の中心Ｂをあえて外し、南側にオフセットした位置を城域としていることである。おそらく、敵を城外のＢに誘引し、横堀で攻撃を防ぎつつ、

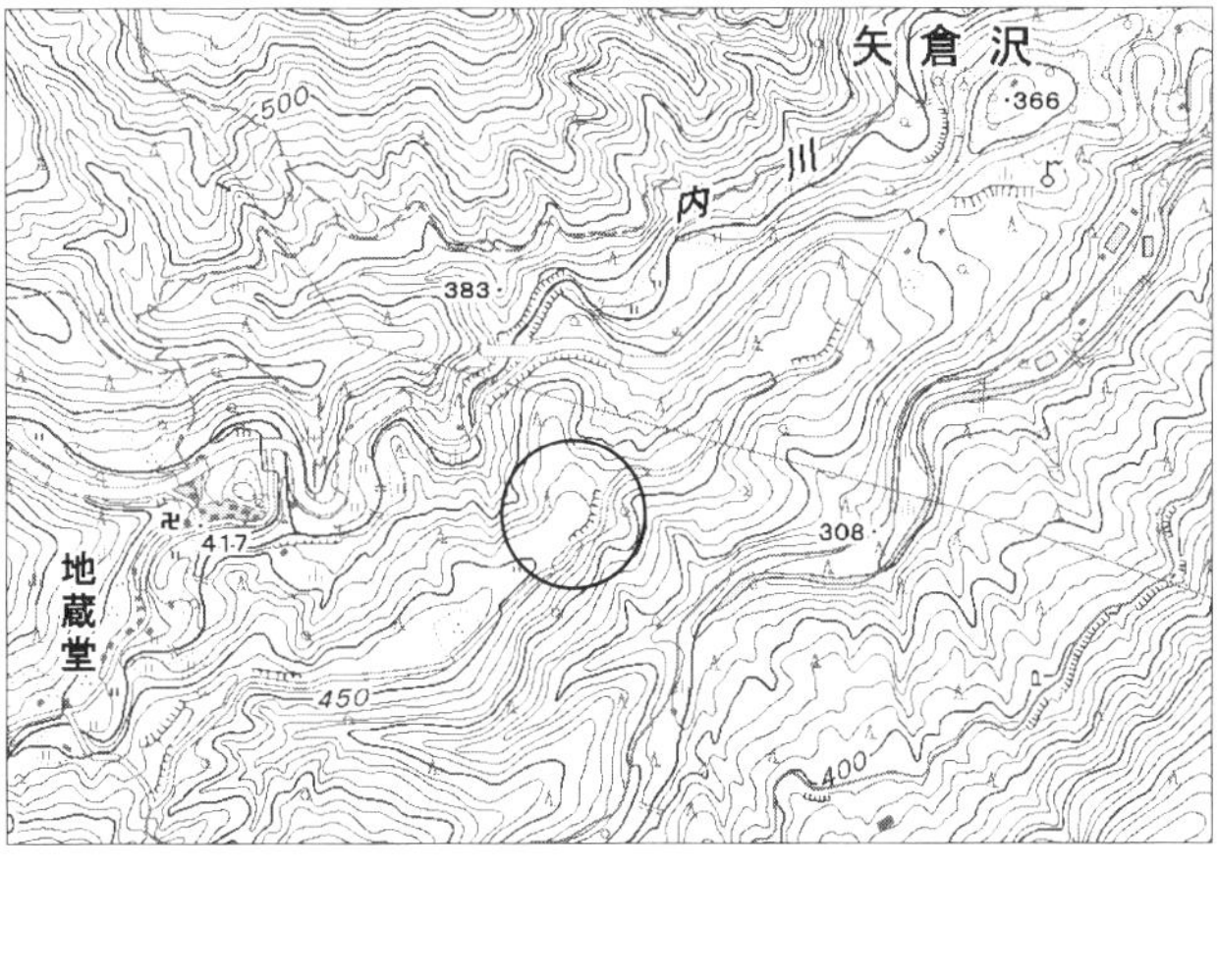

※大森氏の出自については諸説あるが、享徳の乱の過程で西相模に勢力を確立したらしい。氏頼は長尾景春の乱などで扇谷上杉氏麾下の武将として活躍し、明応四年（一四九五）に没したという。

曲輪❷から逆襲部隊を繰り出して敵の側面を衝くような、積極的な戦闘を想定しているのではなかろうか。

また、土塁がほとんど見られない点も特徴である。もともと存在していなかったのか、ごく小さな土塁のために、崩落や宝永火山灰の堆積によって観察できなくなっているのか、考慮する必要がある。

いずれにせよ、足柄峠から下ってくる敵を迎撃するための築城であることは間違いないが、地誌が伝えるように、大森氏の築城に限定してよいかどうかは、慎重に検討する必要がある。

【ワンポイント】　人里はなれた非常に淋しい山の中。訪れる際には充分な準備と心がけが必要だ。

〈西股〉

右手奥の樹林の中が城跡

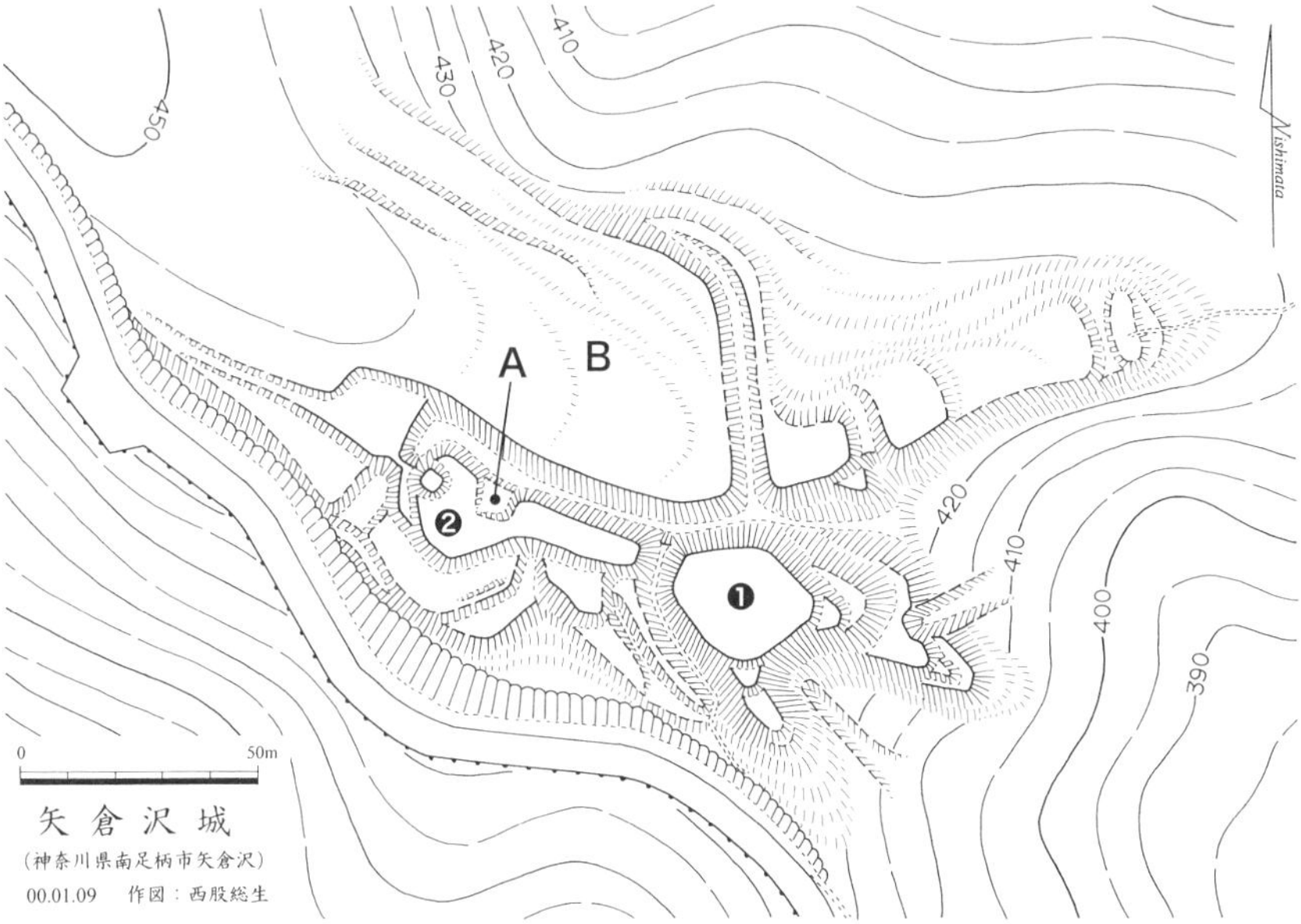

視点4

小田原の役の実像

■秀吉来襲

天正十八年（一五九〇）の三月、豊臣秀吉は総勢二〇万ともいわれる大軍をもって関東に侵攻し、四月には北条氏政・氏直父子の籠もる〈83〉小田原城を完全に包囲するとともに、後北条氏領内の支城をシラミ潰しに攻め落とし、あるいは開城させていった。七月五日には、抵抗を続けていた氏直も城を開いて降伏し、五代百年にわたる後北条氏の関東支配は終焉を迎えた。

この小田原の役は、一般には圧倒的大軍を動員した秀吉による余裕綽々の勝利であり、籠城をつづけていれば敵は兵粮がつきて退散するだろう、と踏んだ後北条氏側の見込みちがいだったように考えられている。しかし、通説的イメージには多くの問題がある。まずは、戦いに至る経緯を整理してみよう。話は少し遡る。

天正十年（一五八二）、織田信長は甲斐の武田氏を滅ぼしたものの、直後に本能寺の変が起きて織田政権は空中分解し、旧武田領は無政府状態となる。この隙を衝いて甲斐に侵攻したのが北条氏直と徳川家康だったが、両軍共に決定的優位をえられないまま戦況は膠着し、結局は武田遺領のうち上野を氏直の、駿河・甲斐・信濃を家康の切り取り次第とする、という条件で講和が成立し、さらに家康の娘が氏直に嫁して両家は同盟関係となる。

ところが、天正十二年に家康と秀吉が対立して小牧・長久手の役がおきると、秀吉は家康と同盟していた氏直を敵視するようになる。結局、小牧・長久手の役そのものは、家康と秀吉との間で政治的な決着がはかられたが、後北条氏の圧迫を受けていた北関東の諸将（佐竹氏・宇都宮氏ら）が秀吉に接近したため、秀吉は後北条氏を討

発掘調査された小田原城の御用米曲輪
写真提供：小田原市文化財課

伐の対象とみなすこととなった。

このの ち、後北条氏と豊臣政権との間では交渉がもたれたものの、後北条氏側では天正十四年の後半頃から秀吉との戦争は避けられないものと認識して、領国全体で総動員態勢をとる方向へと動いていく。天正十八年の関東侵攻は、こうした流れの中からおきているのであって、後北条氏は決して天下の趨勢に背を向けていたわけでも、秀吉の実力を侮っていたわけでもなかった。

しかも、史料をもとに戦いの経緯を丹念に追ってゆくと、実際には意外ときわどい勝負であったことが見えてくる。

たとえば、通説では後北条軍は小田原城を守備するために主力部隊を小田原に集結させたようにいわれているが、〈95〉屏風山塁の項で説明したように、氏直は箱根の複雑な地形を生かした決戦構想をもっていたらしい。だとしたら、小田原への軍勢集結は、決戦兵力としての機動野戦軍を確保する目的で行われたことになる。

■きわどい勝負

次に、緒戦となった伊豆山中城（静岡県三島市）の攻防戦は、半日であっけなく決着したようにいわれることが多いが、この戦いに参加した豊臣方武士が書き残した記録をもとに再現すると、実際の戦いは早朝から夕刻までかかっており、しかもかなりの激戦で、豊臣軍の先鋒諸隊は城側の銃火によって相当の犠牲を出している。豊臣軍は、屍の山を乗り越えるような突撃を繰り返して、かなり強引に山中城を攻略したのだ。

小田原城の攻囲戦についても、通説では秀吉軍が充分な兵粮を用意していたために、後北条軍の目算が狂ったようにいわれがちだが、正確な地図も無線通信手段も参謀本部組織も持たない戦国時代の軍隊が、後方からの補給によって飢えることなく作戦をつづけることは、原理的に不可能である。信頼できる当時の記録を見ても、秀吉軍の陣中は深刻な兵粮不足に陥り、脱走兵も続出して士気がかなり低下していたことがわかる。秀吉は、攻囲陣の中から徳川勢の相当数や、石田三成・浅野長政らの諸将を抽出して関東諸城の攻略に向かわせているが、これは一種の口減らし作戦という性格を帯びていた。

結局、秀吉は小田原城の惣構を破ることができないままに、なし崩し的に長期戦を強いられていたし、各地に分派した諸隊も、多数ある城を攻略する中で徐々に時間を浪費させられていた。後北条軍側の作戦構想は、基本的には間違っていなかったのである。

こうした状況に焦った秀吉は、しきりと城内に調略を仕掛けて、とうとう後北条氏重臣の一角を内通させることに成功し、これに気づいた氏直は内通者を成敗する事態となった。また、秀吉は、麾下の諸将が兵力の消耗を嫌って、後北条氏方の支城を交渉によって開城させてゆくことに不満を募らせ、支隊として行動していた前田利家と上杉景勝に対して、八王子城を力攻めにするよう、厳命を下している。

激戦の末、八王子城を陥落させた利家・景勝からは、多くの城兵の首と捕虜になった女性たちが秀吉のもとに届けられ、これが小田原城外にさらされて、籠城衆を動揺させることとなった。

一方の氏直は、かねてから奥州の伊達政宗と連絡を取りあっており、伊達軍が秀吉の背後を衝くことに期待を寄せていたが、その政宗も結局は秀吉に屈することとなった。こうして、さまざまな状況が不利に傾き、自軍の勝機が失われたことを悟った氏直は、最終的に降伏を決意するに至る。

ちなみに、ポルトガル人宣教師のルイス・フロイスは、氏直がいましばらく抗戦をつづけていたなら、秀吉は攻囲陣を維持できなくなって撤退を余儀なくされただろう、と書き残している。

実際の小田原城攻囲戦は、秀吉軍と後北条軍とのどちらが先に崩壊するか、というがまんくらべのような戦いだったのである。

〈西股〉

秀吉一夜城伝説の虚実を問う

82 石垣山城《いしがきやまじょう》

口絵参照

①所在地　小田原市早川
②地形図　1／2万5千＝小田原南部
③交通　JR東海道本線早川駅から徒歩50分、駐車場有
④おすすめ度　★★★★

【歴史】天正十八年（一五九〇）の小田原の役に際して豊臣秀吉が築き上げた、関東で初の総石垣による織豊系城郭で、一夜城の別名でもよく知られている。もともとは笠懸山城といい、後北条氏の城砦があった。小田原に侵攻した秀吉軍が接収して、四月五日頃から築城を開始し、六月二十五日には一応の完成を見たとして秀吉が入城。この間約八〇日ほどの突貫工事であった。小田原城の北条氏直が降ったのは、直後の七月五日である。

【現況】徒歩の場合も車で訪れる場合も、案内板や行先表示が随所にあるので迷うことはない。通称の由来となった石垣は、度重なる直下地震によって大半が崩壊してしまっているが、残存部分と大量の転石から往時のようすがを偲ぶことは充分可能であるし、曲輪の輪郭はよく残っている。現在も主要部分は苅り払われて整備されているので、城内を歩けば曲輪の輪郭や天守台、虎口の構造など、特徴的な縄張りを容易に理解できる。城域北端の三ノ丸のみは現在、宗教法人の敷地となっていて立ち入りできない。

【解説】本丸❶を中心に、二ノ丸（馬屋曲輪・❷）、三ノ丸❸、西曲輪❹、東曲輪❺、南曲輪❻等が展開し、西曲輪の南には大堀切を隔てて出丸❽がある。[※1] 全体の縄張りは肥前名護屋城[※2]によく似ており、この時期における織豊系城郭の特徴を考える上で興味深い。

※1　出丸は整備されていないので藪である。
※2　秀吉が朝鮮出兵の本営として、天正十九年から築いた城。

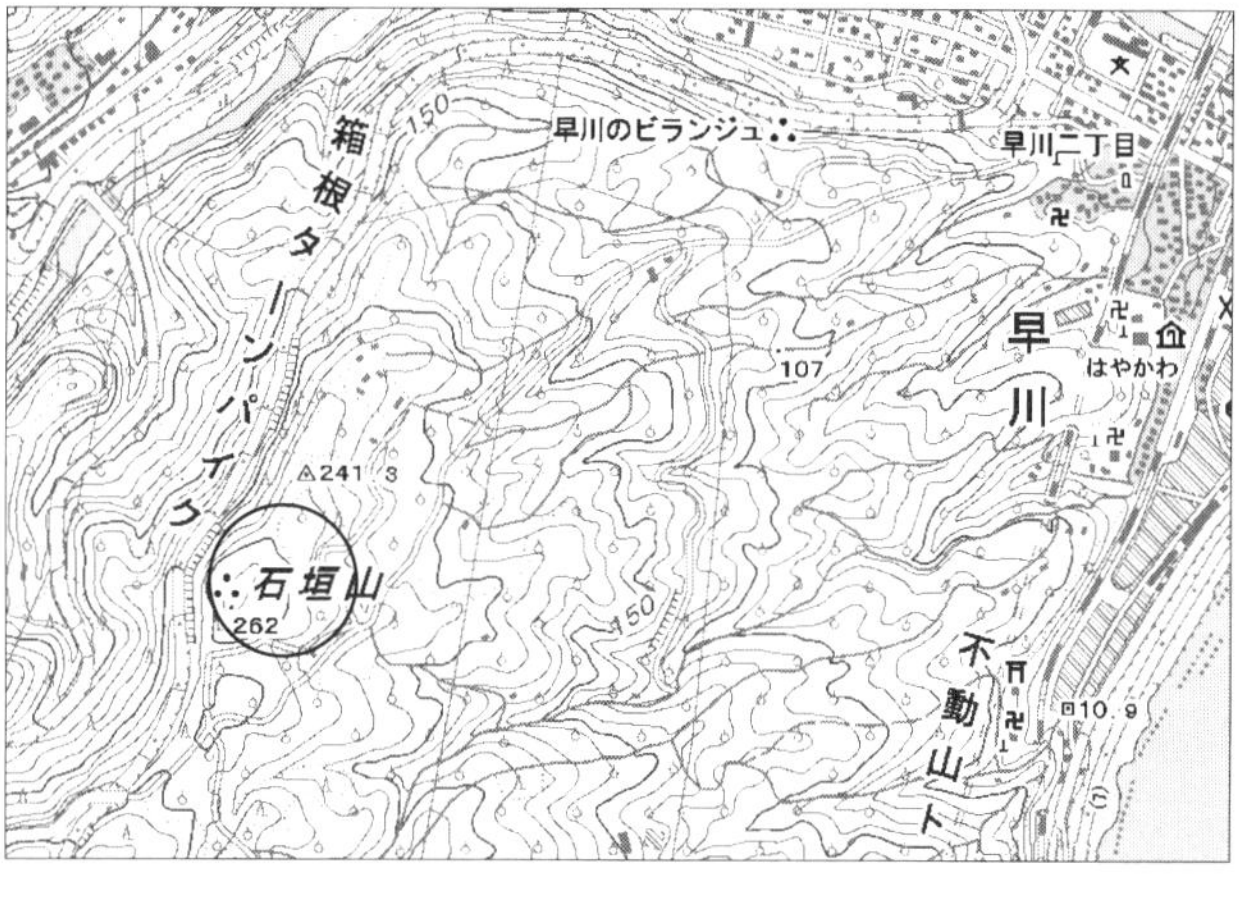

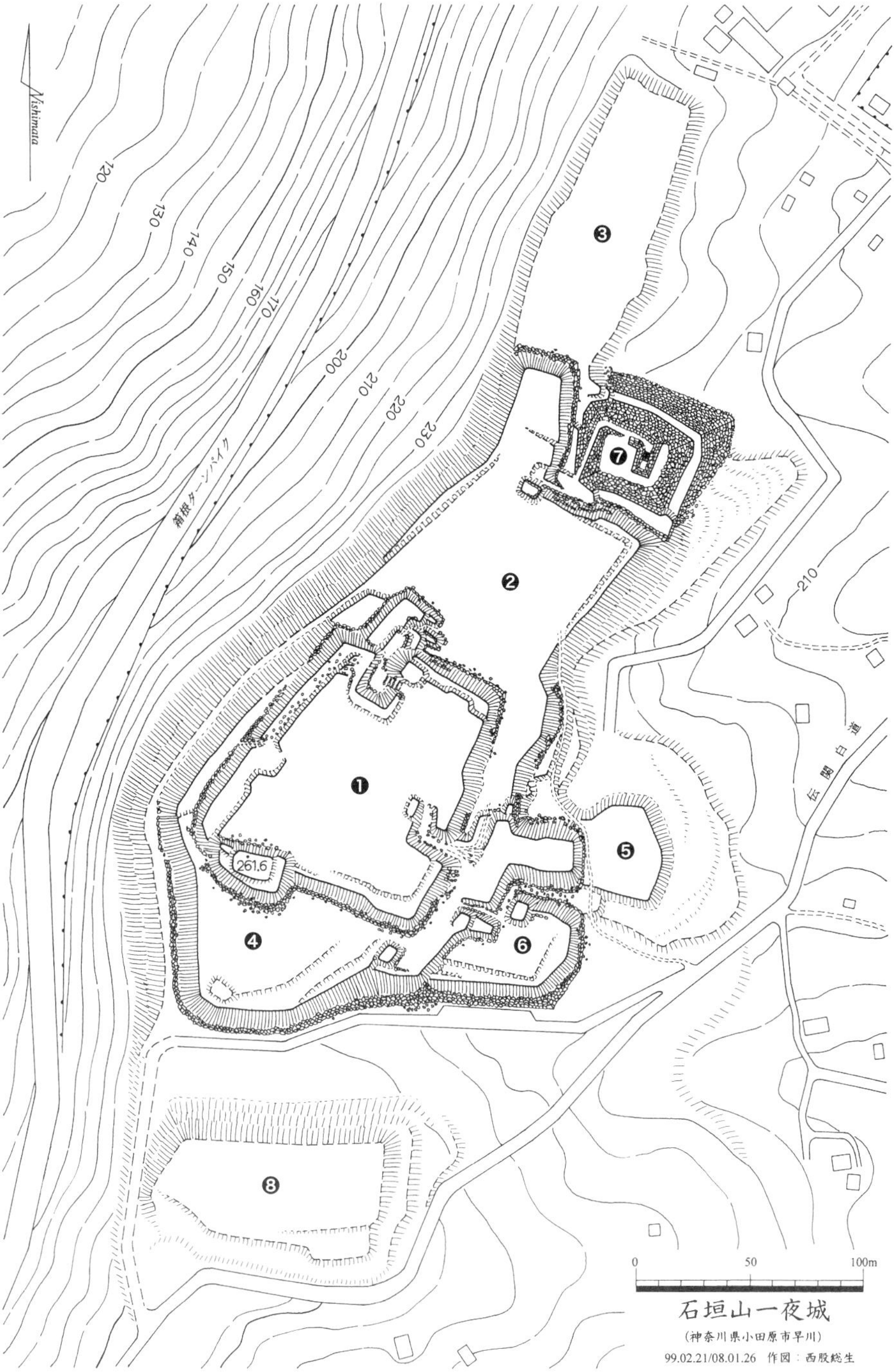
Nishimata
120
130
140
150
160
170
200
210
220
230
箱根ターンパイク
❶
❷
❸
❹
❺
❻
❼
❽
261.6
210
伝関白道
0
50
100m
石垣山一夜城
(神奈川県小田原市早川)
99.02.21/08.01.26 作図：西股総生

南曲輪斜面石垣　写真提供：小田原市観光課

この城の縄張りを見てゆく上で最大のポイントとなるのはやはり虎口で、南曲輪❻から本丸への導線など枡形虎口の連鎖となっているし、二ノ丸から本丸へ上がる虎口も、外枡形と内枡形を組み合わせた厳重な形態で、見ごたえがある。もう一つの重要な見所が井戸曲輪❼で、入念に畳み上げられたみごとな高石垣がよく残っていて、必見である。石垣では南曲輪から西曲輪の外周にかけてのあたりも比較的残りがよいので、これを見逃すのはもったいない。

このような本格的な城を、秀吉はわずか八〇日ほどで完成させてしまい、しかも完成と同時に周囲の樹木を伐採したので、忽然と城が出現したことに驚いた後北条氏側は戦意を喪失して降伏を決意した、と通説では言われている。また、秀吉はこうしたデモンストレーション効果を見込んだ上で、参陣諸将や後北条氏に自らの権力を誇示するために、石垣山城を築いたのだ、とも説明されている。けれども、視点4「小田原の役の実像」にも書いたように、小田原の役をめぐる通説には、いろいろと検討の余地が多い。石垣山城の場合も、占地や縄張りを検討してゆくと、通説的理解にはいくつもの疑問が生じる。

まず、総石垣造りの本格的な城を樹林の中で秘密裡に築造することなど、不可能である。少なくとも城域内とその周囲の樹木は、あらかじめ伐採してしまわなければならない。しかも、石垣山は小田原市内からでもよく見える。つまり、秀吉軍がかなり大がかりな普請を行っていることは、小田原城内からでも望見できたはずだ。

次に、本丸が城域の南側に寄っている上に、天守台の位置も本丸の南端、つまり小田原城側か

地震によってずり落ちた石垣の隅角部　写真提供：小田原市観光課

石垣山城復元イラスト　口絵参照

らは見えにくい位置に設定されている。地形の制約で本丸の場所が動かせないにしても、デモンストレーションを意図するなら、せめて天守は北側に置くべきだ。しかも、縄張りを見ると、虎口部分は渡櫓門だったことがわかるが、隅櫓を置く櫓台がほとんどない。

さらに、この城の天守台付近からは、これまでに天正十九年の記銘を持つ瓦が二点、採取されている。小田原城が開城した天正十八年七月の時点では、城内の建物は瓦葺きではなく、板葺きだったと考えるべきだろう。つまり、秀吉が入った石垣山城は天守以下、白亜瓦葺きの重層建物が林立する形態ではなかったことになるわけだ[※3]。

また、石垣山城は後北条氏の降伏によって機能を終えたわけではない。こののちも秀吉は、北関東や奥羽の仕置きを続けることになるし、この時点では、関東に入部する徳川家康が占領統治を成功させる保証も、北関東や奥羽の戦乱が完全に終息する保証もなかったからだ。石垣山城は、小田原開城後も豊臣政権直轄の戦略拠点として必要であり、家康の入部後もしばらくは機能が維持されていた可能性が高い。だとしたら、小田原開城後も工事は継続され、そうした中で建物も板葺きから瓦葺きに

※3　隅櫓をあまり用いないのは、この時期の織豊系城郭に共通する特徴である。肥前名護屋城も渡櫓門は多用しているが、隅櫓はほとんど築いていない。

井戸曲輪❷
写真提供：小田原市観光課

グレードアップされていった、と考えたほうが自然であろう。※4

おそらく、六月二十五日に秀吉が入城した時点では、本丸の御殿のみがかろうじて居住可能な状態となったにすぎず、全体としてはかなりの工事を残した状態であり、天守も立ち上がっていなかった可能性が高い。また、織豊系の陣城では、巧緻に造られた中枢部のまわりに、一般の兵士たちが小屋掛けをするための粗放な平坦地群を形成するのが普通である。石垣山城の場合も、秀吉が入城したのちにそうした小屋掛けのスペースを得るために、周囲の樹林を伐採しはじめ、結果として小田原城内からも城の様子が以前にも増してよく見えるようになった、というあたりが真相ではあるまいか。

視点4でも説明したように、小田原の役における豊臣軍は、通説的にイメージされているほど余裕綽々ではなかった。少なくとも、当地への築城が決定した三月下旬の段階で、戦いのゆくえを正確に予見することは困難だったはずで、だとしたら石垣山城は、秀吉側が想定しうる最悪の状況に備えて、純粋に軍事的な動機から築かれた、と考えるべきだろう。

つまり、後北条軍の逆襲や長陣による士気の低下によって攻囲陣が危殆に瀕した場合でも、秀吉の安全を確保して戦線の決壊を防ぎ、万一の場合でも全軍の退却を支えるための持久拠点となることを期待されていたのである。

【ワンポイント】　早川駅から城跡までの農道の途中には、小田原の役に関連する人物のエピソードなどを書いた案内板が随所に立っていて、訪れる人を飽きさせない。城跡には駐車場もあるので車での来城が便利ではあるが、海を眺めたり、四百数十年前のできごとに思いをはせたりしながら、蜜柑畠の中をのんびり歩いてゆくのも楽しい。

〈西股〉

※4　家康の関東入封に伴って、東海地方の旧徳川領には中村一氏・山内一豊らの豊臣子飼い大名が入り、一斉に築城に取りかかっている。この時、上方から派遣された職人たちによって石垣山城の建物も瓦に葺き替えられた可能性が高い。

小田原城の小峯御鐘台付近から見た石垣山城

後北条氏歴代の居城　圧倒的な堀と技巧

83 小田原城《おだわらじょう》

①所在地　小田原市城山・城内ほか
②地形図　1／2万5千＝小田原北部・小田原南部
③交通　JR・小田急線小田原駅から小田原城址公園（近世の本丸）へは徒歩10分、城山公園へは徒歩20分
④おすすめ度　★★★★

【歴史】戦国大名・後北条氏の本拠であり、近世城郭として大久保氏・稲葉氏によるプランの改変を経て明治維新まで存続した。後北条氏以前には、扇谷上杉方に属する大森氏が拠っていた。伊勢宗瑞（北条早雲）に攻略され、韮山から動かなかった宗瑞の跡を継いだ氏綱の代に至って本城となった。豊臣秀吉の攻撃に先だって大規模な改修が天正十五年（一五八七）以来続けられ、城下町全体を包み込む壮大な惣構えが形成されたと考えられている。

石垣山城から見た小田原城

【現況】コンクリートで復興された天守などが建つ近世城郭としての中枢部のほか、土の城としての中世の遺構が小峯御鐘ノ台周辺に集中的によく残り、大きな見どころとして整備されている。そのほか、惣構えの土塁は平地部分の蓮上院・新玉小学校裏や早川口に点在し（ただし前者は道から眺められるだけで、立入不可）、堀も水路などでわずかに痕跡をとどめている。

【解説】小田原城は、これまでの発掘調査だけで実に四〇〇カ所以上も行われ、さらに年々新しい調査成果が蓄積されており、本来な

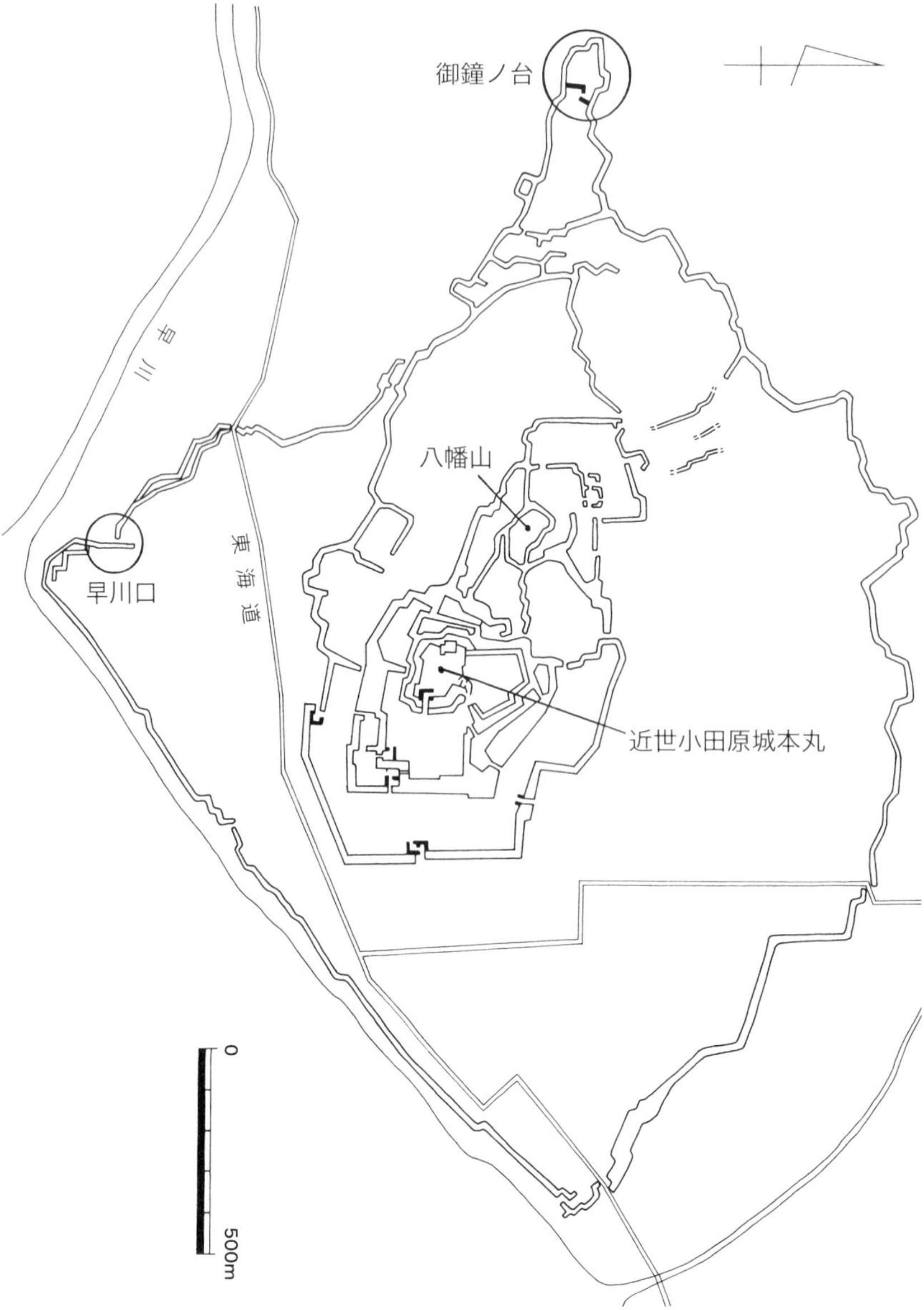
御鐘ノ台
早川
八幡山
早川口
東海道
近世小田原城本丸
0
500m

小田原城全域模式図

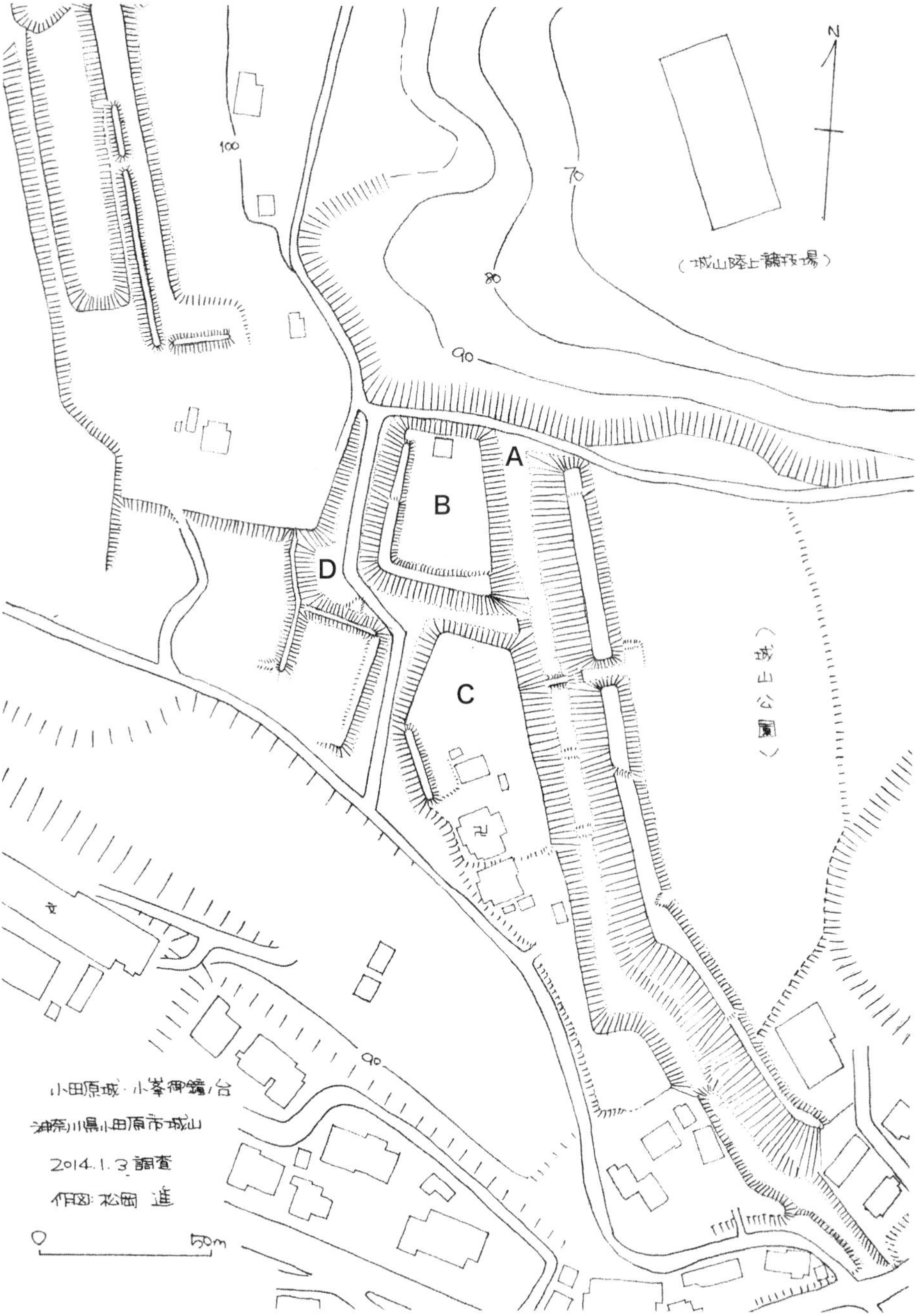
N
100
70
80
90
（城山陸上競技場）
A
B
C
D
（城山公園）
文
90
小田原城・小峯御鐘ノ台
神奈川県小田原市城山
2014.1.3 調査
作図：松岡 進
0
50m

上：小田原城早川口の土塁　下：発掘調査中の御用米曲輪　写真提供：小田原市教育委員会

ら膨大な記述が必要である。[※1] ここでは本書の性格から、探訪者が現状で見学できる地点を中心として、最小限の解説を試みる。

まず、城の中枢部。かつては近世の本丸に対し、そこから尾根続きの西に位置する八幡山古郭を、戦国前期ころの主郭とする有力な見解があった。これは、現在、小田原高校がある地点の東側を中心とするブロックで、近世の伝承と、プラン全体を同心円としてとらえたとき、常に八幡山が中心になっていることをおもな根拠としている。

小田原高校の改築時をはじめ、何度も大規模な障子堀が検出されており、中世にさかのぼる石垣も見つかっている。ただ、発掘調査ではこのブロックでの遺物の出土量は非常に少なく、天正年間（一五七三～九二）より古いものはさらに少ない。天正十八年の豊臣軍の攻城戦の際に作成された「小田原陣仕寄陣取図」[※2]で、ここに「本城氏政」と記載があるところから、当主・氏直のいた主郭とは別に、隠居した氏政がいたと推察されている。遺構は、この時期に成立したものと考えられている。近世の本丸は、西から突出した尾根の先端にあたり、一貫して城の中心だったのである。

※1　小田原城については『小田原市史』別編　城郭（一九九五）が詳しく、近年の成果は佐々木健策「小田原本城にみる築城技術」（東国中世考古学研究会『小田原北条氏の城郭』二〇一〇）にコンパクトにまとめられている。

※2　山口県文書館蔵（「毛利文書」）。

※3　障子堀は、後北条氏の城郭に事例が多いことから、後北条氏特有の築城技法と考えられたこともあったが、発掘調査では北関東の城郭などからも障子堀が見つかっている。現在では、関東地方を中心として普遍的に見られる築城法と見るのが一般的である。

次に、小峯御鐘ノ台周辺。これは八幡山のさらに西、城山陸上競技場が造られている谷の南側の尾根で、東寄りの一角は城山公園として整備されている。公園の西端にクランクをもった土塁がめぐり、その外側に大規模な堀切（東堀Ａ）が掘られている。南側は斜面を下る竪堀となり、相洋中学・高校に面する道路に達するまで掘り下げている。上幅は２５～３０メートル、内側の土塁からの深さは１２～１５メートルにおよぶ。発掘調査でも障子堀[※3]だったことが確かめられているが、現状でも数カ所の隆起が見てとれる。

その外側にもさらにクランクした堀（中堀Ｄ）がある。注目すべきは、その内部の北側、鉄塔の建つ区画Ｂが、南・西の二方を土塁で囲まれていることである。この区画は、南側の蓮船寺のある区画Ｃを上位の曲輪として俯瞰する一方、塁線を張り出させて西方への射撃の起点となる。外に開く虎口はない。内側につなぐ橋も蓮船寺の区画からかけられていて、この区画は独立したようになっている。これは深見城でも見られた土塁囲みの小郭であり、火力の集約的使用をめざした施設である。

小田原城をはじめと

上：御鐘ノ台　東堀
下：御鐘ノ台　東堀のクランク

氏政・氏照自害の図『絵本太閤記』

JR小田原駅前の北条早雲（伊勢宗瑞）銅像

御鐘ノ台　堡塁Bを囲む土塁

する後北条氏末期の長大な防禦ラインは、圧倒的な数量の射撃兵器をフラットに配置することを前提としたように考えやすいが、その中にあって、なお集約性が追求されていた。同様のことは東堀のクランクについても指摘できるし、ほかで有名なところでは、山中城（静岡県三島市）の馬出[※4]も同様である。

この西側は一部破壊されているが、北から大きな堀（西堀）が食い込み、その内側に土塁が沿っている（この地点は施設の敷地内で見学はむずかしい）。この堀と土塁は、そのまま惣構えに接続している。

以上の三重の堀でこの地点を遮断しているのは、ここから先が城域内の最高所であったためである。西堀の外の標高は110メートルで、さらに西へ向かってゆるやかに地形が高まっていくが、これに対し、東堀の内側は98メートルで、その差は10メートル以上ある。地形の弱点を、大規模な普請と細かなテクニックで最大限に補強しているのである。物構えを含むこの時期の縄張りを、土木作業を集中的に投入しただけの単純な防禦ラインの設定ととらえてはならない。壮大な普請と細心な技巧の共存をこそ読みとるべきである。

【ワンポイント】　城下の本町三丁目、本町遺跡第Ⅲ地点で障子堀が出土している。遺物から、一六世紀初頭から前半、つまり城内最古の障子堀とされ、しかも後北条時代の堀の多くが古図に記載されているのに、どれとも一致しない。小田原城と直接の関係をもたない遺構などともいわれるが、今後の検討が待たれる。〈松岡〉

北条氏政・氏照兄弟の墓　小田原市

※4　山中城で「西櫓」と呼ばれている場所は実際には馬出で、国道一号線の拡幅と宅地化によって原形を失ってしまった「南櫓」も、同様に馬出であった。「西櫓」は三方を土塁で厳重に囲まれており、堡塁としての機能が強いことを看取できる。

わずかな土塁と四周の水路に面影をとどめる

84 下《しも》堀《ほり》城《じょう》

①所在地　小田原市下堀
②地形図　1／2万5千＝小田原北部
③交通　JR御殿場線下曽我駅から南へ徒歩15分
④おすすめ度　☆

【歴史】はっきりした伝承はない。現地の志村氏の先祖・志村左膳は武田氏の旧臣で、主家滅亡の後ここに居を構えたと推定されている。

【現況】志村氏の子孫が分かれて居住している。無断立ち入りは不可。周辺も急速に宅地化しているため、住民のプライバシーを侵すような場所への立ち入りは厳禁。

【解説】西辺の南部に土塁が残っている。直線的なプランで、塁線の折れは認められない。近年までは北辺と西辺の北部も、図示したとおりよく残っていて、北西隅は少し広げられて祠が建ち、約3メートルにおよぶ高さがあったが、宅地化で全壊した。南西隅も一段高いが、どちらも櫓台というほどの広さではない。

堀は旧状をとどめないが、水路となって四周をめぐっている。この水路にも折れはまったくない。水は北から南へ、西から東へと流れ、東南隅から暗渠となって東へ流れ去る。つまり、北へ高まっていく地形に対応して、土塁は北寄りを高く積み、見とおしを遮断しているのである。堀は戦前まではよく残っていて、東側で5・5メートル、ほかも3～3・6メートルの幅があったと伝える。※1

北側を走る道路の造成にともない、二〇〇七年にかながわ考古学財団によって発掘調査がおこなわれている。これによって、北側の堀が二重になっていたこと（連続する二重堀ではなく、間隔

※1　『小田原市史』別編　城郭。なお、同書は「下堀方形居館」としている。

が10メートルほど空く）、新発見の外堀も北西端で南へ直角に曲がること、さらに西でも同じ方位をもった溝が掘られていることなどが確認された。二重の堀を少し間隔を空けて掘るのは、関東地方の平地の城に多く見られるパターンである。また、西部の同じ方位をもつ溝は、周囲の遺物・遺構が少ないことから、田畠の用水路か土地の区画溝かと推定されている。単独の平地城郭を含んで周囲が一体で開発された姿が想定される。

発掘調査で出土した笄には花菱の紋章があった。志村氏が武田氏旧臣と伝えることが、あらためて思い合わされる。出土陶磁器が示す年代は、一三～一六世紀であった。ただ、出土遺物の様相からは、一六世紀に堀の埋没が始まっていたことが想定されている。この事実をそのまま受けとるなら、志村氏の居住以前からこの城は存在していたことになる。※2

【ワンポイント】東南に隣接する満福寺は、建長六年（一二五四）創建と伝える。〈松岡〉

上：堀は住宅地の中に水路となって残る
下：民家の敷地内に残る土塁

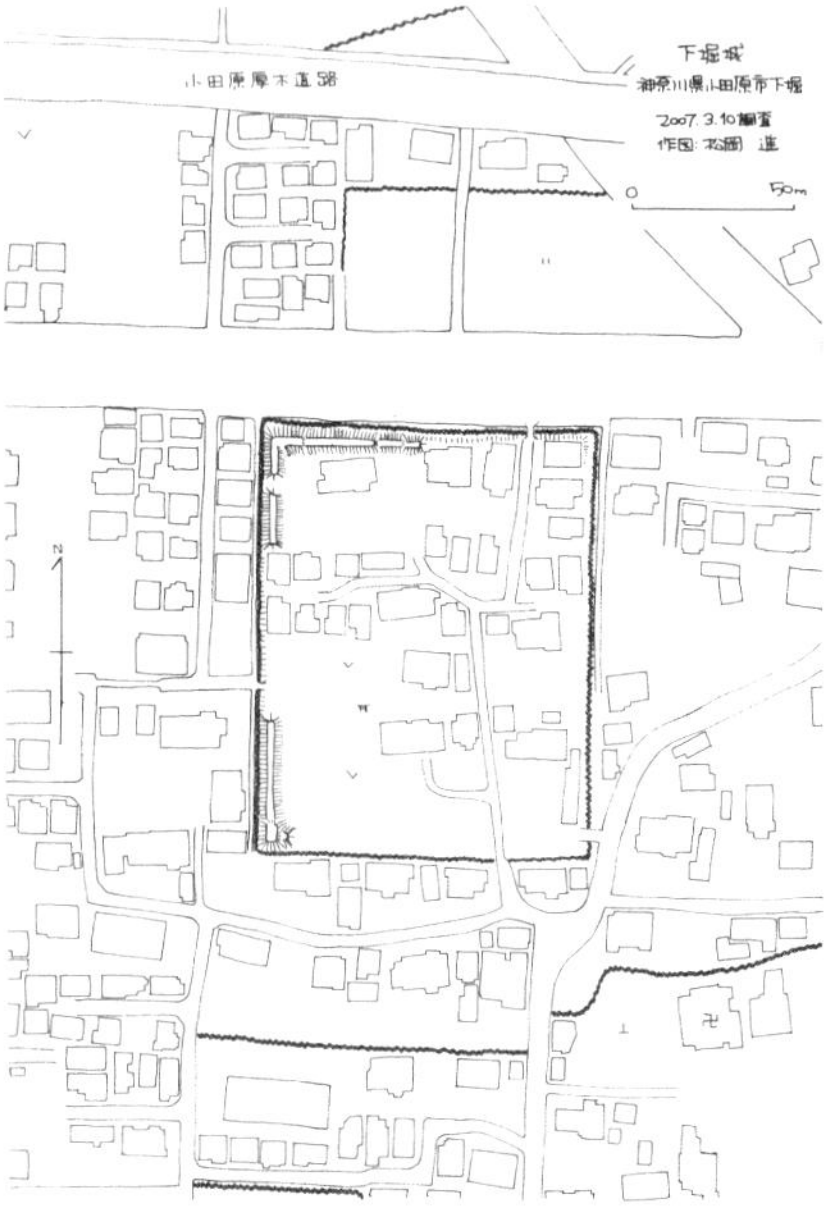

※2　堀と土塁で囲まれた平地の城が軍事的機能を停止したのちに、志村氏が跡地に屋敷を構えたのであろうか。

対豊臣戦に備えた後北条氏の長塁

85 根《ね》府《ぶ》川《かわ》要《よう》害《がい》

①所在地　小田原市根府川字土手山ほか
②地形図　1／2万5千＝小田原南部・箱根
③交通　JR東海道本線根府川駅から西へ徒歩約1時間
④おすすめ度　★

【歴史】対豊臣戦に備えて後北条氏が築いた長塁で、大藤《だいとう》与七[※1]が守備していた。秀吉方の史料には、伊豆の山中城を突破したために足柄城・根府川城も城兵が退去した旨が記されている。しかし、大藤隊は秀吉軍が来寇する直前に韮山城へ配置転換されたことが、後北条氏側の史料[※2]で確認できるため、実際に守備に当たった武将名は不明である。

【現況】根府川西方の山中に断片的に長塁の遺構が散在しているが、もっとも遺存がよいのは土手山の遺構である。土手山へ行くには、根府川駅西方の丘陵上から温泉リゾート施設の横を通って農道を西進する。特に目印などはないので、地図と首っ引きで位置確認をしながら城跡を目指し、最終的には勘を頼りの藪こぎを余儀なくされる。到達難易度はかなり高く、読図能力を備えた上級者以外は無理をしないほうがよい。耕作放棄された茶畠と梅畠の奥に踏み込むと、山中に忽然と人工的な塁壁が現れる。

【解説】図示したのは土手山地区でもっとも遺構の残りがよい部分で、土塁で囲んだ区画は、おそらく守備隊が見張りや駐屯に当たるポイントだったのだろう。区画の南側に、斜面を人工的に削り落とした数段の壁が確認でき、そこから東へ土塁のラインが延びてゆく。この土塁は、図示した範囲の東側へも、畠の中などを断続的に追跡できるが、蜜柑畠になるあたりで確認できなく

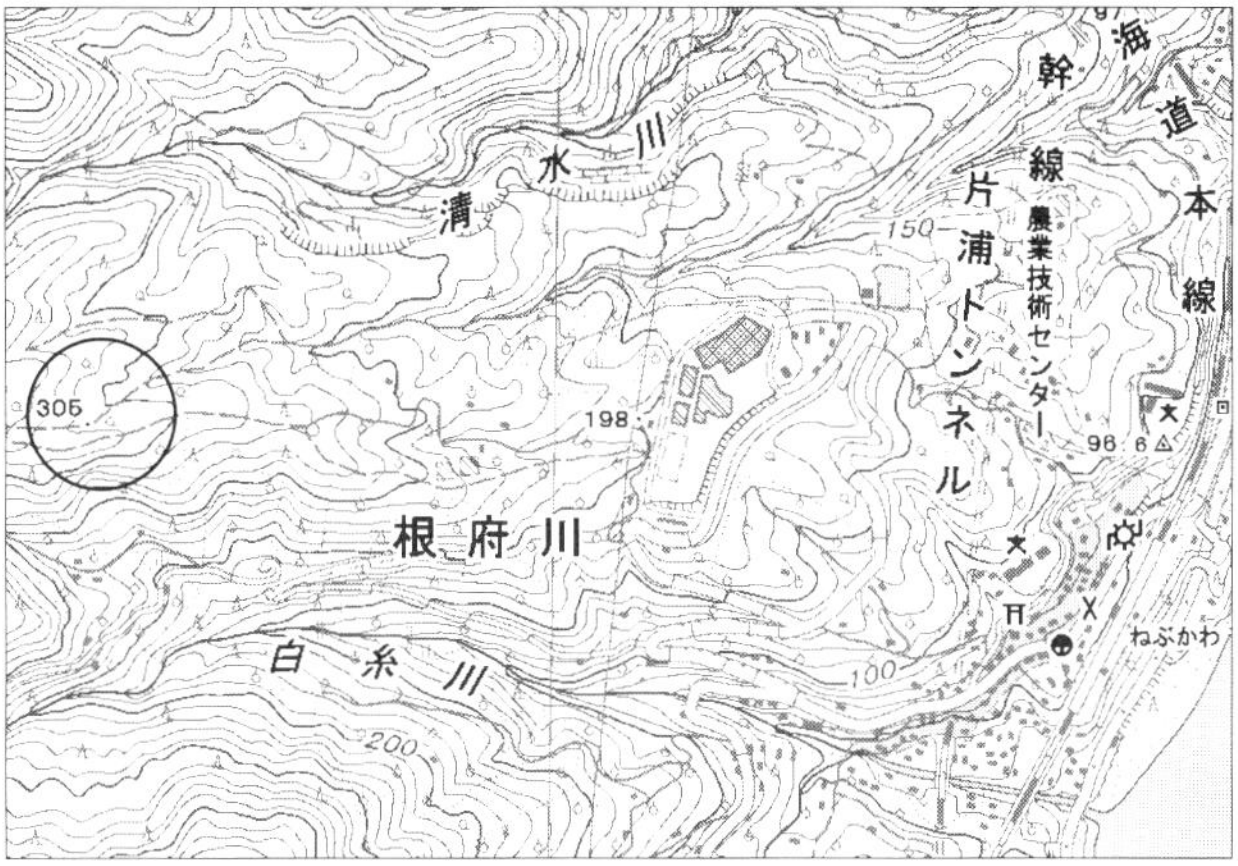

※1　実名不詳。史料では与七は若輩者であるので、同心・被官らは気をつけるよう、北条氏直が指示している。

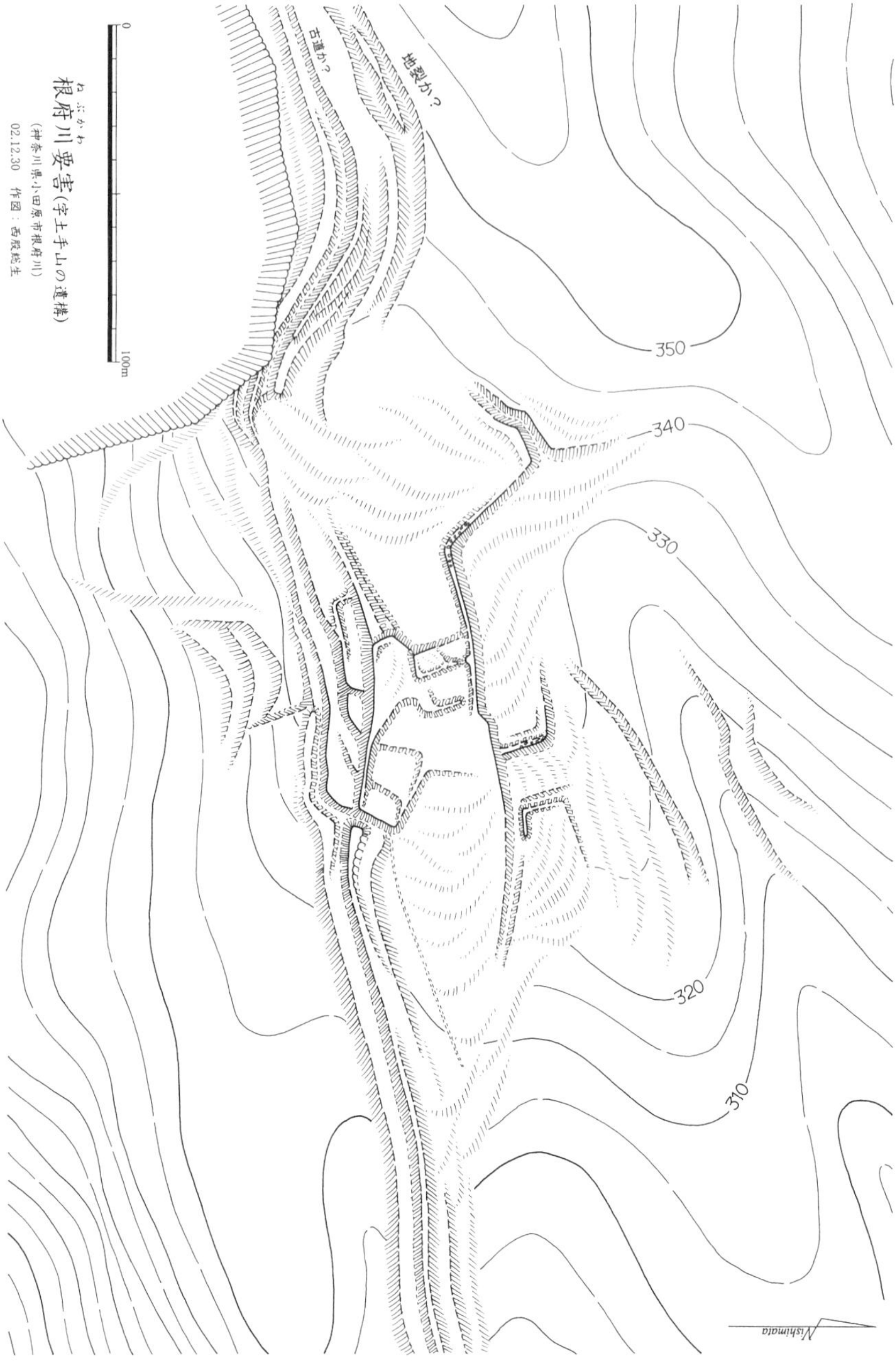
根《ね》府《ぶ》川《かわ》要害(宇土手山の遺構)
(神奈川県小田原市根府川)
02.12.30　作図：西股総生
0
100m
古道か？
地裂か？
350
340
330
320
310
Nishimata

なる。

また、上記区画の西方山中にも空堀らしいものが延びているが、明確な土塁を伴わなくなるので、城郭遺構かどうか断定できない。古道や地震で生じた地裂の可能性がある。上記の土塁ラインは根府川小学校の背後まで続き、海岸線を臨む断崖（東海道本線の直上）に達していたが、現在では宅地化が進んで遺構が確認しにくくなっている。

根府川はもともと、小田原の南の関門として意識されていた場所である。後北条氏は、戦局の展開に応じた防戦態勢を取るための準備として、各所に築城をしていたのであろう。大藤氏は、本来は傭兵的性格の強い後北条氏の足軽衆だったと考えられるので、戦況に応じた補強部隊として運用されていたのであろう。

【ワンポイント】土手山付近の道は、舗装はされているが幅の狭い農道なので、運転技術に自信のない方は普通車で無理に進入しないほうがよいだろう。〈西股〉

上：植林地の中に土塁が残る
下：蜜柑畠の中にも継続的に土塁跡が確認できる

※2 『戦・北』三九二二号。

空堀跡と段築群

細川忠興が固めた小田原包囲網の要

86 富士山陣城《ふじやまじんじろ》

①所在地　小田原市板橋富士山
②地形図　1／2万5千＝小田原南部
③交通　小田急線箱根登山鉄道箱根板橋駅から西方に徒歩20分
④おすすめ度　★★

【歴史】　小田原の役に際して後北条軍が砦を築いていたが、細川忠興が攻略して陣城とした。小田原城惣構の板橋口まで1キロ、水之尾《みとのお》口までは0・6キロの距離にあって、石垣山城とは早川をはさんで向かい合っており、包囲陣の中でも要となる場所だったことがわかる。小田原城攻囲戦の陣城で遺構をよく残しているのは、石垣山城と富士山陣城くらいなので、たいへん貴重な城跡である。

【現況】　標高120メートル、比高90メートルほどの小さな独立丘であるが、円錐形の山容は遠くからでもよく目立ち、それゆえに富士山と称されている。

箱根板橋の駅から、この特徴ある山容の山を目ざして住宅地の中の坂を登っていくと城への入口に着くが、道がややわかりにくいので、地図や縄張り図をよく見ながら進むこと。※1 城跡は手入れのよくない山林となっていて、遺構は藪に覆われているので、あまり初心者向きとはいえない。

【解説】　山頂にある主郭❶を中心に曲輪や堀が展開し、要所には石積が残る。主郭は本来は全周を低い土塁が囲んでいたようで、やはり土塁によって前後に分割されている。曲輪❸から入ってくる虎口Aは迷路化されており、また枡形虎口Bを備えた曲輪❷は主郭との連絡経路がなく、進入しても行き止まりとなる。主郭の西側で確認できる横堀Cは、本来は主郭の南側や曲輪❸

※1　城内の一角に浅間神社が祀られている。

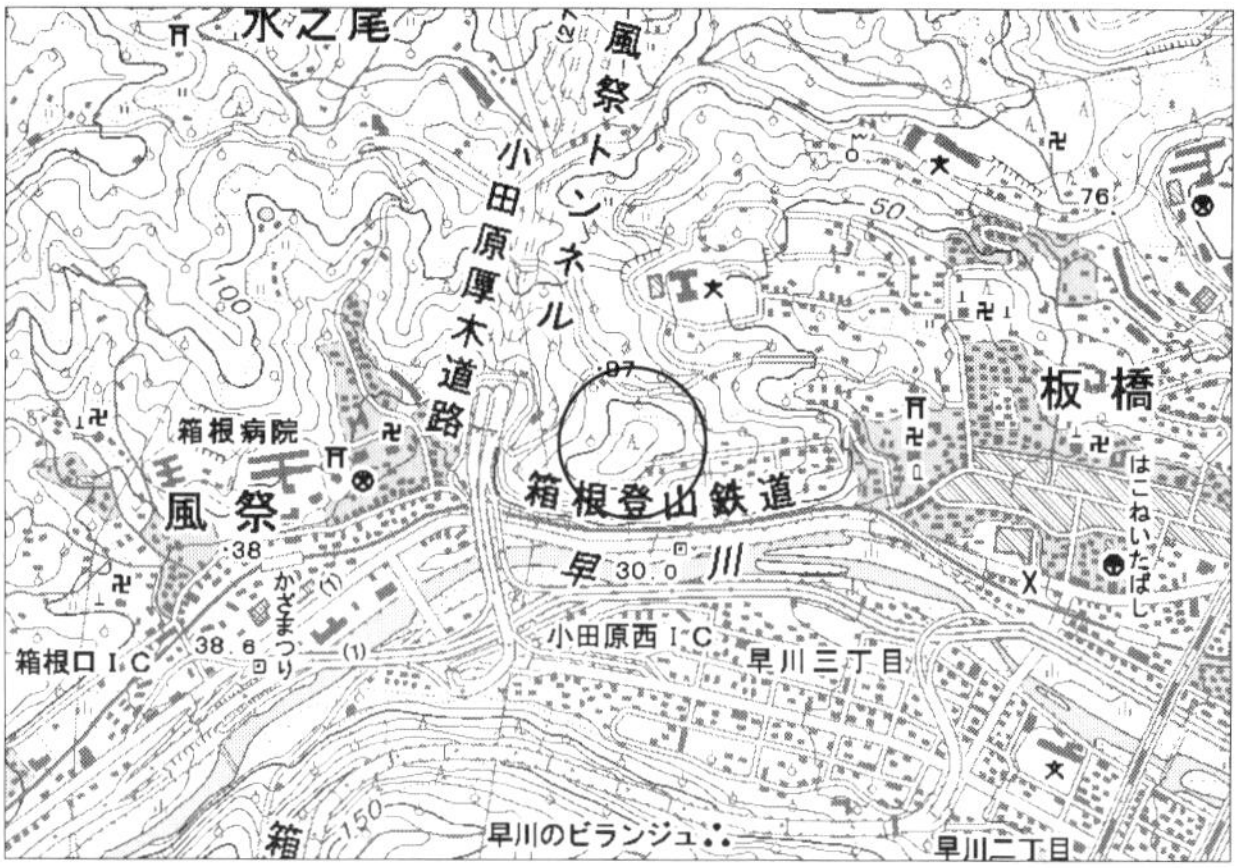

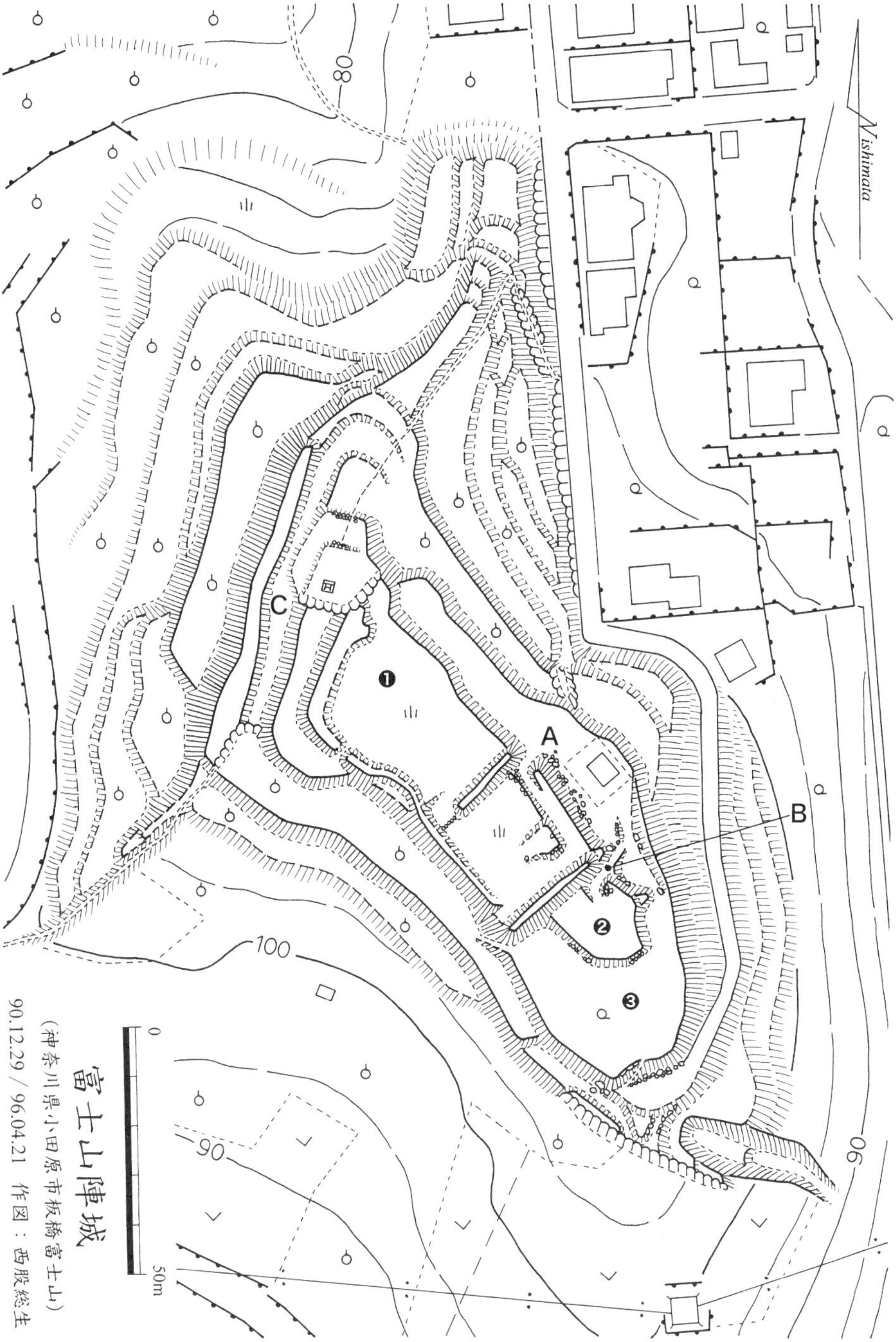
富士山陣城
（神奈川県小田原市板橋富士山）
90.12.29／96.04.21　作図：西股総生
0
50m
80
100
90
90
A
B
C
❶
❷
❸
Nishimata

東方から見た富士山陣城

の北側までのびていたが、蜜柑畠を造成する際に埋められてしまったようだ。

　これらの曲輪群の周囲に腰曲輪のような平坦地が無数に広がっているが、蜜柑畠で造成された段と区別がつきにくい。ただ、Cの外側の壁面は壁高が大きく、蜜柑畠の造成としては不自然なので、この方面に対しては防禦を強化していたものと見える。

　富士山陣城の縄張りを見ると、中心部において導線を迷路化している点は、織豊系陣城[※2]の特徴を示すものと見てよい[※2]。また、織豊系陣城においては、中心部が巧緻な縄張りを示す一方で、周辺には兵士たちが小屋掛けした場所と考えられる無数の段築が広がっていることが多い。富士山陣城の場合も、周辺部は変形はしているものの、もともとあった段築を利用しながら蜜柑畠を造成していったように見える。

【ワンポイント】小田原市西郊の蜜柑畠は野生のサルが出没するので、食べ物の扱いなどには充分注意し、出会ったら目を合わせたり挑発的な行動をとったりしないこと。〈西股〉

※2　織豊系の陣城では中心部が迷路化されていることが多い。その理由についてはいろいろな説があるが、一つの考え方として夜襲対策の可能性を挙げておく。すなわち、夜襲を受けた場合でも、侵入者が城の中心部に達するまでの時間を少しでも稼ぐことにより、大将（指揮官）が討ち死にする確率を減らせるとすれば、城内の迷路化は有効な工夫といえよう。

曽我兄弟伝説のふるさと

87 曽《そ》我《が》城《じょう》

①所在地　小田原市曽我谷津
②地形図　1／2万5千＝小田原北部
③交通　ＪＲ御殿場線下曽我駅から東へ徒歩10分
④おすすめ度　☆

【歴史】曽我兄弟の養父・曽我祐信の屋敷跡と伝える。その子孫・信正に至り、永禄二年（一五五九）、後北条氏に滅ぼされたと『新編相模』は記すが、関連する史料はない。

【現況】寺院境内および屋敷地・畠になっている。

【解説】丘陵上は広く、ゆるやかに周囲に向かって傾斜し、城にともなうとみられる壁は認められない。その西南の端に城前寺があり、境内の北側には曽我兄弟の墓とされる五輪塔群が築山の上に据えられている。同寺の説明板によれば、この築山が曽我城の土塁であるという。これは石井進氏の推定に基づくものだが、※1 城前寺の境内と曽我兄弟の墓を近世以降に整備した際に、寺域の境界設定を兼ねて造られた可能性も考えられる。

また、東へ100メートルほど行くと、畠の中に「曽我氏館迹」の碑が建てられている。そのすぐ東隣は、現在ほとんど墳丘の形を失った物見塚古墳である。『新編相模』に「内郭中東の方に一塚あり。物見塚と云」と記された古墳で、このころには内郭を示す土手があったとされているから、城の中心は碑の建てられた周辺と見てよい。ただ、現状ではそれらしい痕跡は認められない。この北を「内堀」というが、これも低湿地のことで人工の堀ではなかったようである。

※1　石井進『中世武士団』、小学館『日本の歴史』一二（一九七四）。
※2　『小田原市史』別編　城郭。

周辺には曽我五郎の沓石とか、「堀ノ内」「城南」「城横」などの屋号や地名が残る。[※2] 城前寺という呼称も、曽我城の大手にあたる位置を占めたためという。これらの呼称によるかぎり、ここは「屋敷」でも「館」でもなく、「城」として伝えられていたようである。

鎌倉期の、いわゆる方形館のような形跡は認められず、丘陵上の地形や古墳を活用して粗放な「城」があったとすれば、室町・戦国期の陣跡だった可能性も考えられる。

曽我城伝承地に建つ館跡碑

【ワンポイント】北西の宗我神社は長元元年（一〇二八）建立と伝える。同社の神主の家から出た小説家・尾崎一雄の墓もすぐそばにある。城前寺門前からの富士の眺めもすばらしい。ゆっくり歴史散歩を楽しむには、よい場所である。〈松岡〉

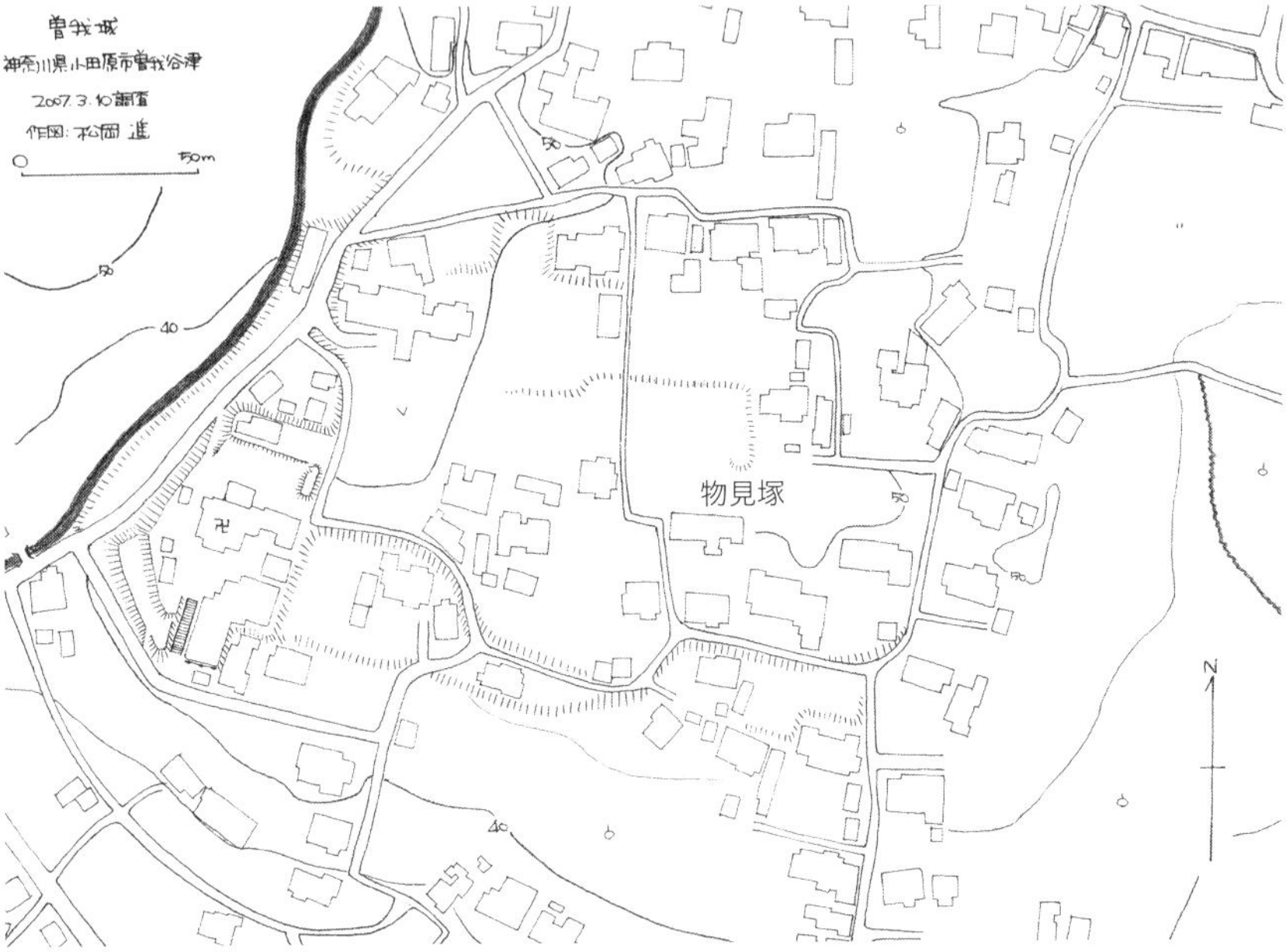

後北条氏一族の最長老が住まう

88 北条幻庵屋敷《ほうじょうげんあんやしき》

①所在地　小田原市久野中宿
②地形図　1／2万5千＝小田原北部
③交通　小田原駅南口からバス（系統複数有り）中宿下車、徒歩5分。または伊豆箱根鉄道大雄山線足柄駅から西へ徒歩30分
④おすすめ度　☆

【解説】　後北条氏一族の長老で、文人としても知られる幻庵の屋敷跡。幻庵は宗哲ともいい（実名不詳）、伊勢宗瑞の四男、つまり北条氏綱の弟であった。隠退後も長老として一族の後見に当たり、秀吉来寇直前の天正十七年（一五八九）十一月に死去した。幻庵の子孫らは久野北条家と呼ばれて、後北条氏一族の中でも高い家格を有した。※

幻庵作庭と伝わる池がわずかに屋敷の面影を伝える

なだらかな丘陵地の南側緩斜面に当たり、現在は住宅地の一角に庭園の跡がわずかに残るのみである。城郭遺構は見あたらないが、地形的にも城郭を築きうるような場所ではない。上浜田遺跡や東田原中丸遺跡のように、基本的には塁壕を伴わない屋敷地だったのではなかろうか。

幻庵を久野城主とする文献もあるが、久野城に該当する城郭遺構も知られておらず、久野北条氏＝久野城主という発想からの附会であろう。〈西股〉

※幻庵の子には、小机城主となった三郎や、武田氏との戦いで駿河蒲原城にて戦死した氏信、謙信の養子となった景虎などがいる。

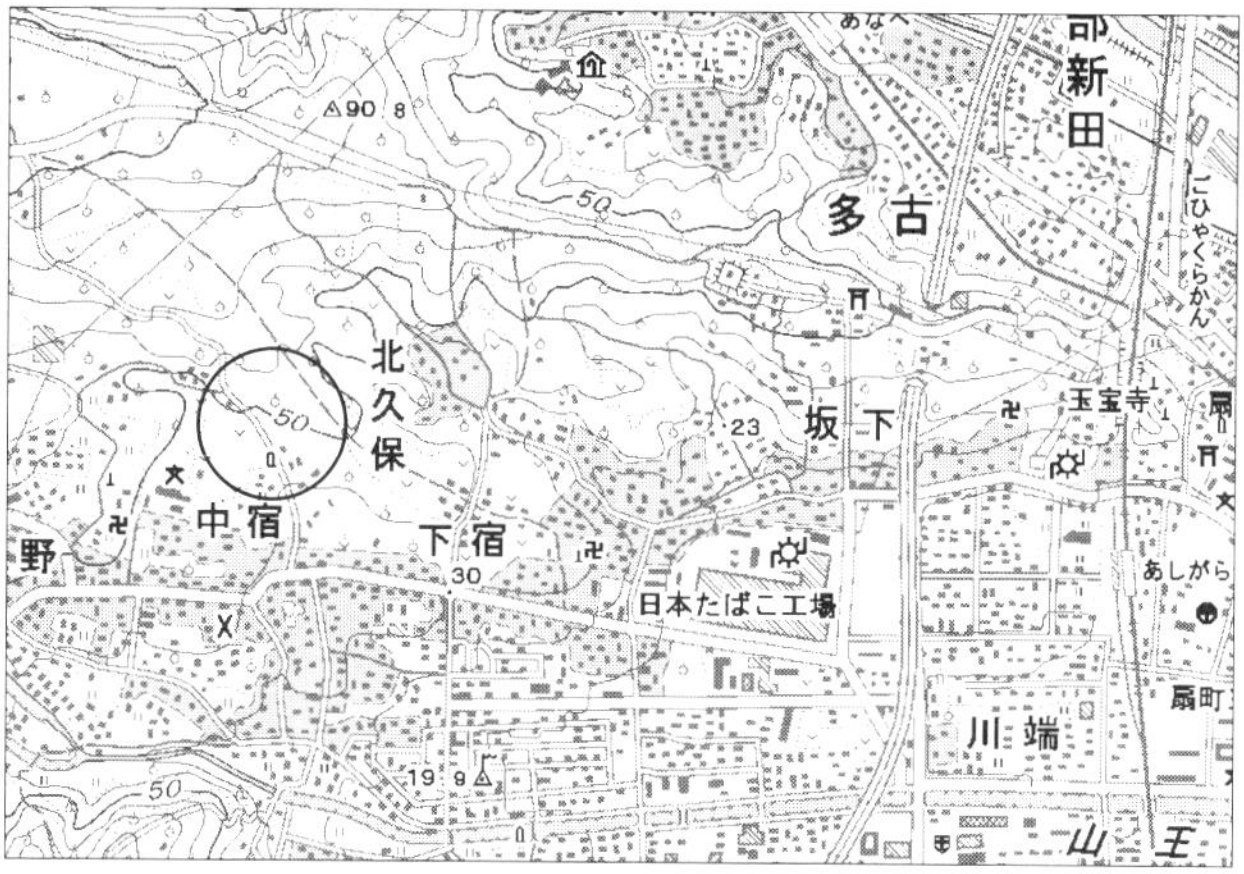

徳川軍、小田原城の東を囲む

89 今井陣場《いまいじんば》

①所在地 小田原市寿町4～5丁目
②地形図 1／2万5千＝小田原北部
③交通 小田原駅東口から城東車庫行きバスで今井下車
④おすすめ度 ☆

【歴史】小田原の役における徳川家康の陣城。攻囲陣において、豊臣系の諸大名は西側や北側の丘陵地を持ち場としたが、徳川軍は酒匂川西岸の低湿地帯を割り当てられていた。※

一帯は現在、住宅地となっているが、東照宮の祠が建つあたりが土塁の面影をとどめている。今井バス停の所に標識が立っているので、迷うことはない。バス停の近くにある民家の敷地の中にも土塁の一部が残るほか、用水路となっている堀跡をたどると、城地が低湿地に囲まれた微高地だったことがわかる。

120メートル四方ほどの四角い主郭を中心に、東・北・西の三方に馬出状の付属郭を配したような縄張りだったらしい。ここから願成寺や町田小学校のあたりにかけて徳川軍諸将の陣場があったが、完全に市街地化していて旧状を偲ぶことはできない。〈西股〉

東照宮が建っているあたりは土塁の痕跡をとどめている

※徳川軍のかなりの部隊は、後北条氏領国内の支城群攻略のために小田原を離れている。

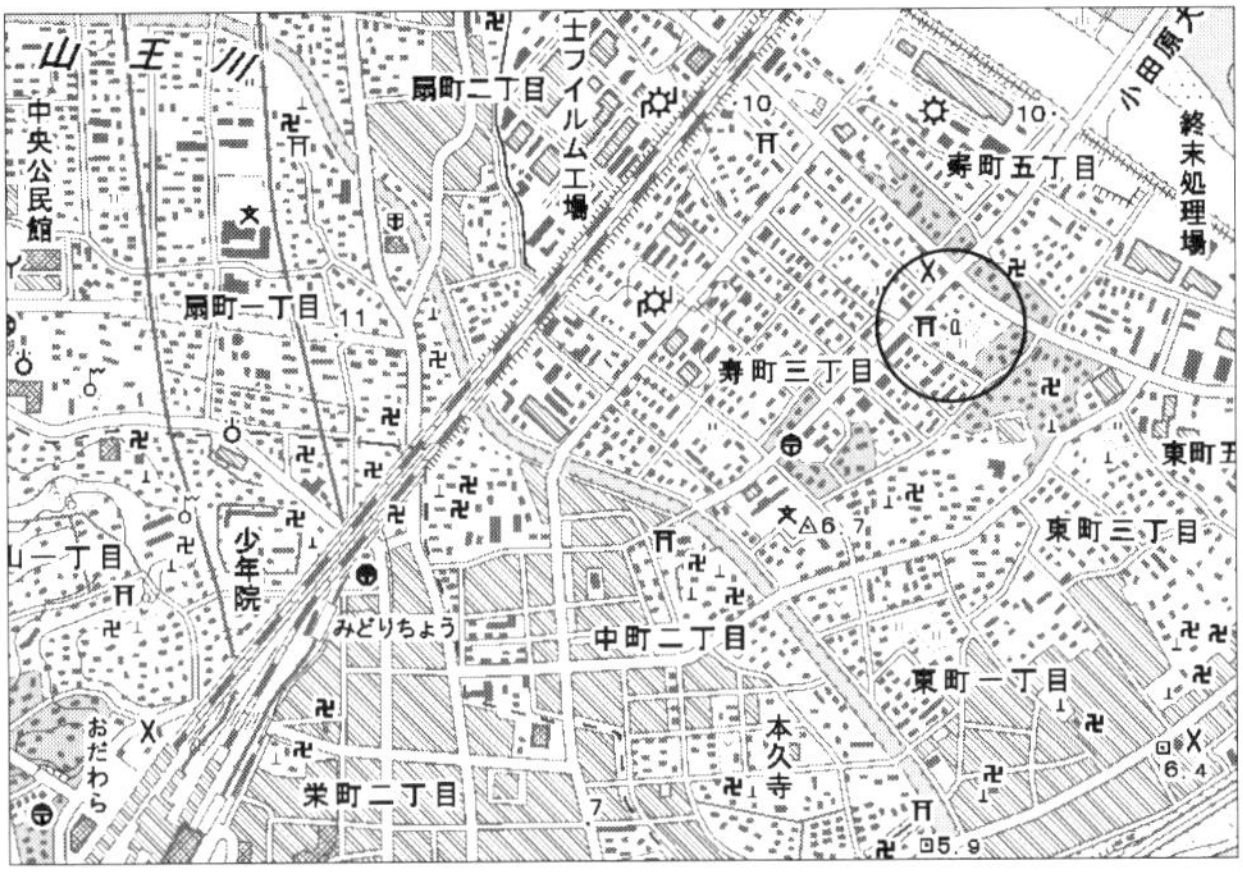

豊臣秀吉の野営地か

90 御所山城《みとこやまじょう》

①所在地　小田原市早川
②地形図　1／2万5千＝箱根
③交通　箱根ターンパイク小田原側入口から8・8キロ地点にある桜山駐車場跡から徒歩10分
④おすすめ度　★

【歴史】箱根の山深い場所にあり、記録・伝承ともまったくない。一九八〇年代に地元研究者が発見し、小田原城郭研究会によって紹介された。

【現況】大観山と石垣山との中間点にある、標高８７０メートルの小さな山城で、箱根ターンパイクに面している。ターンパイクの桜山駐車場跡地から、道路を渡って反対側の山に分け入ると※、関白道（または太閤道）と伝承される踏み跡が見つかるので、これを少し登ると城跡に着く。現状は手つかずの山林で、遺存状態は良好であるが、溝状に窪んだ古道跡と堀跡が輻輳していて、縄張りを把握しにくい。

【解説】御所山城は、土塁や堀で囲まれた二つの曲輪からなっているが、二つの曲輪を合わせても南北３０メートル、東西５０メートルしかない。堀や土塁も小さいのでミニチュア的な印象を受けるが、二つの曲輪はいずれも枡形虎口を備えていて、城全体が迷路のようになっている。

こうした縄張りの特徴は、織豊系の陣城においてしばしば認められるものであり、城地を通過する古道が関白道と伝承されていることを考え併せると、小田原の役における豊臣軍の陣城と見なすのが妥当である。この城が、早雲寺の南南西３・４キロ、石垣山城の南西５キロの位置にあることを考慮するなら、箱根峠を越えた秀吉が早雲寺に宿陣するまでの短期間、本営とした場所

※ターンパイクは車が高速走行するので、駐車や横断には充分注意してほしい。

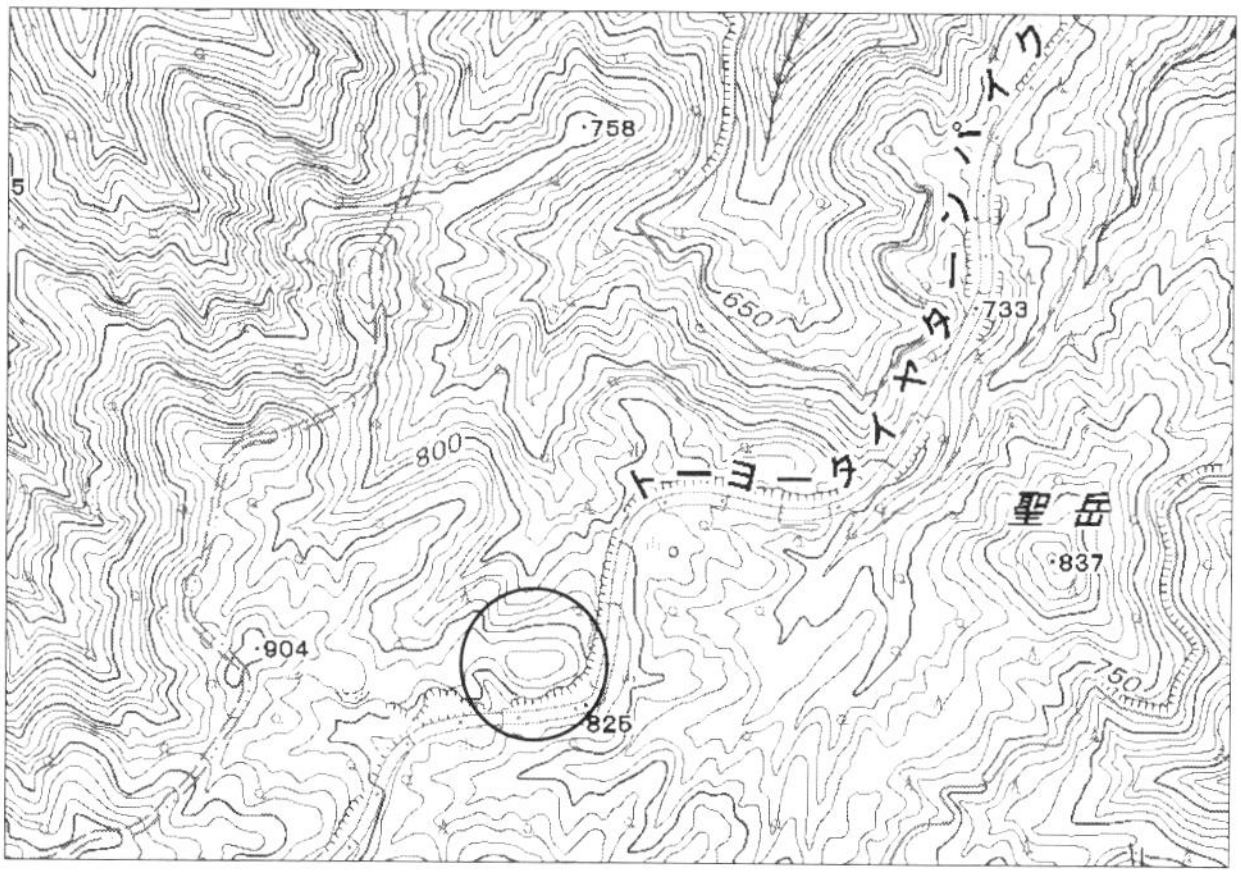

である可能性が高い。

おそらく、徳川軍等が湯坂道から小田原の板橋口に至る進撃路を啓開するのと併行して、秀吉自身が安全に宿営できる最低限の施設をごく短時間のうちに普請し、その間に先遣隊が早雲寺を確保する一方で、地形判断を行って石垣山の築城を決定する、といった行動が矢継ぎ早に実施されたのであろう。諸隊が小田原攻囲陣を形成し、秀吉が早雲寺に本陣を構えたのちは、御所山城は全軍の後方連絡線を担保する中継拠点として利用されたのではあるまいか。

南東から見た御所山城。城跡へのアプローチはターンパイクを利用するしかない

【ワンポイント】　車でなければたどり着けない城だが、読図能力に優れたナビを助手席に同乗させ、地図と首っ引きで慎重に走行しないと通り過ぎてしまう。到達難度・踏査難度とも高いので、山城歩きに慣れた上級者以外にはおすすめできない。

〈西股〉

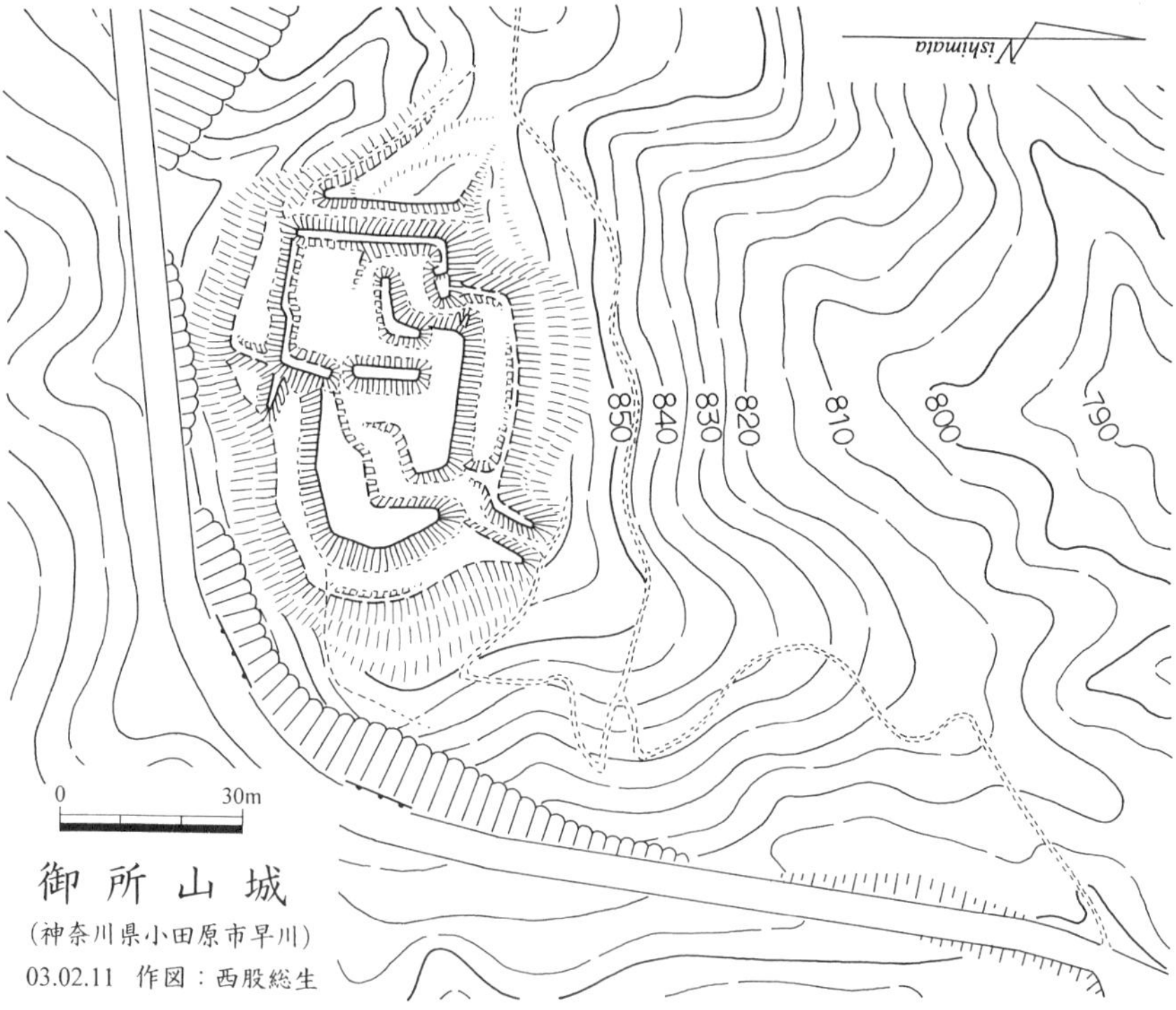

御所山城
(神奈川県小田原市早川)
03.02.11　作図：西股総生

五輪塔群にかつてをしのぶ

91 和《わ》田《だ》屋《や》敷《しき》

①所在地　小田原市東大友
②地形図　1／2万5千＝小田原北部
③交通　JR・小田急線小田原駅から松田駅行きバス（小11・12・松34系）ー西大友下車、東へ徒歩10分
④おすすめ度　☆

【解説】　和田義盛が住んだ跡と伝えるが、真偽不明である。現在は圃場整備されて、おもに水田が広がっている。

　東大友の集落の北端に、水路を背にして五輪塔が並んだ一角があって、水路を越えて道を西へ進むと、「大辨財天」と刻んだ碑があり、道の反対側は廃材置き場になっている。圃場整備されるまで、五輪塔群はこの廃材置き場の地点にあり、旧状を残そうとしたのが仇になって、後から土地が売却されたため、現状のようになってしまったという。このあたりから北の水田が「ワダヤシキ」と呼ばれていた。

【ワンポイント】　現地は豊後の戦国大名となる大友氏の苗字の地であるが、大友氏に関する伝えはない。〈松岡〉

付近に移された五輪塔群

弁財天碑

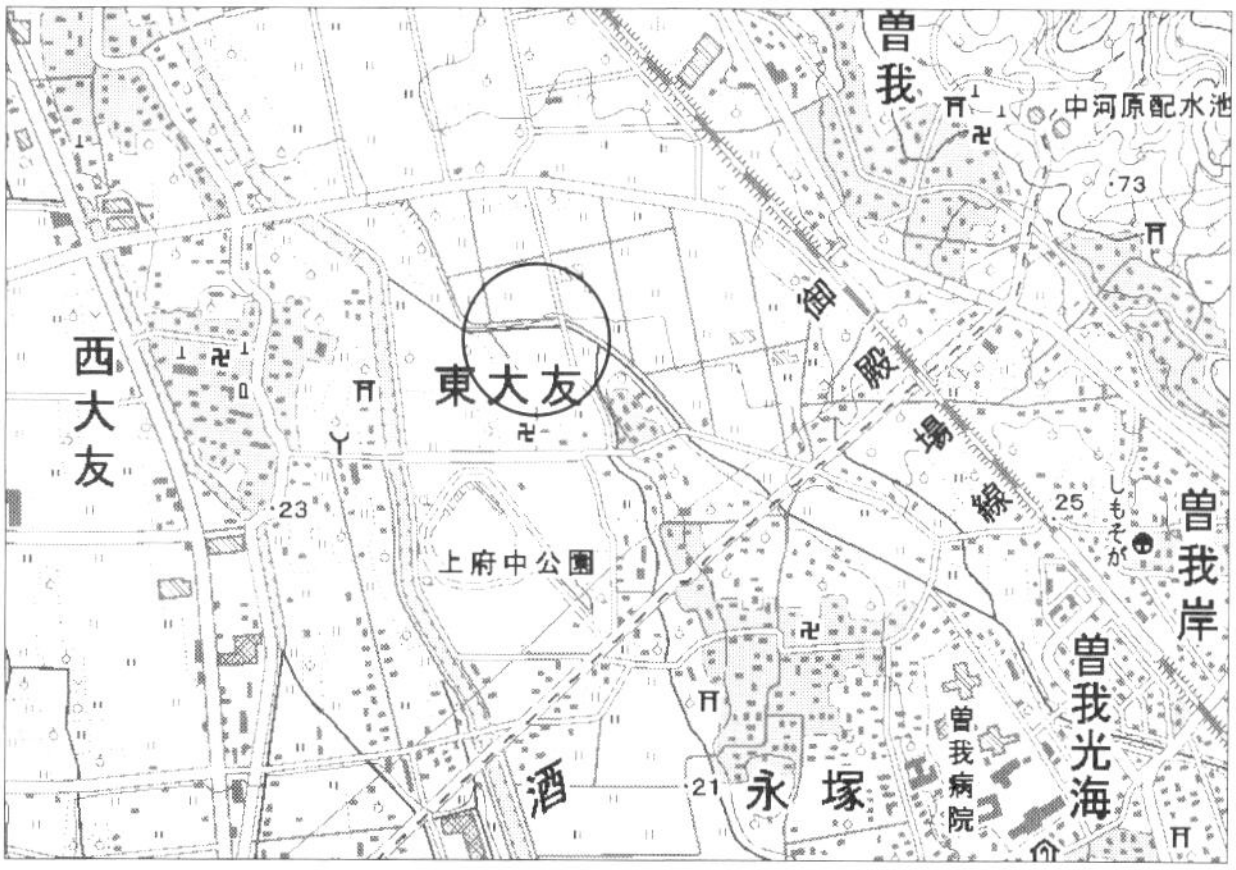

92　荒《あら》井《い》城《じょう》（荒《あら》井《い》館《やかた》）

①所在地　足柄下郡真鶴町真鶴
②地形図　1／2万5千＝真鶴岬
③交通　JR東海道線真鶴駅から東へ徒歩10分
④おすすめ度　☆

【解説】土肥実平の祖父という荒井実継と結びつけられることが多い。しかし、根拠は乏しい。現地の「荒井城址」碑には、戦国期の後北条氏時代にのろし台が置かれたともいう、とある。現在は、ほぼ全域が荒井城址公園になっている。

付近に「城口」「城ノ本」の地名があり、城が存在した可能性は否定できないが、現状ではここと特定できる地点がない。

また、『大系』や『箱根をめぐる古城三〇選』では、公園入口付近の谷や平場に注目して、谷戸地形を利用した堀底道と土塁が残り、館跡に近い性格を示すとする。ただし、それらが堀底道や土塁としている箇所はどれも自然地形、あるいは公園整備にともなう地形と判断される。〈松岡〉

堀状に見えるが自然地形のようだ

荒井城址碑

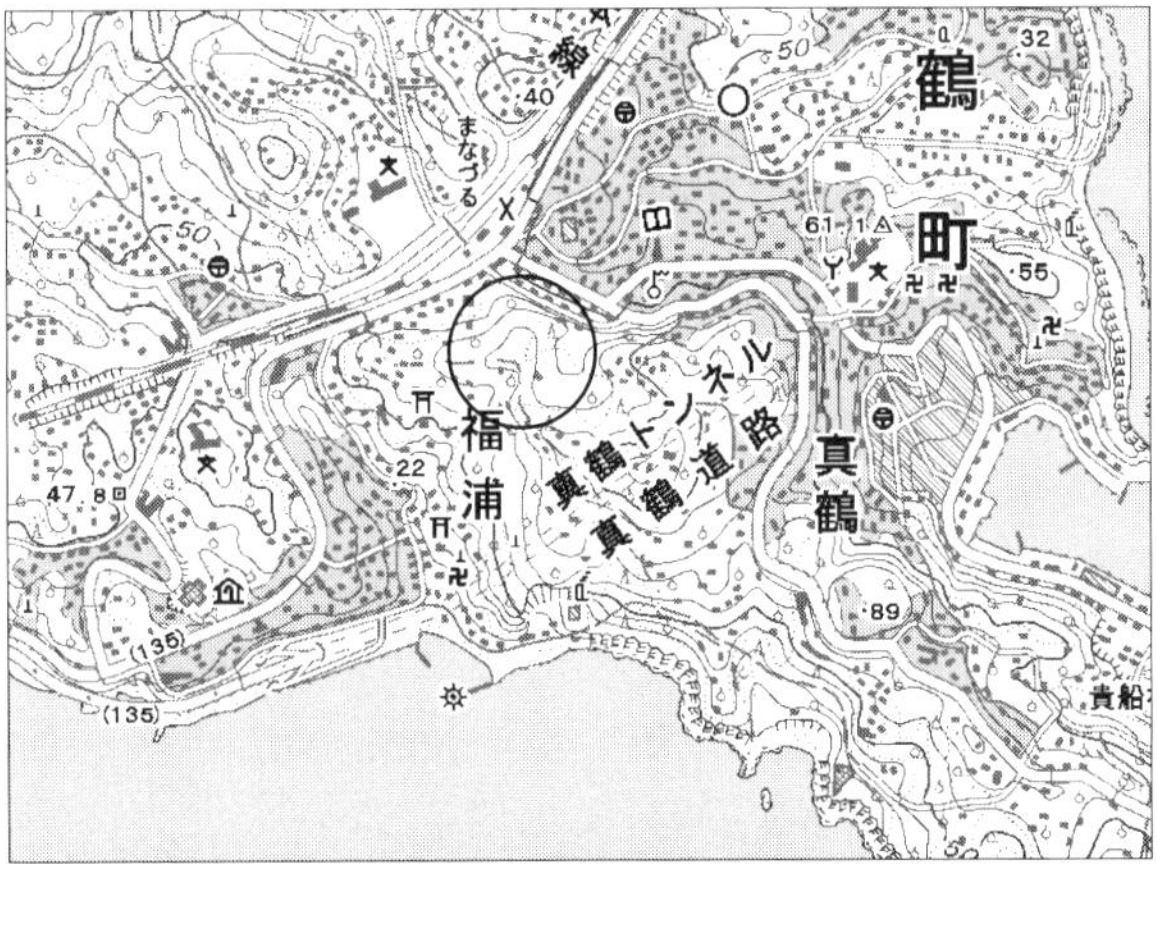

障子堀を残す謎の城

93 進《しん》士《じ》ヶ《が》城《しろ》

①所在地　足柄下郡箱根町元箱根蛸川
②地形図　1／2万5千＝箱根
③交通　箱根登山鉄道箱根湯本駅から箱根園行バスで終点下車、北東へ徒歩15分
④おすすめ度　★★

【歴史】大森氏の築城とする説もあるが、根拠となる史料は一切ない。

【現況】箱根駒ケ岳南西麓の、芦ノ湖を見下ろす尾根に位置し、城の直上を駒ヶ岳ロープウェイが通過している。歴史はまったく謎であるものの、遺構は比較的良好に残る。

【解説】主郭は❶で、北側背後の堀切により尾根と切断されるが、尾根は駒ケ岳へ向けて標高を上げてゆくので、北方の城外からは城内が丸見えだったはずである。堀底には畝が三条あって障子堀のように見えるが、中央の畝は後世に造作された通路かもしれない。

❶は、本来は土塁が全周していたようだが、現状では削り残し部分のみ残存している。なお、北に櫓台が二基築かれているように見えるが、これは北側土塁の中央部分が崩れたためにそう見えるのであろう。また、南端の一段低くなっているところは枡形虎口だった可能性がある。

堀切を挟んだ曲輪❷も、土塁が全周していたようである。❷の南はかなり高低差のある切岸になっているが、さらにその下に堀切を入れている。総じて南から登ってくる相手に備えた縄張りと言えよう。

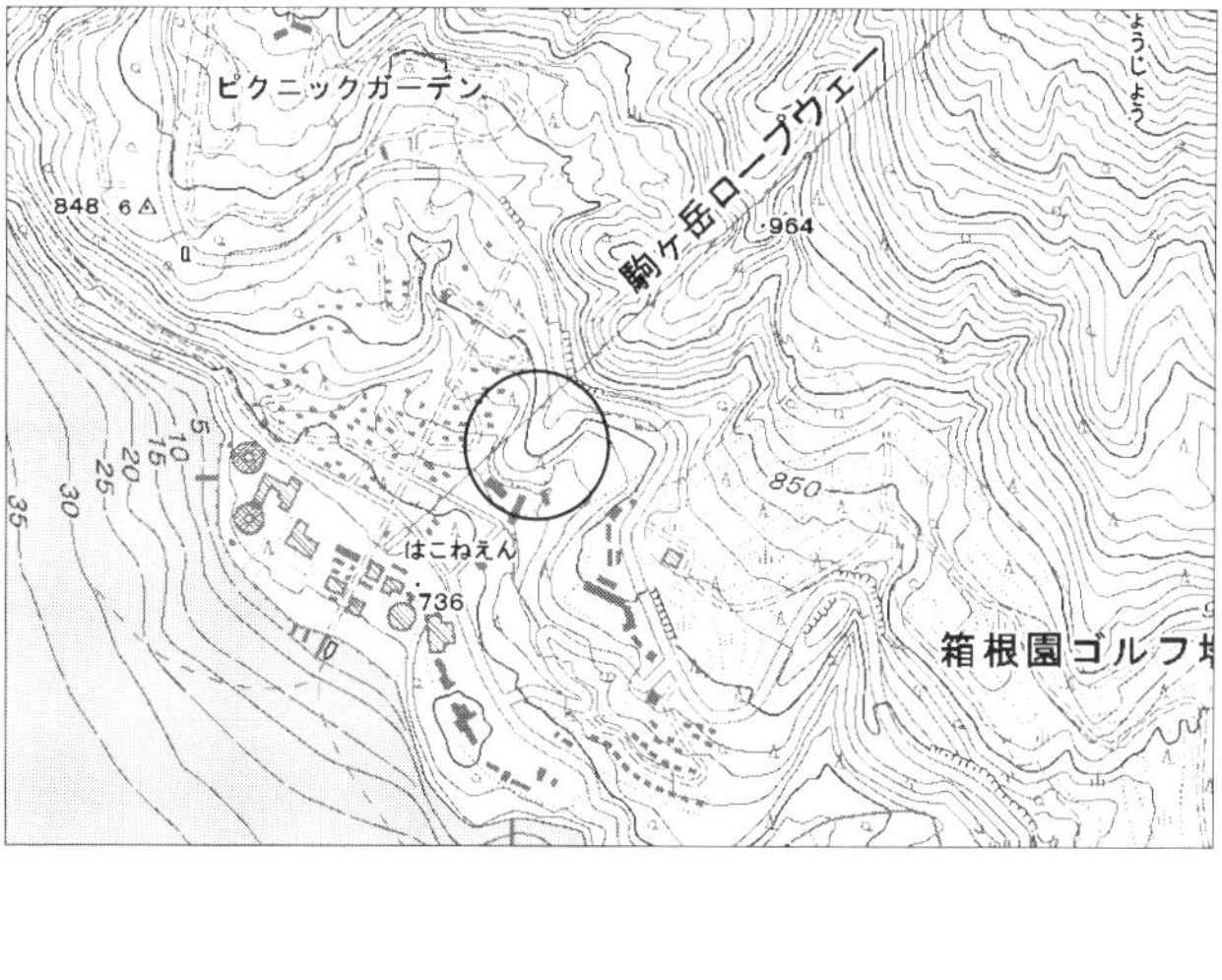

以上のように、箱根カルデラ内の城の中では、遺構は一番よく残っている。駒ケ岳山頂部から湖畔の道へ下る古道（現在は廃絶）をおさえながらも、北の尾根上から城内が丸見えであることを考えると、山頂の確保を必要とした勢力が登山路をおさえるために築いたのではなかろうか。

湖畔の道は、明治期以前からあって元箱根と仙石原方面を結ぶものの、東海道から分かれた枝道であり、駒ケ岳に登る道もこの旧道以外にあるわけで、ここに城を築くべき局面を今ひとつ想像できない。あるいは、湖岸に津でもあったのかもしれないが、今後築城目的を含めた検討が必要であろう。

【ワンポイント】尾根を登る旧道は廃されているので、箱根園側から登るのは少しきつい。北側の山腹を取り巻く車道から入ったほうが楽である。

見学は可能だが、特に整備されていないので、それなりの装備が必要。少し足を伸ばせば白龍神社や九頭龍神社も回れる。〈田嶌〉

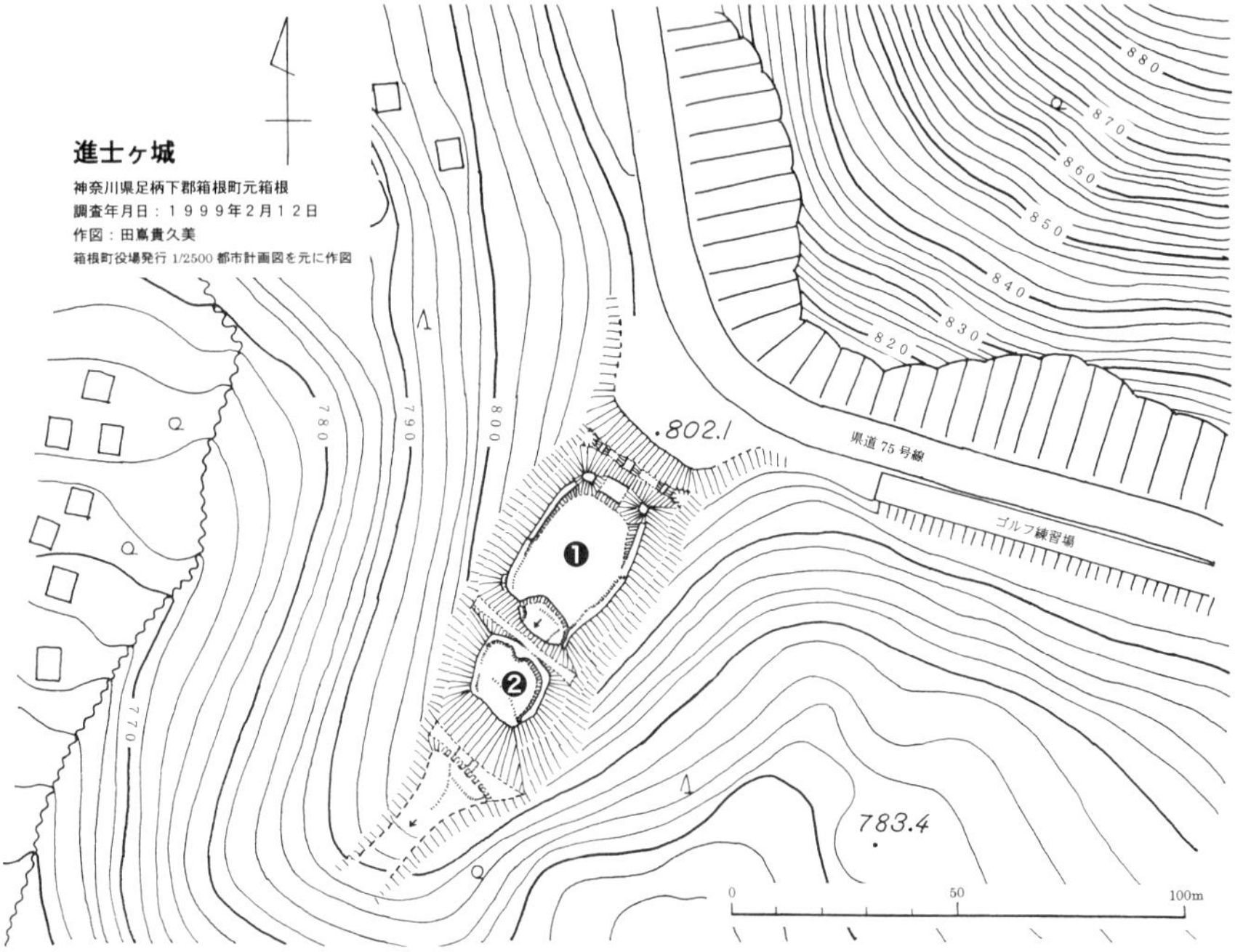

豊臣軍別働隊から箱根を守る

94 土《と》肥《い》城《じょう》

①所在地　足柄下郡湯河原町宮下城山
②地形図　1／2万5千＝熱海
③交通　JR湯河原駅から箱根町・元箱根港行バスで城山入口または、ししどの窟下車、ハイキングコースを徒歩約40分
④おすすめ度　★★★

【歴史】　平安末期に湯河原を治めた土肥氏の城と言われ、湯河原駅近くには居館伝承地もあるが根拠は乏しく、現状は戦国期の城としか認められない。天正十六年（一五八八）に普請した記録[※1]が残るので、豊臣氏との緊張が高まった時期に、後北条氏によって現在見る姿に築かれたのだろう。

【現況】　城の主要部は公園化されていて、ハイキングコースもあり自由に歩き回れるが、一部崖や落石の恐れがあるので、細部まで見る際は注意されたい。山頂からの相模湾の眺めは絶景である。車道が近くまで来ていて駐車スペースもある。湯河原の市街地からは相当距離があるので歩かないほうが無難。

小広く開けた山頂が主郭で、城址碑が立っている

【解説】　主郭❶から東に向けて曲輪を計六つ並べ、それぞれを高低差のある切岸や堀切で切断している。特にAの二重堀切とBの堀切は見事で、中世城郭の魅力を堪能できるだろう。さらに、Bより東は自然地形の緩斜面となるのだが（❷）、その先に忽然と土塁を伴う堀切Cを入れ、横矢までかけている。また、温泉

※1　『戦・北』三三三四号。

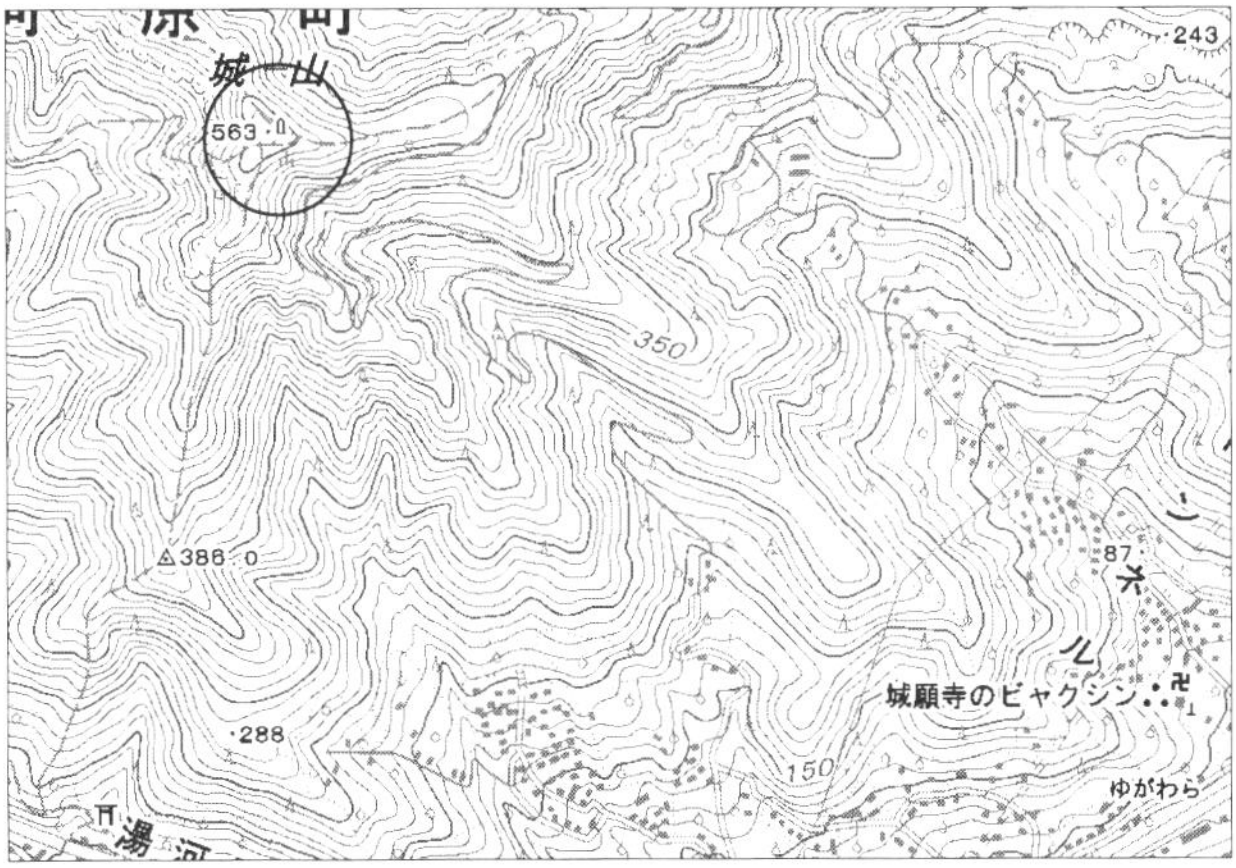

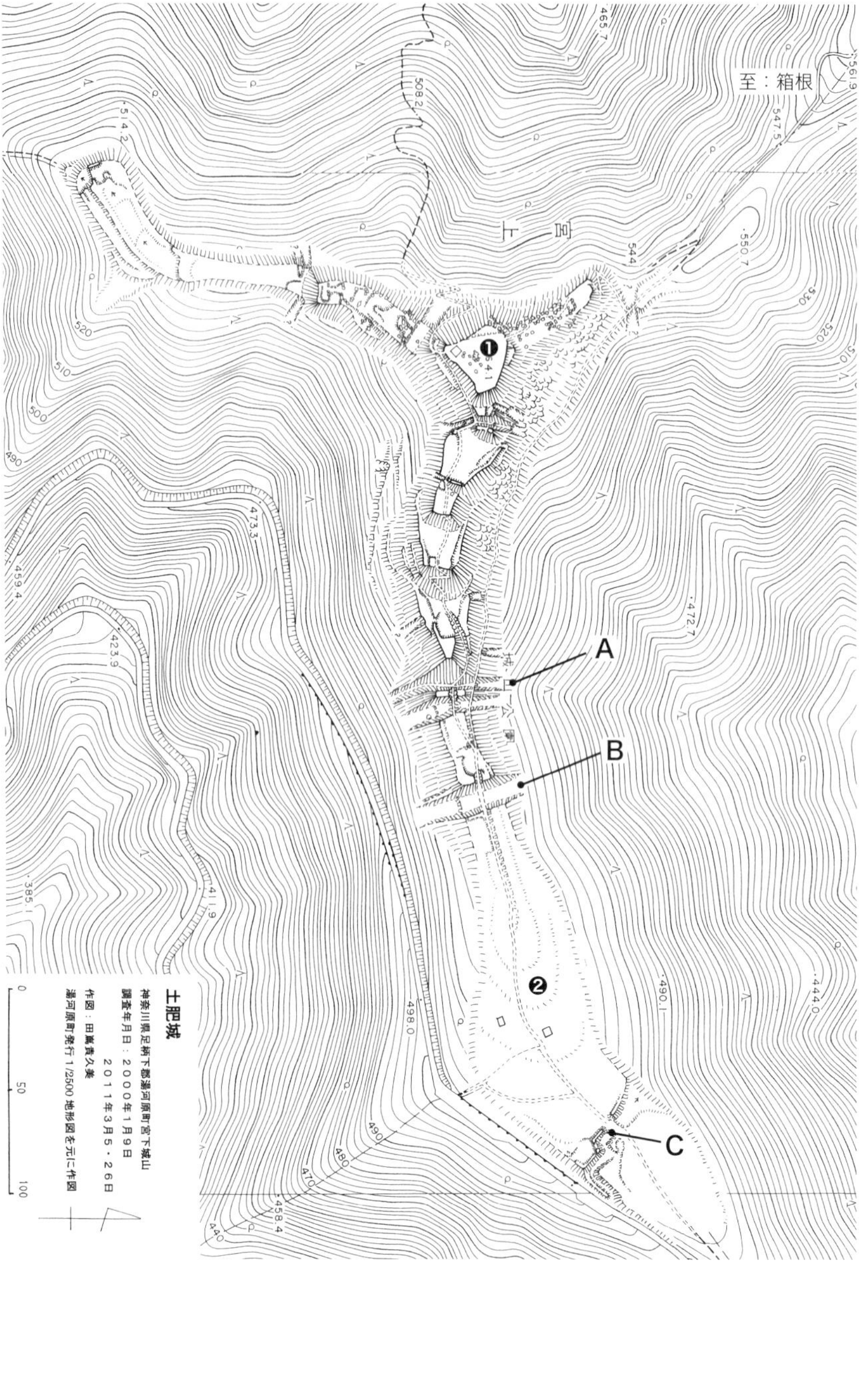
至：箱根
A
B
C
土肥城
神奈川県足柄下郡湯河原町宮下城山
調査年月日：2000年1月9日
2011年3月5・26日
作図：田嶌貴久美
湯河原町発行1/2500地形図を元に作図
0
50
100

街が並ぶ南の千歳川へ向かって下りる尾根にもある程度警戒を払っていて、要所に堀や切岸を普請して虎口も造作している。

一方、北西（箱根方面）に伸びる尾根は無防備と言っていい。とにかく、東から来る敵に備えようという築城者の強烈な意思を感じるが、城の東麓には若干の平地と海しかない。こうした極端な指向性や、曲輪面の削平にあまり関心がない点は、規模こそ違うものの足柄城と共通する。

また、当城は、麓からは相当距離があるので、地域支配の拠点にはなりえない。海から船で湯河原付近に上陸し、箱根外輪山内に侵行を図る豊臣軍の別働隊に備えるという目的に特化した、戦術級城郭と考えられる。

【ワンポイント】バスは本数[※2]が少ないので、事前に確認しておくこと。治承四年（一一八〇）、石橋山の戦いに敗れた源頼朝の逃走ルートに当たるため、周辺には頼朝関係の史跡が多い。城の主郭には頼朝が蹴ったという「硯石」があり、箱根方面に伸びる尾根道をしばらく進むと、彼が身を隠したという「しとどの窟」がある。湯河原駅近くの城願寺には、頼朝を救った土肥実平の一族の墓石が並び、駅前には実平の夫婦像が建っている。〈田嶌〉

上：主郭から眺める相模湾は絶景である。左手は真鶴半島　下：西方から望んだ土肥城

湯河原駅前の土肥実平夫妻像

※2　湯河原駅から幕山公園行きバスの終点で下車し、しとどの窟を経て土肥城に登るルートも、ハイキングコースとなっている。「幕山公園」からしとどの窟までは徒歩1時間40分ほど。土肥城から湯河原駅までは徒歩1時間10分ほどで、相模湾の眺めを楽しみながら蜜柑畑の中を下っていくことになるが、舗装された農道が続くので少々飽きる。

北条氏直、未完の決戦構想

95 屏風山塁《びょうぶやまるい》

①所在地　足柄下郡箱根町屏風山
②地形図　1／2万5千＝箱根
③交通　小田急線箱根湯本駅前から箱根関所跡行バス関所入口下車後、徒歩50分
④おすすめ度　★★

【歴史】豊臣軍の侵攻を間近に控えた時期の後北条氏側の史料に、屏風山に城郭施設が置かれていたことを示す記述がある。箱根関所の背後の山上にあって、江戸時代には御留山として立ち入りが厳しく規制されてきたために、所在が知られていなかった。一九七七年に小田原城郭研究会の踏査によって、遺構が発見された。

【現況】関所入口のバス停から、道標にしたがって屏風山ハイキングコースを登ると、たちまち胸突き八丁の急坂となる。たっぷり汗をしぼられた頃、道は平坦な山上に出るので、しばらく北へ進むと、篠竹に覆われた城跡があって案内板が立っている。

【解説】屏風山は標高９４８メートル、比高２２０メートルほどで、高原状に広がる山上の一角にこじんまりと築城されている。縄張りは南北５０×東西３０メートルの単郭を小さな土塁と堀で囲んだだけのものであるが、東側の虎口は枡形虎口となっていたようだ。

遺構の規模が小さいことから、屏風山塁を古い時期の城郭、ないしは間道を監視するための施設とする見方があるが、筆者は対豊臣戦に備えた後北条氏の陣城と推定している。後北条氏側の史料によれば、豊臣軍主力との戦端が開かれる直前、北条氏直はこの屏風山に視察に来ている。※1

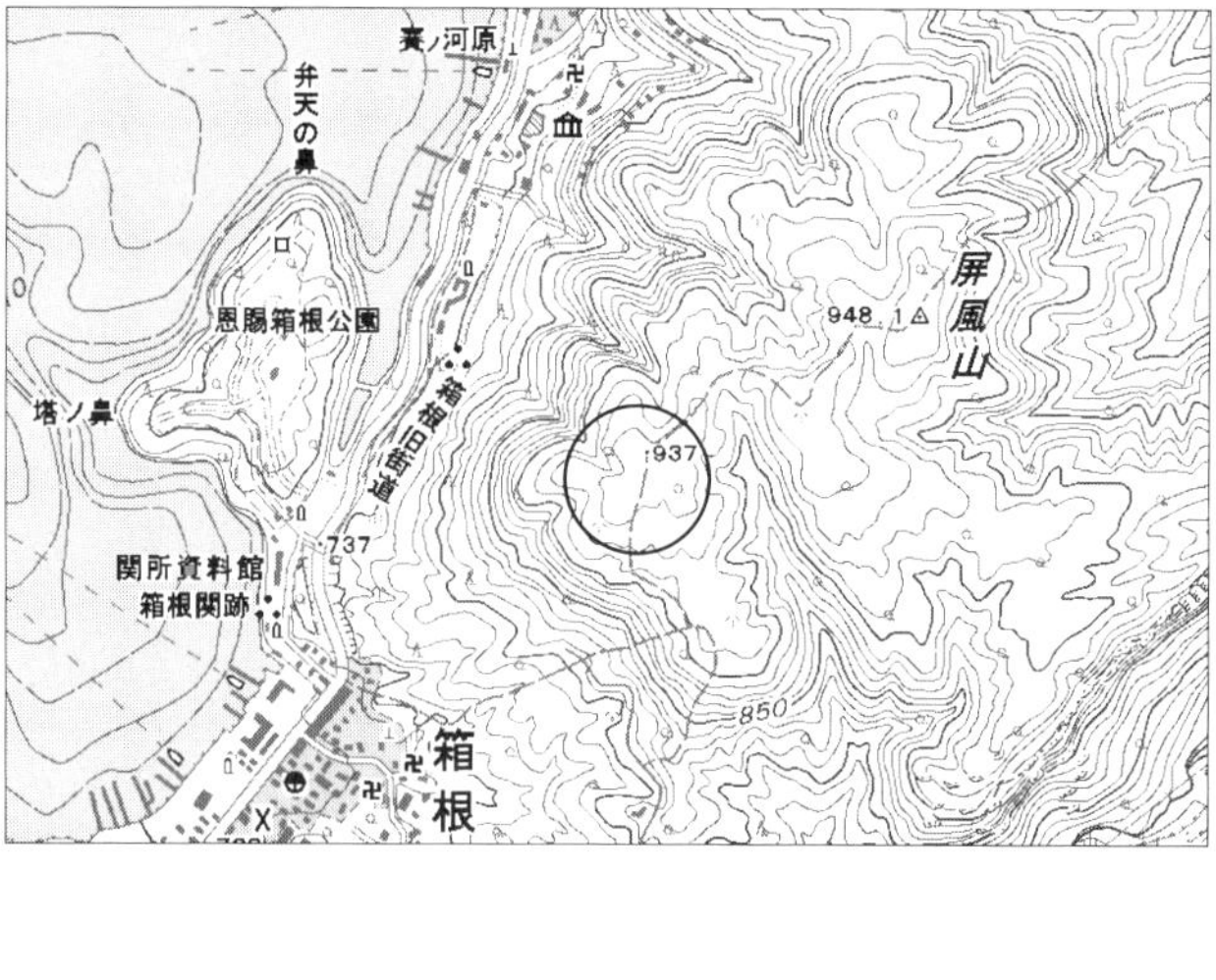

※1　『戦・北』三六八七号。山中城将の松田康長が箱根神社の別当に宛てた書状である。

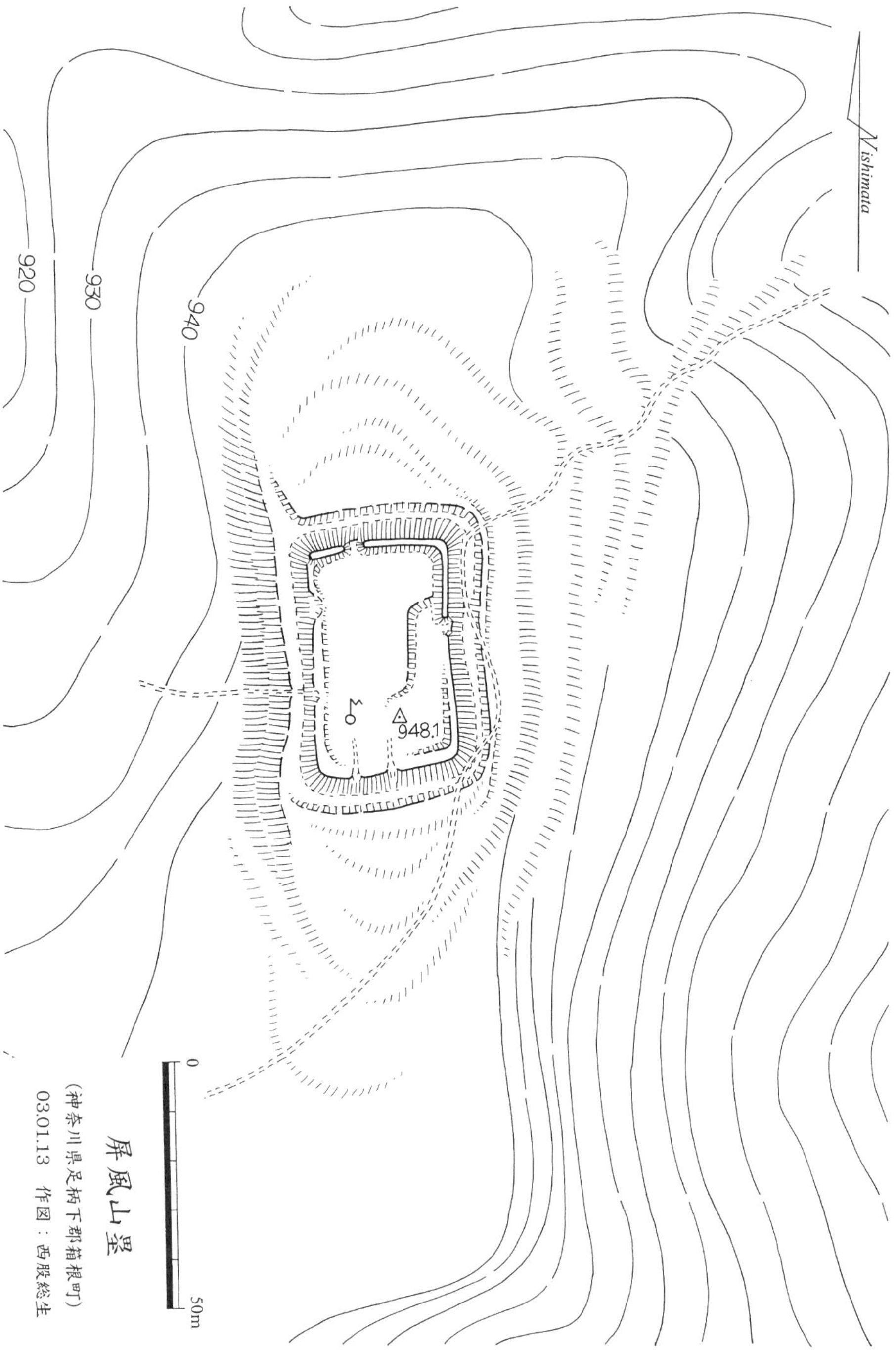
920
930
940
948.1
0
50m
Nishimata
屏風山塁
(神奈川県足柄下郡箱根町)
03.01.13 作図：西股総生

上：屏風山の頂部は高原状に広がっており、大人数を駐屯させることができる　下：南方の大観山付近から見た屏風山。背後に芦ノ湖や富士山・駒ヶ岳などが見える

間道の監視施設であるなら、この時期にわざわざ視察する必要はないはずで、この行動は決戦を控えての最終的な作戦確認だったと考えるのが自然である。

屏風山は、芦ノ湖を中心とした地形を一望できる場所で、山上には大部隊を置くだけのスペースがある。後北条軍は箱根の複雑な地形を生かして、豊臣軍主力を痛撃するような何らかの決戦構想を有しており、屏風山こそがその際の氏直の指揮所に予定されていたのではなかろうか。ところが、実際には箱根路の入口を扼する山中城が予想外の短時間で突破されてしまったために、この決戦構想が画餅に帰した、というのが真相であろう。[※2]

【ワンポイント】　屏風山は箱根火山の新期外輪山の一角をなしており、関所側からはカルデラ陥没時の崖面を登ることになるので、急登を余儀なくされるのは致し方ない。ハイキングを楽しむなら、屏風山から北東に下って甘酒茶屋でバスを待ちながら一服するのも、[※3]そのまま江戸時代の石畳道を下っていくのもよい。

〈西股〉

※2　西股「屏風山塁と北条氏直」（中世城郭研究刊『中世城郭研究』19　二〇〇五）に詳しい。

※3　屏風山から甘酒茶屋までは40分ほどの歩程。

箱根路の関門

96 湯坂城《ゆさかじょう》

①所在地　足柄下郡箱根町湯本
②地形図　1／2万5千＝箱根
③交通　小田急線箱根湯本駅から徒歩約30分
④おすすめ度　★★★

【歴史】中世の箱根路は、芦ノ湯の東で現在の国道一号線と分かれ、箱根外輪山の稜線上をつたい湯本へと下ってくる通称・湯坂路《みち》が用いられていた。湯坂城は、この湯坂路が湯本へと下りる直前に築かれた山城である。『新編相模』足柄下郡湯本村の条には、城山として大森氏の古城蹟があると記しているが、現存する城郭遺構を大森氏のものと見るのは疑問である。

【現況】箱根湯本駅前の土産物店街を西に進み、早川を渡った先で指導標に従って山道に入る。この山道はいきなり急坂となるので、ひとしきり汗をしぼられる。城跡は現在山林となっていて、ハイキングコースはよく踏まれて歩きやすいものの、一歩道をはずれるとまったくのブッシュとなる。とくに下段の曲輪は篠竹が密生しているため、藪こぎに慣れていない人は無理に入らないほうがよい。

【解説】城は標高275メートル、比高170メートルの山上にあって、南北両側は急崖で人を寄せつけないため、主要な遺構は稜線上に並んでいる。城域中の最高所を占める西端の曲輪を仮に❶として、以下順に❷・❸・❹と記号をふる。❶の西側、❶と❷の間、❷と❸の間には、それぞれ竪堀を伴う堀切があって、導線も複雑に設定されている。鷹巣山方面から下ってくる湯坂路を城内に通しつつ、堀切は木橋で渡して厳重に防御しようという意志が看て取れる。とくに、

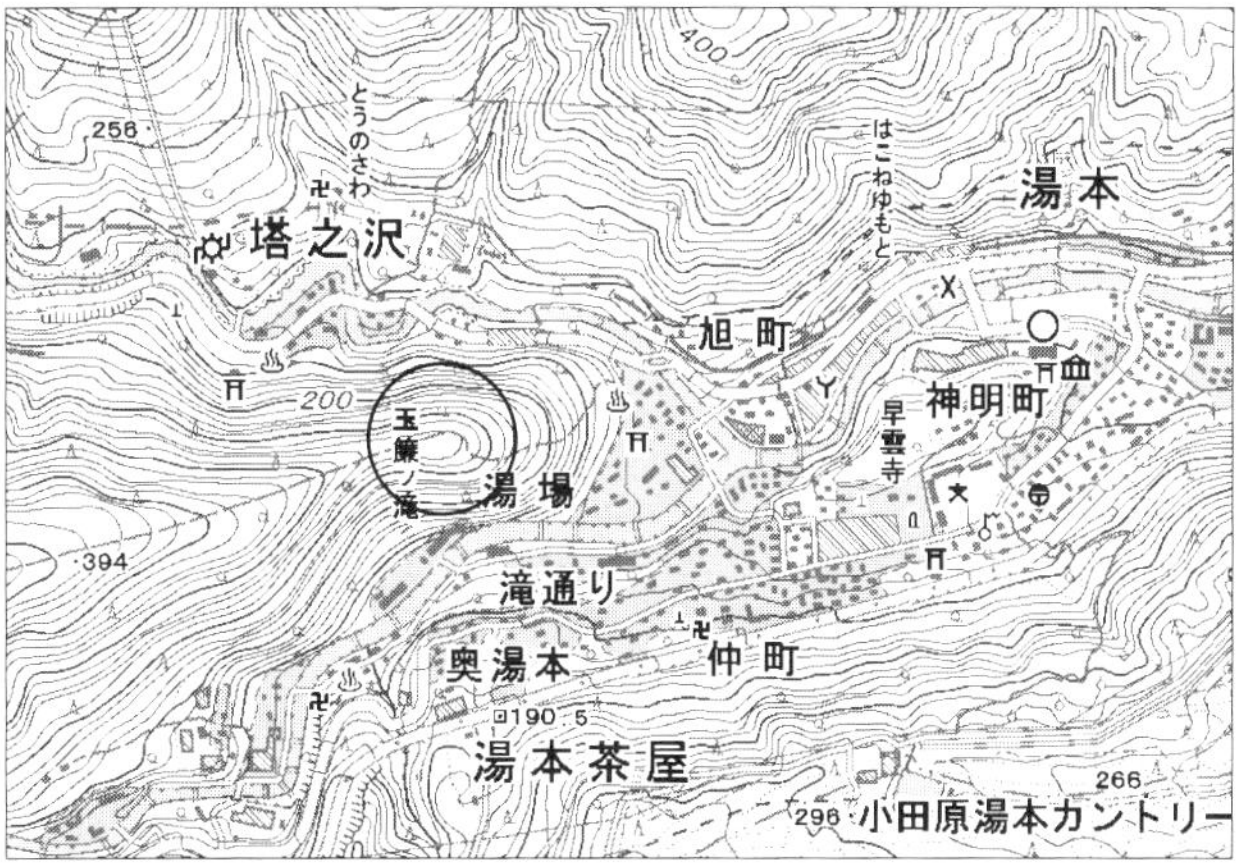

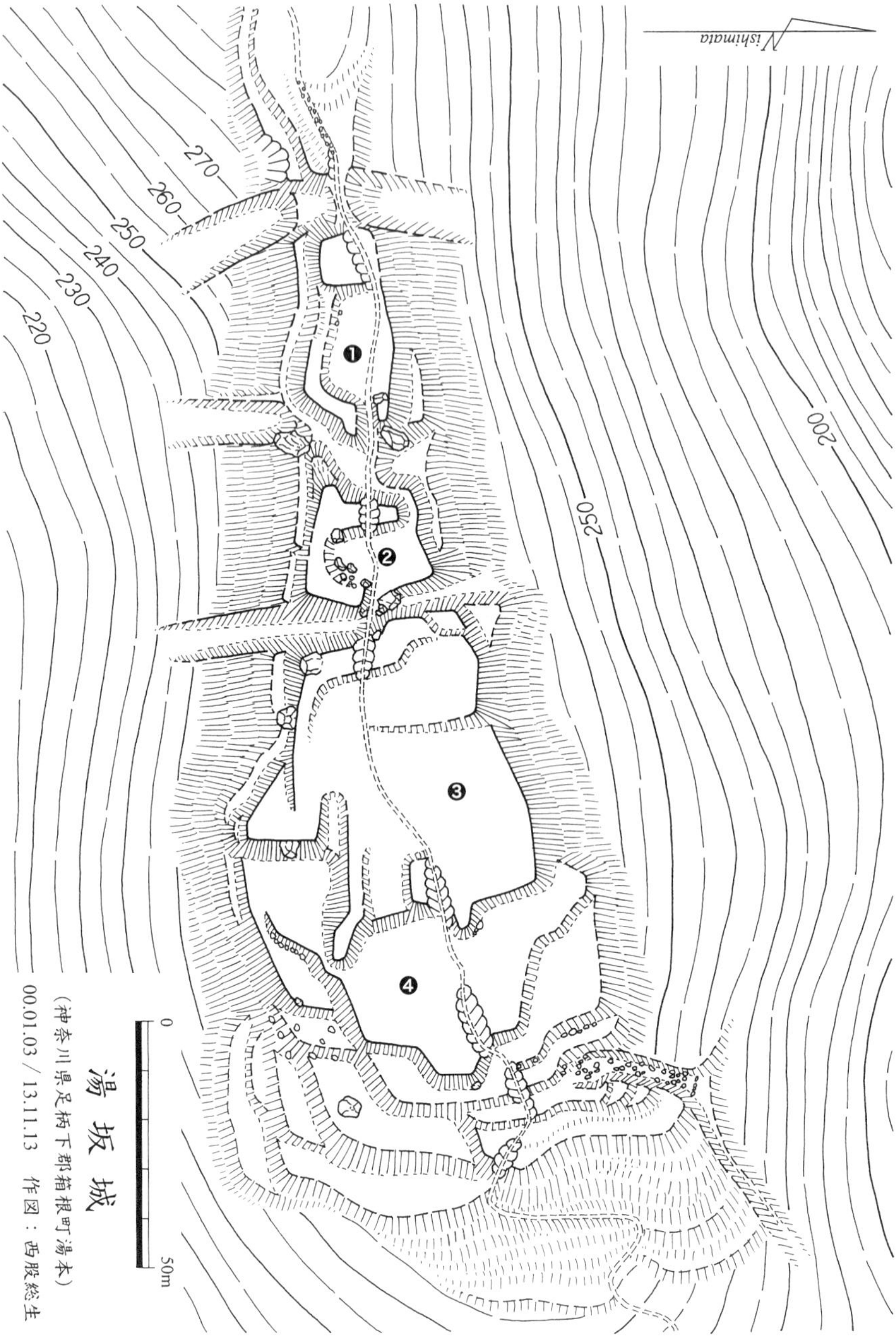

Nishimata
270
260
250
240
230
220
200
250
❶
❷
❸
❹
0
50m
湯坂城
（神奈川県足柄下郡箱根町湯本）
00.01.03 / 13.11.13 作図：西股総生

❶は西側の堀切に面して大きな櫓台を構えているし、❷と❸も西側に土塁を築いて防備を固めている。[※1]

つまり、湯坂城の縄張りは、全体として西から湯坂路を下ってくる敵を迎撃する構造であり、実際の戦闘では❶が最前線を担うことになる。城将が起居して指揮をとったのはおそらく❸であり、主郭は❶ではなく❸ということになる。

史料上は、元亀三年に後北条氏が「湯本山」のために築城資材を準備するよう指示している記載が知られるし、[※2]『異本小田原記』には豊臣軍が侵攻した際、湯本口を千葉勢が守備していたとの記述がある。いま見る遺構は、後北条氏末期のものと考えてよいだろう。

【ワンポイント】湯坂路は歩きやすいので、ハイキングコースとして人気が高い。中世の箱根路を体感できるコースなので、鷹巣城・湯坂城と結んで歩いてみたい。[※3]

〈西股〉

上：湯本の温泉街から見た湯坂城。この方向からだと急峻に立ち上がる半独立山に見えるが、実際は尾根の先端に築かれている　中：曲輪❷の土塁をハイキングコースが乗り越えている　下：曲輪❸。ハイキングコースの両側はブッシュとなっている

※1　湯本側から登った場合、曲輪❹は形状を把握しにくいので、曲輪❶までいったんつめたあと順次下りながら遺構を確認したほうが、縄張りが理解しやすい。

※2　『戦・北』一六一〇号。

※3　湯坂道ハイキングコースは、芦の湯手前の「湯坂路入口」バス停から案内板にしたがって古道に入る。「湯坂路入口」から箱根湯本駅まで所要2時間程度。歩き始めて15分くらいで鷹巣山に出る。

早雲寺を見下ろす豊臣方の砦か

97 畑《はた》ノ《の》平《たいら》囲《い》郭《かく》

①所在地　足柄下郡箱根町湯本
②地形図　1／2万5千＝箱根
③交通　箱根登山鉄道箱根湯本駅から旧街道経由元箱根港行バスで早雲公園前下車、南へ徒歩20分、または湯本駅から徒歩40分
④おすすめ度　★★

【歴史】　箱根湯本駅東南約800メートルにある、畑ノ平という山腹の広い平坦地に位置する。畑ノ平は、もともとは「旗ノ平」とされ、小田原攻めの際、豊臣軍の旗がこの地に林立したことにより名付けられたと伝わる。ただ、この囲郭は史料には記載がない。

【現況】　囲郭は湯本側の急斜面を望む位置にあり、麓からは相当な高低差があるが、林道が付いているのでそれほど苦労せず行ける。※1 曲輪内は送電塔のフェンスに囲まれているが、ほかは自由に見ることが可能である。

【解説】　高台から伸びる尾根を登りきった場所にあり、この尾根に現在も林道が付いていることから、そのルートをおさえていたと推測できる。伝承から、豊臣勢の陣施設が高地上にほかにも多数あったのではないかとする見方もあるが、尾根派生箇所をおさえる合理的立地と、秀吉が本陣を置いた早雲寺と石垣山の中継地点として優れている点を考え合わせると、この場所だからこそ造られたと考えられる。だが、問題は遺構の解釈が難しい点である。

❶の曲輪面は尾根側に対して著しく低く、その差は最大3メートル近い。近代戦で見られる蛸壺壕の巨大版といった印象だが、※2 曲輪内に台など何らかの施設がないと胸壁として利用できない。

※1　囲郭の南は車道と送水管で破壊されたとする推測があるが、尾根に備えたものと考えた場合、必要性をそれほど感じない。普請当初からなかった可能性がある。

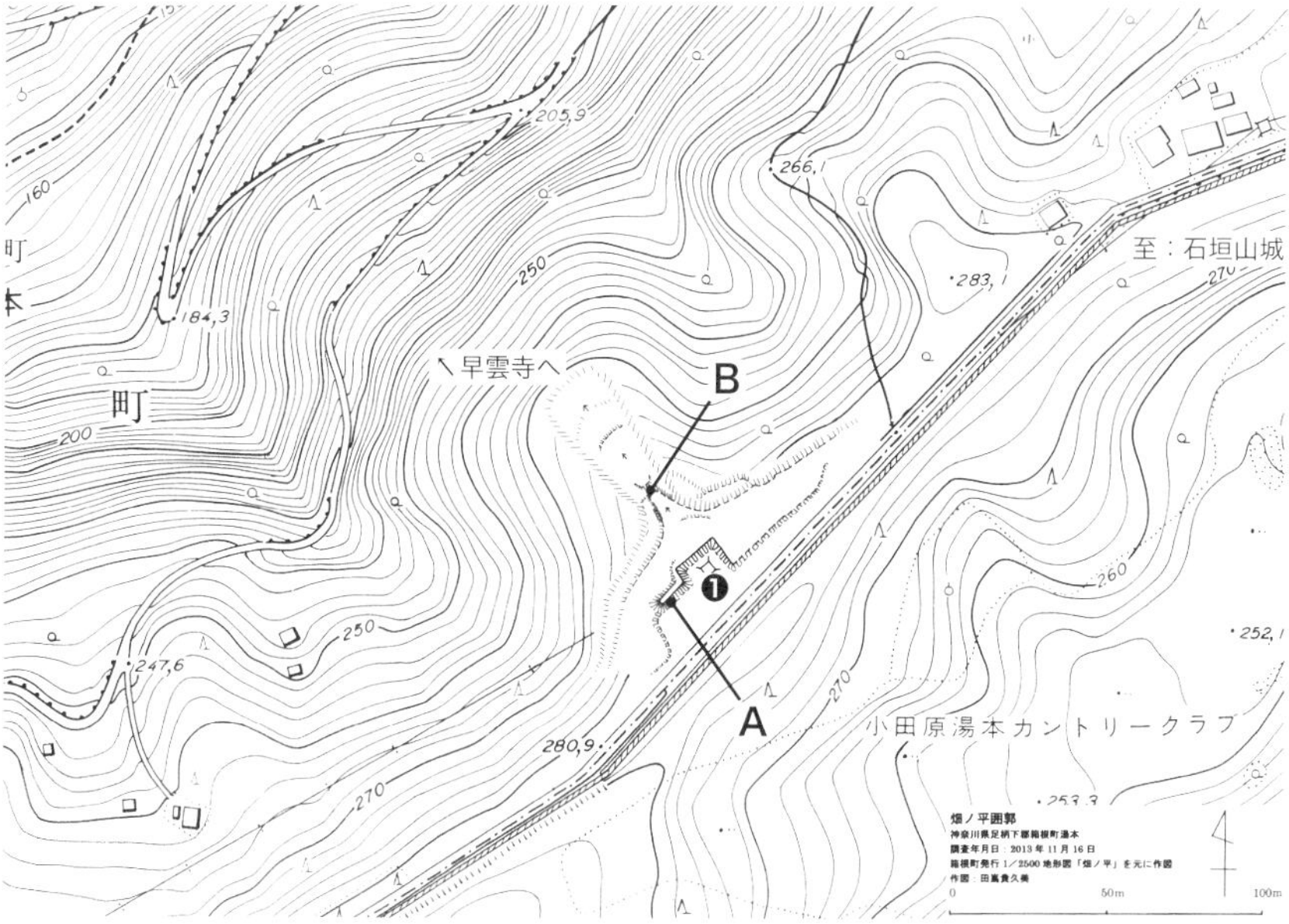

明確な土塁Aや、尾根に備えた堀切らしきBもあるが、現段階では城郭類似遺構としておきたい。

【ワンポイント】　早雲寺はまさに目と鼻の先で、石垣山城にも充分徒歩で行ける。湯坂城や塔ノ峰城も望める絶好の場所である。※3

〈田嶌〉

Aの土塁

早雲寺の枯山水庭園

※2　遺構が残る可能性は少ないが、近代戦の塹壕でも身の丈を超える高さを掘り込み、壁面にわずかな足場を穿って胸壁となす場合があるので、必ずしも使えないわけではない。

※3　城跡には車道が通じており、駐車場はないものの路肩に若干のスペースがある。

豊臣軍の陣城か

98 塔《とう》ノ《の》峰《みね》城《じょう》

①所在地 足柄下郡箱根町塔ノ澤
②地形図 1／2万5千＝箱根
③交通 箱根登山鉄道箱根湯本駅から北西へ徒歩1時間10分
④おすすめ度 ★★

【歴史】 大森氏の築城とも言われるが、信頼できる史料はなく、歴史は不明である。ただ、天正十八年（一五九〇）の小田原攻めで、豊臣勢が「塔之峰松尾岳」を攻め、城の北東にある「鍋郭」という窪地に、小早川隆景と安国寺恵瓊《えけい》が駐屯したと伝わる。

【現況】 塔ノ沢背後の山上にあり、早川を挟んで南にある湯坂山には古東海道の湯坂路と湯坂城がある。城から北東へ続く道は小田原の水ノ尾に至るので、当城も湯坂城と同じく、宮城野方面から水ノ尾に至る古道をおさえる要地だったと思われる。

城外からBの食い違い虎口を臨む。左側から低い土塁がせり出し、道が屈曲する

【解説】 城は標高556メートルのピークにあり、基本的には❶のみの単郭式構造である。北西に帯曲輪が巻いているが、これがかつての道だったのであろう。主郭にはその道側に土塁の痕跡が残り、道跡を見下ろせる構造である。反対に、南東側は壁すら定かではなく、湯本方面に向かう尾根に浅い堀切Aを入れて処理しているのみだ。

ほかに目立った遺構はないが、宮城野方面には食い違い

弾誓上人が修行した岩窟

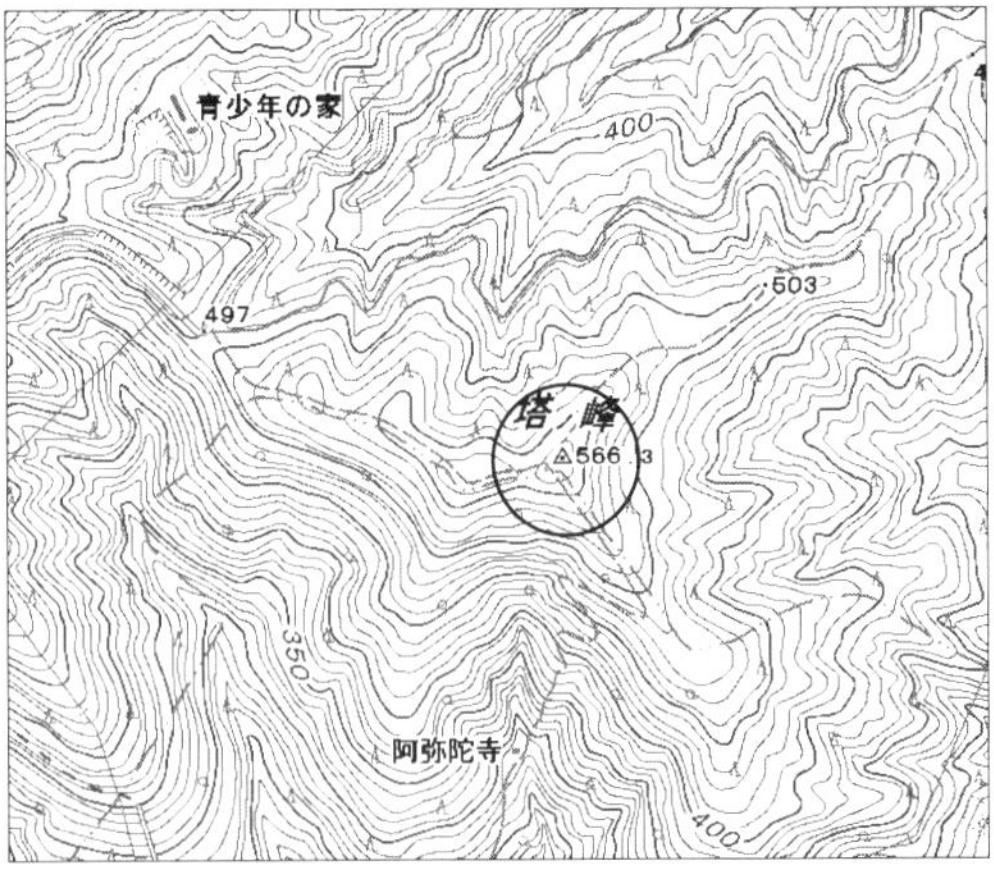

虎口Ｂを築いている。反対側の北東（水ノ尾・小田原方面）に少し下った所でも道が屈曲するが、こちらは人工のものか判別が難しい。

当城に関する記載は江戸時代の軍記ものばかりだが、豊臣勢に関する記述が多いので、豊臣方の陣城である可能性も考えられよう。

【ワンポイント】城跡にはハイキングコースが通るが、コース外は藪が密集する場所もある。また、湯本駅から登るルートは傾斜がきついが、車の場合は足柄幹線林道（久野林道）を進むと、城から徒歩15分の場所まで登ることができる。

湯本からのコース途中にある阿弥陀寺に、かつて塔が建っていたことから、塔ノ峰・塔ノ沢の名が付いたという。奥の院には弾誓上人が修行したという岩窟があり、和宮の位牌を祀る。〈田嶌〉

曲輪内から❶の西の虎口を見る

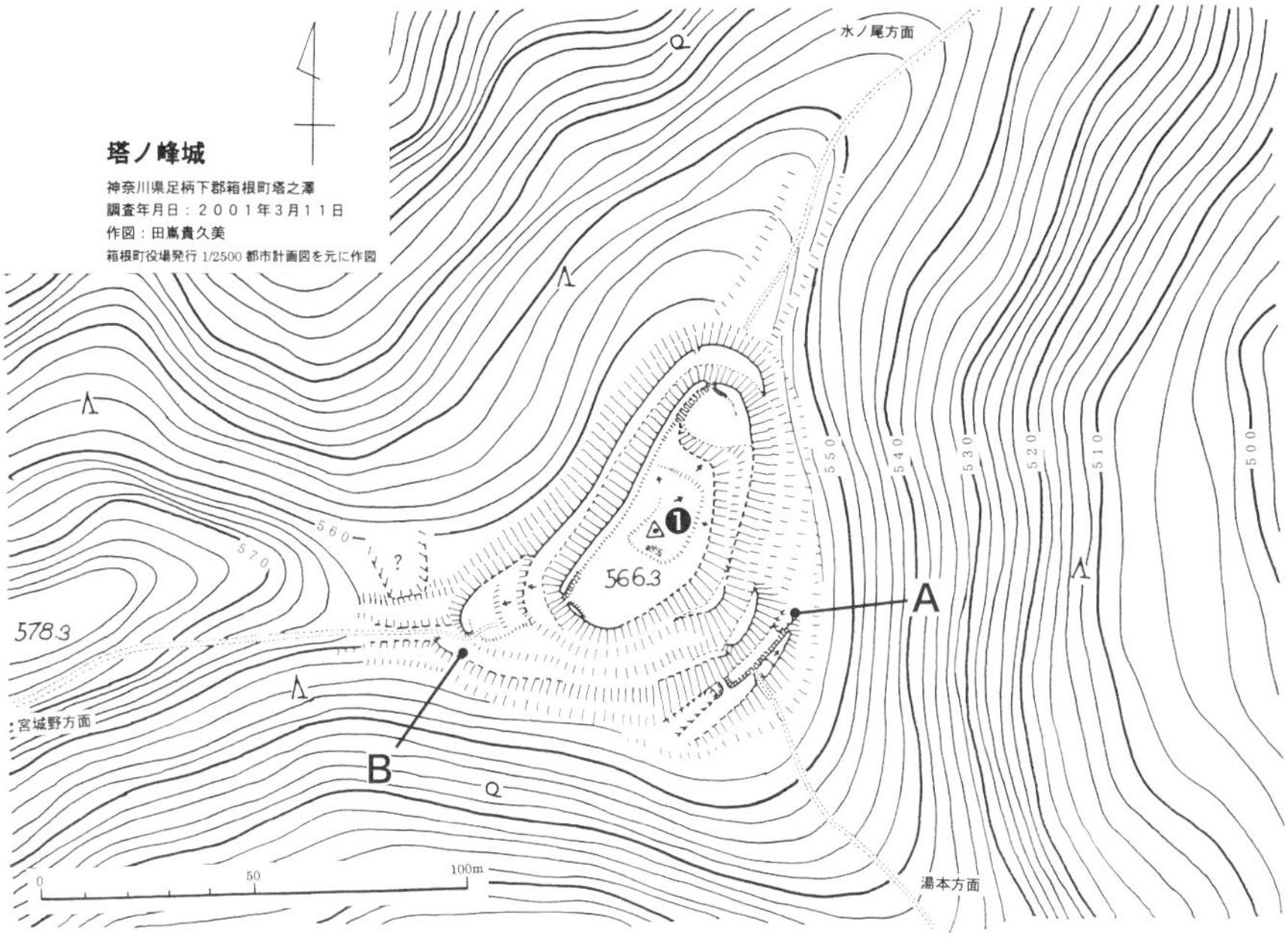

古道をおさえる山城か

99 宮《みや》城《ぎ》野《の》城《じょう》

①所在地　足柄下郡箱根町宮城野
②地形図　1／2万5千＝関本
③交通　箱根登山鉄道箱根湯本駅、または宮ノ下駅から宮城野経由湖尻・仙石方面行バスで明神平下車北へ徒歩40分
④おすすめ度　★★

【歴史】　歴史は一切不明である。天正十八年（一五九〇）に後北条氏が「宮城野陣場」を置いたともされるが、この陣場は別の場所とする見解もある。

【現況】　箱根古期外輪山が宮城野集落に向けて標高を下げる尾根上にあるが、この尾根の中央部を発電送水管が貫通して大きく破壊されたようだ。現在、箱根裏街道は早川に沿って走るが、かつては当城の北を走る「碓氷道」であり、碓氷峠がある。この道を古代東海道とする見解もあるようだ。

【解説】　城域は、堀Ａによって❶と❷に分けられる。Ａは尾根に直交して入り、さらに先端で南に向きを変えて西へ伸びる尾根を切断する。送水管を挟んで、反対側の東斜面には竪堀などの痕跡は見られない。❶は梅園になっており、尾根上の送水管で東西に分断される。斜面は急だが、曲輪のエッジは曖昧である。頂部は広く平坦だが、東の「日本武尊《やまとたけるのみこと》碑」がある場所は一段高くなっていて、曲輪が分けられていたのかもしれない。碑のある所から尾根が東へ降りるが、こちらには堀切などは普請していない。

❷も曲輪のエッジが曖昧だが、少し進むと堀切状のＢがあり、その先は自然の尾根となって下がっていく。ただ、ちょうどこのＢの箇所で送水管の上にコンクリート製の覆いが造られていて、その工事による破壊の結果かもしれない。

宮城野城

神奈川県足柄下郡箱根町宮城野
調査年月日：2014 年 3 月 19 日
箱根町発行 1／2500 地形図「火打沢」を元に作図
作図：田嶌貴久美

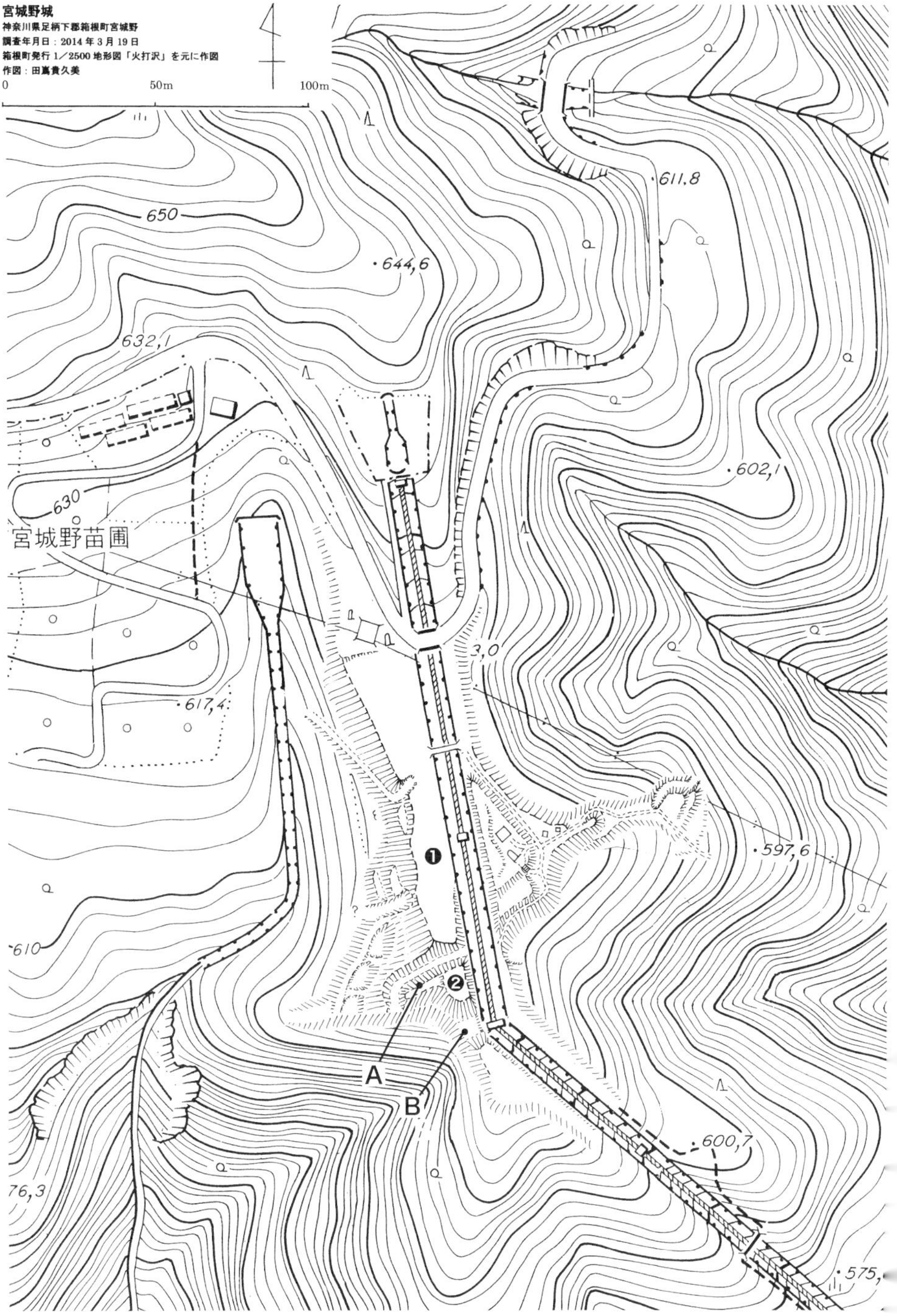

上：送水管が曲輪を縦断する
下：城跡は現在梅園となり、案内板が建つ

城跡の説明板では、直線的に三つの曲輪が並ぶ古いタイプの城として、築城者を大森氏に求めているが、果たしてそうであろうか。

現在、城の付け根で大きくカーブしている舗装された碓氷道は、明神平と呼ばれる別荘地を経由して宮城野集落に下りる。しかし、明治期の地図を見るとこの尾根の上、つまり送水管と同じルートを通って麓に下りている。例えば後北条氏が、足柄城と浜居場城の間にある山伏平堀切のような施設によって、この道の通行を管理した可能性も検討すべきと考える。

【ワンポイント】 車でも登城可能で、駐車場はないが路肩にスペースを確保できる。梅園内は自由に見ることができるが、堀Ａより先はたいへんなブッシュなので、どうしても見たい場合は相応の装備と覚悟が必要になる。

また、箱根町発行の１／１万地図では、尾根をさらに登ったピークに宮城野城と記していて、この辺りを宮城野陣場に比定する考えもあるが、遺構は一切ない。※

〈田嶌〉

※『大系』は宮城野陣場の比定地は、具体的には不明としている。宮城野陣場は、小田原の役に際して「宮城野口」の派兵地点を指している可能性があり、史料上の根拠について精査する必要がある。ただし、『大系』が宮城野陣場に関わる伝承地名を丹念に整理している点については、評価すべきであろう。

家康宿陣の地として知られるも所在不明

100 鷹巣山城《たかのすやまじょう》

①所在地　足柄下郡箱根町鷹巣山
②地形図　1／2万5千＝箱根
③交通　箱根登山鉄道箱根湯本駅から芦之湯方面行バスで湯坂路入口下車、徒歩15分
④おすすめ度　☆

【解説】　豊臣軍の侵攻に備えて後北条氏が城砦を構えていたが、山中城の陥落によって守備隊は撤退し、徳川家康が接収して陣を置いた。

バス停を降りて湯坂路ハイキングコースに入ると、ほどなく城址の標柱とベンチのある小広場に出る。一般には標高834メートルの、この鷹巣山頂が城址とされているが、見回す限り通常の山林で遺構らしきものは見あたらない。

この鷹巣山から標高802メートルの浅間山※にかけて、ところどころ堀状の人工地形が散在しているが、これらは築城遺構ではなく古道の跡である。

鷹巣山城の所在については研究者の間でも意見が分かれており、確定を見ていない。もともと野戦陣地的な色彩の強い後北条軍の施設を、家康が一時的に陣としたのではなかろうか。〈西股〉

鷹巣城は湯坂道ハイキングコースの一角にあるが、築城遺構らしいものは見あたらない

※浅間山は、かつては前鷹巣山と呼ばれていたらしい。

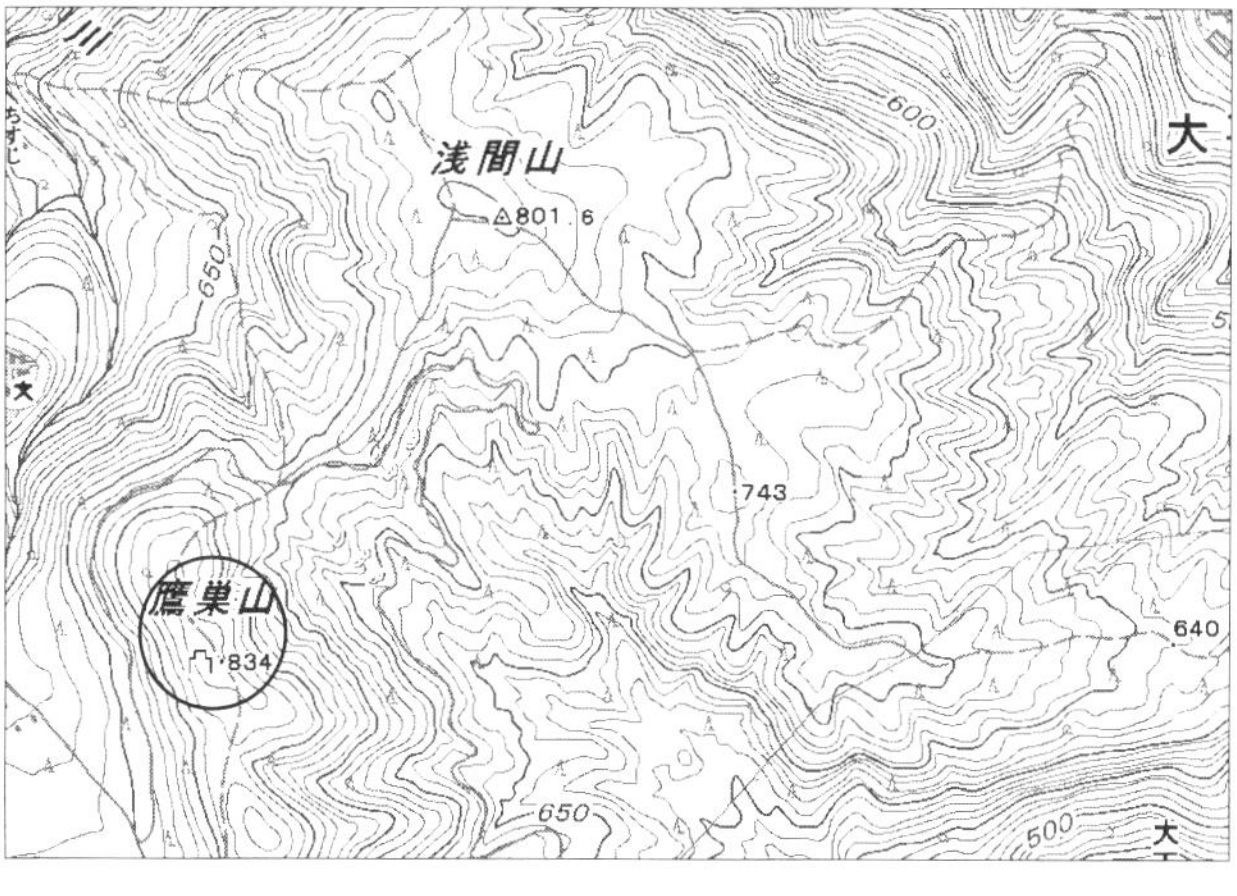

【参考文献】

※個別城郭に関する調査報告・研究論考などで本文ページの註に掲載したものは割愛してある

『新編武蔵風土記稿』雄山閣（大日本地誌大系）
『新編相模国風土記稿』雄山閣（大日本地誌大系）
『甲斐国志』雄山閣（大日本地誌大系）
『皇国地誌残稿』神奈川県図書協会編　神奈川県立図書館
『玉葉』黒川真道・山田安栄校訂　芸林舎
『吾妻鏡（改訂増補国史大系）』吉川弘文館
『戦国遺文後北条氏編』杉山博・下山治久編　東京堂出版
『小田原衆所領役帳（戦国遺文後北条氏編別巻）』東京堂出版
『戦国遺文・古河公方編』佐藤博信編　東京堂出版
『神奈川県史　資料編』神奈川県（一九七九）
『川崎市史　通史編1』川崎市（一九九三）
『鎌倉市史　考古編』鎌倉市（一九五九）
『小田原市史・別編「城郭」』小田原市（一九九五）
『津久井郡勢誌（復刻・増補版）』津久井郡勢誌復刻・増補版編纂委員会（一九七八）
『北区史　資料編（古代中世二）』北区（一九九六）
『角川日本地名大辞典一四　神奈川県』角川書店（一九九一）
『日本城郭全集一〇』日本城郭協会（一九六〇）
『日本城郭大系六　千葉・神奈川』新人物往来社（一九八〇）
『図説中世城郭事典一』村田修三編　新人物往来社（一九八七）
赤星直忠『中世考古学の研究』有隣堂（一九八〇）
小田原城郭研究会編『箱根をめぐる古城三〇選』神奈川新聞社・かなしんブックス（一九八七）
西ヶ谷恭弘『神奈川の城』上下　朝日ソノラマ（一九七三）
田中祥彦『多摩丘陵の古城址』有峰書店新社（一九八五）
松岡進『戦国期城館群の景観』校倉書房（二〇〇二）
西股総生『戦国の軍隊』学研パブリッシング（二〇一二）
西股総生『「城取り」の軍事学』学研パブリッシング（二〇一三）
西股総生『土の城指南』学研パブリッシング（二〇一四）
黒田基樹編『北条氏年表』高志書院（二〇一三）
下山治久編『後北条氏家臣団人名辞典』東京堂出版（二〇〇六）
坂本彰『鶴見川流域の考古学』百水社（二〇〇五）
黒田基樹『戦国北条一族』新人物往来社（二〇〇五）
黒田基樹『扇谷上杉氏と太田道灌』岩田書院（二〇〇四）
神奈川県教育委員会『神奈川県埋蔵文化財調査報告21』（一九八一）
東国中世考古学研究会『小田原北条氏の城郭―発掘調査から見るその築城技術―』（二〇一〇）
神奈川県考古学会『平成一七年度考古学講座・神奈川の城館跡』（二〇〇六）

横浜市教育委員会『平成五年度文化財年報』（一九九四）
横浜市埋蔵文化財センター『茅ヶ崎城』（一九九一）
（財）横浜市ふるさと歴史財団『茅ヶ崎城Ⅱ』（一九九四）
（財）横浜市ふるさと歴史財団『茅ヶ崎城Ⅲ』（二〇〇〇）
小机醫王山遺跡発掘調査団『小机醫王山遺跡発掘調査報告書』（一九九七）
住吉城址確認緊急調査団『逗子市住吉城址』（一九八〇）
株式会社博通『住吉城址発掘調査報告書』（二〇〇五）
朝比奈砦発掘調査団『朝比奈砦遺跡発掘調査報告書』（一九九〇）
玉縄城跡発掘調査団『玉縄城跡発掘調査報告書－植木字相模陣３７４地点』（一九九四）
二伝寺砦遺跡発掘調査団『二伝寺砦遺跡発掘調査報告書』（一九九六）
梶原景時館址発掘調査団他『梶原景時館址・塔の塚発掘調査報告書』（二〇〇二）
神奈川県教育委員会『上浜田遺跡』（一九七九）
伊勢原市教育委員会『成瀬第二地区遺跡群詳細分布調査概報』（一九八七）
津久井城山を愛する会編『津久井城物語』（二〇〇一）
（財）かながわ考古学財団『津久井城跡（本城曲輪群地区）』（二〇〇九）
秦野市教育委員会『波多野城址発掘調査報告書』（一九九一）
秦野市教育委員会『秦野の文化財第２８集』（一九九二）
秦野市教育委員会『秦野の文化財第２９集』（一九九三）
秦野市教育委員会『秦野の遺跡１（東田原中丸遺跡二〇〇〇－〇三調査）』（二〇〇四）
秦野市教育委員会『秦野の遺跡２（東田原中丸遺跡第三次調査）』（二〇〇九）
平塚市教育委員会『相模岡崎城跡総合調査報告書』（一九八五）
平塚市博物館『平成二三年度春期特別展・平塚と相模の城館』（二〇一二）
南足柄市教育委員会『南足柄市文化財調査報告書―沼田城址』（一九七五）
小田原市教育委員会他『今井陣場跡・酒井陣場跡発掘調査報告書』（一九九八）
小田原城郭研究会『国指定史跡石垣山一夜城跡現況調査報告（増補版）』（一九八九）
小山町教育委員会『足柄城（足柄城現況遺構調査報告書）』（一九八九）
原田征史・白井源三ほか『神奈川県の山（新・分県登山ガイド改訂版）』山と渓谷社（二〇一〇）

あとがき

ようやくここまでたどり着いたか、という思いを持って、いまこの「あとがき」を書いている。松岡さん・田嶌君と僕の三人で、最初に神奈川の城の本を作りたいと話し合ってから、何年たったことだろう。最初は、そんな本を商業出版物として刊行できるとは思っていなかった。三人で資金を出し合って、同人誌のような自費出版物として出そうか、などと話し合ったことすらある。だから、戎光祥出版さんが、関東の城の本を出したいと言ってこの企画を引き受けてくれた時は、正直、夢でも見ているような心地だった。

とはいえ、実際に企画が動き出してみると、紆余曲折の連続となった。「まえがき」で触れたように、当初は自分たちの研究成果を世に出したい、という気持ちからスタートしたわけだが、商業出版物として世に出す以上、商品として売れる本にしなければならない。まっとうな城の本を作れば、ちゃんと売れる事を証明して見せなければ、自分たちの研究成果を世に出すこともまならない、という現実に僕らは直面することになったわけだ。

そこで、ライター稼業をしている僕が編者のような立場で、編集部とあれこれ話し合いながら、作業を進めていくことになったわけだが、自分たちの研究成果を「商品として売れる本」とするために僕が選んだのは、城好きの人たちが実際に城跡を歩くためのガイドブック、いわば野外図鑑として仕立てるという方法である。最近、とくに若い人たちを中心に、天守も石垣もない土の城を歩く人が増えているという認識が、この考えを後押ししてくれた。

けれども、この方法を実現していく過程は試行錯誤以外の何物でもなかった。編集部にもずいぶんと無理をお願いしてきたし、二人の共著者も研究者として不本意な気持ちを何度も呑みこんでくれたものと思う。

でも、だからこそ、この本は売れてほしい、とも思う。この本が売れれば、戎光祥出版さんは続編を企画しようと相談に乗ってくれるからだ。僕と、親しい研究仲間の何人かはすでに、東京・埼玉くらいなら、すぐにでも同じような企画をまとめられるくらいの蓄積を有している。この研究上の蓄積をできるだけ多くの人たちと共有できるよう、何とかして世に送り出したい。そのためには、この本がちゃんと商売として成立してほしいのだ。

それと同時に、本は文化だ、とも思う。本は、情報の詰まったただの紙束なんかではない。僕らの書いた原稿や図面は、実に多くの人たちの手を経て本となり、読者の皆さんの手許に届けられ、皆さんのお役に立っていく。その営みの総体が「本」という文化なのであり、「本」に携わるすべての人々が、文化の担い手なのだと思う。いま、この「あとがき」を読んでいるあなただって、そうした文化の、大切な担い手の一人なのですよ。

だから、研究成果を商業出版物として世に出していく、という僕らの挑戦を、どうか温かく見守ってほしい。「城の本」という、小さいけれどもいとしい文化が、この先も灯をともしつづけられるように。

〈西股〉

【執筆者一覧】

西股総生（にしまた・ふさお）

1961年、北海道生まれ。学習院大学大学院史学専攻・博士前期課程卒業。フリーライター。神奈川県在住。著書『戦国の軍隊』(2012)『「城取り」の軍事学』(2013)『土の城指南』（2014　以上、学研パブリッシング）ほか、城郭・戦国史関係の論考・雑誌記事・共著等多数。

松岡 進（まつおか・すすむ）

1959年、東京都生まれ。早稲田大学第一文学部卒業。都立高校教諭。東京都在住。著書『戦国期城館群の景観』（2002　校倉書房）をはじめとして、城郭・戦国史関係の論考・研究報告等多数。

田嶌貴久美（たじま・きくよし）

1970年、神奈川県生まれ。立正大学文学部卒業。由木デザイン勤務。千葉県在住。神奈川県や後北条氏の城郭に関する研究論文等多数。緻密な観察に基づく端正な縄張り図には定評がある。

図説 日本の城郭シリーズ①

神《か》奈《な》川《がわ》中《ちゅう》世《せい》城《じょう》郭《かく》図《ず》鑑《かん》

2015年4月10日 初版初刷発行
2021年9月10日 初版2刷発行

著　者　西股総生
　　　　松岡 進
　　　　田嶌貴久美

発行者　伊藤光祥

発行所　戎光祥出版株式会社
　　　　〒102-0083 東京都千代田区麹町1-7 相互半蔵門ビル8F
　　　　TEL:03-5275-3361(代表)　FAX:03-5275-3365
　　　　https://www.ebisukosyo.co.jp

印刷・製本　モリモト印刷株式会社

装　丁　山添創平

協　力　株式会社学研パブリッシング

ISBN978-4-86403-161-5